机电电气专业系列

"十四五"职业教育国家规划教材

CAD/CAM数控加工综合实训

主　编　车君华　曾　茜
副主编　王平嶂　张文灼　秦　晔　李常峰　李启瑞
参　编　李长本　孙　悦　步延生　王　勇

融媒体教材

北京师范大学出版集团
BEIJING NORMAL UNIVERSITY PUBLISHING GROUP
北京师范大学出版社

图书在版编目(CIP)数据

CAD/CAM数控加工综合实训/车君华，曾茜主编. —北京：北京师范大学出版社，2024.1
(“十四五”职业教育国家规划教材)
ISBN 978-7-303-21890-5

Ⅰ. ①C… Ⅱ. ①车…②曾… Ⅲ. ①数控机床－加工－计算机辅助设计－应用软件－高等职业教育－教材 Ⅳ. ①TG659-39

中国版本图书馆CIP数据核字(2017)第013777号

图书意见反馈：gaozhifk@bnupg.com 010-58805079
营销中心电话：010-58806880 58801876

出版发行：北京师范大学出版社 www.bnupg.com
北京市西城区新街口外大街12-3号
邮政编码：100088
印　　刷：北京天泽润科贸有限公司
经　　销：全国新华书店
开　　本：787 mm×1092 mm 1/16
印　　张：21.25
字　　数：436千字
版 印 次：2024年1月第2版第3次印刷
定　　价：48.00元

策划编辑：周光明　　责任编辑：周光明
美术编辑：焦　丽　　装帧设计：焦　丽
责任校对：陈　民　　责任印制：马　洁　赵　龙

内容简介

我国制造业规模居世界第一位，正由制造业大国向制造业强国迈进，急需具有国际视野和技术报国情怀、创新和独立工作意识、信息化和精益生产素养、实践和解决问题能力的技术技能人才。

国家支持专精特新企业，推动制造业高端化、智能化、绿色化的发展过程中，CAD/CAM 应用技术是智能制造的核心技术，急需扩大使用与应用范围，《CAD/CAM 数控加工综合实训》教材正是在此背景下编写而成。本书全面、系统地对制造大类专业职业技能：工程图识图、三维建模、零件加工工艺分析、零件手动/自动编程和零件加工实操进行综合应用与考核，通过典型零件载体承载整个实训任务，提升学生独立解决问题的能力和规范学生操作标准，培养学生职业素养。本书选择了螺纹连接件和离合紧固装配件两个企业典型载体，强化职业教育类型定位，按照项目导向注重企业完整的数控加工实施流程与操作技能提升。本书可作为高等职业学校、高等专科学校、成人院校及本科院校开办的二级职业技术学校和民办高校数控技术、机械制造、机电一体化等专业的实训教材，也可作为本科院校相关专业教材及数控技术的实训教材。

内容简介

[illegible]

[illegible]

前言

本书按照党的二十大报告“统筹职业教育、高等教育、继续教育协同创新，推进职普融通、产教融合、科教融汇，优化职业教育类型定位”和《国家职业教育改革实施方案》中“深化复合型技术技能人才培养培训模式改革，借鉴国际职业教育培训普遍做法”的要求，总结复合型技术技能人才培养模式改革经验与山东省精品课程建设的成果编写而成。

数控技术是我国制造业发展和综合国力提高的关键技术，尽快加速培养掌握数控技术的技能型紧缺人才已成为当务之急。为了适应高等职业教育对人才培养的需求，必须对课程体系进行整体优化，对传统的以学科为主线的教学内容进行必要的调整、合并，适当降低理论推导的深度和难度，注重知识和技能的应用，拓宽知识面，掌握岗位技能需要的新技术、新知识。

CAD/CAM数控加工课程基于工作过程导向培养学生的工程图识图能力、三维软件建模能力、数控加工工艺分析能力、数控编程和数控加工实操技能，提高学生的综合职业能力，是高职制造类专业的一门重要的核心课程。

本书依照工学结合、基于工作过程的原则，精选载体，以培养制图员、三维建模设计员、数控操作工、编程员和工艺员等工作人员的职业能力为主线，以培养高技术技能型、复合型应用人才为目标，以用人单位需求为标准，按照“教学做一体化”的教学模式，进行基于工作过程的课程设计。

教学内容涵盖了工程图识图、三维建模、数控加工工艺、数控编程、数控加工等内容。通过项目的实施，调动学生参与积极性，各项目主要提供解决问题思路、知识延伸、个案解决方案等，大多数工作交给学生来完成，这样可锻炼学生在真实生产环境下的适应能力，不仅使学生的综合专业能力得到提升，也使学生的方法能力、社会能力以及综合素质都得到进一步的提高。

由于编者水平有限，书中难免有疏漏与不足之处，敬请广大读者批评指正。

本书参考学时52学时，建议采用“理实一体”的教学实施模式，将项目实施与实操有机结合，分组建议4～5人/组，项目建议课时分配如下表所示：

<table>
<tr><th>项目</th><th>内容</th><th colspan="2">学时</th></tr>
<tr><td rowspan="11">项目一
螺纹连接
件数控加工</td><td>项目导读。了解整个项目的要求与项目内容</td><td rowspan="2">0.5</td><td rowspan="5">4</td></tr>
<tr><td>图样分析。了解图样加工要求，分析图样的基本尺寸、精度、表面质量等具体加工的要求</td></tr>
<tr><td>方案分析。制定加工工艺和可行性加工方案(分组)</td><td>3</td></tr>
<tr><td>夹具分析。根据零件的加工精度与要求，选择合适的夹具</td><td rowspan="2">0.5</td></tr>
<tr><td>刀具及切削用量选择。根据零件材料、热处理方式、加工精度和表面质量要求，选择合适的刀具和切削用量</td></tr>
<tr><td>零件三维建模及工程图绘制。根据图样分析通过CAD软件建立零件的三维模型，并绘制工程图(分组)</td><td>4</td><td>4</td></tr>
<tr><td>数控编程。根据工艺安排及加工方案，编制零件的加工程序，车削编程以手动编制程序为主，本模块数控车削CAM模块可以模拟仿真各个加工过程</td><td>4</td><td>4</td></tr>
<tr><td rowspan="2">零件实操加工。操作数控机床加工各个零件，设定各种补偿值，保证零件加工质量，完成工件的加工与装配，整理数控机床及场地</td><td rowspan="2">8</td><td>4</td></tr>
<tr><td>4</td></tr>
<tr><td>项目评估。将学生分组对零件进行自我评价，各组之间进行互相评论，指导老师再评价与给定成绩</td><td>2</td><td rowspan="2">4</td></tr>
<tr><td>项目总结。学生分组总结项目完成过程中出现的问题，学到的知识，并派出代表在全班讨论，总结加工中出现的问题和解决问题的办法，并由教师布置拓展项目作为课外作业项目</td><td>2</td></tr>
<tr><td rowspan="5">项目二
离合紧固
装配件
数控加工</td><td>项目导读。了解整个项目的要求与项目内容，分析装配尺寸与基本要求</td><td rowspan="2">0.5</td><td rowspan="5">4</td></tr>
<tr><td>图样分析。了解图样加工要求，分析图样的基本尺寸、精度、表面质量等具体特征的加工要求</td></tr>
<tr><td>方案分析。制定加工工艺和可行性加工方案(分组)</td><td>3</td></tr>
<tr><td>夹具分析。根据零件的加工精度与要求，选择合适的夹具</td><td rowspan="2">0.5</td></tr>
<tr><td>刀具及切削用量选择。根据零件材料、热处理方式、加工精度和表面质量要求，选择合适的刀具和切削用量</td></tr>
</table>

续表

<table>
<tr><th>项目</th><th>内容</th><th colspan="2">学时</th></tr>
<tr><td rowspan="7">项目二
离合紧固
装配件
数控加工</td><td>零件三维建模及工程图绘制。根据图样分析通过 CAD 软件建立零件的三维模型，并绘制工程图</td><td rowspan="3">12</td><td>4</td></tr>
<tr><td rowspan="2">数控编程。根据工艺安排及加工方案，编制零件的加工程序，车削编程以手动编制程序为主，数控铣削程序以 CAM 自动编程为主，通过 CAM 模块可以模拟仿真各个加工过程</td><td>4</td></tr>
<tr><td>4</td></tr>
<tr><td rowspan="2">零件实操加工。操作数控机床加工各个零件，设定各种补偿值，保证零件加工质量，完成工件的加工与装配，整理数控机床及场地</td><td rowspan="2">8</td><td>4</td></tr>
<tr><td>4</td></tr>
<tr><td>项目评估。将学生分组对零件进行自我评价，各组之间进行互相评论，指导老师再评价与给定成绩</td><td>2</td><td rowspan="2">4</td></tr>
<tr><td>项目总结。学生分组总结项目完成过程中出现的问题，学到的知识，并派出代表在全班讨论，总结加工中出现的问题和解决问题的办法，并由教师布置拓展项目作为课外作业项目</td><td>2</td></tr>
</table>

本教材所配资源包括视频资源和教学资源，教学资源可以下载，获取方法如下：(1)扫码注册登录。已注册过京师 E 课的用户直接登录，未注册的用户用手机微信扫码注册后登录。(2)登录成功后，弹出激活框，输入激活码进行激活(激活码：f7ArAReb)。(3)激活后即可使用。扫描二维码可查看全部资源，扫描书内文中的二维码可直接定位到该资源。(4)使用资源只需要激活一次，在登录不过期时，再次使用资源不需要重新登录。

CAD/CAM 数控加工综合实训“课程思政”教学方案

中国制造业规模居世界第一位，CAD/CAM 应用技术作为智能制造产业发展的核心技术之一，在中国由制造大国向制造强国迈进过程中具有重要的技术地位，也是装备制造类专业人才培养的核心教学内容，CAD/CAM 数控加工综合实训是集技能训练、专业知识应用与职业化实践为一体的课程，对学生的职业生涯规划、价值观念树立等都有着潜移默化的影响。教材将课程思政内容与课堂教学、数字化的实训教学内容结合，依据智能制造新技术、新规范、新工艺和国家新专业目录专业教学标准新要求，融入“立德树人、德技并修”要求，以社会主义核心价值观培育为引领，通过课程思政设计方案，引入案例、视频和主题讨论等内容，将“6S”精益管理、工匠精神和企业文化要求融入数控加工岗位职业素养教学目标中，将规程规范、素质素养融入任务实施中，将课程思政点无痕融入各教学环节，促进学生职业习惯养成和精益求精的工匠精神培养，服务学生的学习、生活和自身的时间管理，并提升爱国情怀。

一、课程思政重点关注学生职业素养的培养

（一）职业素养培养点

1. 遵守组织纪律：养成守纪律、讲规矩、明底线、知敬畏的意识与行为；

2. 增强安全观念，掌握安全技术：安全隐患来自不规范操作与意识淡薄；

3. 质量管理意识与手段：全过程质量管理与实验数据档案建立；

4. 动手、动脑和勇于创新的积极性：应用专业知识解决工程问题，热爱专业；

5. 严谨务实的职业行为与精益求精的作风：学会检查与评估优化，责

任第一；

6. 经济与环保意识：通过维修保养，使设备的可使用性和经济性最大化。

（二）课程思政融入环节

序号	阶段	课程思政目标	实施案例要求
1	任务实施前与基本认知阶段	思考智能制造时代下，CAD/CAM 技术的意义，理解精益求精、专注、责任和创新求实的工匠精神本质	1. 介绍《中国制造 2025》战略和我国制造业领先世界成果，分析工匠精神、技术技能人才匮乏的现实问题； 2. 选取 1～2 位大国工匠案例，让精益求精、严谨、耐心、专注、坚持、专业、敬业的工匠精神沁入学生心田
2	任务实施阶段一项目导读、图纸分析、方案分析（含刀、夹、量）	基础环节注重细节、脚踏实地、执着专注、精益求精，打好地基	1. 挑选钳工大国工匠案例，比如管延安，口头禅“再检查一遍”，强化工匠精神培育； 2. 通过盾构机、智能冲压线设备等核心装备，强化科技创新在国家发展的地位，通过华为事件激发学生的爱国情怀和技术报国志向
3	任务实施阶段一CAD/CAM 应用	注重工艺流程、技艺和技巧的传承和创新与成本意识培养	1. 落实工匠精神。精益求精提升质量和产品竞争力，打破国外技术垄断与卡脖子技术；践行知行合一，劳动育人，培养发展型、复合型和创新型的人才； 2. 引入大国工匠案例，“精度直达头发丝直径 1/40 的钳工夏立”，落实独立解决问题能力的训练，用心干好活，实践出真知
4	任务实施阶段一数控加工实施	落实 6S 和千锤百炼，在不断重复和积累中提升技能水平和效益质量，落实质量标准与要求，体会到“光鲜亮丽的背后，是你不曾付出的汗水与努力”	1. 用“工匠精神”，精益求精推动提质增效、焕发生机，从实践中积累提升和创新； 2. 引入大国工匠案例：王伟手工打造精美弧线，方文墨打磨“飞鲨”激励学生既要掌握科学系统的理论知识和丰富的经验技术，又要拥有应用技术、解决实际问题、知识迁移创造的能力； 3. 讲解现实加工中错误操作引发的安全事故，强调《安全生产与防护》

（三）建议

1. 在任务实施过程中，教师通过言传身教将“细节决定成败”“精益求精”“严谨专注”“持续创新”等为核心的工匠精神的追求等思想潜移默化融于教学训练过程，实现润物无声的思政育人效果，弘扬劳动最光荣、劳动最崇高、劳动最伟大、劳动最美丽的社会风尚。

2. 提升“课程思政”教学效果：丰富理实一体化的教学形式，通过数字化实践教学的“做”与“学”，积淀职业行为，与思政育人目标相得益彰；以“提问题”“讲案例”“短视频”等形式来促进和学生的深度互动以及课堂趣味性的提升。

二、“课程思政”视频案例

丰富任务实施的教学形式，确保实践教学与思政育人目标相得益彰。以“提问题”“讲案例”“短视频”等形式来促进和学生的深度互动以及课堂趣味性的提升。课程思政视频案例资源如表所示，教师可以根据教学引入环节找到合适的案例，不易展示过多案例，重在入脑入心，落到行动上，通过案例激发学生的学习积极性、主动性，培育工匠精神。

序号	视频	视频案例二维码或视频	内容提要
1	CCTV 节目官网综合频道 《超级装备》—独立装备		盾构机之高精度气液压力平衡控制系统的应用与施工工艺创新
2	CCTV 节目官网综合频道 《超级装备》—核心装备		焊接机器人技术应用于设备制造，曾国荣团队等以严谨专业的工作，保证设备质量
3	CCTV 节目官网综合频道 《超级装备》—智能装备		中国最先进的智能冲压线设备——济南第二机床集团，一线技术人员风采
4	CCTV 节目官网综合频道 《超级装备》—超级装备		行业坚守，平凡踏实，装备制造业技术人员的群像写真：杜海陆解决十米数控龙门铣横梁变形问题
5	CCTV 节目官网综合频道 《与德国制造同行》——磨砺成器		新产品的研发与检测——追求卓越，精益求精，德国企业保证生产质量的法宝

续表

序号	视频	视频案例二维码或视频	内容提要
6	CCTV 节目官网综合频道 《大国工匠》		王伟 肉眼难辨 手工打造精美弧线 挺举中国大飞机翱翔蓝天
7	CCTV 节目官网综合频道 《大国工匠》		李刚 创新突破电路系统的安装与调试，打造马蹄形盾构机全新神经系统
8	CCTV 节目官网综合频道 《大国工匠》		方文墨 打磨“飞鲨”零件的80后
9	CCTV 节目官网综合频道 《劳动铸就中国梦》		劳动改变命运——劳动创造历史，是推动社会发展的动力，劳动光荣！
10	CCTV 节目官网综合频道 《大国工匠》		管延安 深海钳工，口头禅“再检查一遍”
11	CCTV 节目官网综合频道 《大国工匠》		夏立 攻坚克难，精益求精
12	CCTV 节目官网综合频道 《大国工匠》		顾秋亮 安装缝隙控制在一根头发的五十分之一
13	CCTV 节目官网综合频道 《大国工匠》		裴永斌 弹性油箱的精密加工

续表

序号	视频	视频案例二维码或视频	内容提要
14	CCTV 节目官网综合频道 《与德国制造同行》——磨砺成器		检测与制造工匠精神的磨砺
15	CCTV 节目官网综合频道 《大国工匠》		钳工胡双钱 三十五年没有一个次品
16	CCTV 节目官网综合频道 《大国工匠》		大国工匠杨峰 火箭发动机孔精密加工

三、开展课程思政研讨

在 7 个主题中选取 2～3 个主题研讨在实现《中国制造 2025》和中华民族伟大复兴的强国梦的征程上，新时代青年的使命与担当。

主题 1：你心中的职业榜样是什么样的？试结合典型人物、事件和案例进行说明

要求：

1. 激发和弘扬榜样的爱国精神、民族意识、职业精神，让学生积极参与到思政育人环节当中来；

2. 正确引导学生职业认知与职业选择，塑造精益求精、追求卓越的理想。

主题 2："中国制造 2025 呼唤大国工匠"

要求：

1. 精选《大国重器》、《大国工匠》片段推送观看；

2. 展现中国制造的实力，让学生了解从事装备制造的重大意义；

3. 大国工匠引领，激发学生学习兴趣和精益求精的工匠精神。

主题 3：智能制造时代来临，手工加工操作是否还有用途？

要求：

1. 解惑，引发学生主动思考：对利用大量时间，进行手工锉削工件要

求，存在不解和懈怠情绪；

2. 结合国家发展、行业应用等现实情况进行归纳总结；

3. 接受和认可掌握手工技能的重要性以及在高尖技术领域的不可替代性。

主题 4：“一起来为中国制造打 CALL!”，我们应该做些什么？

要求：

1. 结合项目实施中自己所得所学所感，谈谈未来能做的事情；

2. 结合项目实施过程的要求与训练，自己思想转变的情况。

主题 5：“一起来为中国制造打 CALL!”，我是一名 * * * * * *

要求：

1. 结合项目实施中自己所得所学所感，谈谈未来能做的事情；

2. 结合项目实施过程的要求与训练，自己思想转变的情况。

主题 6：安全与责任意识教育：天津港和盐城响水爆炸事故讨论

1. 由于责任缺失、忽略细节造成事故的原因等；

2. 如何从自身做起？

主题 7：结合总书记对广大青年学生“空谈误国、实干兴邦”的鼓励，对比国内外“百年企业”数量，探讨影响企业发展的深层原因

1. 分析我国行业缺乏执着专注精神的现实问题；

2. 如何弘扬劳模精神和工匠精神，营造劳动光荣的社会风尚和精益求精的敬业风气，为企业提质增效、焕发生机。

济南职业学院教材编写团队

目录

项目一　螺纹连接件数控加工

项目能力目标

1. 识读与分析车削零件加工图纸；
2. 应用 CAD 软件进行零件三维数字化建模；
3. 应用工艺知识分析零件，编制加工工艺方案；
4. 应用 CAM 软件进行自动编程、加工；
5. 熟练应用数控车床进行零件加工，提高全要素生产率。

项目素质目标

1. 培养综合应用知识、独立解决问题的能力；
2. 具有良好的任务分解和团队协作能力；
3. 具有图纸分析和方案制订的沟通能力；
4. 具有查找查阅资料，获取信息的能力；
5. 能够进行安全文明生产和低碳零件加工，助力碳达峰与碳中和，形成绿色生产生活方式。

一、项目导读

三维模型展示

以螺纹轴、螺纹套、锥套的加工为引导，使学生综合应用 CAD/CAM、车削操作、工艺编制等知识与技能完成装配体零件的建模、编程与加工。通过制订装配体零件的数控车削加工工艺方案，完成装配体零件的三维造型与装配，可以手动或自动编程完成零件程序编制，最后对装配体零件进行加工，保证单个零件的加工精度和配合件的配合精度。

图样比例均为 1∶1；毛坯件均为大于零件总体尺寸的棒料；材料 45 号钢。装配图如图 1-1 所示，零件 1 为螺纹套、零件 2 为锥套、零件 3 为螺纹轴分别如图 1-2、图 1-3、图 1-4 所示。

(1)加工工时要求：240 分钟；

(2)质量要求：零件加工后符合零件图样要求与装配要求；

(3)安全、文明、环保要求：严格按照安全操作规程进行项目作业；自觉按照文明生产规则进行项目作业；努力按照环保要求进行项目作业；

(4)完成内容：零件三维造型与装配、零件工件；

(5)分组：3 人一组；

(6)设备：计算机 2 台、数控车床 1 台。

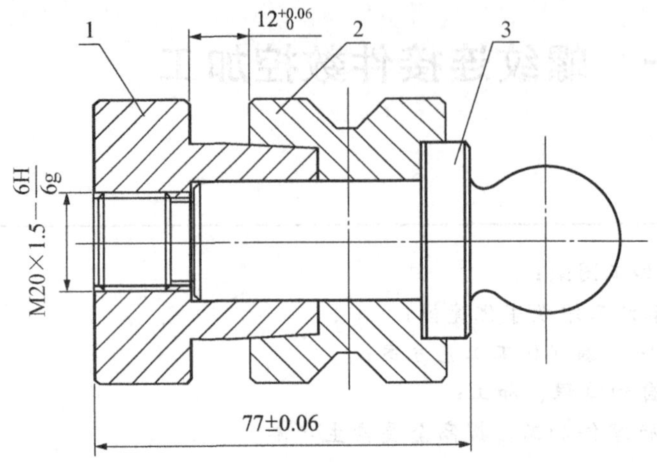

图 1-1　螺纹连接件装配图

1—螺纹套；2—锥套；3—螺纹轴

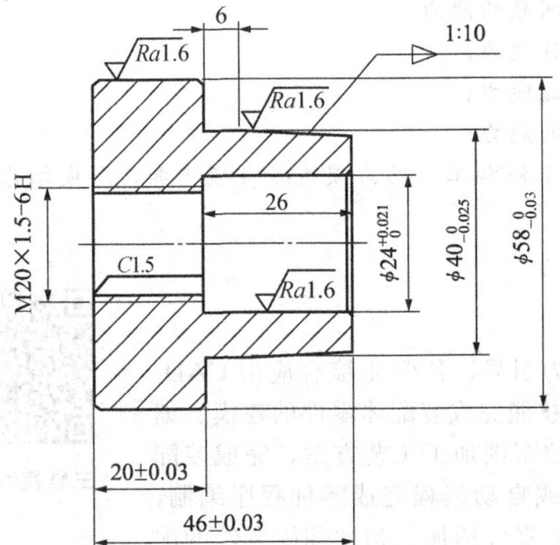

图 1-2　零件 1 螺纹套

二、项目分析

(一)图样分析

零件外形为典型的回转体零件，三维建模以旋转特征为主，将图纸中的尺寸链分析成各特征截面的尺寸与形状即可，零件的加工为装配件的加工，各零件装配面的尺寸精度都达到了中等公差等级要求，装配尺寸有三处精度要求，分别是 $12^{+0.06}_{0}$ mm、(77±0.06) mm、M20×1.5－$\frac{6H}{6g}$达到了中等精度要求，因此，在加工过程中需要通过粗加工与精加工的顺序进行，并在粗、精加工之间加入测量与误差调整补偿，将配合

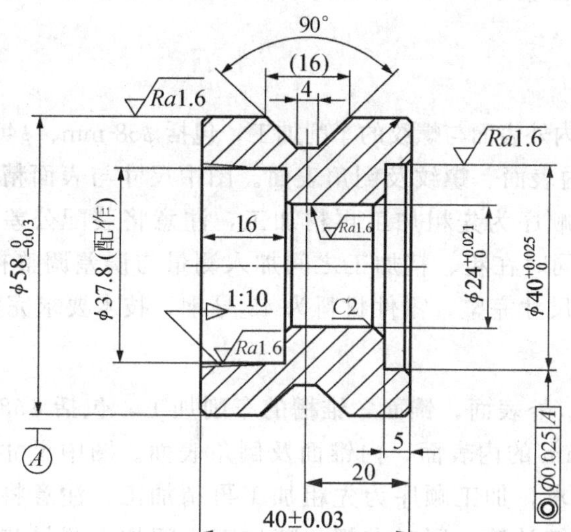

技术要求：
1. 不允许使用锉刀修整各加工表面
2. 未标注倒角C1
3.未标注公差按IT10加工
4. 锐边倒钝

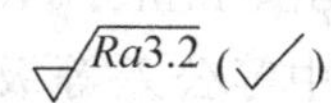

图 1-3 零件 2 锥套

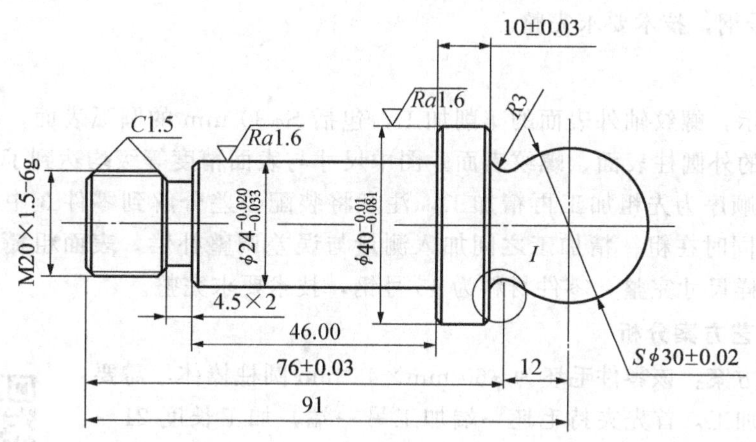

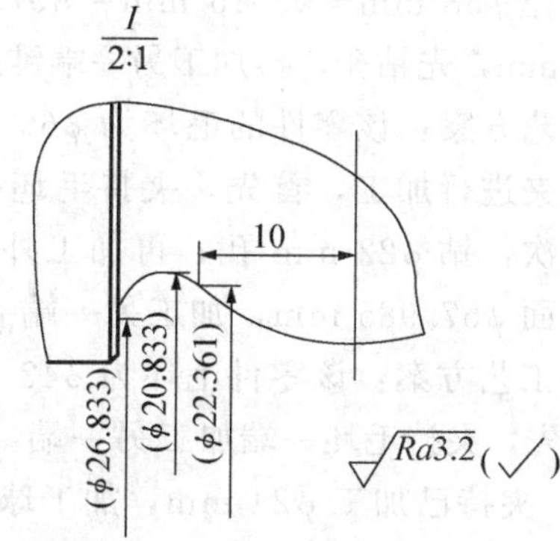

技术要求：
1. 不允许使用锉刀修整各加工表面
2. 未标注倒角C1
3. 锐角倒钝
4. 螺纹端允许保留中心孔
5. 未注公差按IT10加工

图 1-4 零件 3 螺纹轴

公差要求分解到各个零件加工的尺寸公差中，从而保证零件尺寸、公差要求与装配精度要求。

1. 螺纹套

如图 1-2 所示，螺纹套零件加工为内外表面与螺纹的车削加工，包括 ϕ58 mm、ϕ40 mm 的外圆柱、圆锥，ϕ24 mm、M20 的内表面、螺纹及倒角表面。图中尺寸与表面精度等级均达到了中等公差等级要求，加工顺序为先粗加工再精加工，注意将装配公差分解到零件 1 中尺寸公差的尺寸链计算，同时在粗、精加工之间加入测量与误差调整补偿，表面粗糙度要求为 Ra 1.6 μm，图样尺寸完整，零件材料为 45 号钢，技术要求完整。

2. 锥套

如图 1-3 所示，锥套需要进行内、外表面，锥面，锥槽的车削加工，包括 ϕ58 mm 的外圆柱，外凹槽，ϕ24 mm、ϕ40 mm 的内表面，内锥面及倒角表面。图中尺寸与表面精度等级均达到了中等公差等级要求，加工顺序为先粗加工再精加工，注意将装配公差分解到零件 2 中尺寸公差的尺寸链计算，同时在粗、精加工之间加入测量与误差调整补偿，表面粗糙度要求为 Ra 1.6 μm，形位公差有同心度要求，图样尺寸完整，零件材料为 45 号钢，技术要求完整。

3. 螺纹轴

如图 1-4 所示，螺纹轴外表面的车削加工，包括 $S\phi$30 mm 的圆弧表面，ϕ24 mm、ϕ40 mm、M20 的外圆柱表面、螺纹表面。图中尺寸与表面精度等级均达到了中等公差等级要求，加工顺序为先粗加工再精加工，注意将装配公差分解到零件 3 中尺寸公差的尺寸链计算，同时在粗、精加工之间加入测量与误差调整补偿，表面粗糙度要求为 Ra 1.6 μm，图样尺寸完整，零件材料为 45 号钢，技术要求完整。

(二)加工工艺方案分析

螺纹套工艺方案：该零件毛坯为 ϕ60 mm×48 mm 圆柱棒体，需要分两次装夹进行加工，首先夹持毛坯一端加工另一端，加工长度 21～25 mm，直径 ϕ58 mm－0.015 mm＝ϕ57.985 mm。调头装夹已加工的 ϕ57.985 mm，先钻孔，再加工另一端锥度、内孔、螺纹。

加工工艺分析

锥套工艺方案：该零件的毛坯为 ϕ60 mm×42 mm 圆柱棒体，需要分两次装夹进行加工，首先，夹持毛坯一端加工另一端，夹持长度 10 mm。其次，钻 ϕ22 mm 孔，再加工外圆、内锥孔、内孔、外锥槽。再次，夹持已加工外圆表面 ϕ57.985 mm，加工另一端 ϕ58 mm 外圆和 ϕ40 mm 内孔。

螺纹轴工艺方案：该零件毛坯为 ϕ42 mm×106 mm 圆柱棒体，需要分两次装夹进行加工，首先，夹持毛坯一端加工另一端，加工直径分别为 ϕ40 mm、ϕ24 mm、M20×1.5。其次，夹持已加工 ϕ24 mm，加工球头 $S\phi$30 mm。

(三)CAD 建模

1. 螺纹套的 CAD 建模

(1)基础特征构建

零件 1 螺纹套

首先建立基础特征，螺纹套是典型的回转体零件，因此通过旋转特征构建零件的实体特征。在 Cero 2.0 的菜单启动“Cero parametric”程序，在“模型”模式下单击“新建”按钮，在“新建”对话框中输入名称“lingjian1”，取消勾选的“使用默认模板”选项，如图 1-5 所示，单击“确定”按钮进入“新文件选项”对话框，选择模板如图 1-6 所示，单击“确定”按钮进入建模环境，在建模环境中的“形状”菜单栏单击“旋转”命令，在“旋转”界面中单击“放置”选项卡，在弹出的菜单中单击“定义”按钮，进行定义内部草绘，如图 1-7 所示，在弹出的“草绘”对话框中选择“TOP 基准平面”作为草绘平面，系统自动将“RIGHT 基准平面”作为参考平面，单击“草绘”按钮进入二维绘图环境，如图 1-8 所示，在草绘模式下绘制如图 1-9 所示的截面。

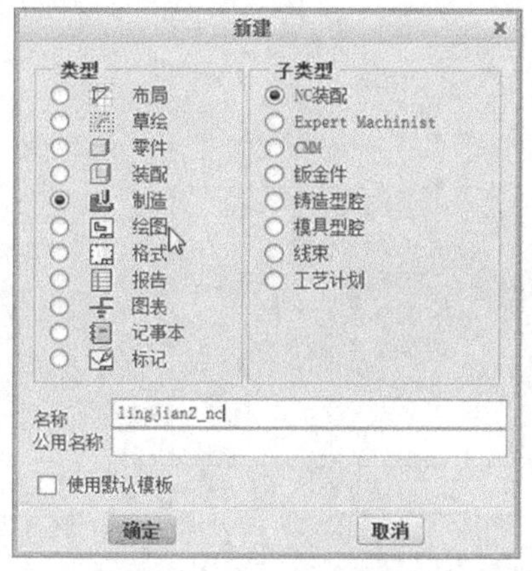

图 1-5 “新建”对话框

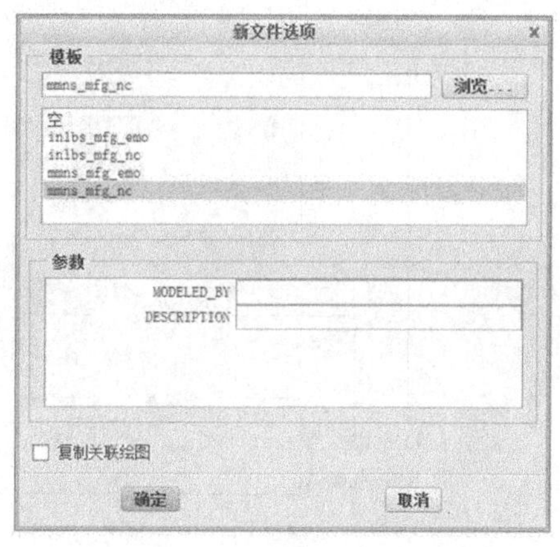

图 1-6 “新文件”选项

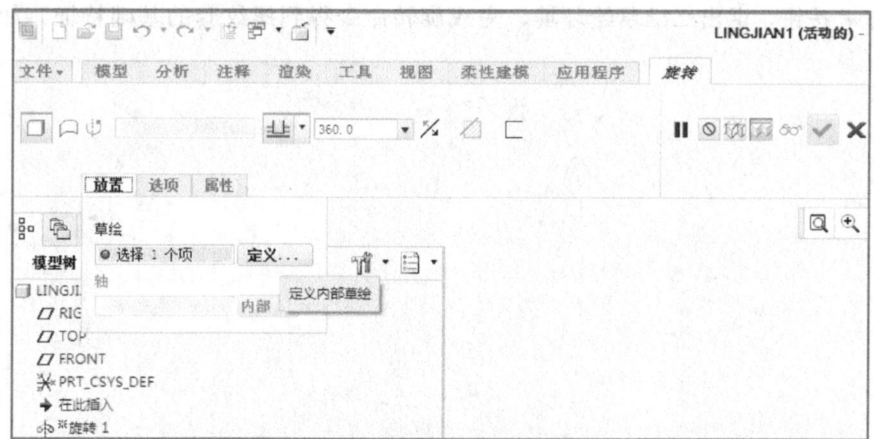

图 1-7 “旋转”命令定义放置平面

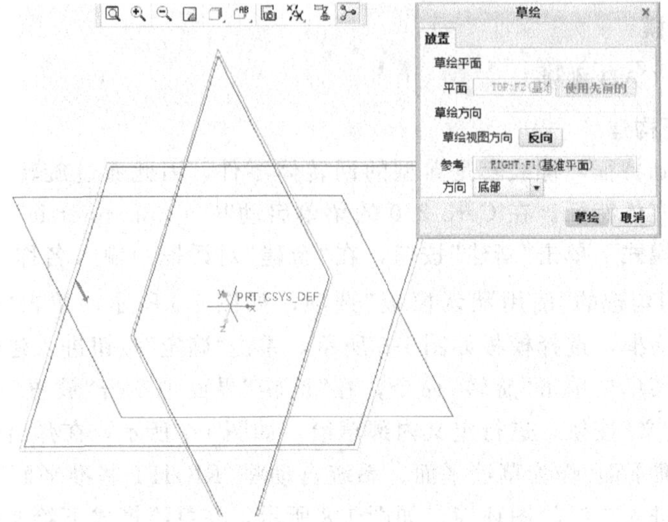

图 1-8　草绘平面定义

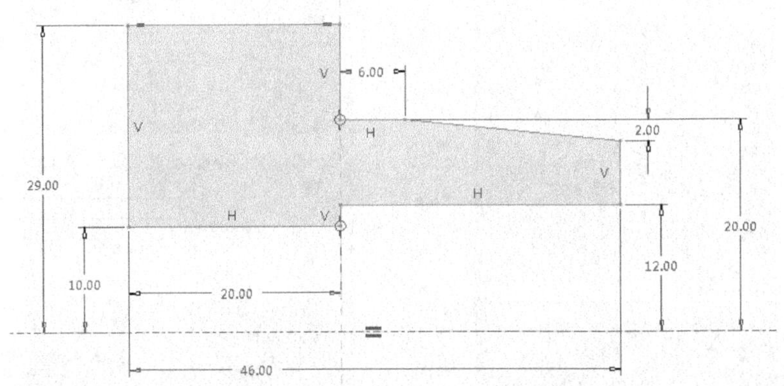

图 1-9　零件 1 旋转特征草绘截面

单击✔按钮，退出二维草绘环境，完成旋转命令得到螺纹套的基础特征，如图 1-10 所示。

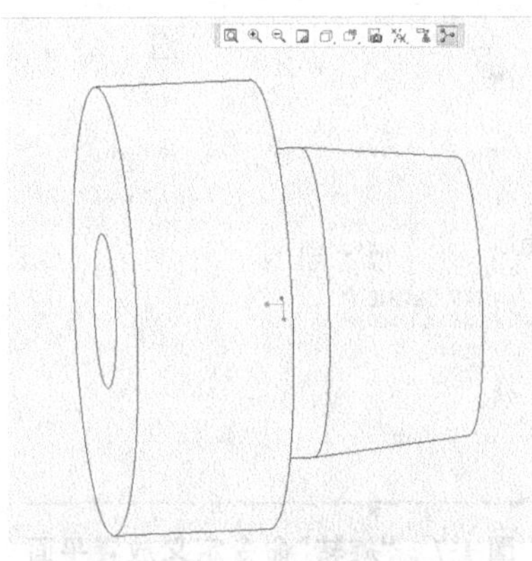

图 1-10　零件 1 旋转特征

(2)细节特征构建

细节特征构建的任务是对螺纹套的细节特征倒角进行建模。在建模环境下的“工程”菜单栏上单击“倒角”命令，选择 $C1$ 处倒角的边，如图 1-11 所示，单击✔按钮完成倒角命令，单击“倒角”命令选择 $C1.5$ 处倒角的边，如图 1-12 所示，单击✔按钮完成倒角命令，得到如图 1-13 所示的倒角特征。

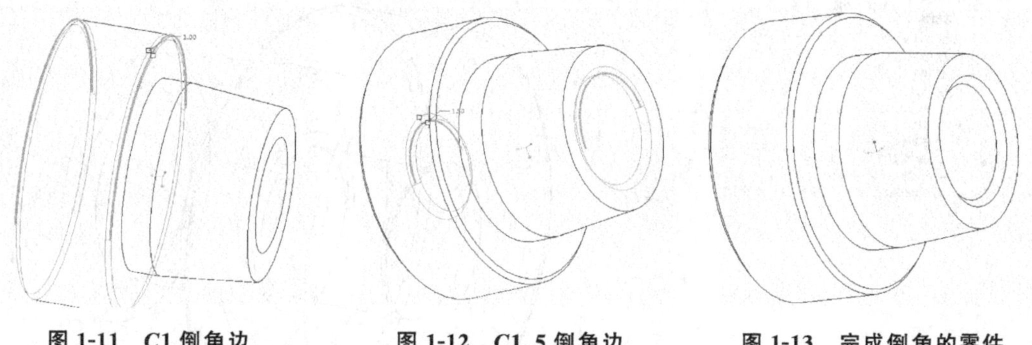

图 1-11　$C1$ 倒角边　　**图 1-12　$C1.5$ 倒角边**　　**图 1-13　完成倒角的零件**

(3)修饰螺纹特征构建

单击“工程”菜单栏下的“修饰螺纹”命令，如图 1-14 所示，在“螺纹”界面中选择“放置”选项卡如图 1-15 所示，选择螺纹曲面如图 1-16 所示，单击“深度”选项卡，选择起始曲面如图 1-17 所示，在“深度”选项下选择“到选定项”，在右侧的对话框选择一个截止曲面如图 1-18 所示，完成螺纹套的三维造型，如图 1-19 所示。

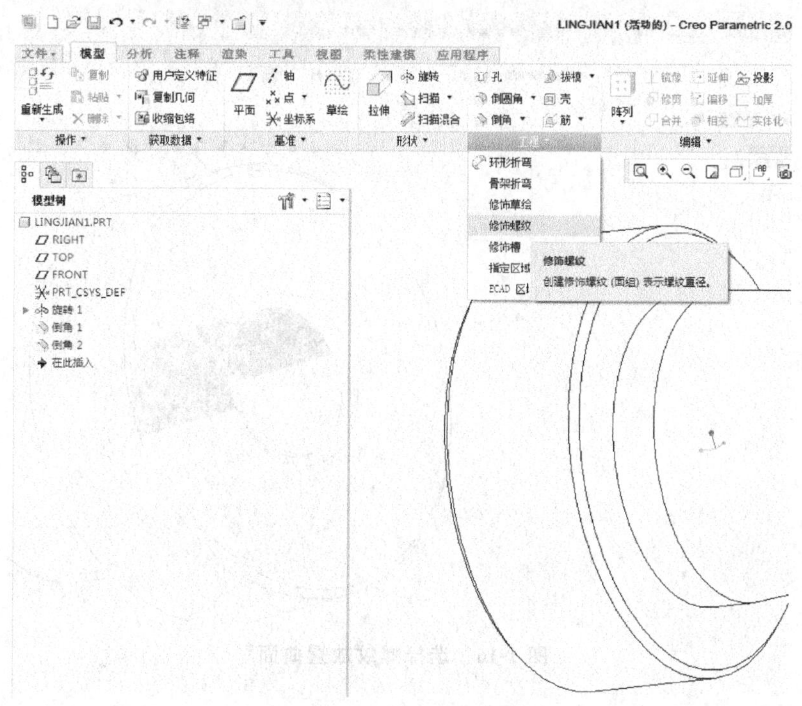

图 1-14　调用“修饰螺纹”命令

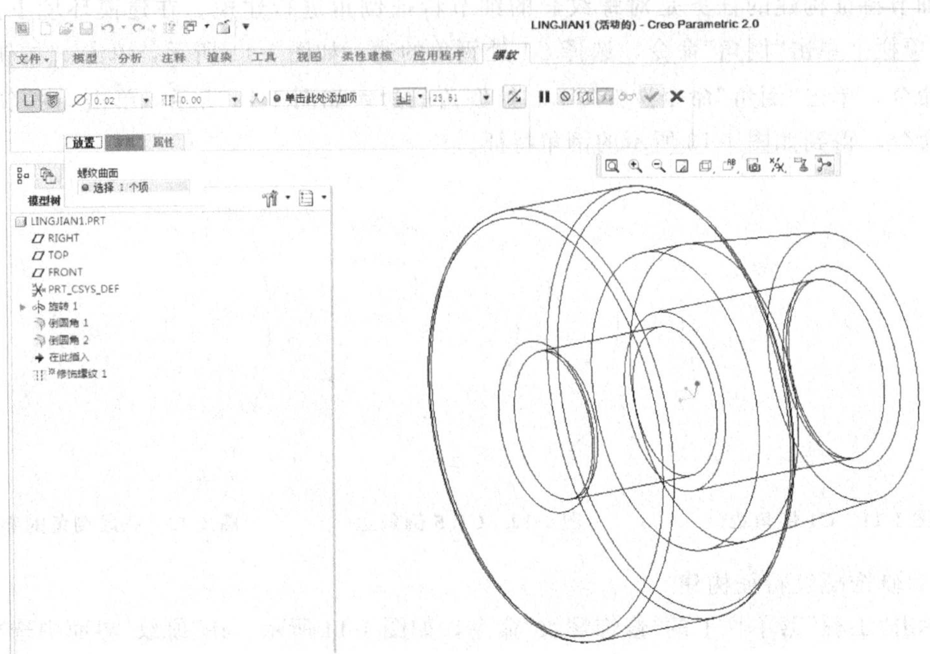

图 1-15 螺纹界面“放置”菜单

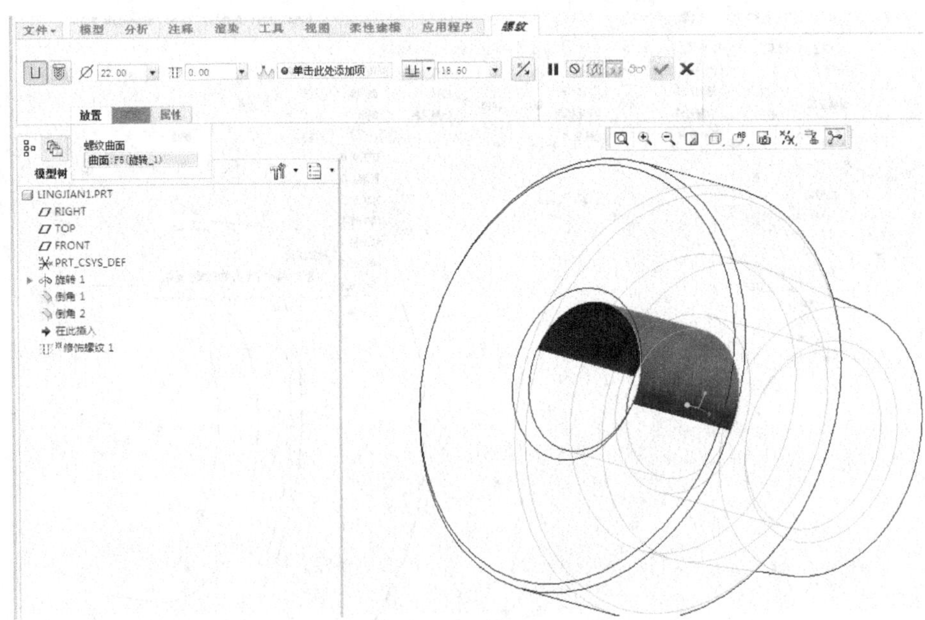

图 1-16 选择螺纹放置曲面

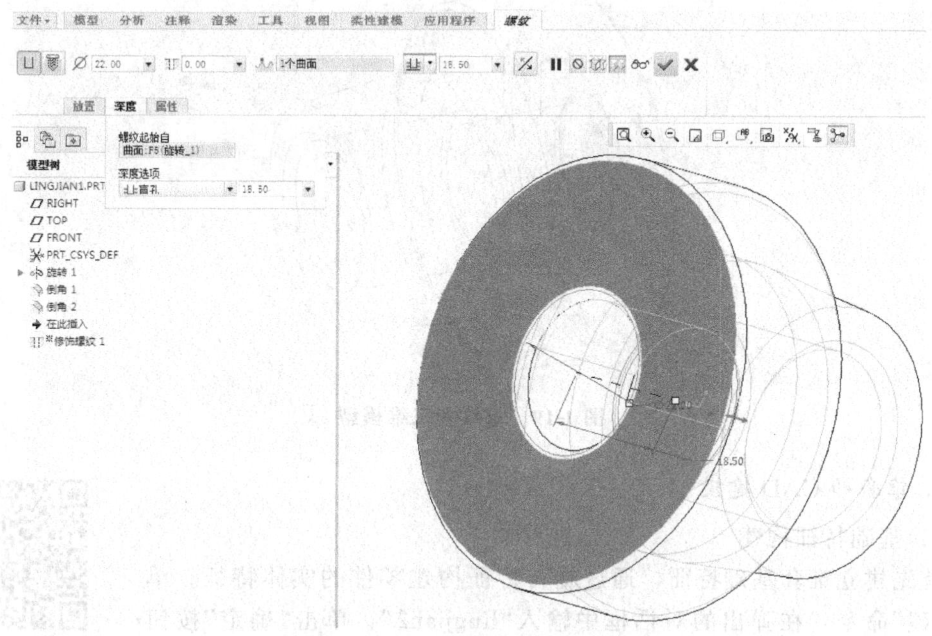

图 1-17　选择螺纹起始曲面

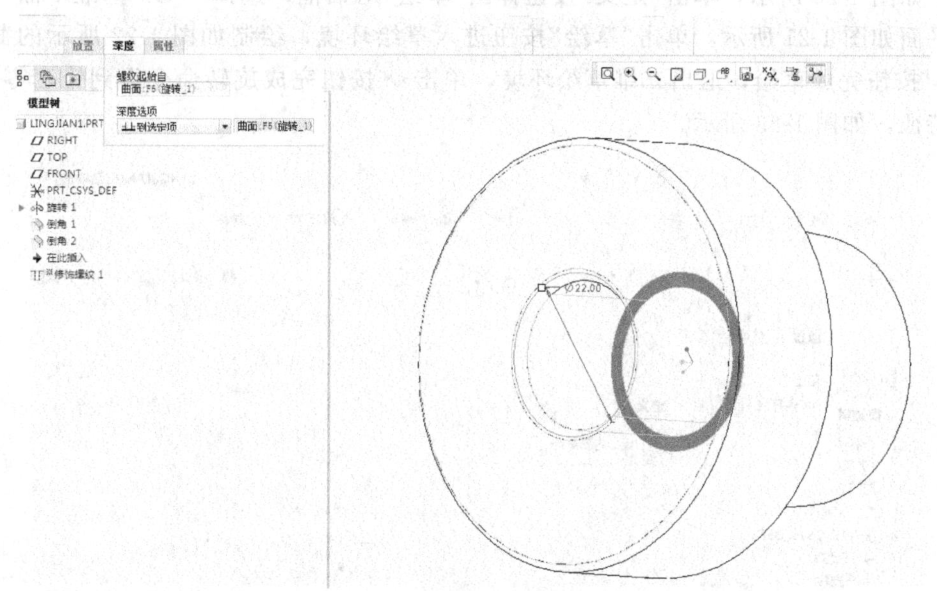

图 1-18　选择螺纹截止曲面

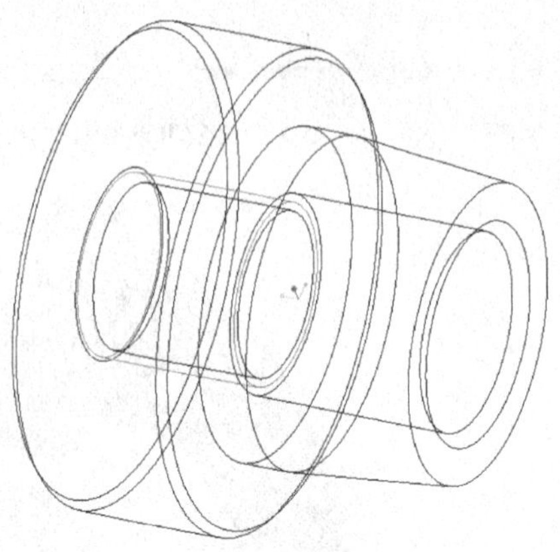

图 1-19　螺纹套三维模型

2. 锥套的 CAD 建模

零件 2 锥套

(1)基础特征构建

首先建立锥套基础特征，通过旋转特征构建零件的实体特征。单击“新建”命令，在弹出的对话框中输入“lingjian2”，单击“确定”按钮弹出“新文件选项”对话框，选择“mmns_part_solid”模板进入建模环境，在“建模”环境下选择“旋转”命令，弹出“旋转”界面，单击“放置”选项卡如图 1-20 所示，单击“定义”按钮弹出“草绘”对话框，选择“TOP 基准平面”作为草绘平面如图 1-21 所示，单击“草绘”按钮进入草绘环境，绘制如图 1-22 所示的截面，单击✔按钮完成草绘，退出二维草绘环境，单击✔按钮完成旋转命令得到锥套零件的基础特征，如图 1-23 所示。

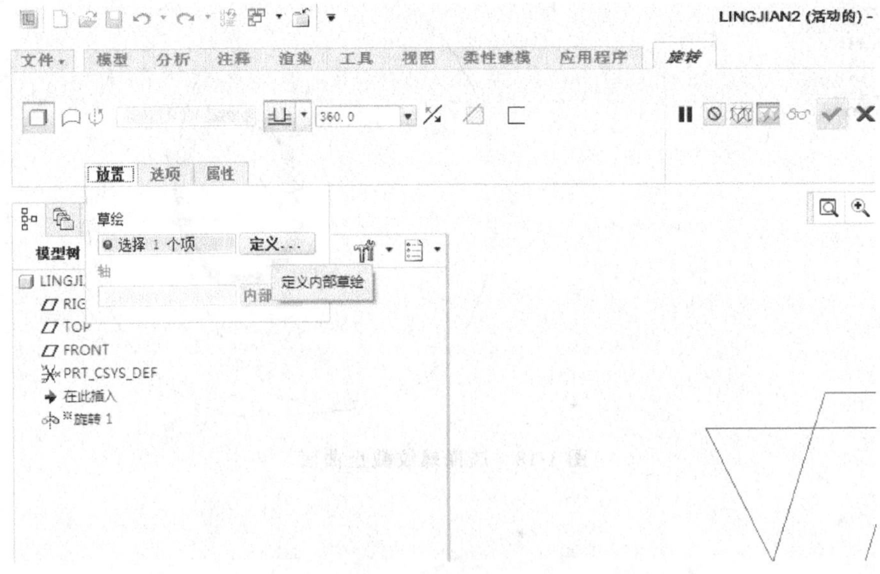

图 1-20　“放置”选项卡

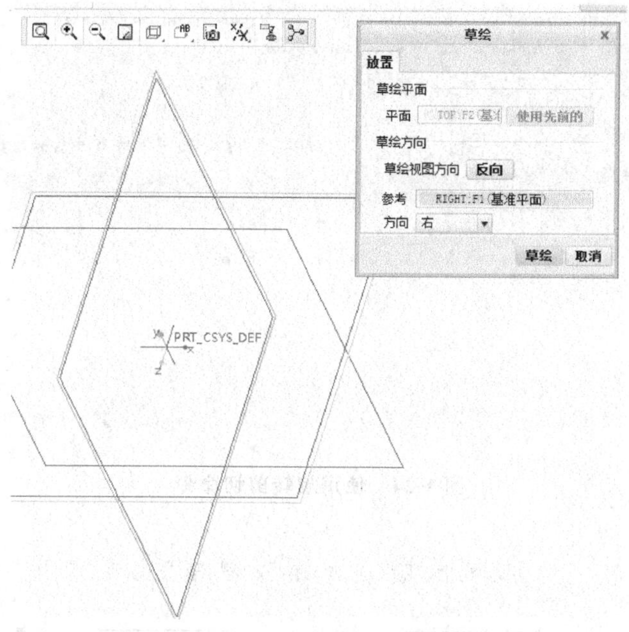

图 1-21 草绘平面定义

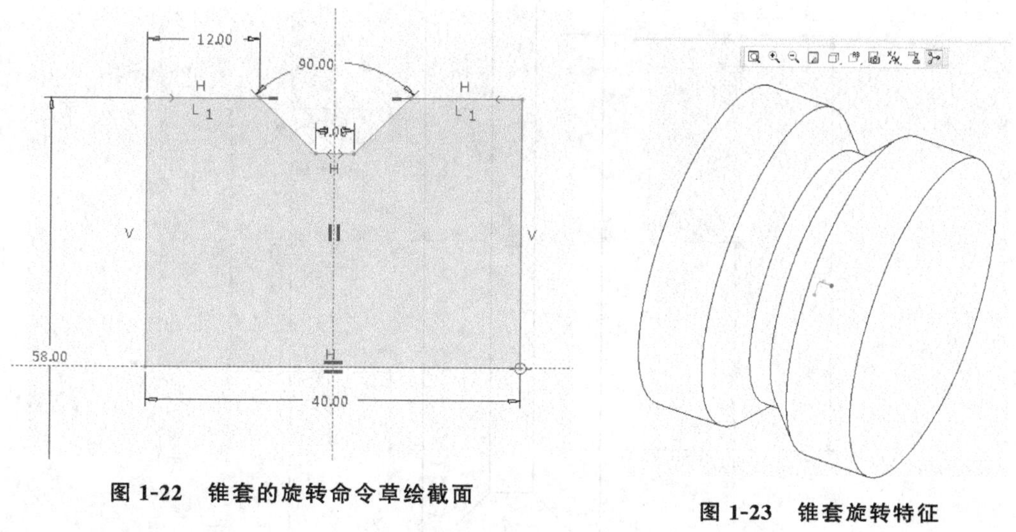

图 1-22 锥套的旋转命令草绘截面

图 1-23 锥套旋转特征

(2)构建内部特征

在“建模”环境，单击“旋转”命令，在操控栏上勾选“剪切”选项，单击“放置”选项卡，如图 1-24 所示，选择“定义”按钮进入“草绘”定义界面，选择“TOP 基准平面”为草绘平面，单击“草绘”按钮，进入二维草绘环境，绘制如图 1-25 所示的截面。

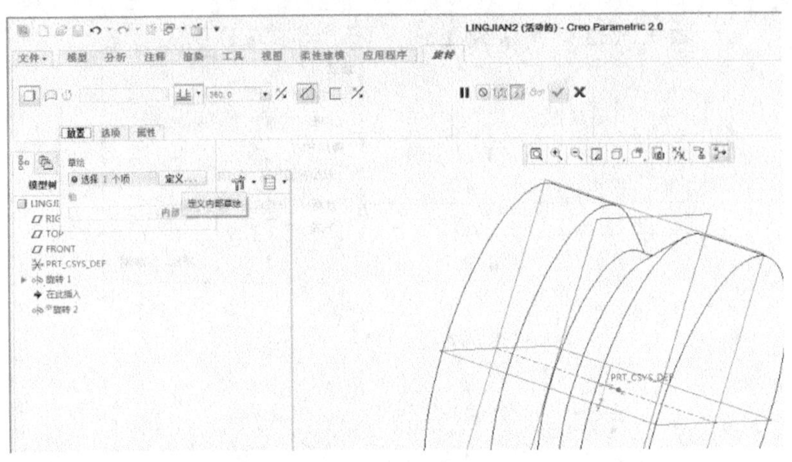

图 1-24　使用旋转剪切命令

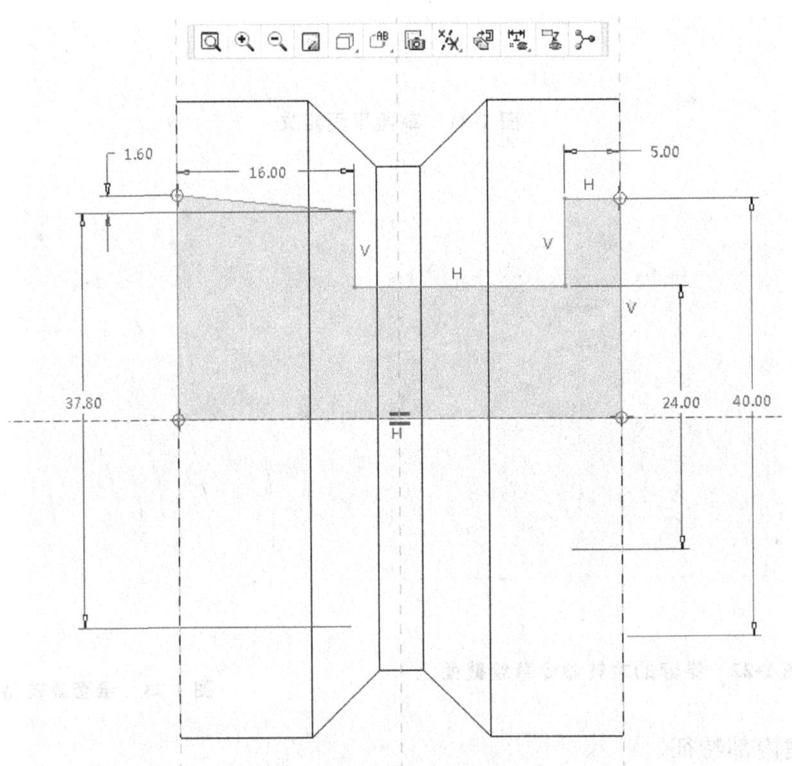

图 1-25　旋转剪切草绘截面

单击✓按钮完成“草绘”命令，退出草绘环境，单击✓按钮完成“旋转”命令得到锥套的内部裁剪特征，如图 1-26 所示。

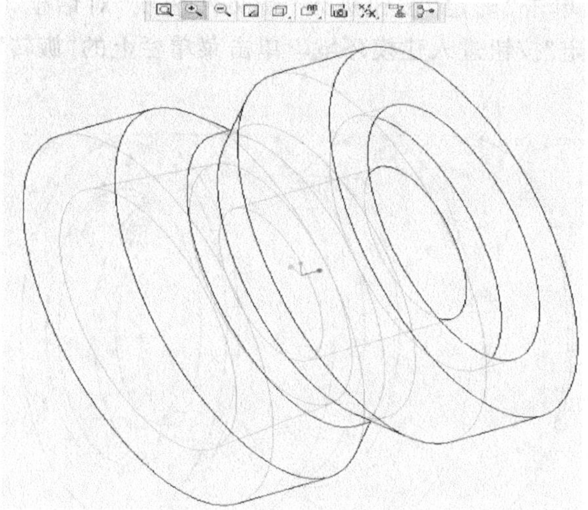

图 1-26 锥套的内部裁剪

(3)细节特征构建

对锥套的细节特征倒角进行构造，添加 $C1$、$C2$ 倒角特征。单击“倒角”命令，进入“倒角”界面，在操控栏输入数值“1”，选择 $C1$ 标注特征的边如图 1-27 所示，单击✔按钮完成“倒角”命令；选择“倒角”命令输入数值“2”，选择 $C2$ 标注特征边如图 1-28 所示，单击✔按钮完成“倒角”命令，锥套的三维模型如图 1-29 所示。

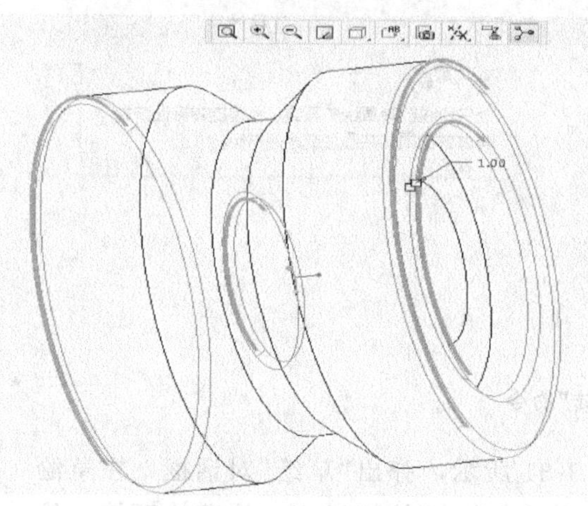

图 1-27 *C*1 倒角边

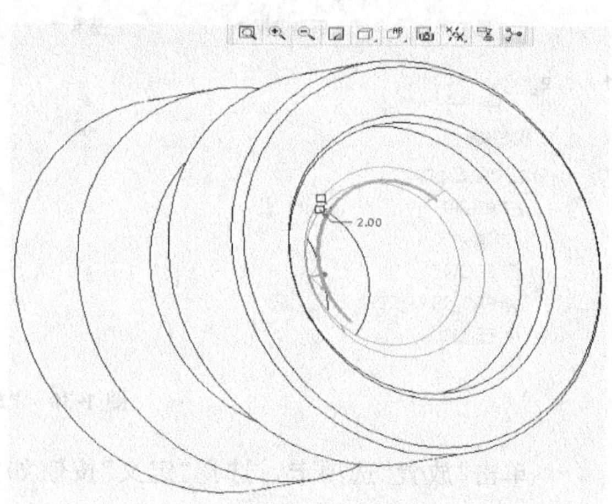

图 1-28 *C*2 倒角边

3. 螺纹轴 CAD 建模

(1)基础特征构建

零件 3 螺纹轴

首先建立螺纹轴基础特征，通过旋转命令构建零件的实体特征。单击“新建”按钮，在弹出的“新建”对话框中输入“lingjian3”，取消勾

选“使用默认模板”，单击“确定”按钮进入“新文件选项”对话框，选择“mmns_part_solid”模板，单击“确定”按钮进入建模环境，单击菜单栏上的“旋转”命令，如图 1-30 所示，进入“旋转”界面。

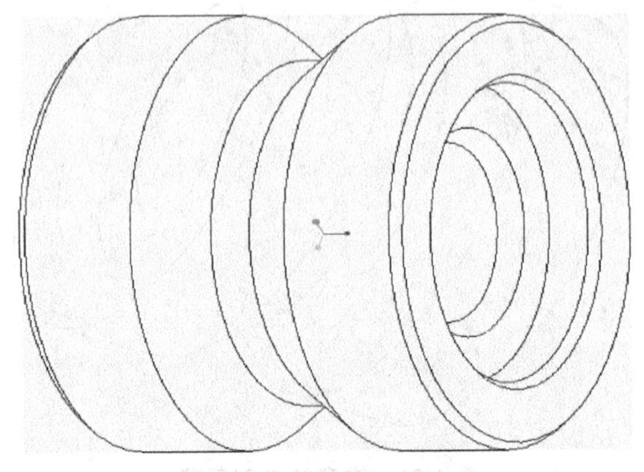

图 1-29　锥套的三维模型

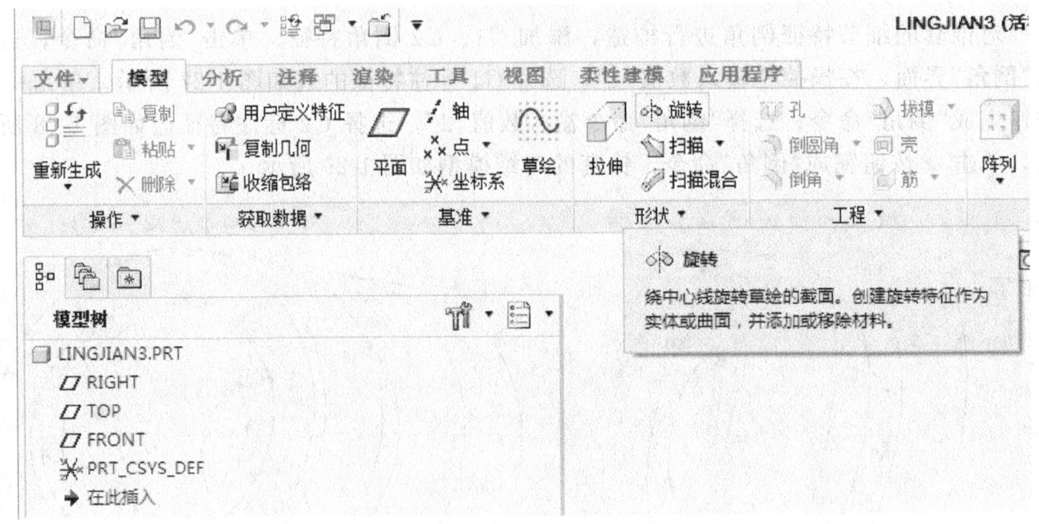

图 1-30　“旋转”命令

单击“放置”选项卡，选择“定义”按钮如图 1-31 所示，弹出“草绘”对话框，在草绘对话框中选择“TOP 基准平面”作为草绘平面，单击“草绘”按钮进入二维草绘环境，绘制如图 1-32 所示的截面。

单击✔按钮，退出草绘环境，单击✔按钮完成旋转命令得到螺纹轴的基础特征，如图 1-33 所示。

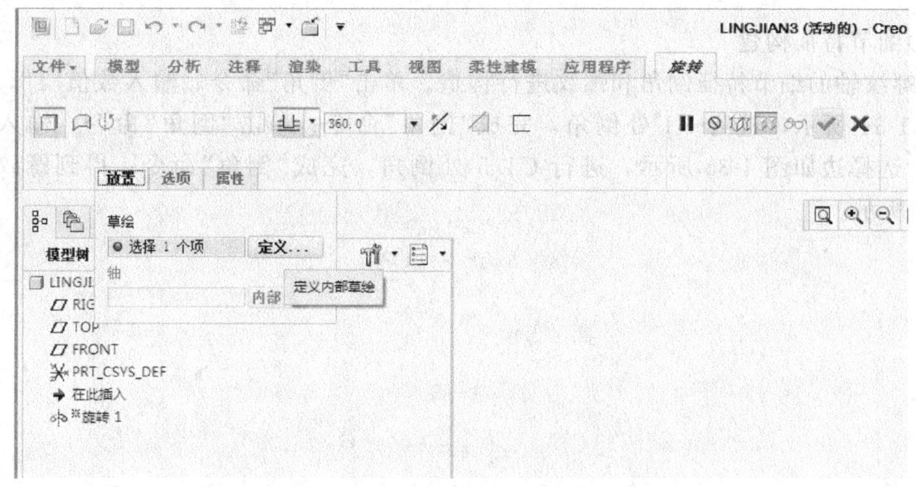

图 1-31 “放置”选项卡

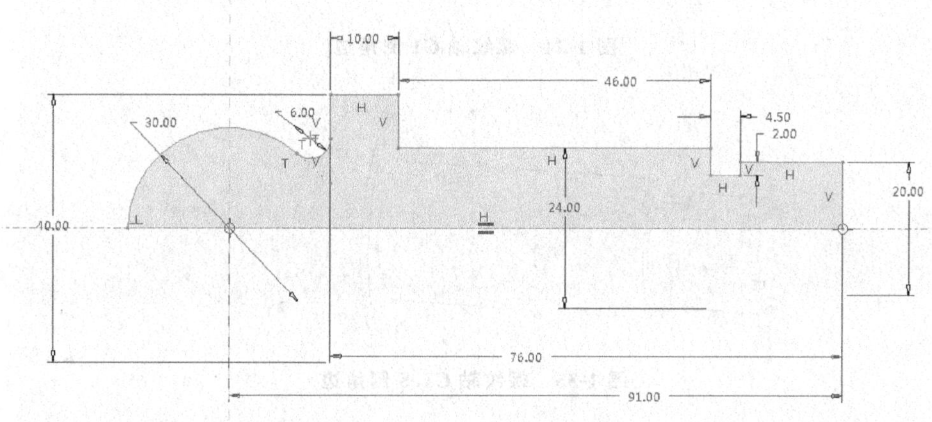

图 1-32 螺纹轴旋转命令的草绘截面

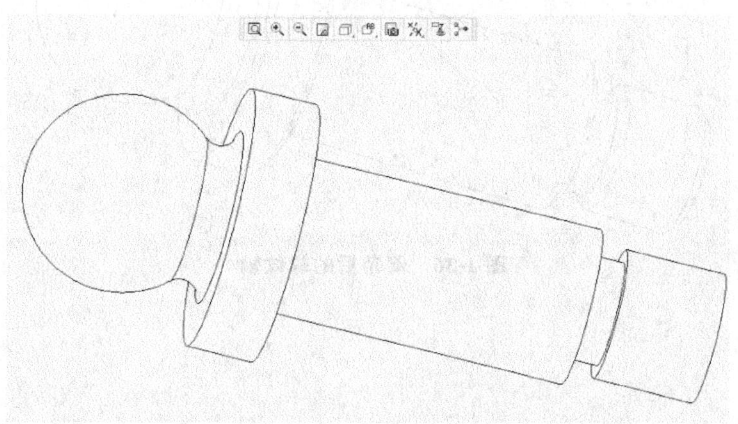

图 1-33 螺纹轴的基础特征

(2)细节特征构建

对螺纹轴的细节特征倒角和螺纹进行构造。单击“倒角”命令，输入数值“1”，选择边如图 1-34 所示，进行 $C1$ 处倒角，完成“倒角”命令；单击“倒角”命令，输入数值“1.5”，选择边如图 1-35 所示，进行 $C1.5$ 处倒角，完成“倒角”命令；得到螺纹轴如图 1-36 所示。

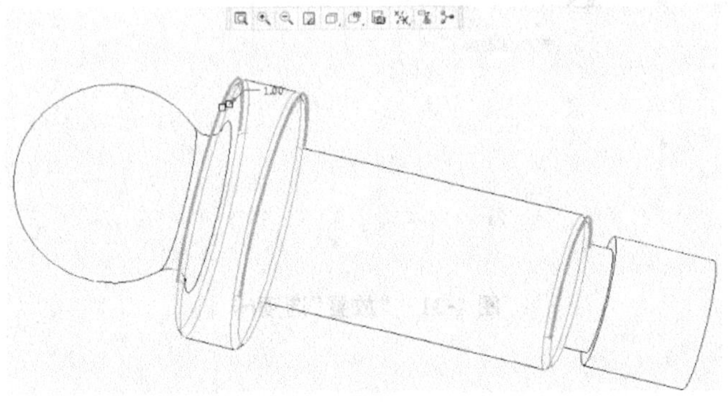

图 1-34　螺纹轴 *C*1 倒角边

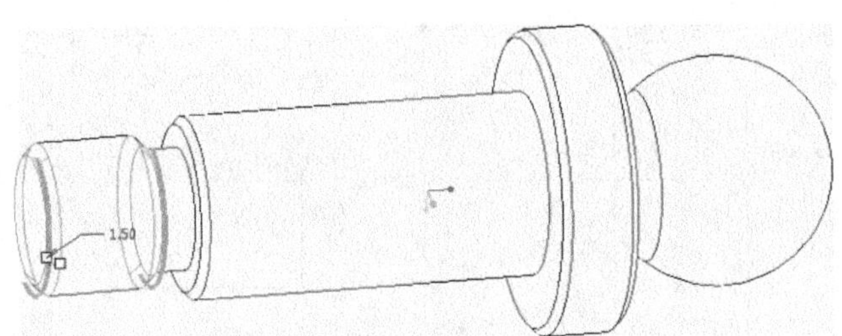

图 1-35　螺纹轴 *C*1.5 倒角边

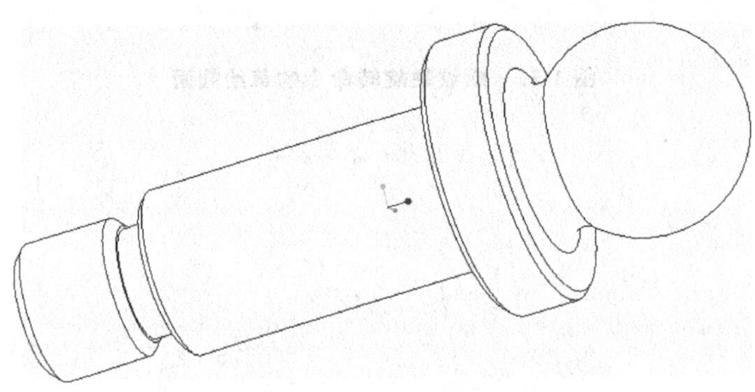

图 1-36　倒角后的螺纹轴

(3)修饰螺纹特征构建

单击“工程”菜单栏，选择“修饰螺纹”选项如图 1-37 所示，进入“螺纹”对话框，单击“放置”选项卡，在螺纹曲面选项框中选择如图 1-38 所示的曲面，单击“深度”选项卡，在螺纹“起始自”选项框内选择零件的左端面，在“到选定”选项框内选择如图 1-39 所示的截面作为终止面，完成修饰螺纹的构建，最终完成的螺纹轴三维建模，如图 1-40 所示。

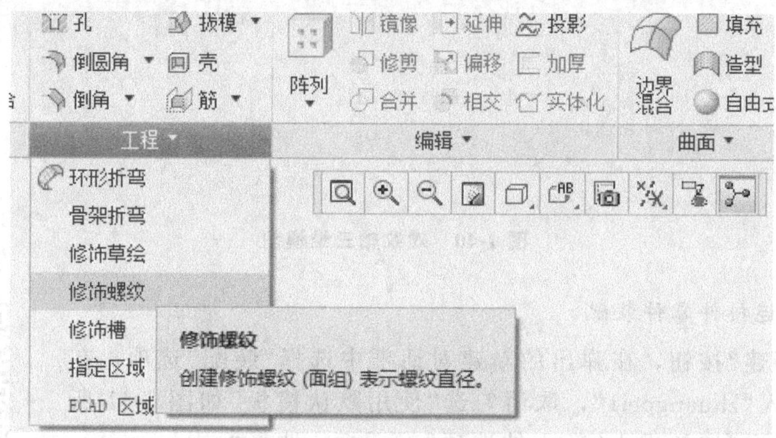

图 1-37 螺纹轴“修饰螺纹”命令

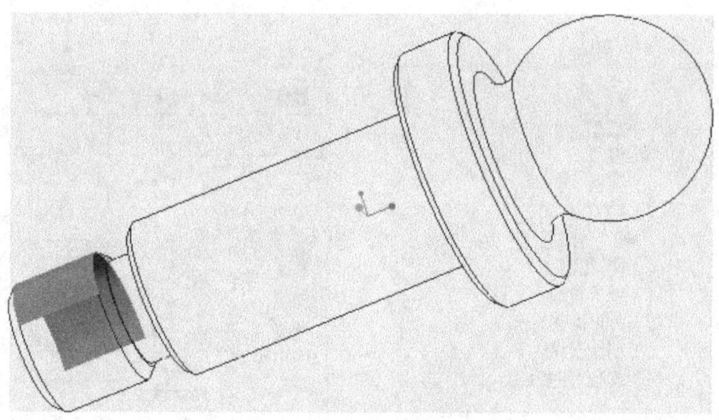

图 1-38 螺纹轴选择螺纹面

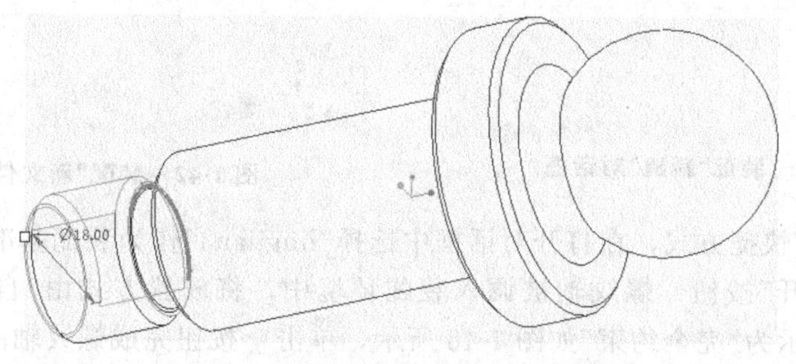

图 1-39 螺纹轴螺纹起始面与终止面

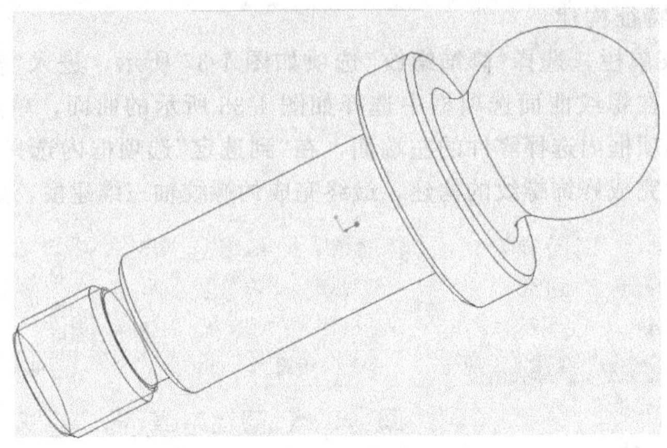

图 1-40　螺纹轴三维模型

4. 螺纹连接件零件装配

三维模型装配

单击“新建”按钮，在弹出的新建对话框中选择“装配”选项，在“名称”栏输入“zhuangpei1”，取消勾选“使用默认模板”如图 1-41 所示，单击“确定”按钮进入“新文件选项”对话框，选择“mmns_asm_design”装配公制模板如图 1-42 所示，单击“确定”按钮进入装配环境，如图 1-43 所示。

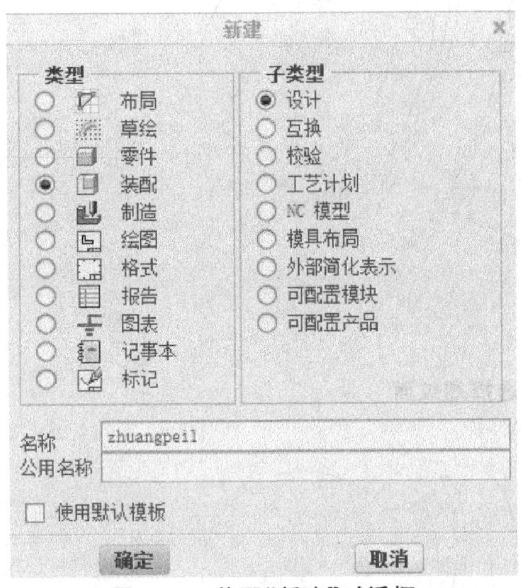

图 1-41　装配“新建”对话框

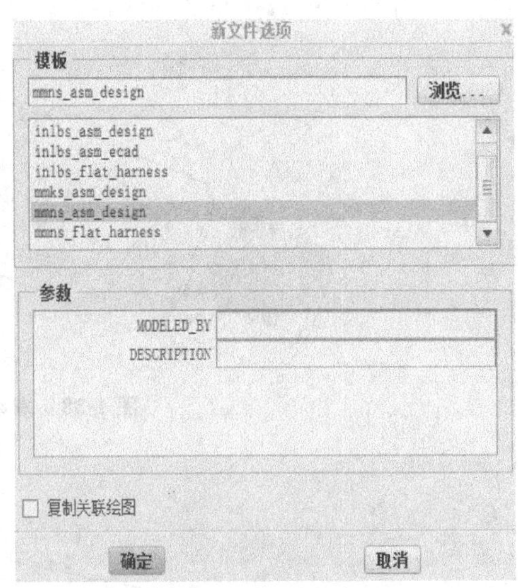

图 1-42　装配“新文件选项”

单击“组装”快捷方式，在打开对话框中选择“lingjian3”作为装配基准零件如图 1-44 所示，单击“打开”按钮，螺纹轴被调入装配环境中，将放置方式由“自动”修改为“默认”，“状况”显示为“完全约束”如图 1-45 所示，单击 ✓ 按钮完成螺纹轴的组装。

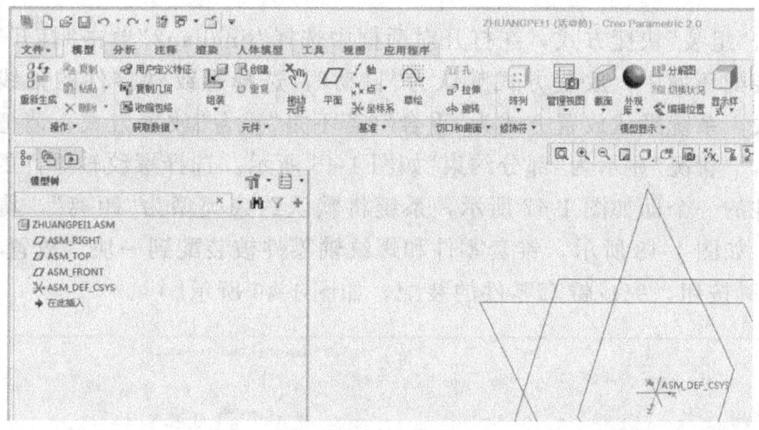

图 1-43 装配环境

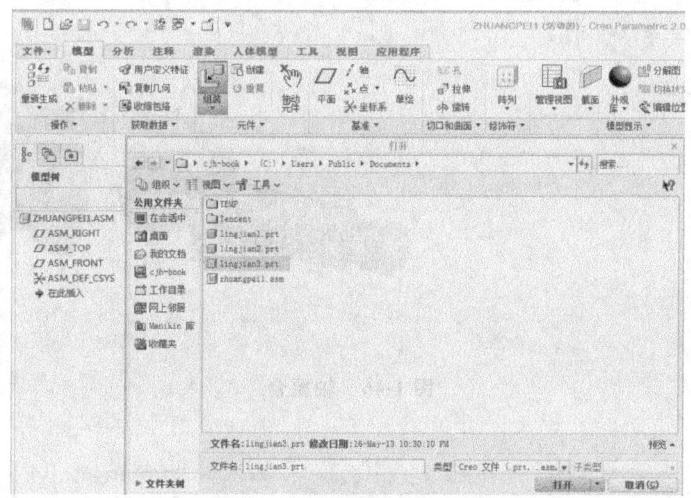

图 1-44 “组装打开”对话框

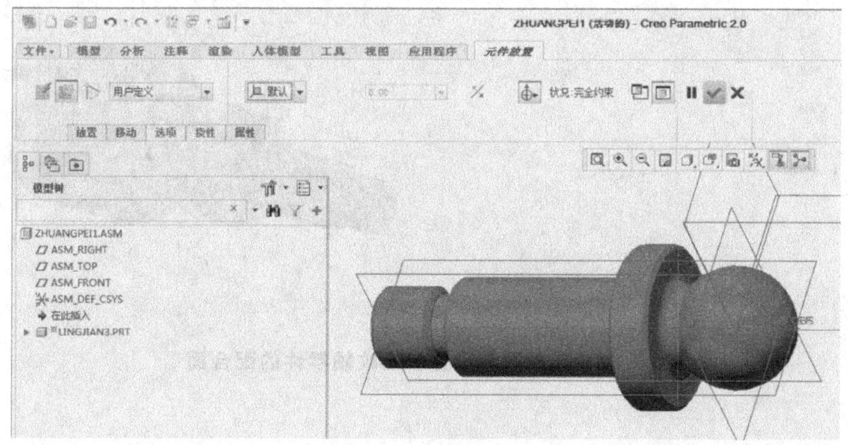

图 1-45 放置螺纹轴

再次单击“组装”快捷方式，在打开对话框中选择“lingjian2”单击“打开”按钮，锥套零件被调入装配环境中，放置方式默认为“自动”，选择螺纹轴零件的轴线，再选择锥套零件的轴线，系统默认放置方式为“重合”(若不是“重合”放置方式，请把约束类型修改为“重合”)，“状况”显示为“部分约束”如图 1-46 所示。选择螺纹轴零件的一个面，再选择锥套零件的一个面如图 1-47 所示，系统将默认约束类型为“距离”，将约束类型修改为“重合”，如图 1-48 所示，锥套零件和螺纹轴零件被装配到一块，放置状态为“完全约束”，单击✓按钮，完成锥套零件的装配，如图 1-49 所示。

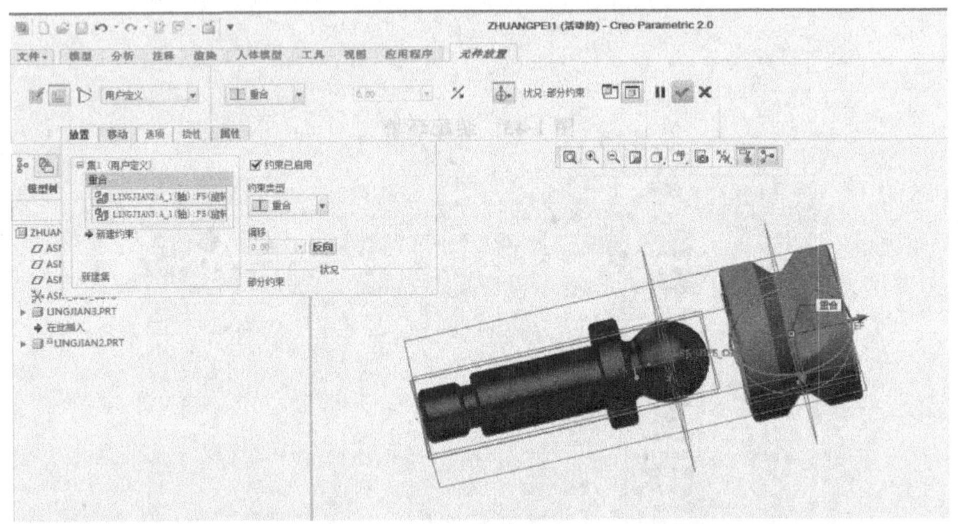

图 1-46　轴重合

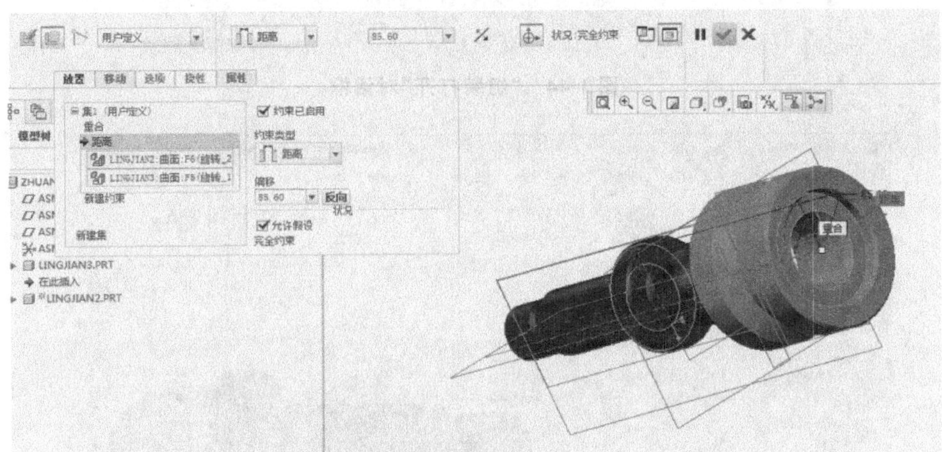

图 1-47　选择锥套零件和螺纹轴零件的配合面

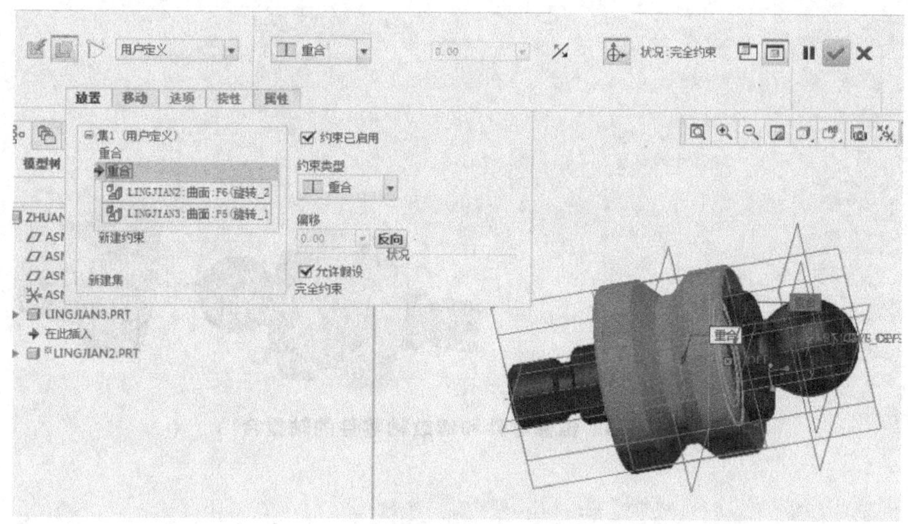

图 1-48　修改"约束类型"为"重合"

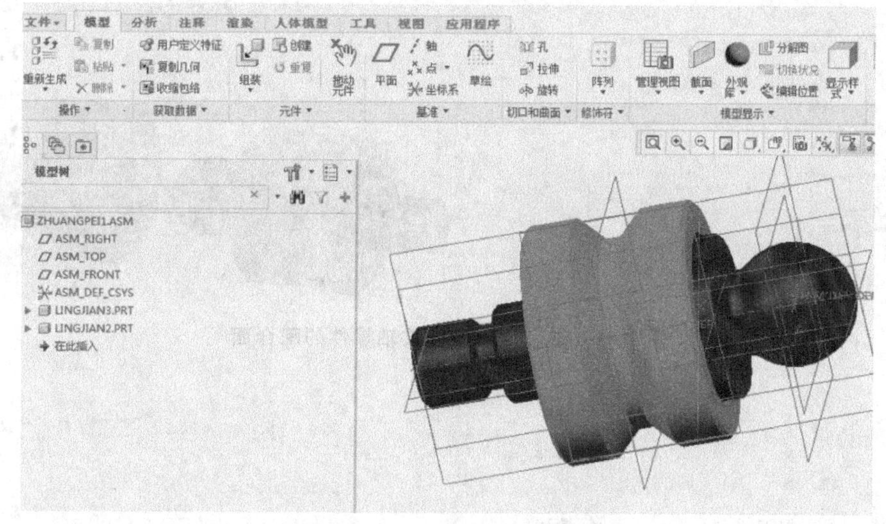

图 1-49　锥套零件装配完毕

再次单击"组装"快捷方式，在打开对话框中选择"lingjian1"单击打开，螺纹套零件被调入装配环境中，放置方式默认为"自动"，选择螺纹轴零件的轴线，再选择螺纹套零件的轴线，系统默认放置方式为"重合"(若不是重合放置方式，请修改约束类型为"重合")，"状况"显示为"部分约束"如图 1-50 所示。选择螺纹轴零件的一个面，再选择螺纹套零件的一个面如图 1-51 所示，系统将默认约束类型为"距离"，修改约束类型为"重合"，如图 1-52 所示，螺纹套零件和螺纹轴零件被约束到一块，放置状态为"完全约束"，单击✓按钮，完成螺纹套零件的装配，如图 1-53 所示，至此，项目零件装配完毕。

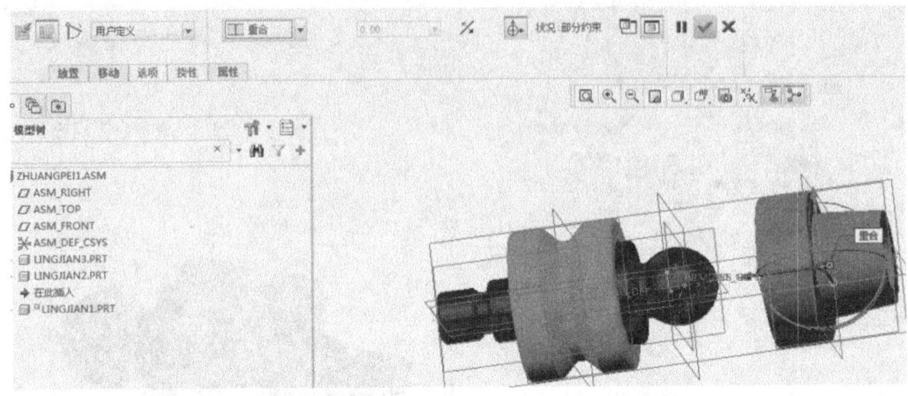

图 1-50 锥套零件和螺纹轴零件的轴重合

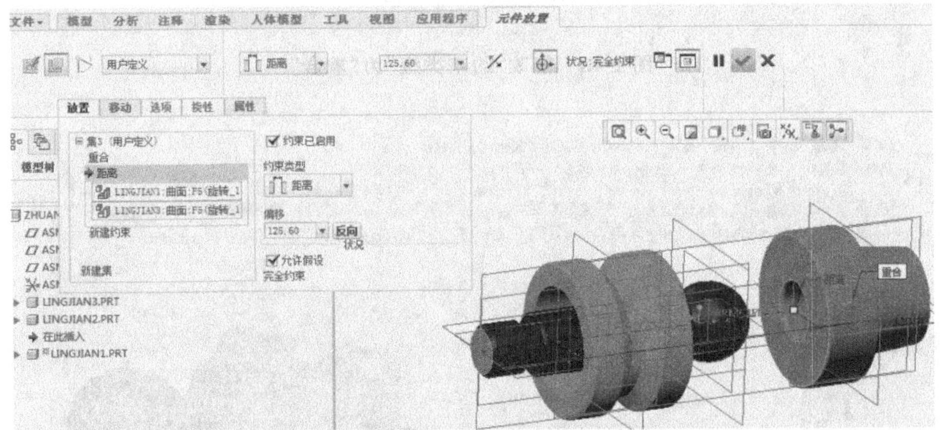

图 1-51 锥套零件和螺纹轴零件的配合面

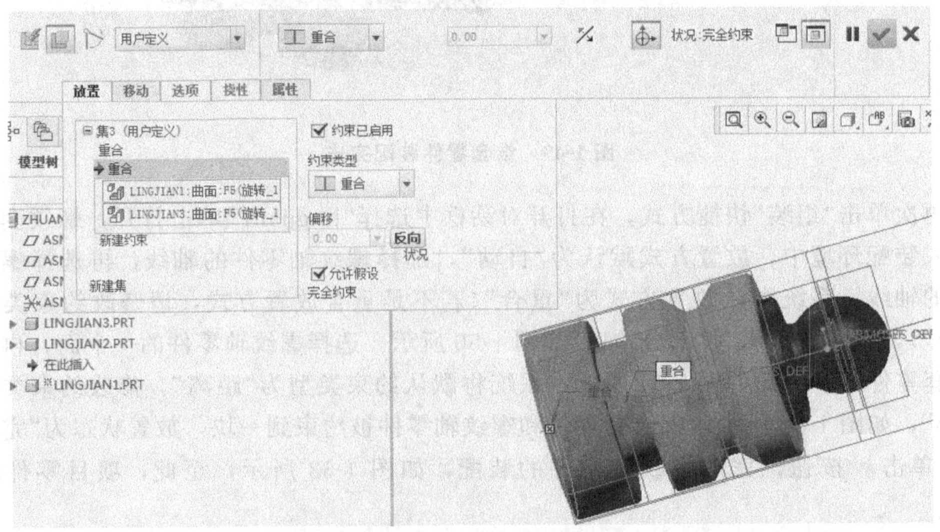

图 1-52 修改“约束类型”为“重合”

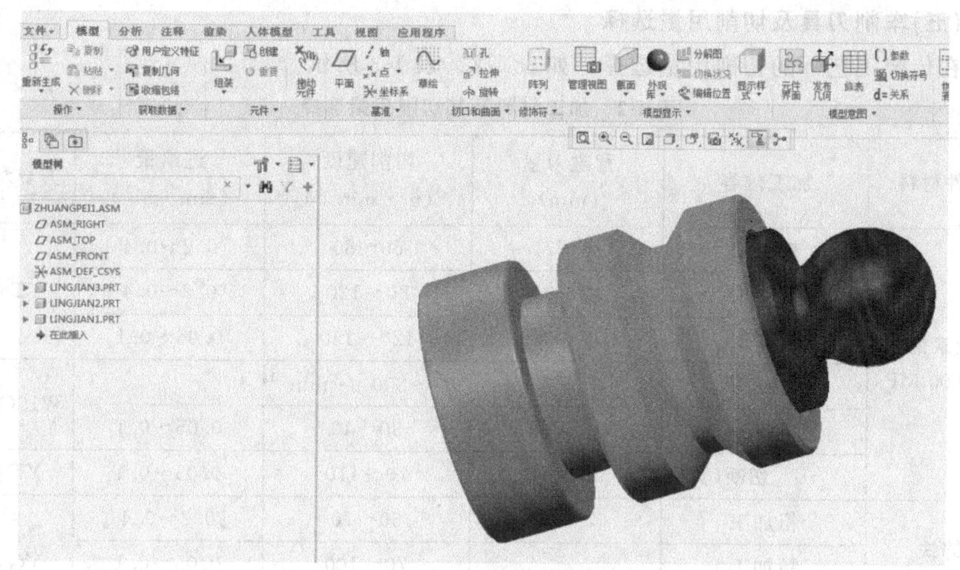

图 1-53 螺纹连接件零件装配

(四)夹具分析

车床常用夹具如表 1-1 所示，根据产品加工要求，本项目采用三爪卡盘定位。

表 1-1 车床常用夹具及其适用场合

夹具名称	性能优缺点	适用场合
三爪自定心卡盘	优点：可自动定心，装夹方便，应用广；缺点：夹紧力较小，不便于夹持外形不规则的工件	用于装夹轴类、盘套类零件
四爪单动卡盘	四个爪都可单独移动，安装工件时需找正，夹紧力大	适用于装夹毛坯及截面形状不规则和不对称的较重、较大工件
花盘	形状不规则的工件，无法使用三爪或四爪卡盘装夹的工件，可用花盘装夹	与车床其他附件一起使用，适用于形状不规则，偏心及需要断面定位夹紧的工件
心轴	以内孔为定位基准，并能保证外圆轴线和内孔轴线的同轴度要求	用于套筒和盘类零件的装夹，工件以圆柱孔定位常用圆柱心轴和小锥度心轴；对于带有锥孔、螺纹孔、花键孔的工件定位，常用相应的锥体心轴、螺纹心轴和花键心轴
顶尖	对同轴度要求比较高且需要调头加工的轴类工件	用于装夹轴类、盘套类零件，用于中心孔定位，定位精度高

(五)车削刀具及切削用量选择

在传统工艺下的切削用量选择，如表 1-2、表 1-3 所示。

表 1-2　加工材料及其切削用量选择

工件材料	加工内容	背吃刀量(mm)	切削速度($m \cdot min^{-1}$)	进给量($mm \cdot r^{-1}$)	刀具材料
碳素钢 σ_b>600 MPa	粗加工	5～7	60～80	0.2～0.4	YT 类
	粗加工	2～3	80～120	0.2～0.4	
	精加工	0.2～0.6	120～150	0.05～0.1	
	钻中心孔		500～800 $r \cdot min^{-1}$		W18Cr4V
	钻孔		30～40	0.05～0.1	
	切断(宽度<5 mm)		70～110	0.05～0.1	YT 类
铸铁 200 HBW	粗加工		50～70	0.2～0.4	YG 类
	精加工		70～100	0.05～0.1	
	切断(宽度<5 mm)		50～70	0.05～0.1	

表 1-3　加工刀具的选择

序号	加工内容	刀具规格		主轴转速($r \cdot min^{-1}$)	进给速度($mm \cdot min^{-1}$)
		类型	材料		
1	粗车外圆	小于 90°外圆车刀	YT15	600	100
2	精车外圆	大于或等于 90°外圆车刀	YT15	900	60
3	粗车内孔	盲孔刀	YT15	600/1000	60
4	精车内孔	盲孔刀	YT15	1000	60
5	切内沟槽	刀宽 4～5 mm 的内切槽刀	YT15	500	20
6	切外槽	刀宽 4 mm 的切槽刀	YT15	500	20
7	车螺纹	60°三角螺纹车刀	YT15	600	2 $mm \cdot r^{-1}$
8	切断	刀宽 4～5 mm，切断刀	YT15	500	20

(六)程序分析与 CAM 编程

注意：车削加工建议采用手动编制程序，出现复杂异形件或需要宏程序编制的情况下可以使用 CAM 软件编制。

1. 螺纹套零件编程

1)螺纹套零件手动编制程序

螺纹套零件的加工图如图 1-2 所示。该零件毛坯为 ϕ60 mm×48 mm，分两个程序

O0001 和 O0002。

O0001：夹持毛坯一端加工另一端，加工长度 21～25 mm，直径 $\phi(58-0.015)$mm= $\phi57.985$ mm。

O0002：夹持已加工 $\phi57.985$ 的圆柱表面，先钻孔，再加工另一端锥度、内孔、螺纹。

T0101 为外圆刀，T0202 为内孔刀，T0303 为内螺纹刀。

```
O0001(以工件右端面为工件零点)
N1 M03 S800 T0101
N2 G00 X62 Z0
N3 G01 X0 F0.3                    //车端面
N4     Z2
N5 G00 X58.5
N6 G01 Z-25 F0.3
N7 U2
N8 Z2
N9 M03 S1200
N10 G01 X-56 F0.15                //精加工
N11 Z0
N12 X57.985 Z-1                   //倒角
N13 Z-25
N14 G00 X62
N15 Z100
N16 M05 T0100
N17 M30

O0002(以工件左端面为工件零点)
N01 M03 S800 T0101
N02 G00 X61 Z46
N03 G01 X0 F0.2                   //车端面
N04 Z47
N05 G00 X61
N06 G90 X56 Z20 F0.4              //粗加工循环
N07 X52
N08 X48
N09 X44
N10 X40.5
N11 M03 S1200                     //换主轴速度
N12 G00 X38 Z46
N13 G01 X39.99 Z26 F0.15          //加工锥度
N14 Z20
```

```
N15 X56
N16 X58 Z19
N17 G00 X62 Z100 T0100
N18 T0202                          //换镗孔刀
N19 G00 X18.4 Z48
N20 G01 Z-1 F0.4                   //镗孔
N21 X18
N22 Z48
N23 G90 X21 Z26 F0.4               //镗孔循环
N24     X23.5
N25     X 24.01
N26 G01 X26 Z46 F0.2
N27 X24 Z45                        //倒角
N28 G00 Z100
N29 X61 T0200
N30 T0303                          //换螺纹刀
N31 G00 X17 Z48
N32 G01 X18 Z23
N33 G92 X19.2 Z-2 F1.5             //螺纹加工
N44     X19.7
N45     X20
N46     X20                        //光刀
N47 G00 Z100
N48 X62
N49 M05 T0300
N50 M30
```

2)螺纹套零件 CAM 程序编制

(1)参照模型调入

首先进入制造环境，单击“新建”按钮，弹出“新建”对话框选择“制造”，取消勾选“使用默认模板”如图 1-54 所示，单击“确定”按钮弹出“新文件选项”对话框，选中“mmns_mfg_nc”制造公制模板如图 1-55 所示，单击“确定”按钮进入制造环境，在菜单栏选择 调入参照模型，在打开的对话框中选择模型 PRT 文件“lingjian1.prt”，如图 1-56 所示，单击“打开”按钮进入放置模式，将放置模式的“自动”更改为“默认”模式放置参照模型，约束状态显示为“完全约束”，如图 1-57 所示。

(2)创建工件

在菜单栏选择“自动工件”，打开创建“自动工件”界面，默认是矩形工件，这里选择圆柱体，系统自动将工件和参照模型装配好，如果存在装配问题，可以单击“选项”菜单通过旋转偏移选项输入角度得到正确的装配方式，在尺寸项里面输入工件尺寸大小，如图 1-58 所示，单击按钮完成自动工件的创建。

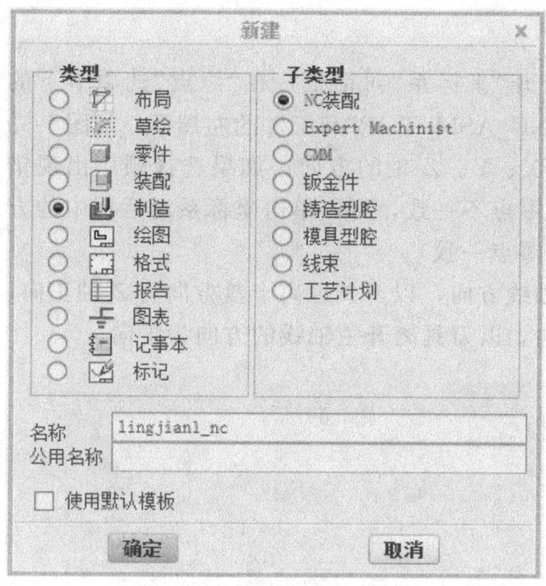

图 1-54 制造新建对话框

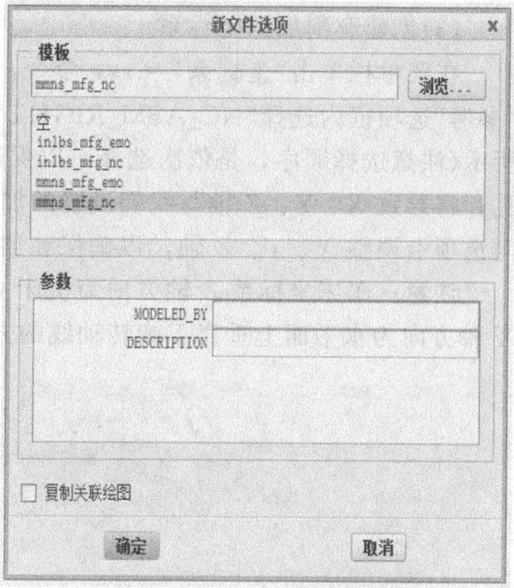

图 1-55 选择制造公制模板

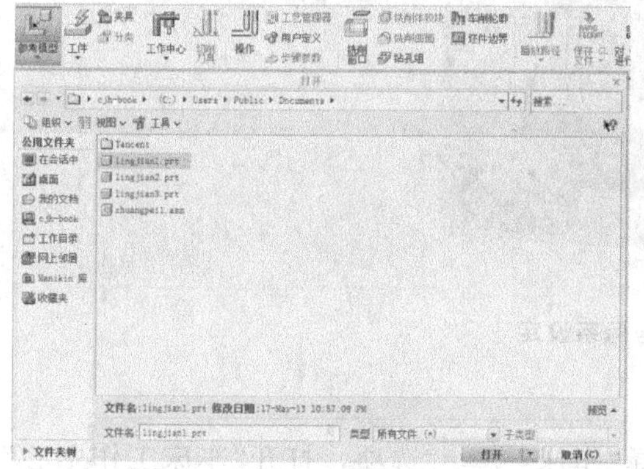

图 1-56 调入参照模型

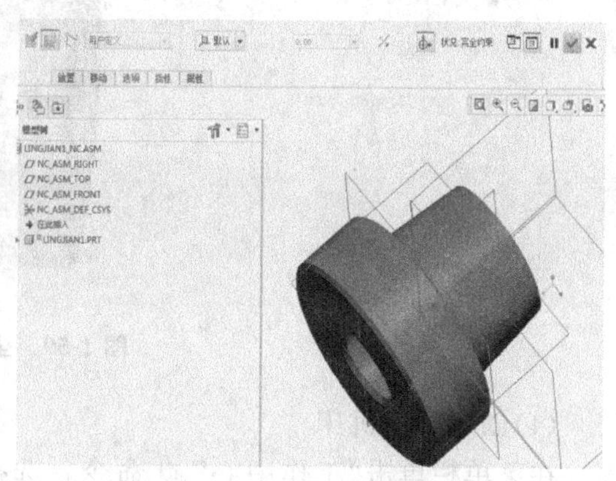

图 1-57 放置参照模型

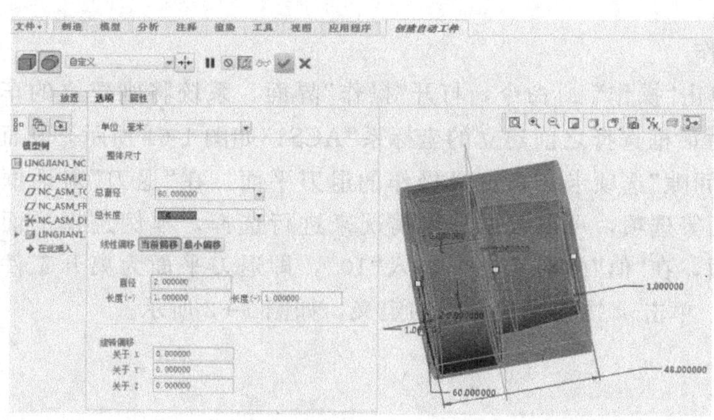

图 1-58 自动工件创建

(3)创建车削加工坐标系

在菜单栏单击“坐标系”坐标系命令，打开“坐标系”对话框，在“原点”选项卡下的“参考”选项框内选择“NC_ASM_RIGHT”“NC_ASM_TOP”和工件的左端面，如图 1-59 所示(注意选择顺序，是依次选择，以保证 X、Y、Z 轴的方向；如果选择顺序出现错乱，将导致 X、Y、Z 轴与我们设置的加工零点不一致，可以单击坐标系对话框中的方向选项卡调整 X、Y、Z 轴，以确保和加工零点一致)。

注意： 车床坐标系 Z 轴方向为机床主轴线方向，以刀具远离卡盘方向为 Z 轴正向，X 轴方向为水平面上垂直于旋转轴线的方向，以刀具离开主轴线的方向为正向。

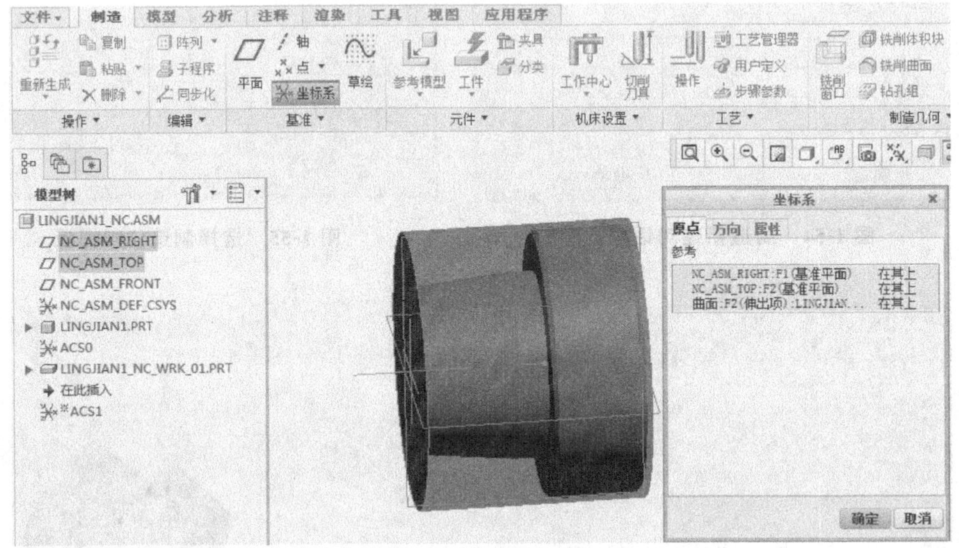

图 1-59　坐标系设定

(4)创建车削机床

在菜单栏单击“工作中心”命令，选择“车床”车床选项，打开“车床工作中心”对话框，设置车床的相关参数，单击对话框中的✓按钮，完成车床工作中心的定义，如图 1-60 所示。

(5)创建操作

在菜单栏单击“操作”命令，打开“操作”界面，系统将刚建立的车床工作中心默认选中，在对话框选择之前建立的坐标系“ACS1”如图 1-61 所示，从而完成加工零点的设置。单击“间隙”选项卡，来定义操作的退刀平面，在“退刀”对话框中的类型选项下有平面、曲面等选项，可以根据具体情况来进行选择，本例选择平面，在绘图区选中工件的右端面，在“值”的对话框下输入“10”，即退刀平面为离开工件右端面距离为 10 mm 的平面。单击✓按钮完成操作的定义，如图 1-62 所示。

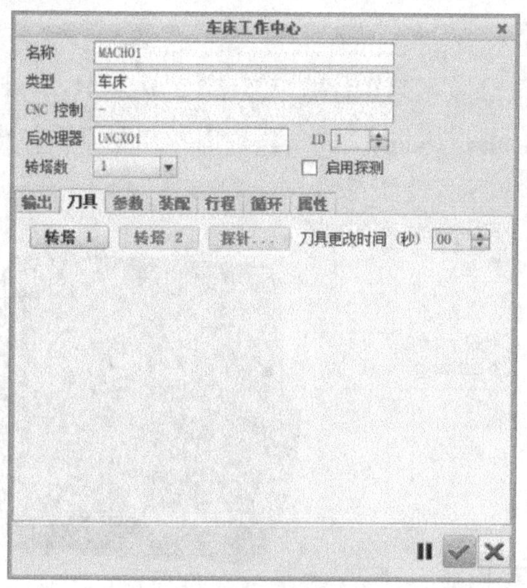

图 1-60　车削机床定义

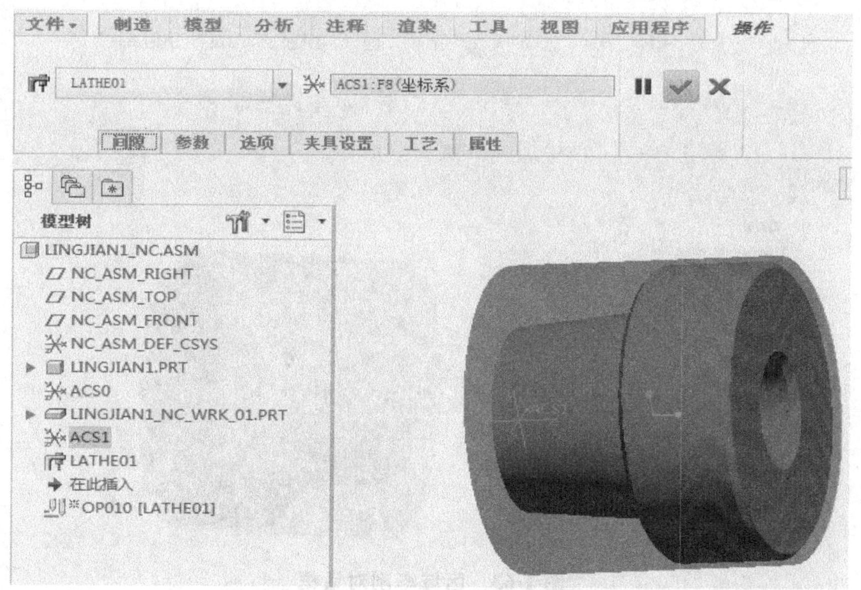

图 1-61　确定机床与加工零点

(6)创建区域车削

首先对工件右端面进行粗加工，在“车削”界面的菜单栏中单击“区域车削”命令，弹出“区域车削”界面如图 1-63 所示；在区域车削界面的“刀具”选项显示“无刀具”，单击后面的可以下拉，出现“编辑刀具”选项如图 1-64 所示，单击“编辑刀具”，弹出“刀具设定”对话框，刀具的默认类型为车削，可以在下方刀具细节设置对话框，更改

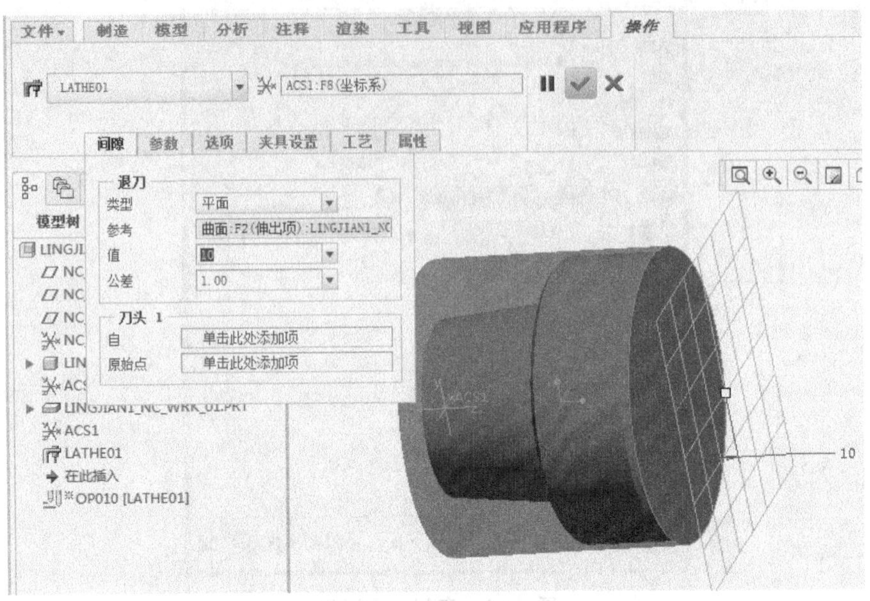

图 1-62　确定退刀平面

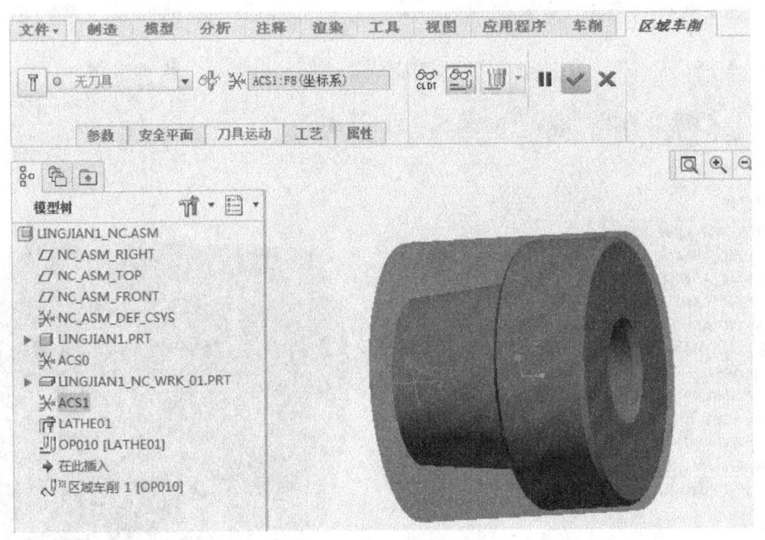

图 1-63　区域车削对话框

车刀的参数，改完参数后单击“应用”，“T0001”刀具就出现在界面上方的对话框中，如图 1-65 所示，单击“确定”完成刀具设定。单击区域车削界面中“参数”选项卡弹出加工参数定义对话框，输入加工参数数值如图 1-66 所示。单击“区域车削”界面中的“刀具运动”选项卡弹出“刀具运动”定义对话框，单击右侧的“区域车削”选项如图 1-67 所示，会弹出“区域车削切削”对话框，在这个对话框中要求选择车削轮廓，单击区域车削对话框中“几何”菜单下的 **车削轮廓**“车削轮廓”命令，如图 1-68 所示。

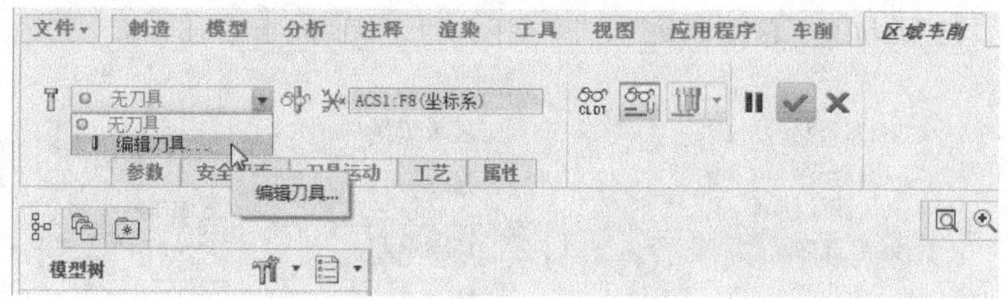

图 1-64　区域车削刀具定义

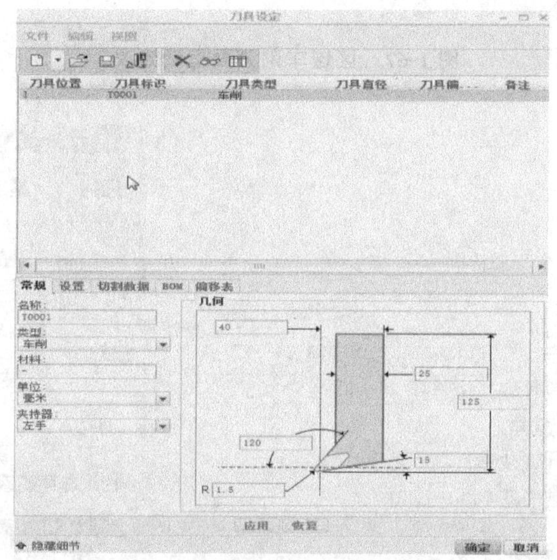

图 1-65　区域车削刀具设定

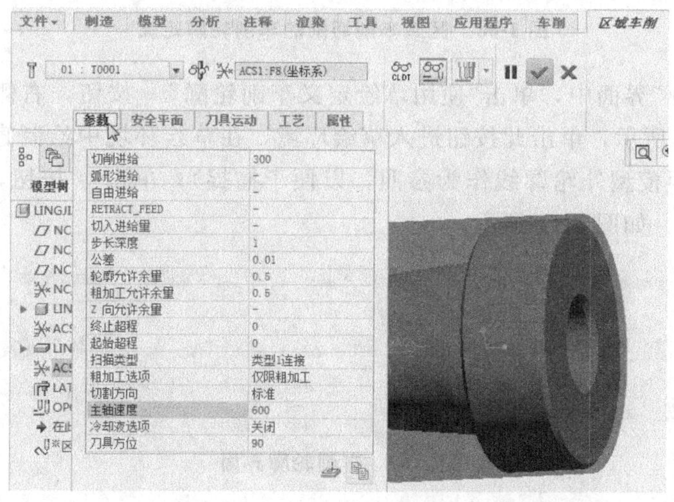

参数	值
切削进给	300
弧形进给	-
自由进给	-
RETRACT_FEED	-
切入进给量	-
步长深度	1
公差	0.01
轮廓允许余量	0.5
粗加工允许余量	0.5
Z 向允许余量	-
终止超程	0
起始超程	0
扫描类型	类型1连接
粗加工选项	仅限粗加工
切割方向	标准
主轴速度	600
冷却液选项	关闭
刀具方位	90

图 1-66　区域车削加工参数定义

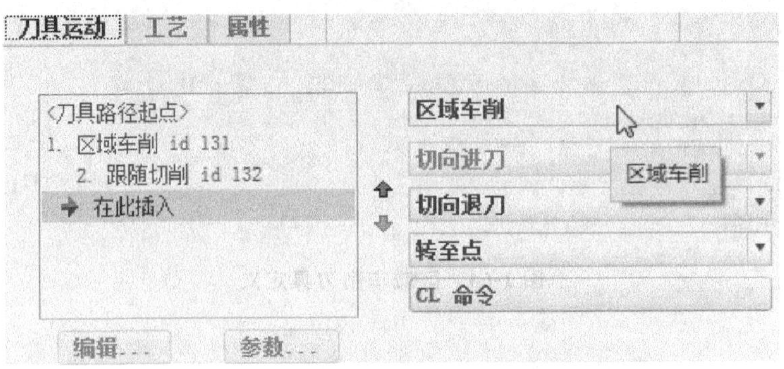

图 1-67 区域车削刀具运动定义

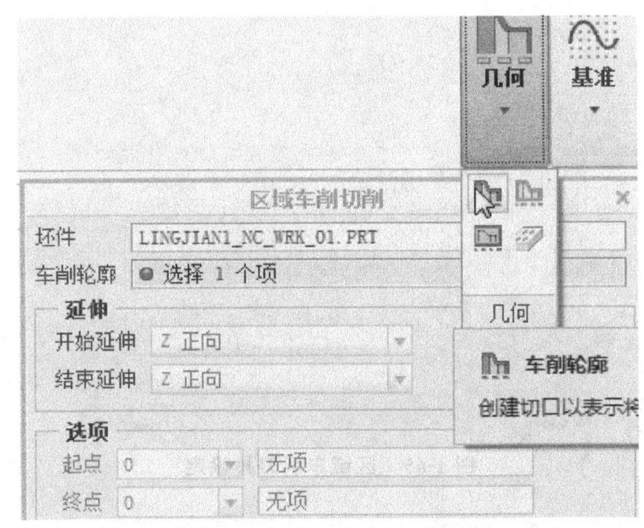

图 1-68 区域车削切削的车削轮廓定义

在“车削轮廓”界面中，单击“使用草绘定义车削轮廓”按钮，右侧显示“草绘”按钮，如图 1-69 所示，单击此按钮进入草绘环境，在草绘环境中绘制直线如图 1-70 所示(注意添加参照模型外轮廓线作为参照，以便于捕捉)，单击✔按钮，退出草绘，保证切削方向向上，如图 1-71 所示。

图 1-69 车削轮廓界面

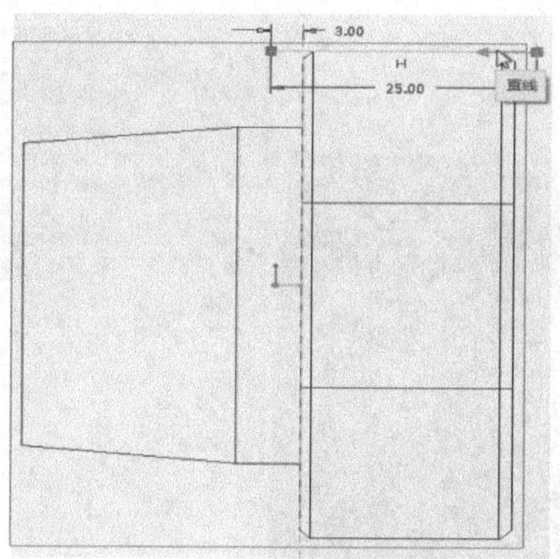

图 1-70　绘制车削轮廓

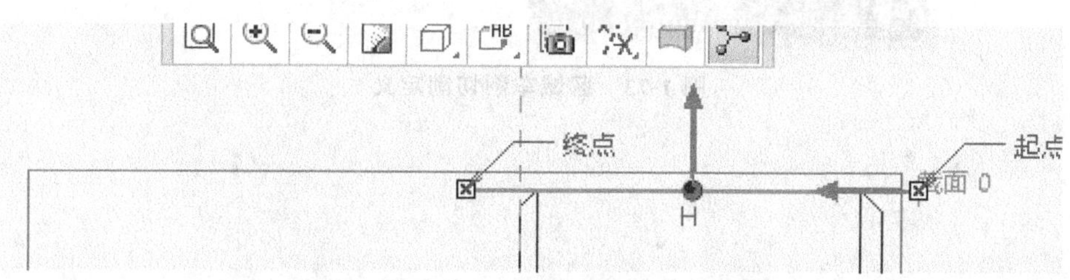

图 1-71　车削轮廓切削方向

此时，返回到“区域车削”界面，在操控栏上单击“继续”按钮如图 1-72 所示，“区域车削切削”对话框中的车削轮廓选项就自动选中了刚刚建立的车削轮廓，修改“结束延伸”对话框的选项为“X 正向”，保证刀具切削完毕后退刀正常，通过绘图环境中箭头的指向，来判断退刀方向是否正确，如图 1-73 所示，单击✔按钮完成“区域车削切削”的定义，返回到“区域车削”界面。在操控栏上单击按钮来观看区域车削的刀具路径，如图 1-74 所示，从而判断刀具路径是否符合零件加工要求，也可以单击其后面来选择进行切除材料的演示(一般是“nc_check”或者“vericut”，由选项配置卡里的“nccheck_type”参数的设置情况决定)，或者选择按钮进行零件的过切检查，单击✔按钮完成区域车削命令。

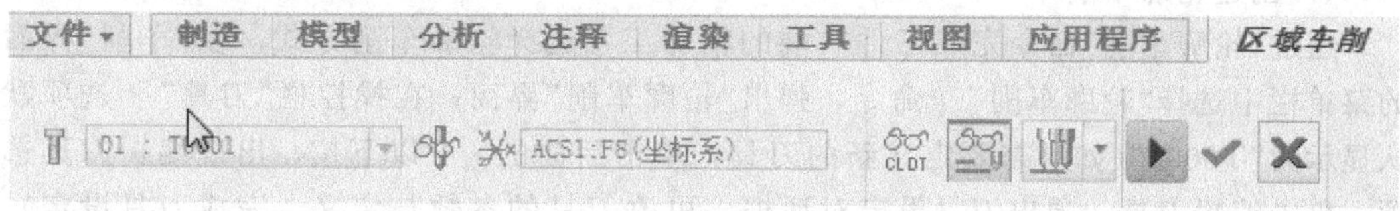

图 1-72　“区域车削”界面

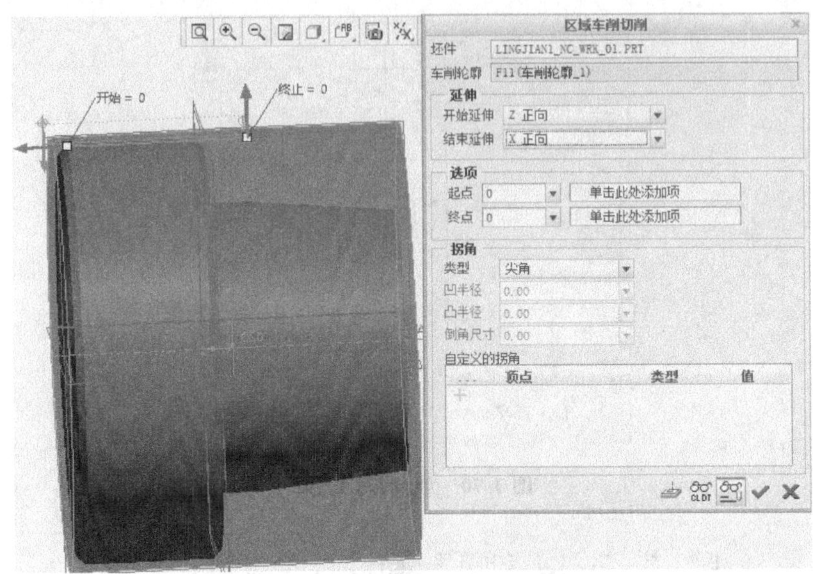

图 1-73　区域车削切削定义

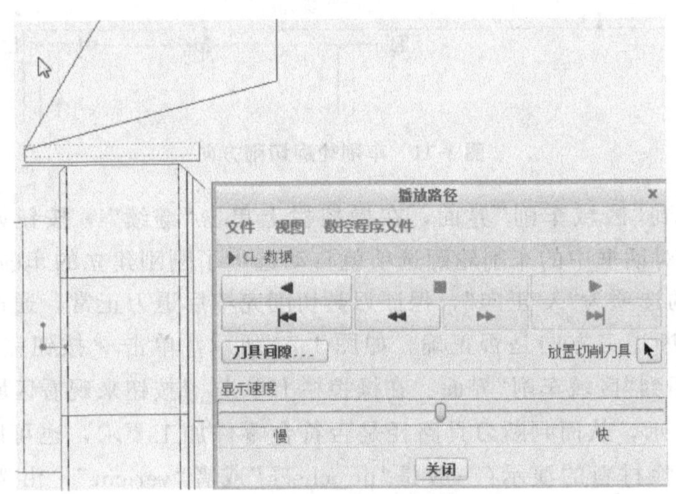

图 1-74　区域车削播放路径

(7)创建轮廓车削

通过“轮廓车削”命令完成工件右端的精加工，选择轮廓车削方式，在“车削”界面的菜单栏中选择“轮廓车削”命令，弹出“轮廓车削”界面，在操控栏“刀具”选项默认显示为“T0001”(如果需要定义新的刀具，单击后面的可以下拉，出现编辑刀具选项，单击编辑刀具，弹出刀具设定对话框，更改刀具的参数与定义，完成刀具设定)。单击“轮廓车削”界面中“参数”选项卡弹出加工参数定义对话框，输入加工参数数值，如图 1-75 所示。单击“轮廓车削”界面中“刀具运动”选项卡弹出“刀具运动”定义对话框，单击右侧的“轮廓车削”选项如图 1-76 所示，会弹出“轮廓车削切削”对话框如图 1-77 所

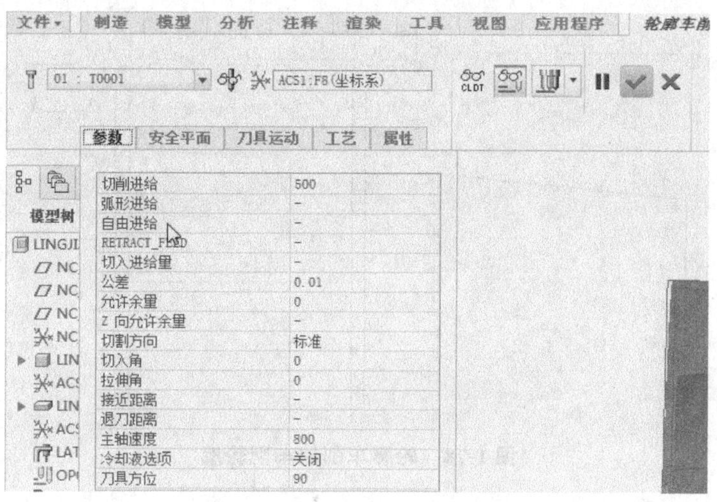

图 1-75　轮廓车削加工参数定义

示，选择要求的车削轮廓，单击轮廓车削界面中“几何”菜单下的“车削轮廓”车削轮廓命令来定义需要的车削轮廓。在“车削轮廓”对话框中，单击操控栏上的“使用草绘定义车削轮廓”按钮，右侧显示“草绘”按钮，单击此按钮进入草绘环境，在草绘环境中绘制直线如图 1-78 所示(注意添加参照模型外轮廓线和倒角边作为参照，以便于捕捉)，单击按钮，退出草绘，从而完成车削轮廓的定义。此时，返回到“轮廓车削”界面，在操控栏上单击“继续”按钮，“轮廓车削切削”对话框中的车削轮廓选项就自动选中了刚刚建立的车削轮廓如图 1-79 所示，单击按钮完成“轮廓车削切削”定义。界面返回到轮廓车削操作界面，在操控栏上可以单击按钮查看轮廓车削的刀具路径，如图 1-80 所示，从而判断刀具路径是否符合我们的加工要求，也可以单击其后面，选择进行切除材料的演示，或者选择按钮进行零件的过切检查，单击按钮完成轮廓车削命令。

图 1-76　轮廓车削刀具运动定义

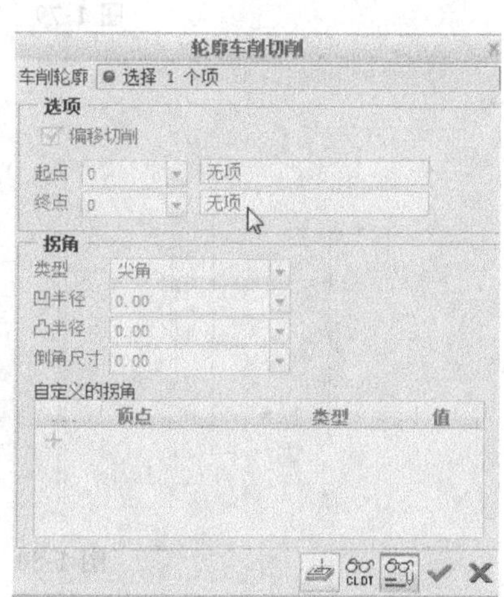

图 1-77　“轮廓车削切削”对话框

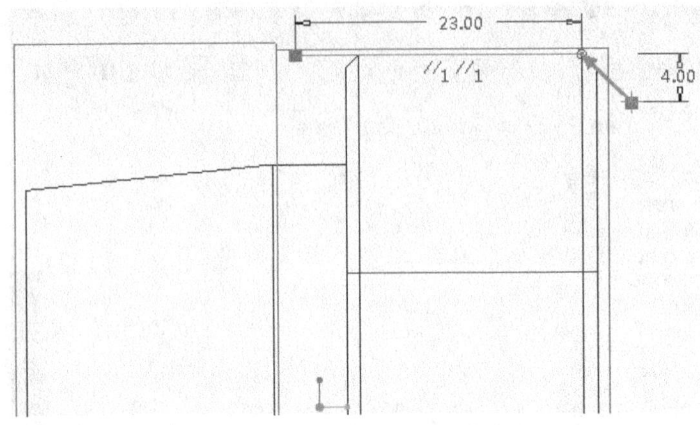

图 1-78　轮廓车削的车削轮廓

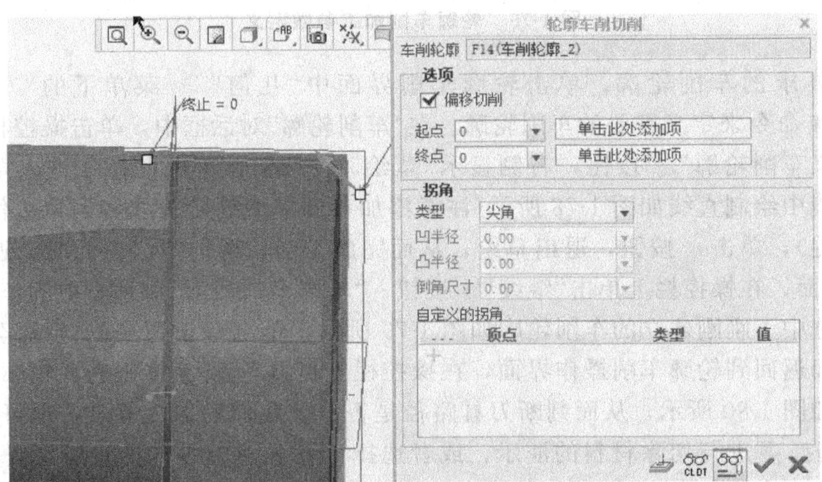

图 1-79　“轮廓车削切削”定义

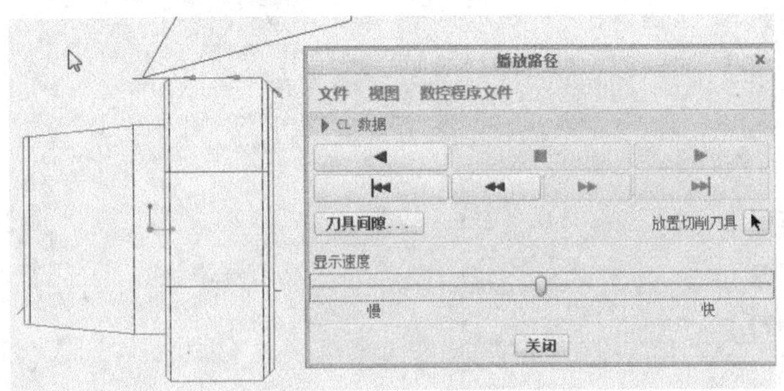

图 1-80　轮廓车削播放路径

(8)材料移除切削

工件右端零件完成加工后，需要移除材料来显示零件的半成品，在“车削”界面中找到“制造几何”菜单，在其右侧单击▾按钮下拉显示 材料移除切削 命令，单击“材料移除切削”命令如图 1-81 所示，弹出“菜单管理器”快捷菜单，在管理器上选择“1：区域车削 1，操作 1”如图 1-82 所示，弹出新的菜单管理器，在弹出的菜单上选择“自动”“完成”命令，如图 1-84 所示，弹出“相交元件”对话框，勾选对话框左上侧的“自动更新”选项，如图 1-85 所示，单击“确定”按钮完成区域车削的材料移除。同样，单击“材料移除切削”命令，弹出“菜单管理器”快捷菜单，在管理器上选择“2：轮廓车削 1，操作 1”如图 1-83 所示，弹出新的“菜单管理器”快捷菜单，在弹出的菜单上选择“自动”“完成”命令，如图 1-84 所示，弹出“相交元件”对话框，勾选对话框左上侧的“自动更新”选项，如图 1-85 所示，单击“确定”按钮完成轮廓车削的材料移除。

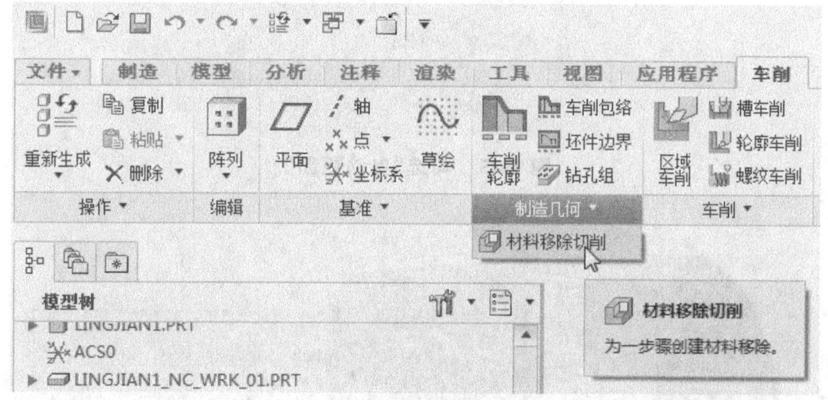

图 1-81 “材料移除切削”命令

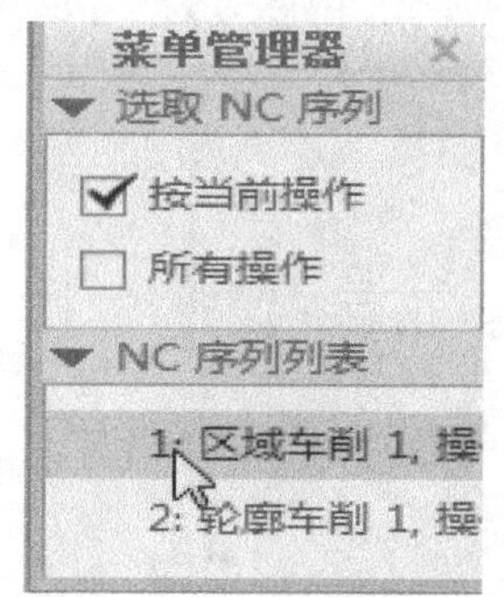

图 1-82 选择“区域车削 1”

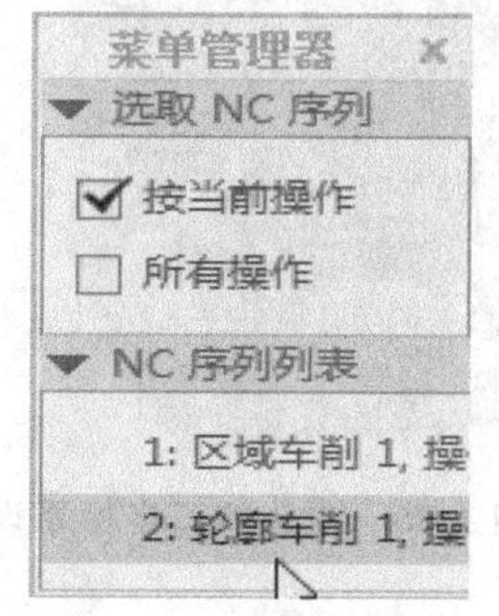

图 1-83 选择“轮廓车削 1”

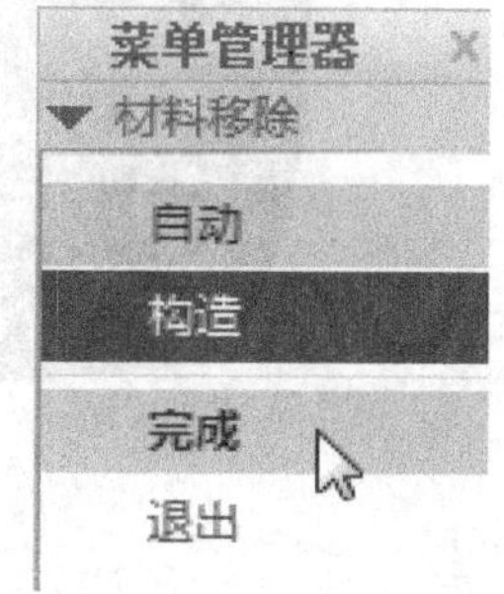

图 1-84 选择“自动”“完成”

(9)掉头加工设置

工件进行掉头加工，需要重新设置坐标系作为加工零点，建立新的操作。在菜单栏单击“坐标系” 坐标系 命令，打开“坐标系”对话框，在原点选项卡中的“参考”选项框中选择“NC_ASM_TOP”“NC_ASM_RIGHT”和工件的已加工端的端面，如图 1-86 所示(注意选择顺序)，单击“确定”按钮建立“ACS2”坐标系。

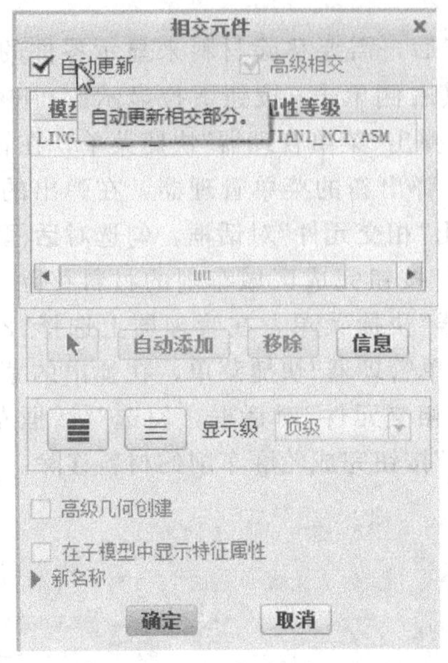

图 1-85　勾选“自动更新”

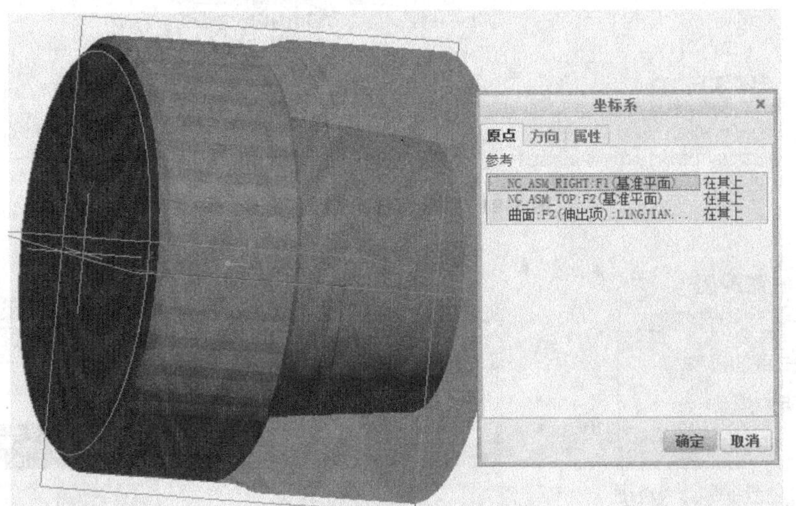

图 1-86　掉头加工坐标系设定

在菜单栏单击“操作”命令，打开“操作”界面，系统将刚建立的车床工作中心默认选中，在选项框选择建立的坐标系“ACS2”，从而完成加工零点的设置。单击“间隙”选项卡，来定义操作的退刀平面，在退刀对话框中的类型选项下有“平面”“曲面”等选项，可以根据具体情况进行选择，本例选择平面，在绘图区选中工件的右端面如图 1-87 所示，在“退刀”对话框的“值”的选项下输入“10”，即退刀平面为离开工件右端面距离为 10 mm 的平面，单击按钮完成“操作”的定义。

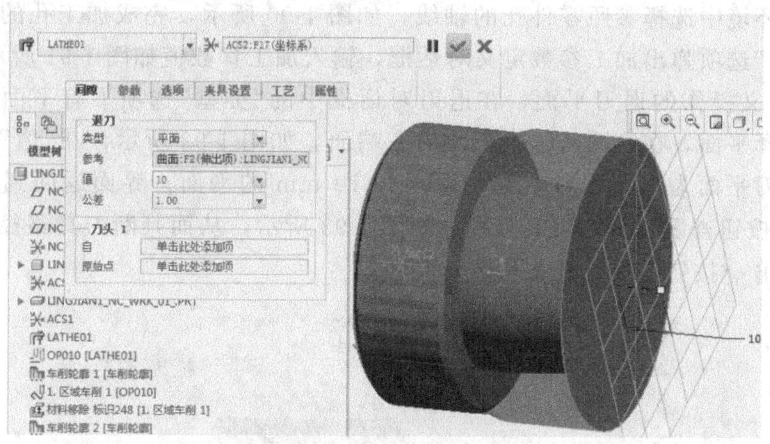

图 1-87 操作 OP020 设置

(10)钻孔

在“车削”界面中选择“标准孔”菜单，打开“钻孔”界面，“刀具”选项显示“无刀具”，单击后面的按钮出现“编辑刀具”选项如图 1-88 所示，单击“编辑刀具”，弹出“刀具设定”对话框，单击“新建”按钮，刀具的默认类型为“基本钻头”，可以在下方更改钻头参数如图 1-89 所示，改完单击“应用”，刀具“T0002”就出现在刀具列表中，单击“确定”完成刀具设定，系统返回到“钻孔”界面，默认选中“T0002 基本钻头”；在操控栏单击黄色的“参考”选项卡弹出定义加工孔对话框，在“孔”下方的选项卡单击，

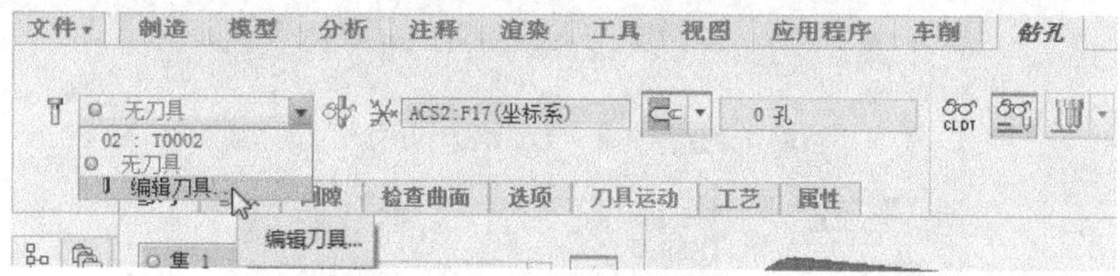

图 1-88 钻孔刀具定义

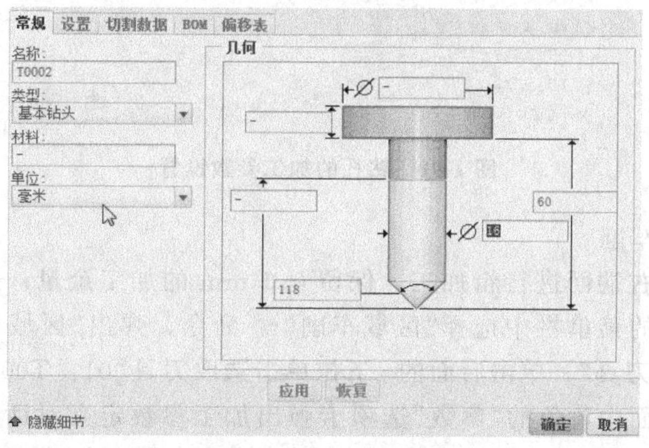

图 1-89 钻头参数

再回到绘图环境中选择参照零件孔的轴线，如图 1-90 所示，完成加工孔的指定；单击黄色的“参数”选项弹出加工参数定义对话框，输入加工参数值如图 1-91 所示。单击“间隙”选项卡定义操作的退刀平面，在退刀对话框中的“类型”选项下有平面、曲面等选项，本例选择平面，在绘图区选中工件的右端面，如图 1-92 所示，在“值”选项下输入“10”，即退刀平面为离开工件右端面距离为 10 mm 的平面；界面返回到钻孔操作界面，单击按钮查看钻头的刀具路径，如图 1-93 所示，从而判断刀具路径是否符合加工要求，单击✔按钮完成钻孔操作的定义。

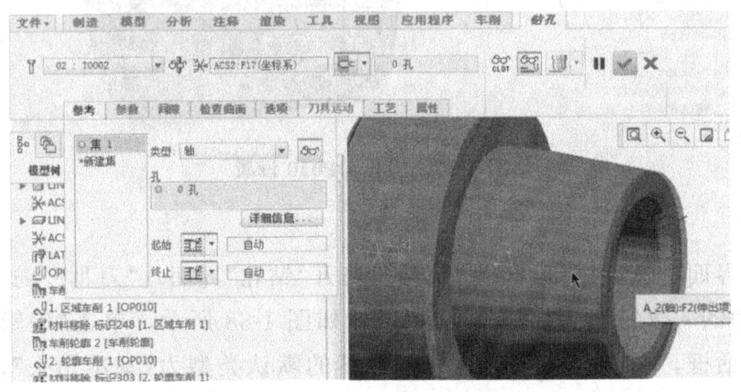

图 1-90　选择加工孔的轴

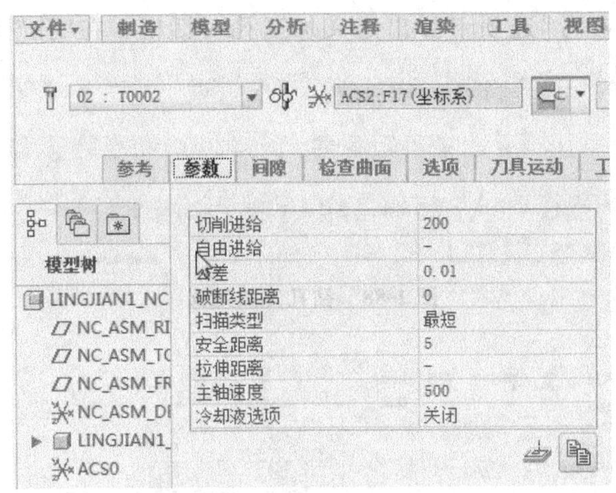

图 1-91　钻孔的加工参数设置

(11)创建区域车削

对绘图区工件右端面进行粗加工，保留 0.5 mm 的加工余量；选择“区域车削”方式，在“车削”界面的菜单栏中选择“区域车削”命令，弹出“区域车削”界面，在“刀具”选项显示“无刀具”，单击后面的下拉单击选取刀具“01：T0001”作为车削刀具。单击“区域车削”界面中黄色的“参数”选项卡弹出加工参数定义对话框，输入加工参数值，如图 1-93 所示。单击“区域车削”界面中黄色的“刀具运动”选项卡弹出刀具运动定

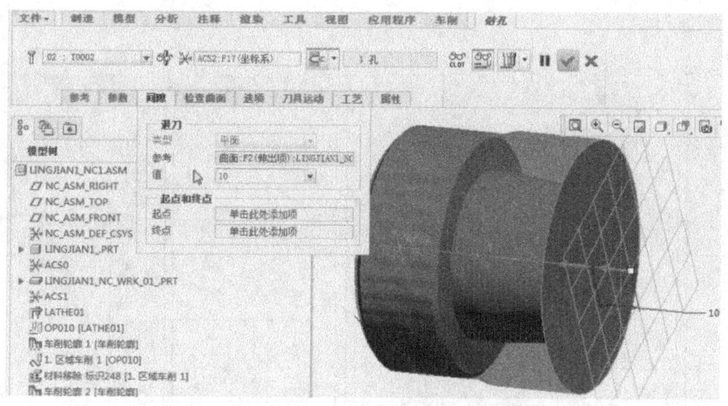

图 1-92 钻孔的退刀面设置

义对话框，单击右侧的对话框中的“区域车削”如图 1-94 所示，会弹出“区域车削切削”对话框，在这个对话框中要求选择车削轮廓，单击“区域车削”界面中“几何”下的“车削轮廓” 车削轮廓 命令，在“车削轮廓”界面中，单击操控栏上的“使用草绘定义车削轮廓”按钮，右侧显示“草绘”按钮，单击此按钮进入草绘环境，绘制直线如图 1-95 所示(注意添加参照模型外轮廓线作为参照，以便于捕捉)，单击✓按钮，退出草绘，保证切削方向向上，如图 1-96 所示，返回到“区域车削”界面，在操控栏上单击“继续”按钮，“区域车削切削”对话框中的车削轮廓选项就自动选中了刚建立的车削轮廓，“结束延伸”选项修改为“*X* 正向”，保证刀具切削完毕后退刀正常，通过绘图环境中箭头的指向判断退刀方向是否正确，如图 1-97 所示，单击✓按钮完成“区域车削切削”定义。界面返回到区域车削操作界面，在操控栏上可以单击按钮查看区域车削的刀具路径，如图 1-98 所示，从而判断刀具路径是否符合加工要求，单击✓按钮完成区域车削命令。

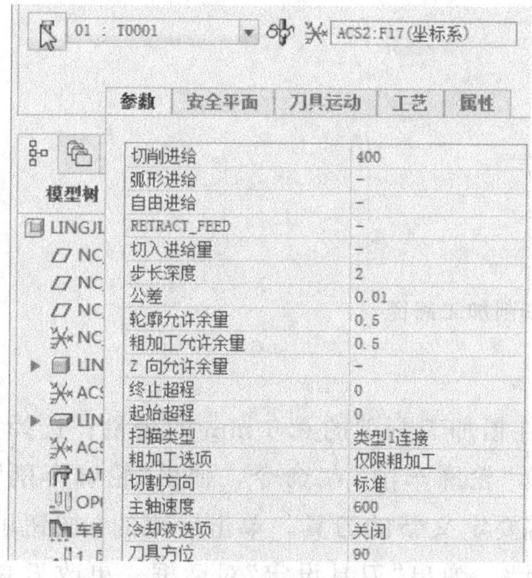

图 1-93 区域车削加工参数

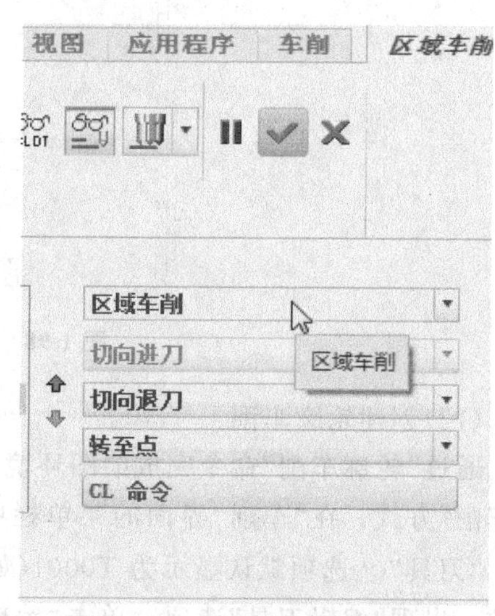

图 1-94 区域车削刀具运动定义

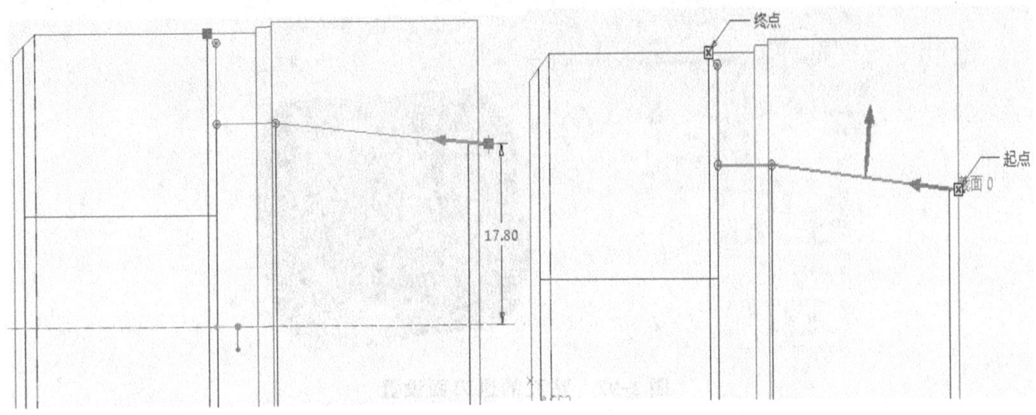

图 1-95　区域车削轮廓定义　　　　图 1-96　区域车削轮廓切削方向

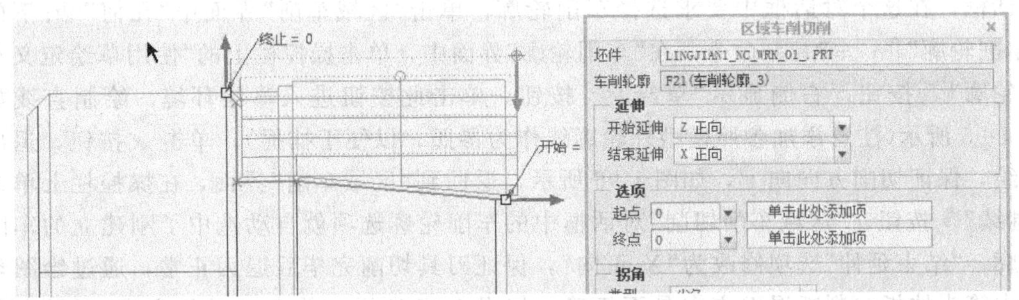

图 1-97　区域车削切削延伸方向定义

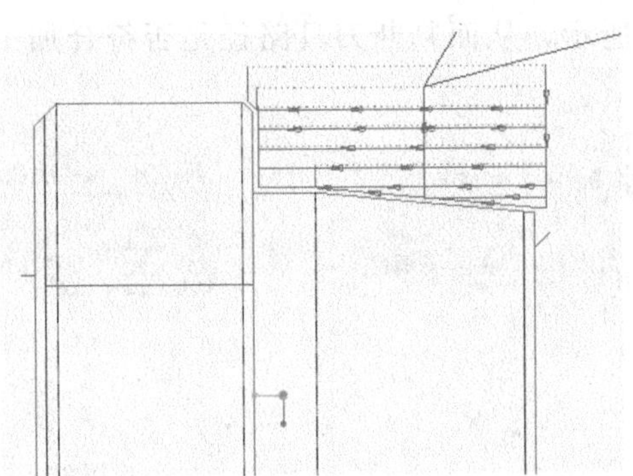

图 1-98　区域车削加工路径

(12)创建轮廓车削

通过“轮廓车削”命令完成绘图环境中工件粗加工剩下的 0.5 mm 的余量；选择“轮廓车削”方式，在“车削”界面的菜单栏中选择“轮廓车削”命令，弹出“轮廓车削”界面，“刀具”选项默认显示为 T0001(如果需要定义新的刀具，单击后面的按钮可以下拉，出现“编辑刀具”选项，单击“编辑刀具”，弹出“刀具设定”对话框，更改刀具的参数与定义，完成刀具设定)。单击“轮廓车削”界面上黄色的“参数”选项卡弹出加工参数定义对话框，输入加工参数值，如图 1-99 所示。单击“刀具运动”选项卡弹出“刀具运动”定义对话框，单击对话框右侧的“轮廓车削”选项，如图 1-100 所示，会弹出“轮廓车削切削”对话框，在这个对话框中要求选择车削轮廓，单击上一步区域车削创建的车削轮廓，完成车削轮廓的选择，单击“轮廓车削切削”对话框底部的按钮，退出“轮廓车削切削”对话框，界面返回到轮廓车削操作界面，在操控栏上可以单击按钮查看轮廓车削的刀具路径，如图 1-101 所示，从而判断刀具路径是否符合加工要求，单击按钮完成轮廓车削命令。

参数 | 安全平面 | 刀具运动 | 工艺 | 属性

参数	值
切削进给	600
弧形进给	-
自由进给	-
RETRACT_FEED	-
切入进给量	-
公差	0.01
允许余量	0
Z 向允许余量	-
切割方向	标准
切入角	0
拉伸角	0
接近距离	-
退刀距离	-
主轴速度	1000
冷却液选项	关闭
刀具方位	90

图 1-99 轮廓车削加工参数

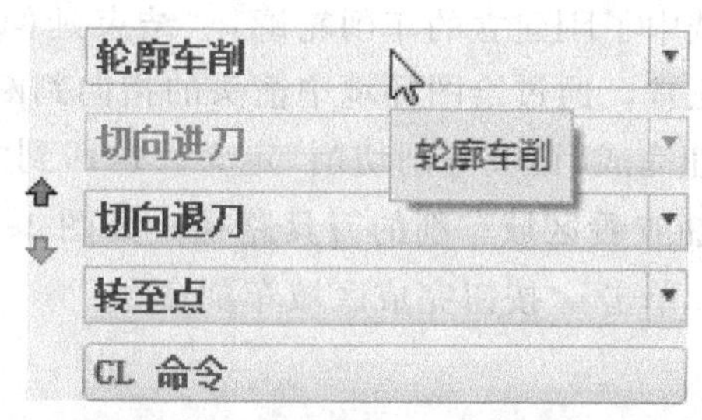

图 1-100 轮廓车削刀具运动

图 1-101 轮廓车削播放路径

(13)创建区域车削

对绘图区工件进行车内孔加工，保留 0.5 mm 的加工余量；选择“区域车削”方式，在“车削”界面菜单栏中选择“区域车削”命令，弹出“区域车削”界面，在“刀具”选项显示“无刀具”，单击后面的按钮可以下拉出现“编辑刀具”选项，单击“编辑刀具”，

弹出“刀具设定”对话框，单击“新建”按钮，刀具的默认类型为“车削”，更改车刀的参数如图 1-102 所示，单击“应用”，T0003 刀具就出现在上方的对话框中，单击“确定”完成刀具设定。单击“区域车削”界面中黄色的“参数”选项卡，弹出加工参数定义对话框，输入加工参数值，如图 1-103 所示(注意车削内孔要将刀具方位的数值由默认的 90 修改为 0)。单击“区域车削”界面中黄色的“刀具运动”选项卡，弹出“刀具运动”定义对话框，单击对话框中的“区域车削”选项，会弹出“区域车削切削”对话框，在这个对话框中要求选择车削轮廓，在区域车削切削对话框打开的状态下，在屏幕的右上侧单击“几何”菜单下的“车削轮廓”车削轮廓选项，在“车削轮廓”界面中，单击操控栏上的“使用草绘定义车削轮廓”按钮，右侧显示“草绘”按钮，单击进入草绘环境，绘制直线，如图 1-104 所示(注意添加参照模型孔的轮廓线作为参照，以便于捕捉)，单击按钮，退出草绘，保证切削方向向下，如图 1-105 所示，此时，返回到“区域车削”界面，在操控栏上单击“继续”按钮，“区域车削切削”对话框中的车削轮廓选项就自动选中了刚建立的车削轮廓，“结束延伸”选项改为“Z 负向”，保证刀具切削完毕后退刀正常，通过绘图环境中箭头的指向判断退刀方向是否正确，如图 1-106 所示，单击按钮完成“区域车削切削”定义。返回到“区域车削”操作界面，在操控栏上可以单击按钮查看区域车削的刀具路径，如图 1-107 所示，从而判断刀具路径是否符合加工要求，单击按钮完成区域车削命令。

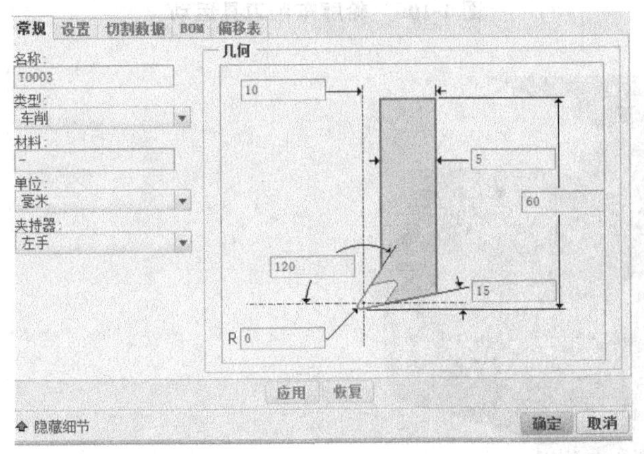

图 1-102　刀具参数定义

参数	安全平面 / 刀具运动 / 工艺 / 属性
切削进给	300
弧形进给	-
自由进给	-
RETRACT_FEED	-
切入进给量	-
步长深度	1
公差	0.01
轮廓允许余量	0.5
粗加工允许余量	0.5
Z 向允许余量	-
终止超程	0
起始超程	0
扫描类型	类型1连接
粗加工选项	仅限粗加工
切割方向	标准
主轴速度	600
冷却液选项	关闭
刀具方位	0

图 1-103　区域车削加工参数设定

(14)创建轮廓车削

通过“轮廓车削”命令完成绘图环境中内孔粗加工剩下的 0.5 mm 的余量；选择“轮廓车削”方式，在“车削”界面的菜单栏中选择“轮廓车削”命令，弹出“轮廓车削”界面，单击“刀具”选项后面的按钮下拉显示刀具，选择“T0003”完成刀具设定。单击“轮廓车削”界面中黄色“参数”选项卡弹出加工参数定义对话框，输入加工参数值(注意“刀具方位”值为“0”)，如图 1-108 所示。单击“轮廓车削”界面中“刀具运动”选项卡弹出

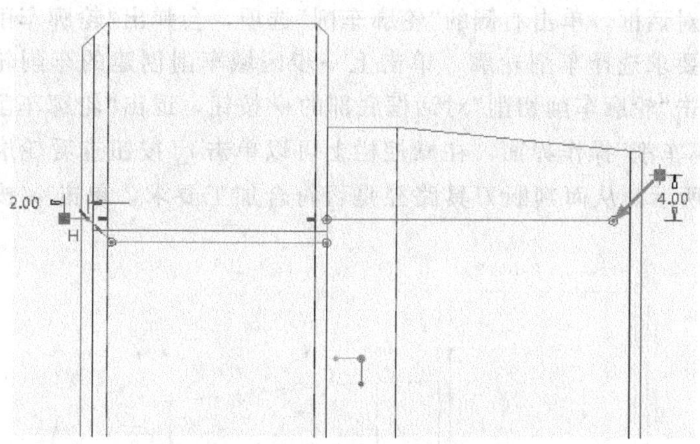

图 1-104　区域车削轮廓定义

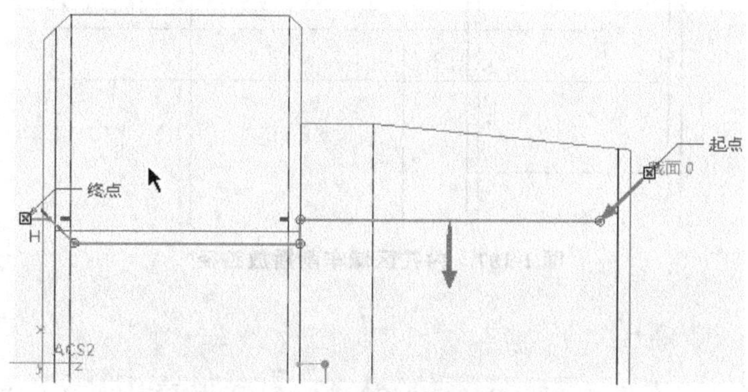

图 1-105　区域车削轮廓切削方向

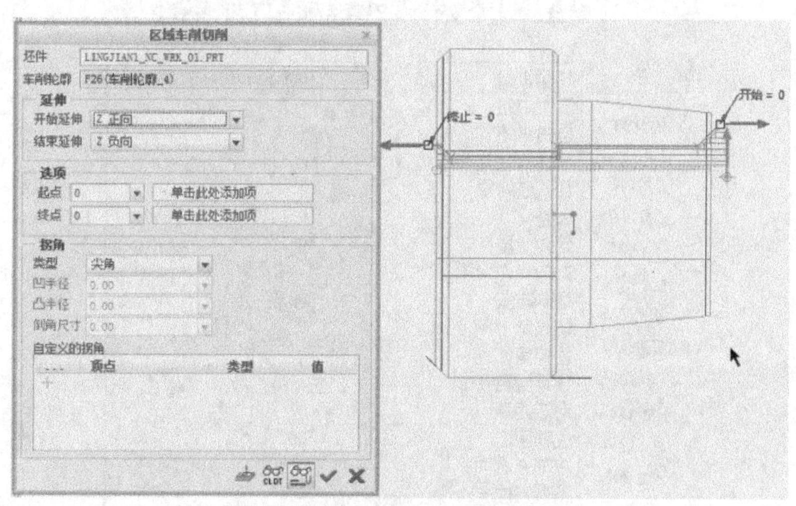

图 1-106　区域车削切削定义

“刀具运动”定义对话框，单击右侧的“轮廓车削”选项，会弹出“轮廓车削切削”对话框，在这个对话框中要求选择车削轮廓，单击上一步区域车削创建的车削轮廓，完成车削轮廓的选择，单击“轮廓车削切削”对话框底部的按钮，退出“轮廓车削切削”对话框，界面返回到“轮廓车削”操作界面，在操控栏上可以单击按钮查看轮廓车削的刀具路径，如图 1-109 所示，从而判断刀具路径是否符合加工要求，单击按钮完成轮廓车削命令。

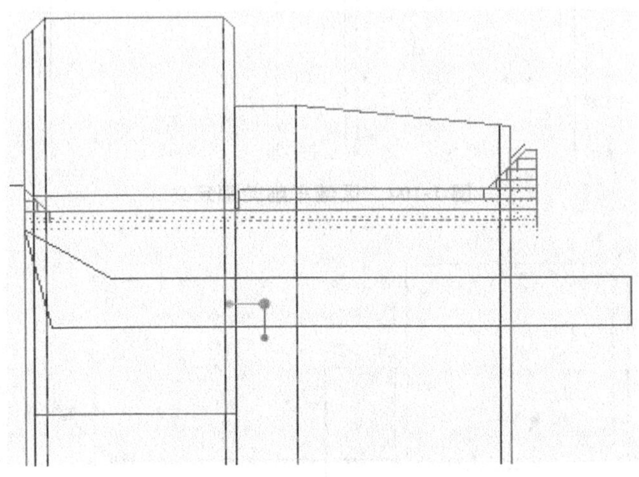

图 1-107　内孔区域车削播放路径

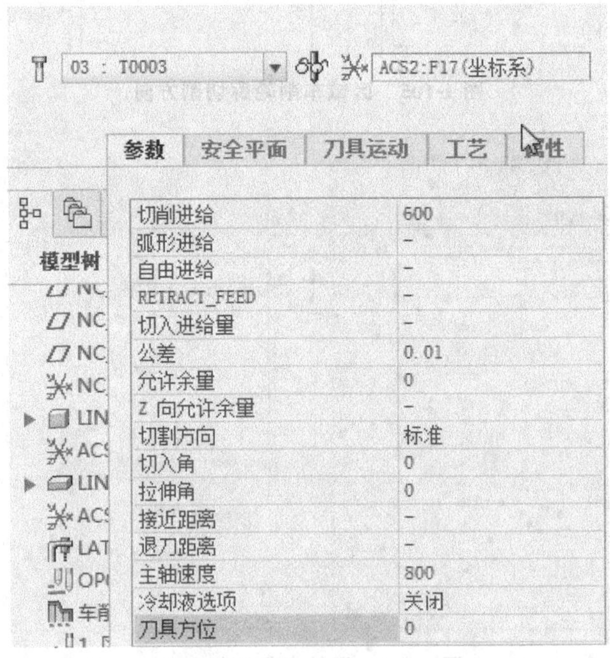

图 1-108　轮廓车削加工参数

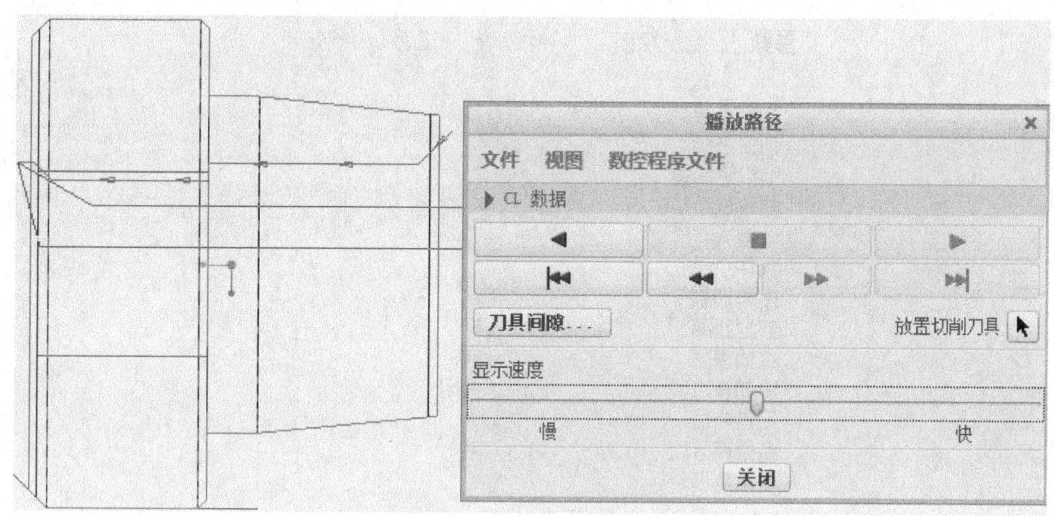

图 1-109 轮廓车削播放路径

(15)创建螺纹车削

通过“螺纹车削”命令完成绘图环境中螺纹的加工；选择“螺纹车削”方式，在车削界面的菜单栏中选择“螺纹车削”螺纹车削命令，弹出“螺纹车削”界面，单击螺纹车削界面“刀具”选项后面的按钮可以下拉选择“T0003”，完成刀具设定。螺纹类型选择内螺纹(加工外部直径；加工内部直径)，其余按默认设置 统一 ISO；单击“螺纹车削”界面中黄色“参数”选项卡弹出加工参数定义对话框，输入加工参数值(注意“刀具方位”值为“0”，螺纹的进给单位一定选取“MMPR”公制单位)，如图 1-110 所示。单击“螺纹车削”界面中黄色的“参考”选项卡，弹出对话框要求定义车削轮廓如图 1-111 所示(“车削轮廓”必须包含代表主刀具运动的一条单线。对于外螺纹，此线必须与螺纹外径相对应；对于内螺纹，必须与螺纹内径相对应)，单击“螺纹车削”界面中“几何”菜单下的“车削轮廓”车削轮廓，在“车削轮廓”界面的操控栏上单击“使用草绘定义车削轮廓”按钮，右侧显示“草绘”按钮，单击此按钮进入草绘环境，在草绘环境中绘制直线如图 1-112 所示(注意添加参照模型中的内孔轮廓线作为参照，以便于捕捉)，单击按钮，退出草绘，保证切削方向向上，如图 1-113 所示，此时返回到螺纹车削界面，在操控栏上单击“继续”按钮，螺纹车削界面中的“参考”对话框中的车削轮廓选项就自动选中了刚建立的车削轮廓，在操控栏上可以单击按钮查看螺纹车削的刀具路径，如图 1-114 所示，从而判断刀具路径是否符合加工要求，单击按钮完成螺纹车削命令。

参数 | 安全平面 | 刀具运动 | 工艺 | 属性

参数	值
切削进给	300
自由进给	-
螺纹进给量	2
螺纹进给单位	MMPR
公差	0.01
允许余量	0
序号切割	0
安全距离	5
主轴速度	500
冷却液选项	关闭
刀具方位	0
余量百分比	0
进给角度	0

图 1-110　螺纹加工参数设定

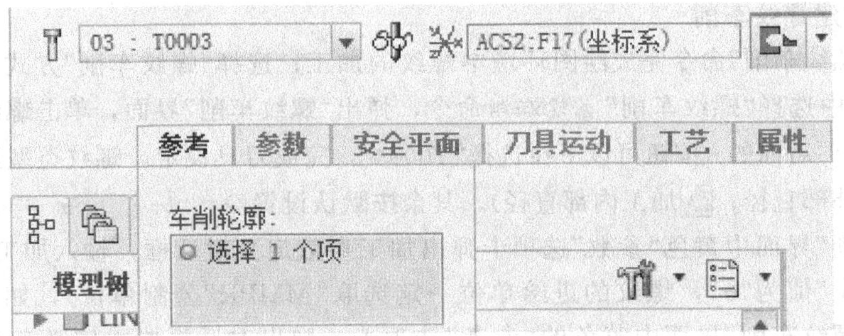

图 1-111　螺纹加工参考定义

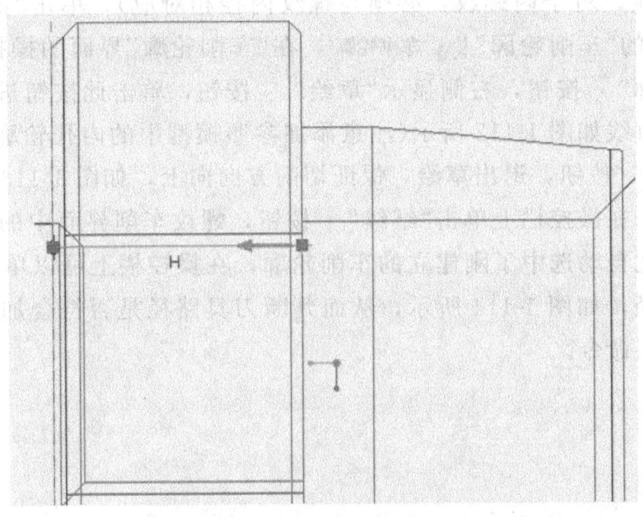

图 1-112　螺纹加工车削轮廓

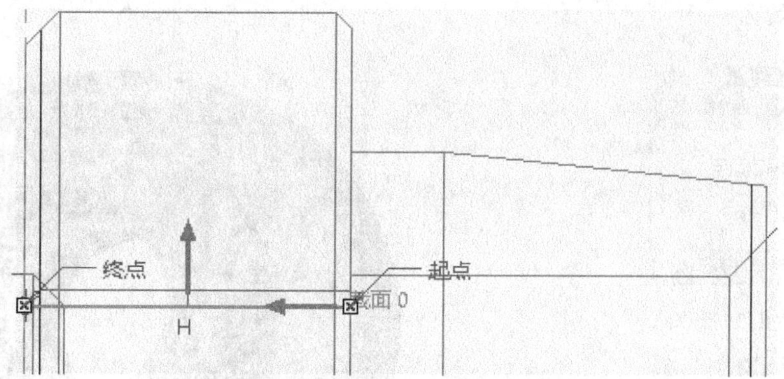

图 1-113　螺纹加工车削轮廓切削方向

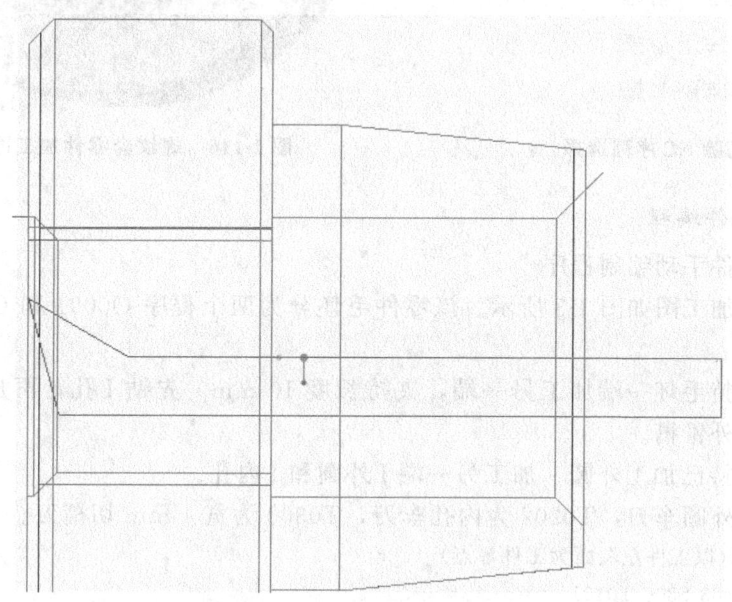

图 1-114　螺纹加工播放路径

(16)材料移除切削

螺纹加工完成后，需通过材料移除显示零件最终的加工形状；在“车削”界面中找到“制造几何”菜单，在其右侧单击按钮下拉显示材料移除切削命令，单击“材料移除切削”命令，弹出“菜单管理器”快捷菜单，在“菜单管理器”上选择“1：钻孔 1，操作”，如图 1-115 所示，弹出新的菜单管理器，在弹出的菜单上选择“自动”“完成”命令，弹出“相交元件”对话框，勾选对话框左上侧的“自动更新”，单击“确定”按钮完成区域车削的材料移除。同样，单击“材料移除切削”命令，弹出“菜单管理器”快捷菜单，依次选择“2：区域车削 2”“3：轮廓车削 2”“4：区域车削 3”“5：轮廓车削 3”，弹出新的菜单管理器，在弹出的菜单上选择“自动”“完成”命令，弹出“相交元件”对话框，勾选对话框左上侧的“自动更新”，单击“确定”按钮完成工件的材料移除，最终加工零件的形状如

图 1-116 所示。

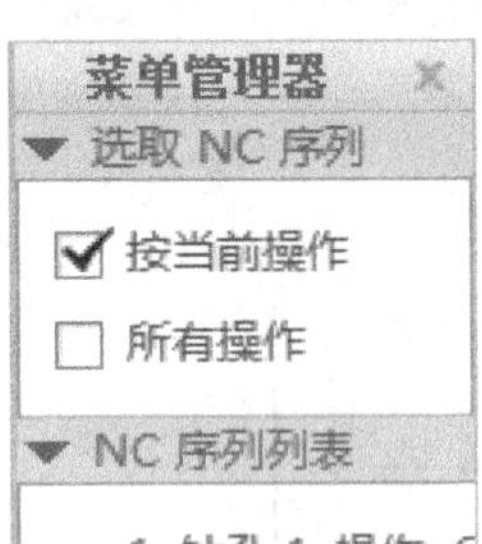

图 1-115　材料切除 NC 序列选择

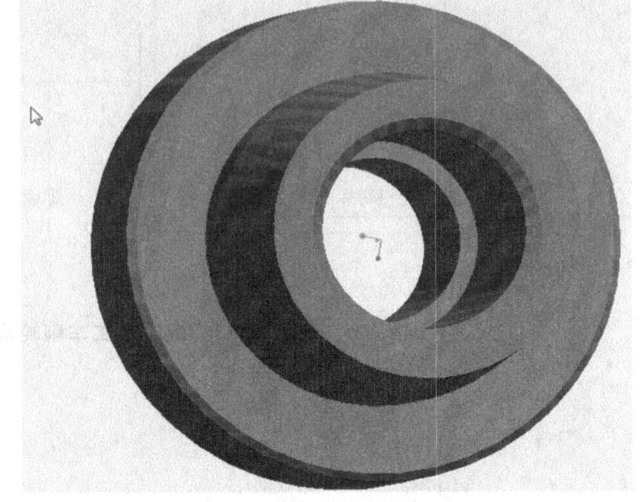

图 1-116　螺纹套零件加工图

2. 锥套零件编程

1)锥套零件手动编制程序

零件 2 的加工图如图 1-3 所示。该零件毛坯分为两个程序 O0001 和 O0002 进行程序编制。

O0001 夹持毛坯一端加工另一端，夹持长度 10 mm。先钻 I 孔，再加工外圆、内锥孔、内孔、外锥槽。

O0002 夹持已加工外圆，加工另一端 I 外圆和 I 内孔。

T0101 为外圆车刀，T0202 为内孔车刀，T0303 为宽 4 mm 切槽刀。

```
O0001(以工件左端面为工件零点)
N01 M03 S800 T0101
N02 G00 X62 Z40
N03 G01 X0 F0.2                    //车端面
N04 W2
N05 X58.5
N06 Z11                            //粗加工外圆
N07 U2
N08 Z41
N09 M03 S1200
N10 G01 X57.985 F0.15              //精加工外圆
N11 Z15//(长度不得超过 Z12)
N12 G00 X62
N13 Z150 T0100
N14 T0202 M03 S800                 //镗孔刀
```

```
N15 G00 X23.5
N16 Z41
N17 G01 Z-1 F0.3N                  //镗内孔
N18 U－2
N19 Z41
N20 X24.01
N21 Z－1
N22 U－2
N23 Z41
N24 G90 X28 Z24                    //粗镗内孔循环
N25 X32
N26 X37
N27 G01 X39 F0.15
N28 X37 Z24                        //车锥度
N29 X26
N30 X24 W－1                       //倒角
N31 Z41
N32 G00X61 Z150
N33 T0200
N34 T0303 M03 S500                 //切断刀
N35 G00 X61 Z18
N36 G01 X46 F0.1                   //切外锥槽
N37 G04 X1.0
N38 G01 X58 F0.4
N39 Z15
N40 X46 Z18
N41 X58
N42 Z12
N43 X46 Z18
N44 X58
N45 Z21
N46 X46 Z18
N47 X58
N48 Z24
N49 X46 Z18
N50 X61
N51 G00 Z150 T0300 M05
N52 M30

O0002(以工件右端面为工件零点)
N01 M03 S800 T0101                 //外圆刀
```

```
N02 G00 X60 Z0
N03 G01 X0 F0.15                //车端面
N04 G00 X60 Z100
N05 T0100
N06 T0202                       //镗孔刀
N07 G00 X24 Z1
N08 G90 X28 Z-5 F0.4            //粗镗内孔循环
N09 X32
N10 X36
N11 X39.5
N12 M03 S100
N13 G01 X40.01 F0.15            //精镗内孔
N14 Z-5
N15 X26
N16 X24 W-1
N17 Z1
N18 G00 X60 Z100
N19 T0200 M05
N20 M30
```

2)锥套零件 CAM 编制程序

(1)制造模型设置

首先进入制造环境，单击“新建”按钮，弹出“新建”对话框选择“制造”，取消勾选“使用默认模板”，单击“确定”按钮弹出“新文件选项”对话框，在对话框中选择“mmns_mfg_nc”制造公制模板，单击“确定”按钮进入制造环境，在菜单栏选择“参照模型”调入参照模型，选择已经建好的模型文件“lingjian2.prt”，如图 1-117 所示，单击“打开”按钮进入放置模式，将放置模式更改为“默认”模式放置参照模型，“状况”显示为完全约束，如图 1-118 所示。

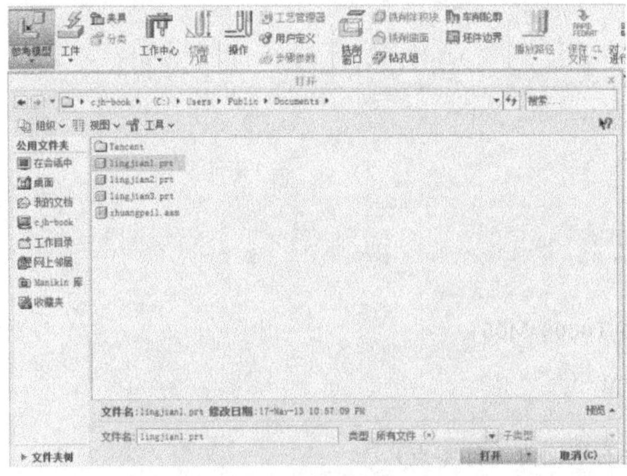

图 1-117 调入参照模型

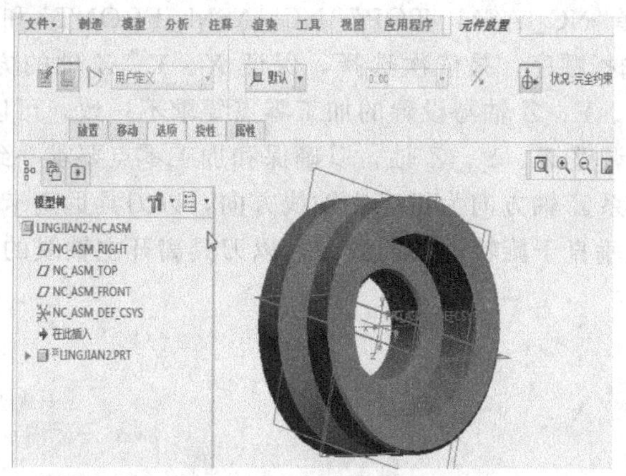

图 1-118 放置参照模型

(2)创建工件

在菜单栏选择"自动工件"命令，打开"创建自动工件"窗口，默认是矩形工件，这里选择圆柱体，单击"选项"选项卡弹出的对话框中找到"旋转偏移"选项，在下方的"关于 Y 轴"的对话框输入角度"90"得到正确的装配方式，系统自动将工件和参照模型装配好，在尺寸项里面输入工件尺寸大小如图 1-119 所示，单击按钮完成自动工件的创建。

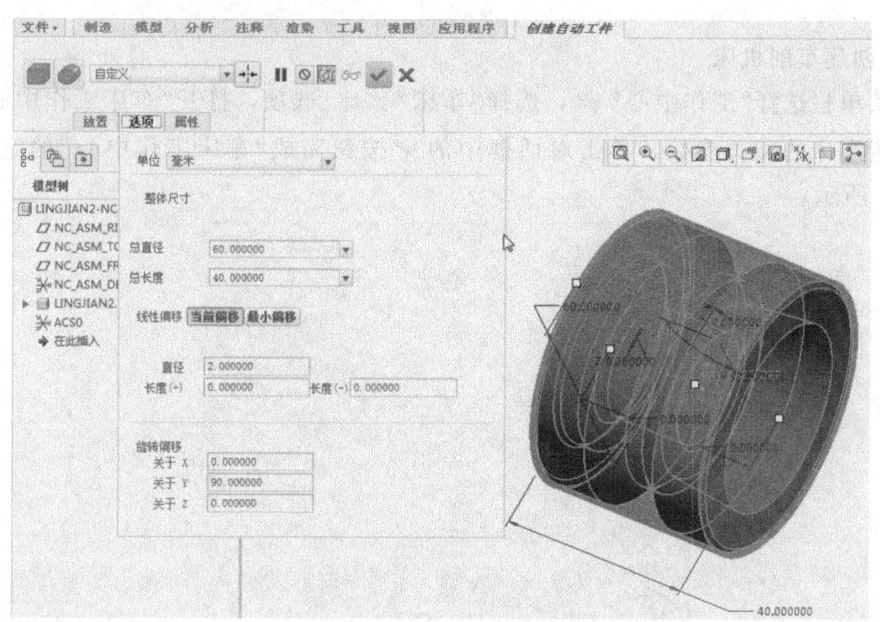

图 1-119 自动工件创建

(3)创建车削加工坐标系

在菜单栏选择"坐标系"命令，打开"坐标系"对话框，在"原点"选项卡中的

“参考”选项框内选择“NC_ASM_TOP”“NC_ASM_FRONT”和工件的左端面，如图1-120所示(注意选择顺序，是依次选择，保证X、Y、Z轴的方向；如果选择顺序出现错乱，将导致X、Y、Z轴与设置的加工零点要求不一致，可以单击坐标系对话框中的方向选项卡，来调整X、Y、Z轴，以确保和加工零点要求一致)。

注意：车床坐标系Z轴方向为机床主轴线方向，以刀具远离卡盘方向为Z轴正向，X轴方向为水平面上垂直于旋转轴线的方向，以刀具离开主轴线的方向为正向。

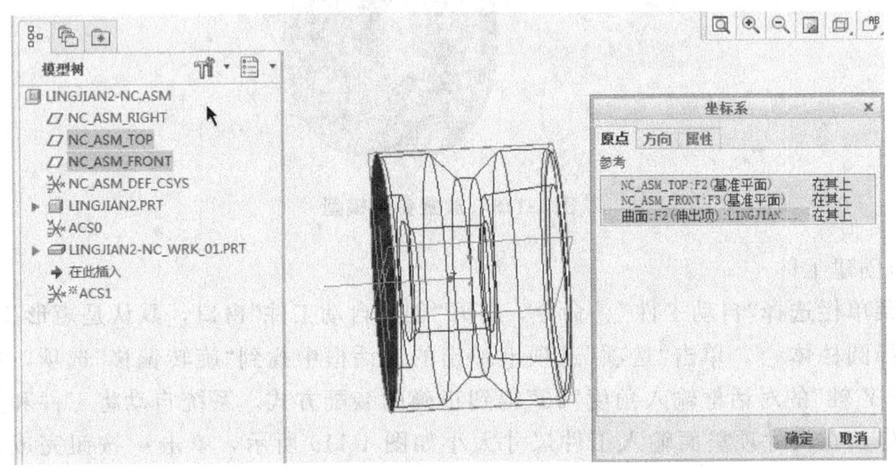

图1-120　坐标系设定

(4)创建车削机床

在菜单栏选择“工作中心”，选择“车床”选项，打开“车床工作中心”对话框，设置车床的相关参数，单击对话框中的✔按钮完成“车床工作中心”的定义，如图1-121所示。

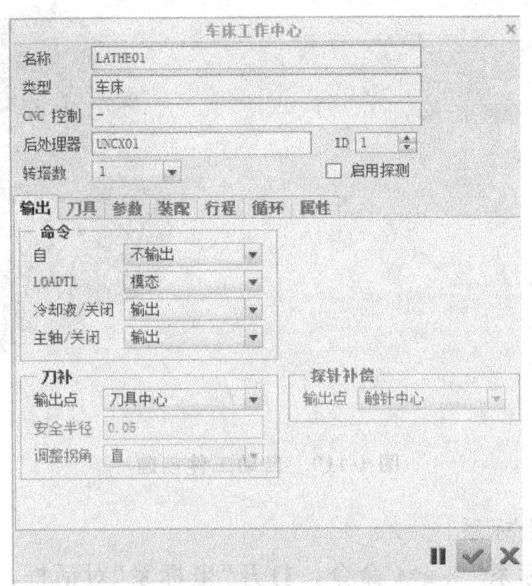

图1-121　创建车床工作中心

(5)创建操作

在菜单栏选择“操作”，打开“操作”界面，系统将刚建立的车床工作中心默认选中，在选项框默认选择之前建立的坐标系“ACS1”，从而完成加工零点的设置。单击“间隙”选项卡定义操作的退刀平面，在退刀选项组中的类型选项下有平面、曲面等选项，可以根据具体情况要求来进行选择，本例选择平面，在绘图区选中工件的右端面，在“值”的选项下输入“10”，即退刀平面为离开工件右端面距离为 10 mm 的平面。单击按钮完成对操作的定义，如图 1-122 所示。

图 1-122　操作的加工零点和退刀面设置

(6)钻孔

在“车削”界面中选择“标准孔”菜单，打开“钻孔”界面，在“刀具”选项显示“无刀具”，单击后面的按钮可以下拉，出现“编辑刀具”选项，如图 1-123 所示，单击“编辑刀具”，弹出“刀具设定”对话框，单击“新建”按钮，刀具的默认类型为“基本钻头”，可以在下方刀具细节设置对话框，更改钻头参数如图 1-124 所示，改完单击“应用”，“T0001”刀具就出现在上方的对话框中，单击“确定”完成刀具设定；系统返回到“钻孔”界面，默认选中“T0001”基本钻头；单击黄色的“参考”选项卡弹出定义加工孔对话框，在“孔”选项下方的选项框内单击，再回到绘图环境中选择，参照零件孔的轴线，如图 1-125 所示，完成加工孔的指定；单击黄色的“参数”选项卡弹出加工参数定义对话框，输入加工参数值如图 1-126 所示。单击“间隙”选项卡定义操作的退刀平面，选择平面，在绘图区选中工件的右端面，在“值”选项输入“10”，即退刀平面为离开工件右端面距离为 10 mm 的平面；界面返回到“钻孔”操作界面，在操控栏上可以单击按钮查看钻头的刀具路径，如图 1-127 所示，从而判断刀具路径是否符合加工要求，单击按钮完成钻孔操作的定义。

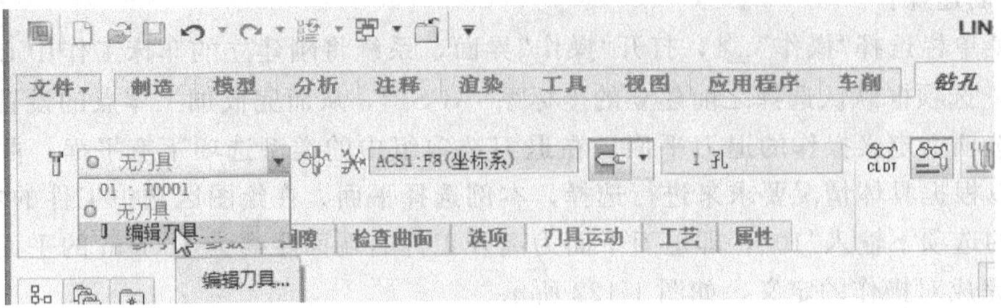

图 1-123　钻孔刀具定义

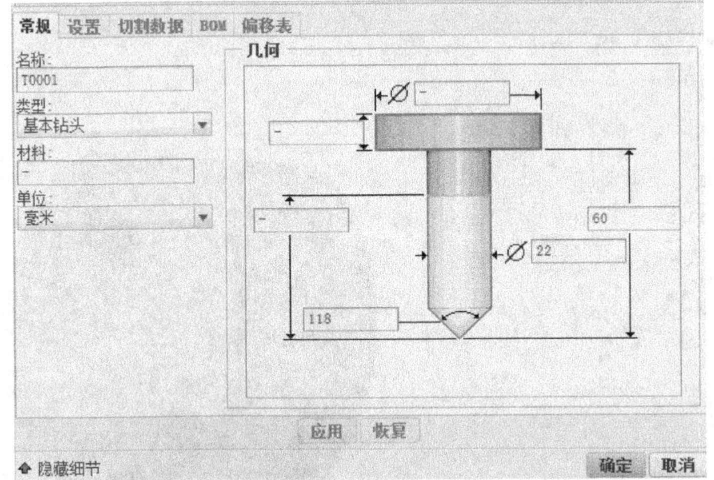

图 1-124　钻头参数

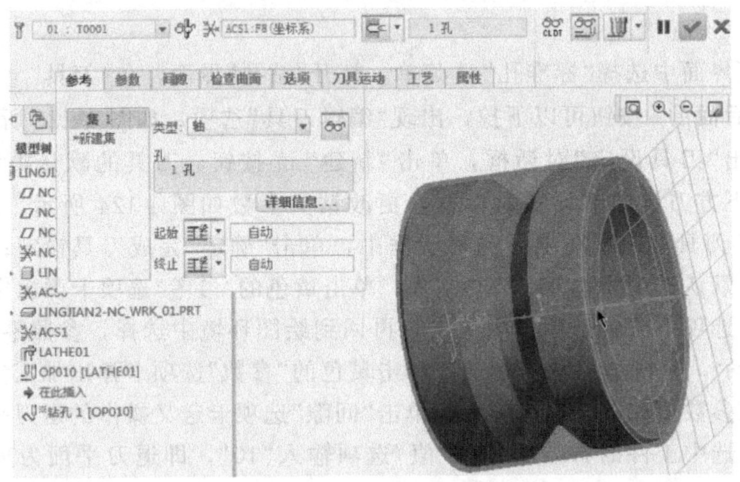

图 1-125　选择加工孔的轴

参数 | 间隙 | 检查曲面 | 选项 | 刀具运动 | 工

切削进给	300
自由进给	-
公差	0.01
破断线距离	0
扫描类型	最短
安全距离	5
拉伸距离	-
主轴速度	500
冷却液选项	关闭

图 1-126　钻孔的加工参数设置

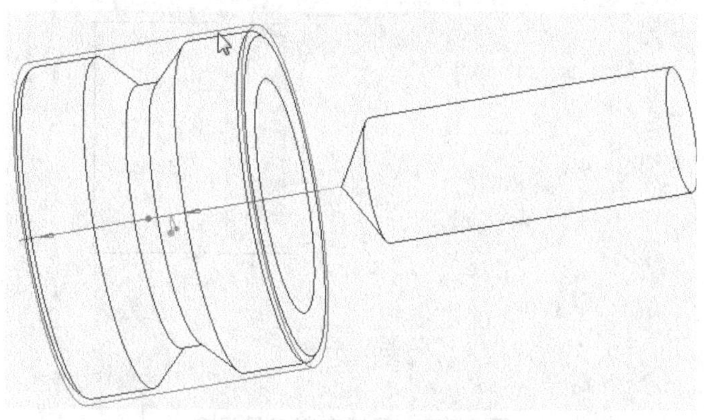

图 1-127　钻头的加工路径

(7)创建区域车削

首先对工件右端面进行加工，因工件直径比参照模型仅留 1 mm 余量，因此仅采取一步加工；选择“区域车削”方式，在“车削”界面菜单栏中选择“区域车削”菜单，弹出“区域车削”窗口，在“刀具”选项显示“无刀具”，单击后面的按钮可以下拉，出现“编辑刀具”选项，单击“编辑刀具”，弹出“刀具设定”对话框，单击“新建”按钮，刀具的默认类型为车削，可以在下方刀具细节设置对话框，更改车刀的参数，如图 1-128 所示，改完单击“应用”，“T0002”刀具就出现在上方的对话框中，单击“确定”完成刀具设定。单击“区域车削”界面中黄色的“参数”选项卡弹出加工参数定义对话框，输入加工参数值如图 1-129 所示。单击“区域车削”界面中黄色的“刀具运动”选项卡弹出“刀具运动”定义对话框，单击右侧的“区域车削”选项，会弹出“区域车削切削”对话框如图 1-130 所示，在这个对话框中要求选择车削轮廓，单击“区域车削”界面中“几何”菜单下的“车削轮廓” 车削轮廓 选项；在“车削轮廓”界面中，单击操控栏上“使用草绘定义车削轮廓”按钮，右侧显示“草绘”按钮，单击此按钮进入草绘环境，绘制直线如图 1-131 所示(注意添加参照模型外轮廓线作为参照，以便于捕捉)，单击按钮，退出草绘，保证切削方向向上，如图 1-132 所示；此时，返回到“区域车削”界面，在对话框上单击“继续”按钮，“区域车削切削”对话框中的车削轮廓选项就自动选中了之

前刚建立的车削轮廓，修改“结束延伸”选项为“X 正向”，保证刀具切削完毕后退刀正常，通过绘图环境中箭头的指向，查看退刀方向是否正确，如图 1-133 所示，单击✔按钮完成“区域车削切削”定义。界面返回到“区域车削”操作界面，在操控栏上可以单击按钮查看区域车削的刀具路径，如图 1-134 所示，从而判断刀具路径是否符合加工要求，也可以单击其后面▾选择来进行切除材料的演示(一般是“nc_check”或者“vericut”，取决于选项配置卡里的“nccheck_type”参数的设置情况)，或者选择按钮进行零件的过切检查，单击✔按钮完成区域车削命令。

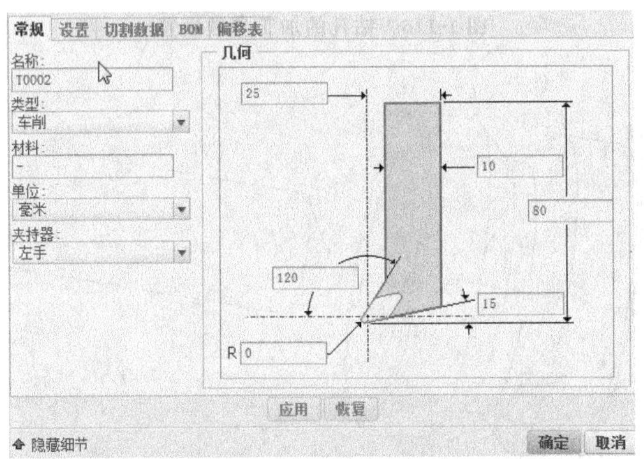

图 1-128　区域车削刀具设定

参数	安全平面 | 刀具运动 | 工艺 | 属性
切削进给	500
弧形进给	-
自由进给	-
RETRACT_FEED	-
切入进给量	-
步长深度	1
公差	0.01
轮廓允许余量	0
粗加工允许余量	0
Z 向允许余量	-
终止超程	0
起始超程	0
扫描类型	类型1连接
粗加工选项	仅限粗加工
切割方向	标准
主轴速度	600
冷却液选项	关闭
刀具方位	90

图 1-129　区域车削加工参数定义

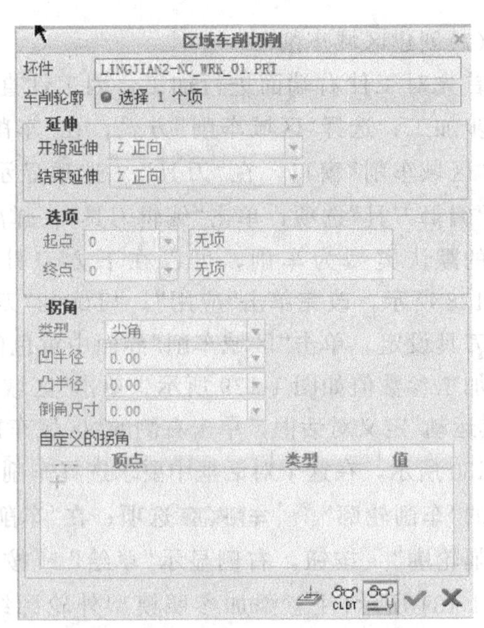

图 1-130　区域车削的切削定义

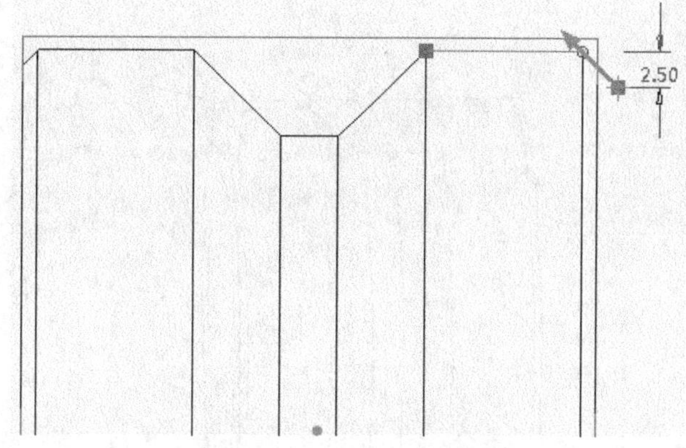

图 1-131　绘制车削轮廓

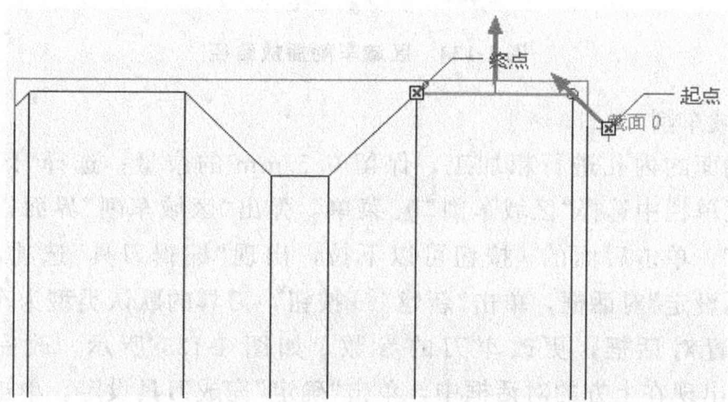

图 1-132　车削轮廓切削方向

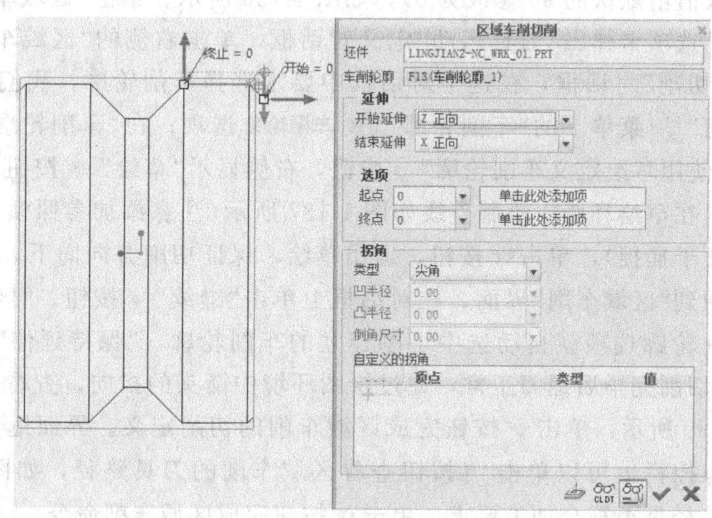

图 1-133　区域车削切削定义

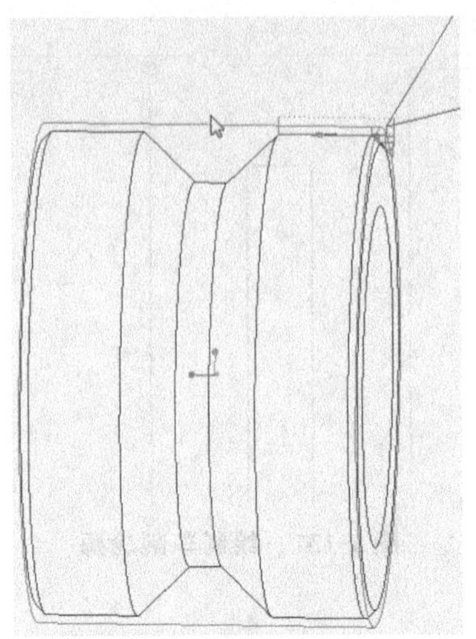

图 1-134　区域车削播放路径

(8)创建区域车削

对工件右端面的内孔进行粗加工，保留 0.5 mm 的余量；选择“区域车削”方式，在“车削”界面菜单栏中选择“区域车削”菜单，弹出“区域车削”界面，在“刀具”选项显示“无刀具”，单击后面的按钮可以下拉，出现“编辑刀具”选项，单击“编辑刀具”，弹出“刀具设定”对话框，单击“新建”按钮，刀具的默认类型为车削，可以在下方刀具细节设置对话框，更改车刀的参数，如图 1-135 所示，改完单击“应用”，“T0003”刀具就出现在上方的对话框中，单击“确定”完成刀具设定。单击“区域车削”界面中黄色的“参数”选项卡弹出加工参数定义对话框，输入加工参数值(注意车削内孔要将刀具方位的数值由默认的 90 修改为 0)，如图 1-136 所示。单击“区域车削”界面中黄色的“刀具运动”选项卡弹出“刀具运动”定义对话框，单击右侧的“区域车削”选项，会弹出“区域车削切削”对话框，在这个对话框中要求选择车削轮廓，我们单击“区域车削”界面中“几何”菜单下的“车削轮廓”车削轮廓选项；在“车削轮廓”界面中，单击操控栏上的“使用草绘定义车削轮廓”按钮，右侧显示“草绘”按钮，单击此按钮进入草绘环境，在草绘环境中绘制直线如图 1-137 所示(注意添加参照模型内孔轮廓线作为参照，以便于捕捉)，单击按钮，退出草绘，保证切削方向向下，如图 1-138 所示；此时，返回到“区域车削”界面，在对话框上单击“继续”按钮，“区域车削切削”对话框中的车削轮廓选项就自动选中了刚建立的车削轮廓，“保持延伸”选项为“Z 负向”，保证刀具切削完毕后退刀正常，通过绘图环境中箭头的指向，查看退刀方向是否正确，如图 1-139 所示，单击按钮完成区域车削的切削定义。界面返回到区域车削操作界面，在操控栏上可以单击按钮查看区域车削的刀具路径，如图 1-140 所示，从而判断刀具路径是否符合加工要求，单击按钮完成区域车削命令。

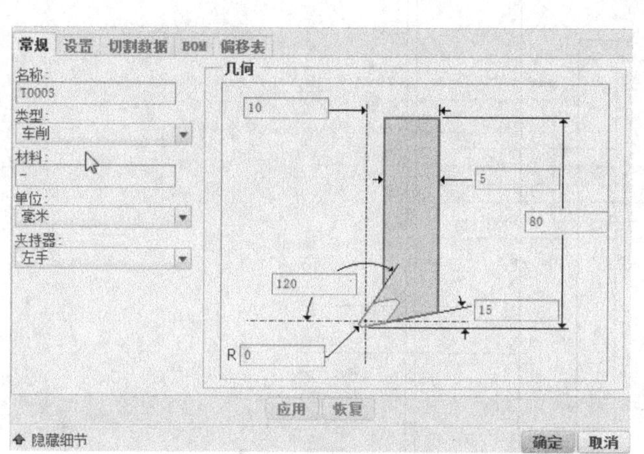

图 1-135 区域车削刀具设定

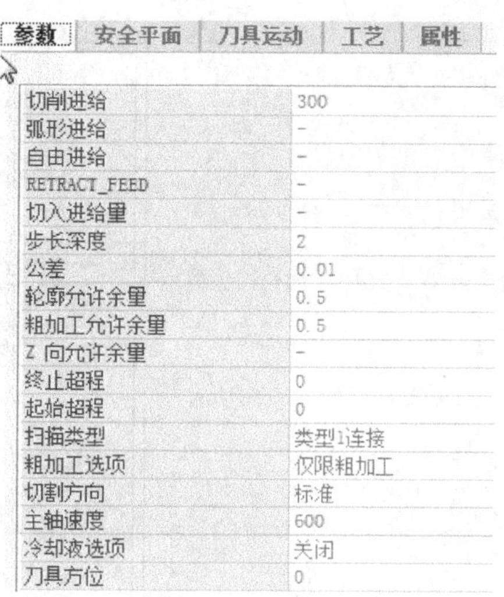

图 1-136 区域车削加工参数定义

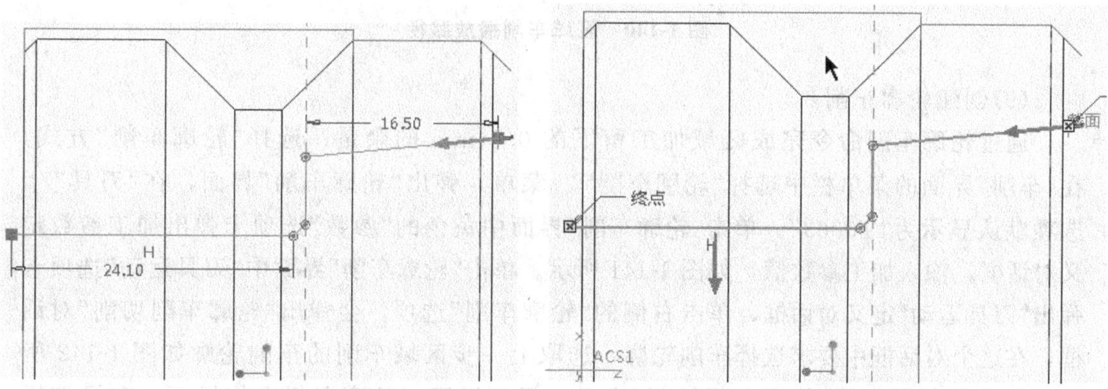

图 1-137 绘制车削轮廓

图 1-138 车削轮廓切削方向

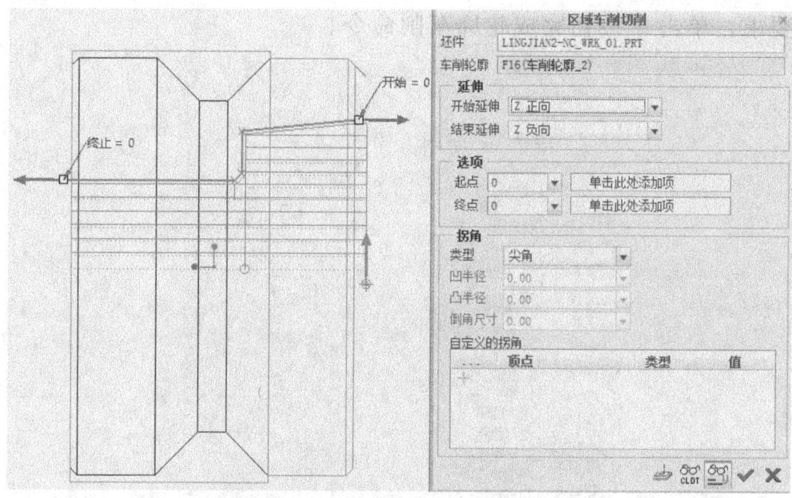

图 1-139 区域车削切削定义

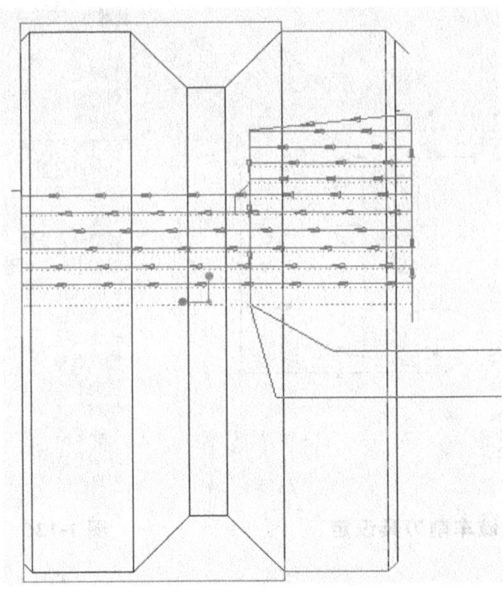

图 1-140　区域车削播放路径

(9)创建轮廓车削

通过轮廓车削命令完成区域加工留下的 0.5 mm 的余量；选择“轮廓车削”方式，在“车削”界面的菜单栏中选择“轮廓车削”菜单，弹出“轮廓车削”界面，在“刀具”选项默认显示为“T0003”。单击“轮廓车削”界面中黄色的“参数”选项卡弹出加工参数定义对话框，输入加工参数值，如图 1-141 所示。单击“轮廓车削”界面中“刀具运动”选项卡弹出“刀具运动”定义对话框，单击右侧的“轮廓车削”选项，会弹出“轮廓车削切削”对话框，在这个对话框中要求选择车削轮廓，选取上一步区域车削的车削轮廓如图 1-142 所示，单击✓按钮完成“轮廓车削切削”定义。界面返回到轮廓车削操作界面，在操控栏上可以单击按钮查看轮廓车削的刀具路径，如图 1-143 所示，从而判断刀具路径是否符合加工要求，单击✓按钮完成轮廓车削命令。

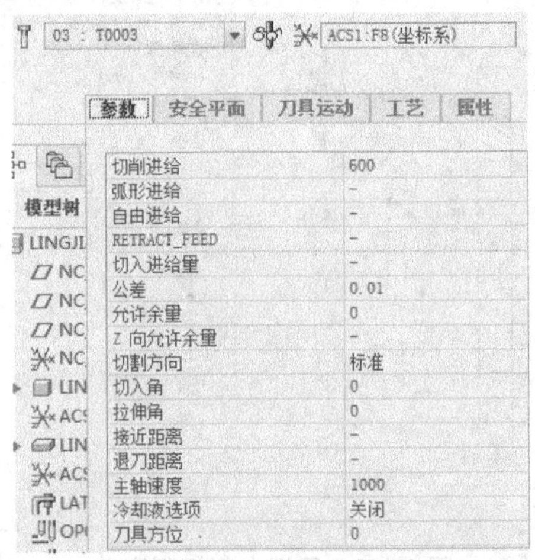

图 1-141　轮廓车削加工参数定义

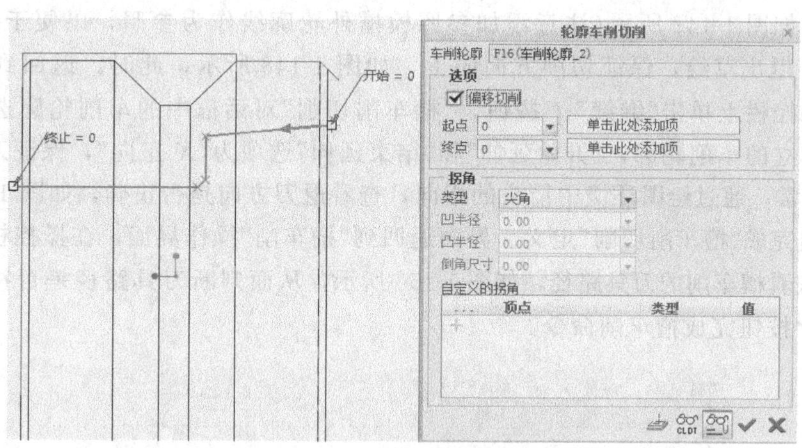

图 1-142 轮廓车削切削定义

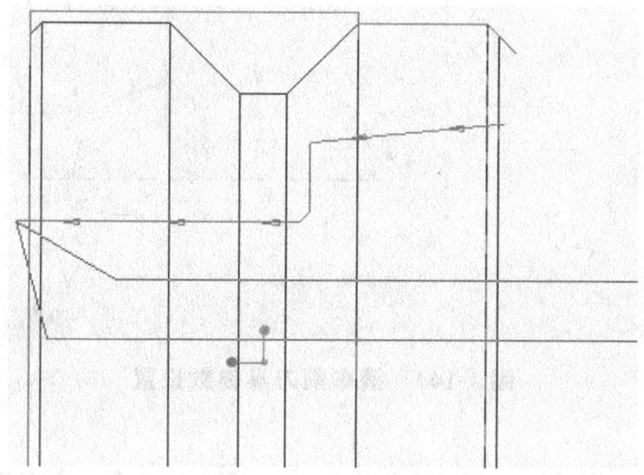

图 1-143 轮廓车削播放路径

(10)槽车削

参照零件中间的凹槽需要通过槽车削来进行加工；选择“槽车削”方式，在车削界面的菜单栏中选择“槽车削” 槽车削菜单，弹出“槽车削”操作界面，在“刀具” 选项显示“无刀具”，单击后面的 按钮可以下拉，出现“编辑刀具”选项，单击“编辑刀具”，弹出“刀具设定”对话框，单击“新建” 按钮，刀具的默认类型为“车削槽加工”，可以在下方刀具细节设置对话框，更改车刀的参数，如图 1-144 所示，改完单击“应用”，“T0004”刀具就出现在上方的对话框中，单击“确定”完成刀具设定。单击“槽车削”界面中黄色的“参数”选项卡弹出加工参数定义对话框，输入加工参数值如图 1-145 所示。单击“槽车削”界面中黄色的“刀具运动”选项弹出“刀具运动”定义对话框，单击右侧的“槽车削切削”选项，会弹出“槽车削切削”对话框如图 1-146 所示，在这个对话框中要求选择车削轮廓，在“槽车削切削”对话框打开的状态下，在屏幕的右上侧单击“几何” 菜单下的“车削轮廓” 车削轮廓，在“车削轮廓”界面中，单击操控栏上的“使用草绘定义车削轮廓” 按钮，右侧显示“草绘” 按钮，单击此按钮进入草绘环境，在草绘环境

中绘制直线如图 1-147 所示(注意添加参照模槽外轮廓线作为参照，以便于捕捉)，单击✓按钮，退出草绘，保证切削方向向上，如图 1-148 所示，此时，返回到“槽车削”界面，在操控栏上单击“继续”▶按钮，“槽车削切削”对话框中的车削轮廓选项就自动选中了刚建立的车削轮廓，“开始延伸”和“结束延伸”选项为“X 正向”，保证刀具切削完毕后退刀正常，通过绘图环境中箭头的指向，查看退刀方向是否正确，如图 1-149 所示，单击✓按钮完成“槽车削切削”定义。界面返回到“槽车削”操作界面，在操控栏上可以单击按钮查看槽车削的刀具路径，如图 1-150 所示，从而判断刀具路径是否符合加工要求，单击✓按钮完成槽车削命令。

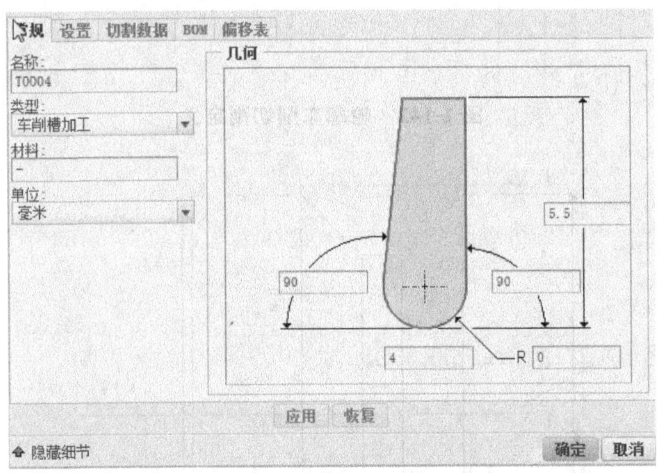

图 1-144　槽车削刀具参数设置

参数	安全平面	刀具运动	工艺	属性

切削进给	400
弧形进给	-
自由进给	-
公差	0.01
跨距	4
轮廓允许余量	0
粗加工允许余量	0
Z 向允许余量	-
扫描类型	类型 1
粗加工选项	仅限粗加工
切割方向	标准
坡口终止类型	没有后退切割
安全距离	5
接近距离	-
退刀距离	-
主轴速度	600
冷却液选项	关闭
刀具方位	90

图 1-145　槽车削加工参数设置

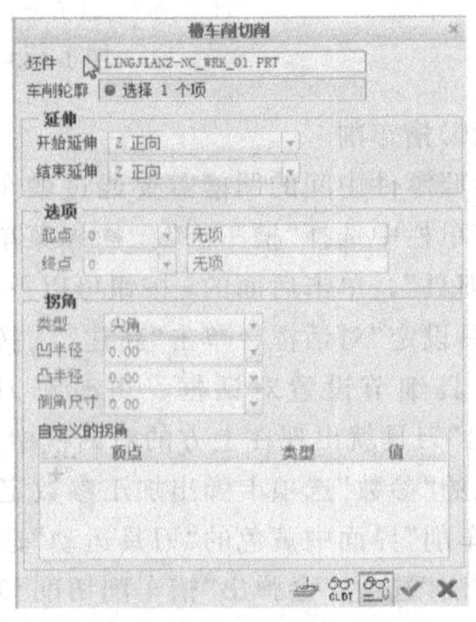

图 1-146　槽车削切削对话框

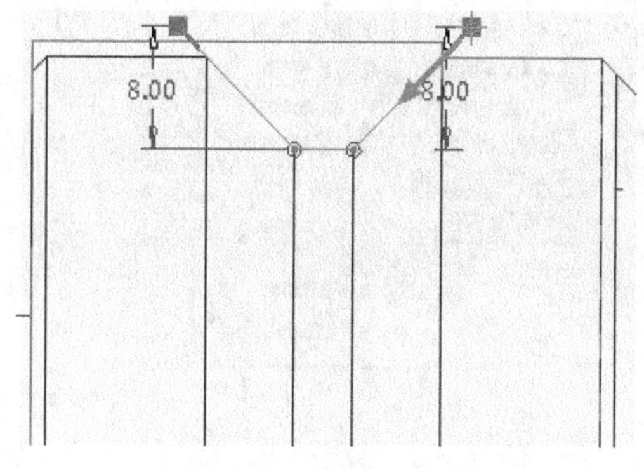

图 1-147 槽车削轮廓

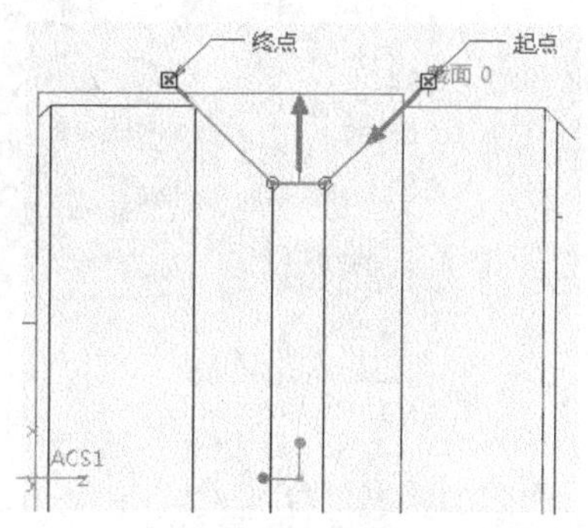

图 1-148 槽车削切削方向

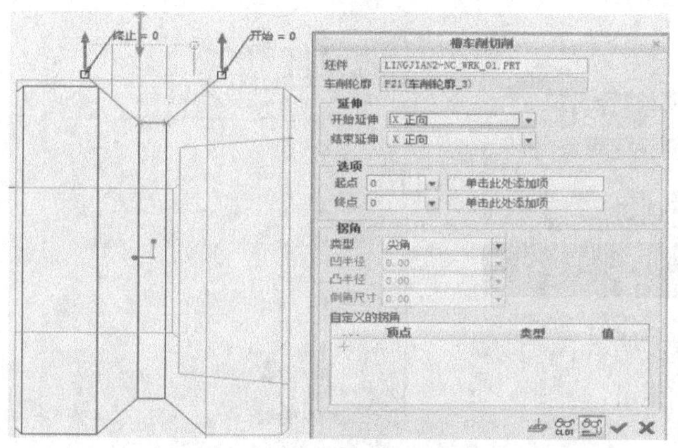

图 1-149 槽车削切削定义

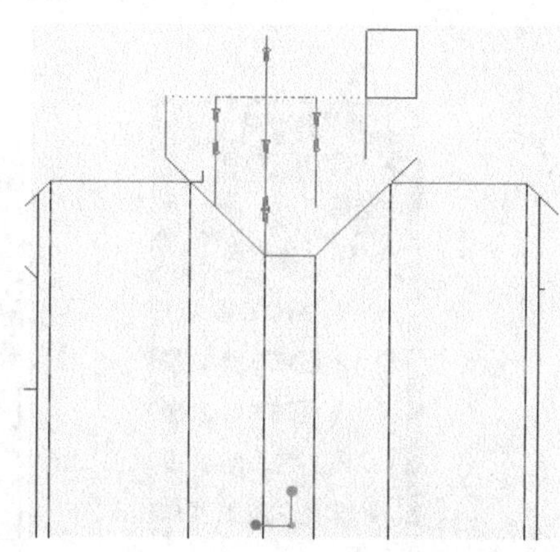

图 1-150 槽车削播放路径

(11)材料移除切削

工件右端零件完成加工后，需要材料移除显示零件的半成品，可在“车削”界面中找到“制造几何”菜单，在其右侧单击▾按钮下拉显示 材料移除切削 命令，单击“材料移除切削”命令如图 1-151 所示，弹出“菜单管理器”快捷菜单，在管理器上依次选择“1：钻孔”“2：区域车削 1”“3：区域车削 2”“4：轮廓车削 1”“5：槽车削 1”，如图 1-152 所示，弹出新的菜单管理器，在弹出的菜单上选择“自动”“完成”命令，如图 1-153 所示，弹出“相交元件”对话框，勾选对话框左上侧的“自动更新”选项，如图 1-154 所示，单击“确定”按钮完成所有 NC 序列的材料移除。

(12)掉头加工设置

工件进行掉头加工，需要重新设置坐标系作为加工零点，建立新的操作。在菜单栏选择“坐标系” 坐标系 菜单，打开“坐标系”对话框，在“原点”选项卡“参考”项内依次选择“NC_ASM_TOP”“NC_ASM_FRONT”和工件的已加工端的端面如图 1-155 所示(注意选择顺序)，单击“确定”按钮建立“ACS2”坐标系。

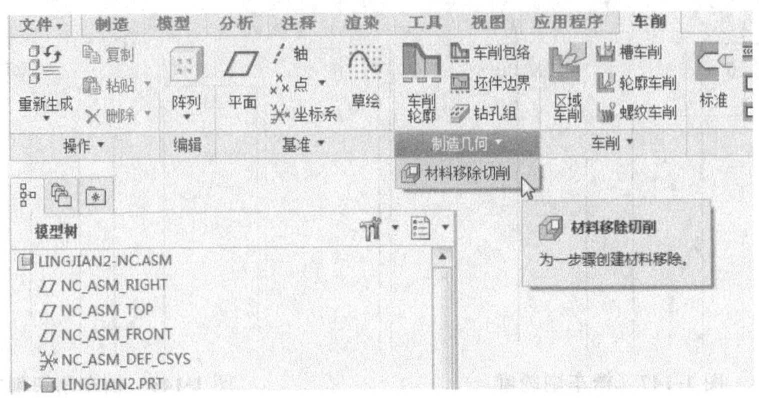

图 1-151 “材料移除切削”命令

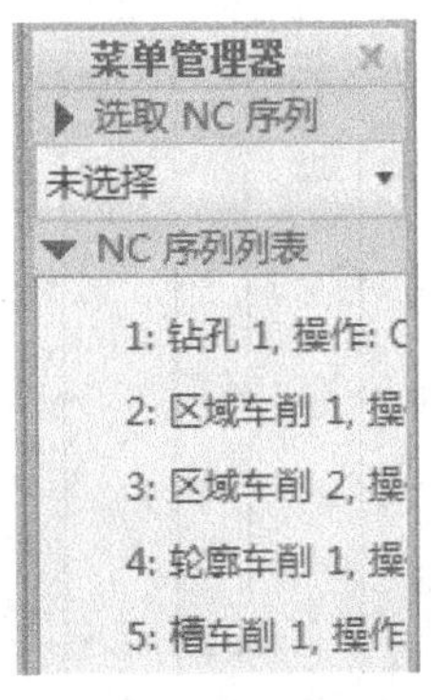

图 1-152 选择材料移除序列

图 1-153 选择“自动”“完成”

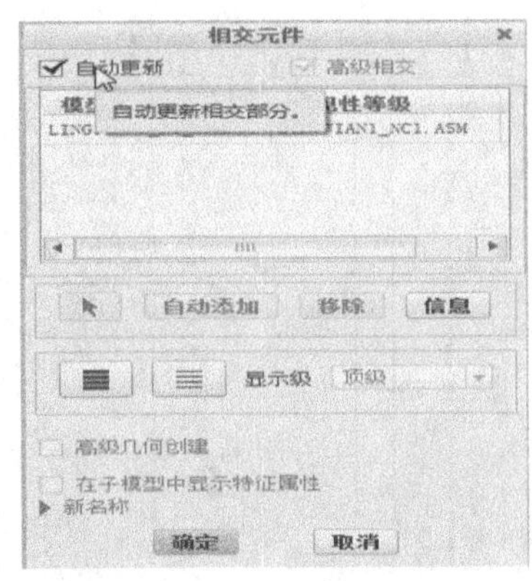

图 1-154 勾选自动更新

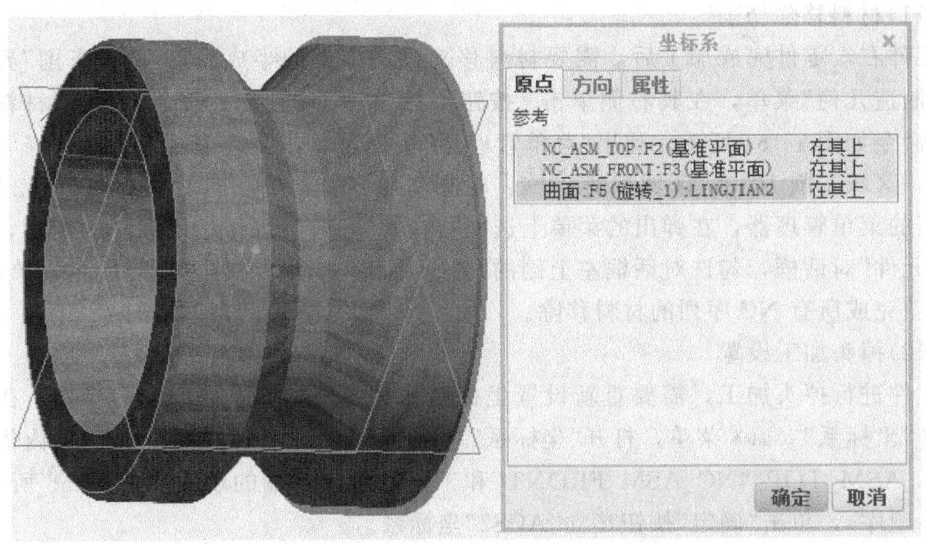

图 1-155 ACS2 坐标系设定

在菜单栏选择“操作”菜单，打开“操作”界面，系统将建立的车床工作中心默认选中，在对话框选择刚建立的坐标系“ACS2”，从而完成加工零点的设置。单击“间隙”选项卡，定义操作的退刀平面，在退刀对话框选择平面，在绘图区选中工件的右端面，如图 1-156 所示，在“值”选项下输入“10”，即退刀平面为离开工件右端面距离为 10 mm 的平面，单击✔按钮完成操作的定义。

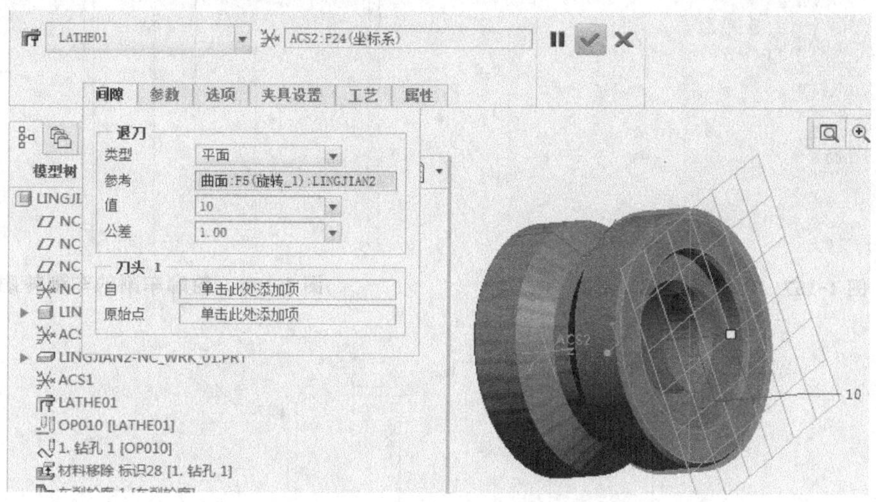

图 1-156　操作 OP020 设置

(13)创建轮廓车削

通过轮廓车削命令完成绘图环境中工件的外轮廓加工；选择“轮廓车削”方式，在车削操作界面的菜单栏中选择“轮廓车削”菜单，弹出“轮廓车削”对话框，在“刀具”选项后单击按钮可以下拉，选择“T0002”车刀，完成刀具设定。单击“轮廓车削”界面中黄色的“参数”选项卡弹出加工参数定义对话框，输入加工参数值，如图 1-157 所示。单击“轮廓车削”界面中“刀具运动”选项卡弹出“刀具运动”定义对话框，单击右侧的“轮廓车削”选项，会弹出“轮廓车削切削”对话框，在这个对话框中要求选择车削轮廓，在此对话框打开的状态下，在屏幕的右上侧单击“几何”菜单下的“车削轮廓”**车削轮廓**，进入车削轮廓界面，单击操控栏上的“使用草绘定义车削轮廓”按钮，右侧显示“草绘”按钮，单击此按钮进入草绘环境，在草绘环境中绘制直线，如图 1-158 所示(注意添加参照模型外轮廓线作为参照，以便于捕捉)，单击✔按钮，退出草绘，保证切削方向向上，如图 1-159 所示，此时，返回到“轮廓车削”界面，单击“继续”按钮，“轮廓车削切削”对话框中的车削轮廓选项就自动选中了刚建立的车削轮廓，如图 1-160 所示，单击✔按钮完成轮廓车削的切削定义，退出“轮廓车削切削”对话框，界面返回到“轮廓车削”操作界面，在操控栏上可以单击按钮查看轮廓车削的刀具路径，如图 1-161 所示，从而判断刀具路径是否符合加工要求，单击✔按钮完成轮廓车削命令。

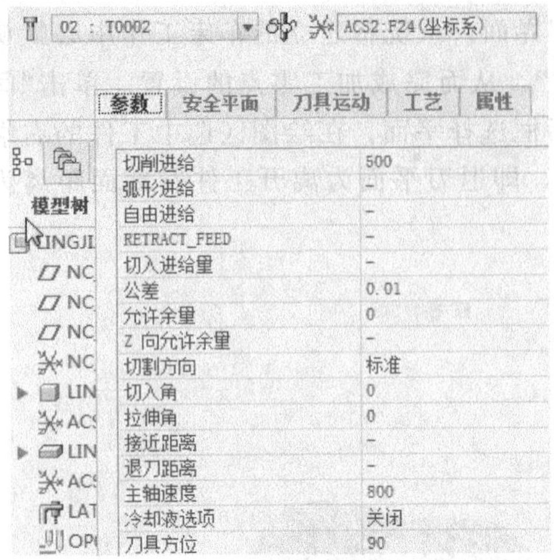

图 1-157　轮廓车削加工参数

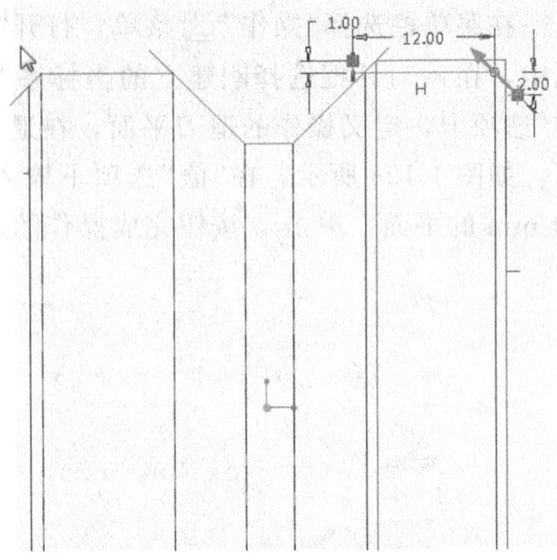

图 1-158　轮廓车削的车削轮廓

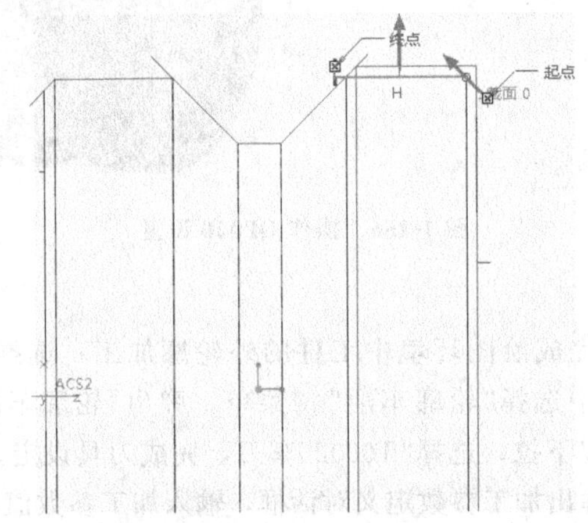

图 1-159　车削轮廓切削方向

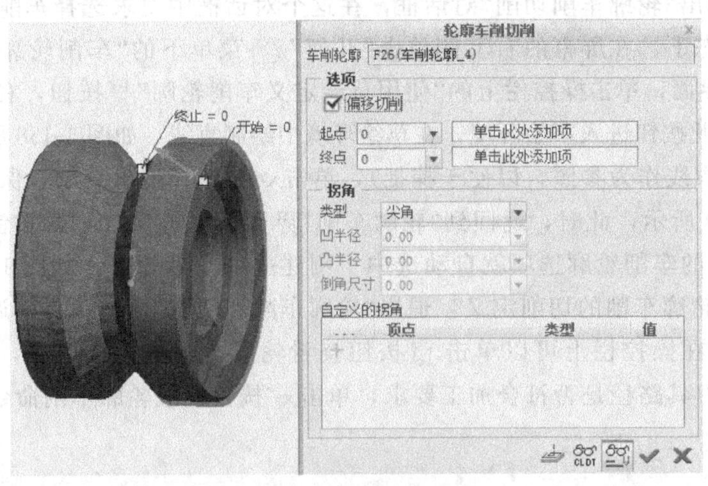

图 1-160　轮廓车削切削定义

(14)创建区域车削

对绘图区工件进行车内孔加工，保留 0.5 mm 的加工余量；选择“区域车削”方式，在“车削”界面的菜单栏中选择“区域车削”菜单，弹出“区域车削”界面，在“刀具”选项显示“无刀具”，单击后面的按钮可以下拉，选择“T0003”完成刀具设定。单击“区域车削”界面中黄色的“参数”选项卡弹出加工参数定义对话框，输入加工参数值，如图 1-162 所示(注意车削内孔要将刀具方位的数值由默认的 90 修改为 0)。单击“区域车削”界面中黄色的“刀具运动”选项弹出刀具运动定义对话框，单击右侧的“区域车削”选项，会弹出“区域车削切削”对话框，在这个对话框中要求选择车削轮廓，在“区域车削切削”对话框打开的状态下，在屏幕的右上侧单击“几何”菜单下的“车削轮廓”**车削轮廓**命令，打开车削轮廓界面，单击操控栏上“使用草绘定义车削轮廓”按钮，右侧显示“草绘”按钮，单击此按钮进入草绘环境，在草绘环境中绘制直线，如图 1-163 所示(注意添加参照模型孔的轮廓线作为参照，以便于捕捉)，单击✔按钮，退出草绘，保证切削方向向下，如图 1-164 所示，此时，返回到“区域车削”界面，在操控栏上单击“继续”按钮，“区域车削切削”对话框中的车削轮廓选项就自动选中了刚建立的车削轮廓，“开始延伸”和“结束延伸”选项为“*Z* 正向”，如图 1-165 所示，保证刀具切削完毕后退刀正常，通过绘图环境中箭头的指向，查看退刀方向是否正确，单击✔按钮完成“区域车削切削”的定义。界面返回到区域车削操作界面，在操控栏上可以单击按钮查看区域车削的刀具路径，如图 1-166 所示，从而判断刀具路径是否符合加工要求，单击✔按钮完成区域车削命令。

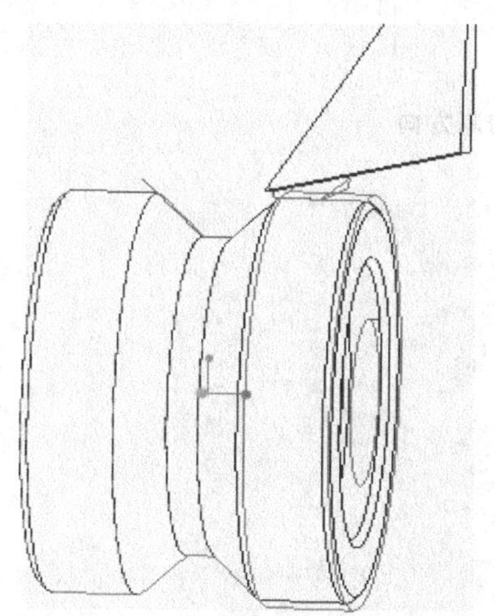

图 1-161　轮廓车削播放路径

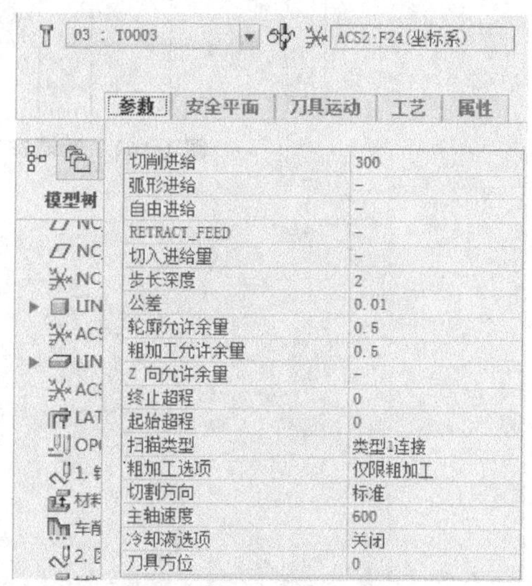

参数	值
切削进给	300
弧形进给	-
自由进给	-
RETRACT_FEED	-
切入进给量	-
步长深度	2
公差	0.01
轮廓允许余量	0.5
粗加工允许余量	0.5
Z 向允许余量	-
终止超程	0
起始超程	0
扫描类型	类型1连接
粗加工选项	仅限粗加工
切割方向	标准
主轴速度	600
冷却液选项	关闭
刀具方位	0

图 1-162　区域车削加工参数设定

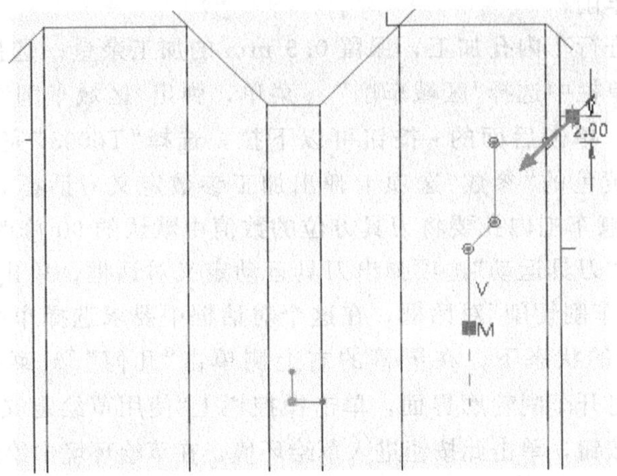

图 1-163　区域车削轮廓定义

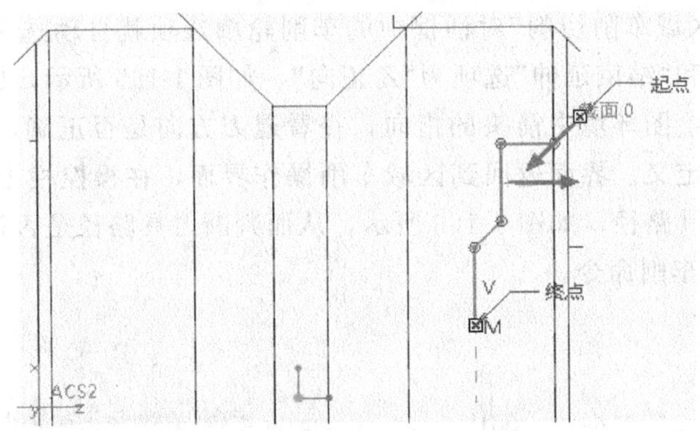

图 1-164　区域车削轮廓切削方向

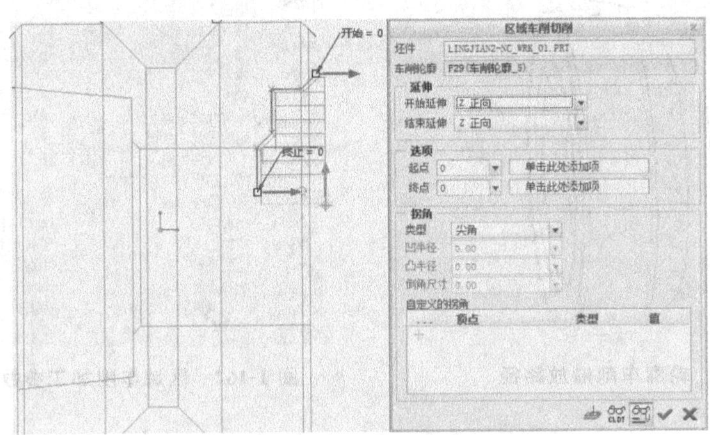

图 1-165　区域车削切削定义

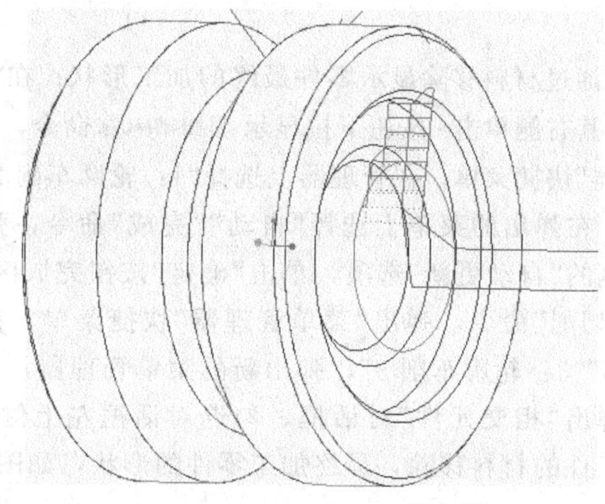

图 1-166　区域车削播放路径

(15)创建轮廓车削

通过轮廓车削命令完成绘图环境中内孔粗加工剩下的 0.5 mm 的余量；选择“轮廓车削”方式，在“车削”界面的菜单栏中选择“轮廓车削”命令，弹出“轮廓车削”界面，单击“刀具”选项后面的按钮可以下拉，选择“T0003”，完成刀具设定。单击“轮廓车削”界面中黄色的“参数”选项卡弹出加工参数定义对话框，输入加工参数值(注意刀具方位值为 0)，如图 1-167 所示。单击“轮廓车削”界面中“刀具运动”选项卡弹出刀具运动定义对话框，单击右侧的“轮廓车削”选项，会弹出“轮廓车削切削”对话框，在这个对话框中要求选择车削轮廓，单击上一步区域车削创建的车削轮廓，完成车削轮廓的选择，单击“轮廓车削切削”对话框底部的✔按钮，退出“轮廓车削切削”对话框，界面返回到“轮廓车削”操作界面，在操控栏上可以单击按钮查看轮廓车削的刀具路径，如图 1-168 所示，从而判断刀具路径是否符合加工要求，单击✔按钮完成轮廓车削命令。

图 1-167　轮廓车削加工参数设定

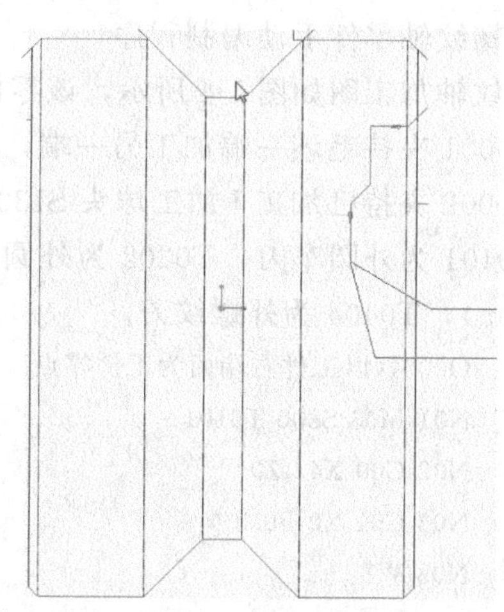

图 1-168　轮廓车削播放路径

(16)材料移除切削

内孔加工完成后，通过材料移除显示零件最终的加工形状；在“车削”操作界面中找到“制造几何”菜单，在其右侧单击▾按钮下拉显示材料移除切削命令，单击“材料移除切削”命令，弹出“菜单管理器”快捷菜单，在管理器上选择“1：轮廓车削 2”，如图 1-169 所示，弹出新的菜单管理器，在弹出的菜单上选择“自动”“完成”命令，弹出“相交元件”对话框，勾选对话框左上侧的“自动更新”选项，单击“确定”按钮完成区域车削的材料移除。同样，单击“材料移除切削”命令，弹出“菜单管理器”快捷菜单，在菜单管理器上再依次选择“2：区域车削 3”“3：轮廓车削 3”，弹出新的菜单管理器，在弹出的菜单上选择“自动”“完成”命令，弹出“相交元件”对话框，勾选对话框左上侧的“自动更新”选项，单击“确定”按钮完成工件的材料移除，最终加工零件的形状，如图 1-170 所示。

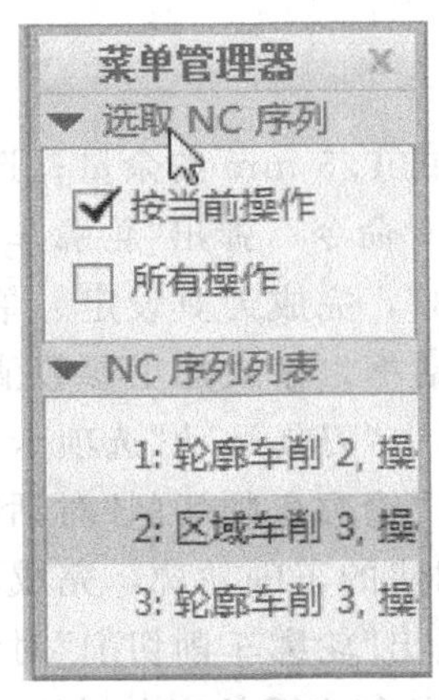

图 1-169　材料切除 NC 序列选择

图 1-170　锥套零件加工图

3. 螺纹轴零件编程

1)螺纹轴零件手动编制程序

螺纹轴加工图如图 1-4 所示，该零件毛坯分两个程序 O0001 和 O0002。

O0001 夹持毛坯一端加工另一端，加工直径 I、I、M20×1.5。

O0002 夹持已加工 I 加工球头 S130 mm。

T0101 为外圆车刀，T0202 为外圆车刀(刀头 35°菱形刀头)，T0303 为切槽刀(刀宽 4 mm)，T0404 为外螺纹刀。

```
O0001(以工件右端面为工件零点)
N01 M03 S800 T0101
N02 G00 X43 Z0
N03 G01 X0 F0.2                         //车端面
N03 W1
N04 X42
N04 G90 X38 Z-66 F0.4                   //粗加工循环
```

```
N05 X34
N06 X30
N07 X26
N08 X24.5
N09 G01 X19.9 F0.4
N10 Z-20
N11 X40.5
N12 Z-78
N13 U2
N14 Z1
N15 M03 S1200
N16 G00 X22 Z-20
N17 G01 X23.975 Z-22 F0.15          //精加工
N18 Z-66
N19 X38
N20 X39.98 Z-68                     //倒角
N21 Z-78
N22 U2
N23 G00 X60 Z100 T0100
N24 T0303 M03 S600                  //换切槽刀
N25 G00 X25 Z-20
N26 G01 X16 F0.15                   //加工槽
N27 U5
N28 W0.5
N29 X16
N30 G00 X43
N31 Z100
N32 T0300
N33 T0404                           //螺纹刀
N38 G00 X20 Z3
N39 G92 X19.2 Z-17 F1.5             //螺纹循环加工
N40  X18.5
N41  X18.1
N42  X18.1
N43 G00 X43 Z100
N44 T0100 M05
N45 M30

O0002(以工件右端面为工件零点)
N01 M03 S800 T0202
N02 G00 X43 Z0
```

```
N03 G01 X0 F0.2                          //切端面
N04 Z2
N05 X42
N06 G90 X38 Z-30 F0.4                    //粗加工循环
N07 X34
N08 X30
N09 G01 Z1 F0.4                          //粗加工
N10 X22
N11 X30 Z-8
N12 Z1
N13 X14
N14 X30 Z-8
N15 Z-19
N16 X22 Z-27
N17 X31 Z-30
N18 Z1
N19 X0 Z0
N20 G03 X22.361 Z-25R15 F0.2             //圆球加工
N21 G02 X26.833 Z-30 R3 F0.2
N22 G01 X38 F0.4
N23 X40 W-1
N24 X60 Z100 T0200
N25 M05
N26 M30
```

2)螺纹轴零件 CAM 编程程序

(1)制造模型设置

制造模型设置包括参照模型和工件，参照模型调入，首先进入制造环境，单击“新建”按钮，弹出“新建”对话框选择“制造”选项，取消勾选“使用默认模板”，单击“确定”按钮弹出“新文件选项”对话框，在对话框中选择“mmns_mfg_nc”制造公制模板，单击“确定”按钮进入制造环境，在菜单栏选择调入“参照模型”，在打开对话框中选择已经建好的模型文件“lingjian3. prt”，单击“打开”按钮进入放置模式，将放置模式更改为“默认”模式放置参照模型，约束状态“状况”显示为“完全约束”，如图 1-171 所示。

(2)创建工件

在菜单栏单击“自动工件”图标，打开“创建自动工件”对话框，默认是创建矩形工件，这里选择圆柱体，单击“选项”选项卡，在弹出对话框中找到“旋转偏移”选项，在下方的“关于 Y”的选项栏里输入 90，调整 Y 轴角度得到正确的装配方式，系统自动将工件和参照模型装配好，在“整体尺寸”选项组中的“总直径”输入“42”，“总长度”输入“106”，如图 1-172 所示，单击按钮完成螺纹轴工件的创建。

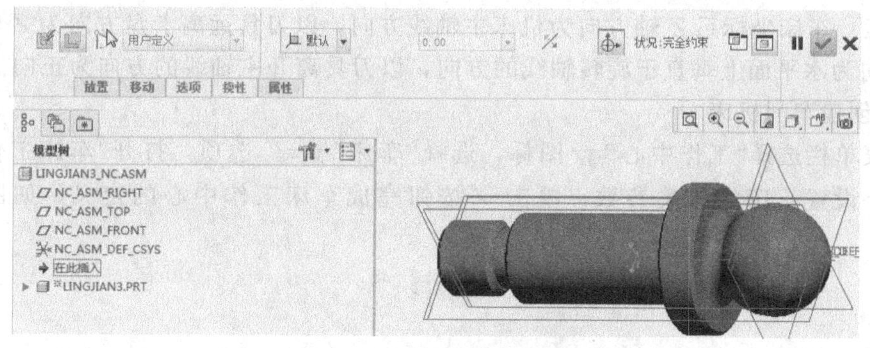

图 1-171 放置参照模型

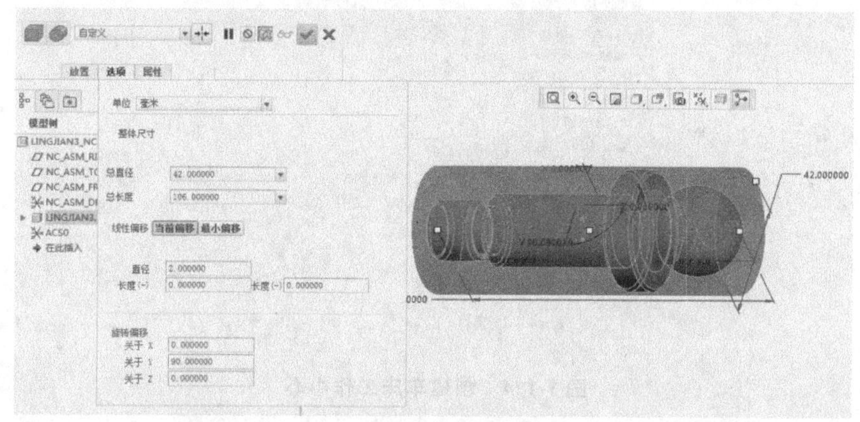

图 1-172 螺纹轴自动工件创建

(3)创建车削加工坐标系

在菜单栏选择“坐标系”坐标系图标，打开“坐标系”对话框，在“原点”选项卡下的“参考”框内分别在绘图区选择“NC_ASM_TOP”“NC_ASM_FRONT”并选择工件的左端面如图 1-173 所示(注意选择顺序，是依次选择，保证 X、Y、Z 轴的方向；如果选择顺序出现错乱，将导致 X、Y、Z 轴与设置的加工零点的要求不一致，可以单击“坐标系”对话框中的“方向”选项卡调整 X、Y、Z 轴的方向，以确保和加工零点的要求一致)。

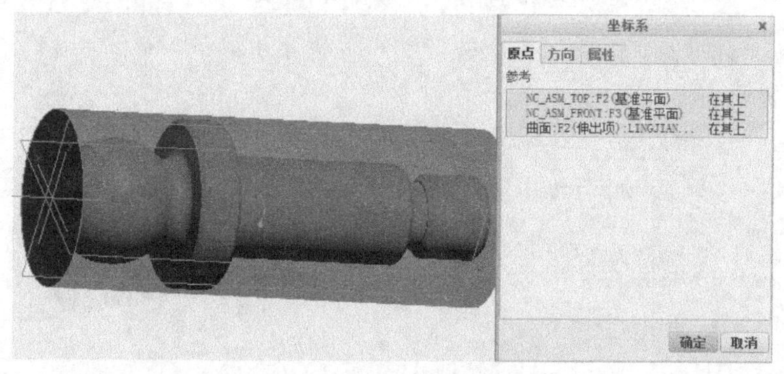

图 1-173 加工零点坐标系设定

注意：车床坐标系 Z 轴方向为机床主轴线方向，以刀具远离卡盘方向为 Z 轴正向，X 轴方向为水平面上垂直于旋转轴线的方向，以刀具离开主轴线的方向为正向。

(4)创建车削机床

在菜单栏选择“工作中心”图标，选择“车床”选项，打开“车床工作中心”对话框，设置车床的相关参数，单击✓按钮完成车床工作中心的定义，如图 1-174 所示。

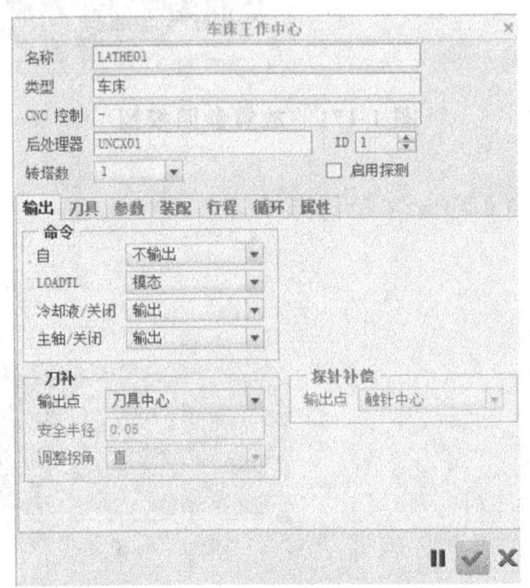

图 1-174　创建车床工作中心

(5)创建加工操作

在菜单栏选择“操作”命令，打开“操作”对话框，系统将之前建立的车床工作中心默认选中，在对话框选择之前建立的坐标系“ACS1”，从而完成加工零点的设置。单击“间隙”选项卡，定义操作的退刀平面，在“退刀”选项框中的“类型”选项下选择“平面”，在绘图区选中工件的右端面，在“值”的选项下输入“10”，即退刀平面为离开工件右端面距离为 10 mm 的平面。单击✓按钮完成操作的定义，如图 1-175 所示。

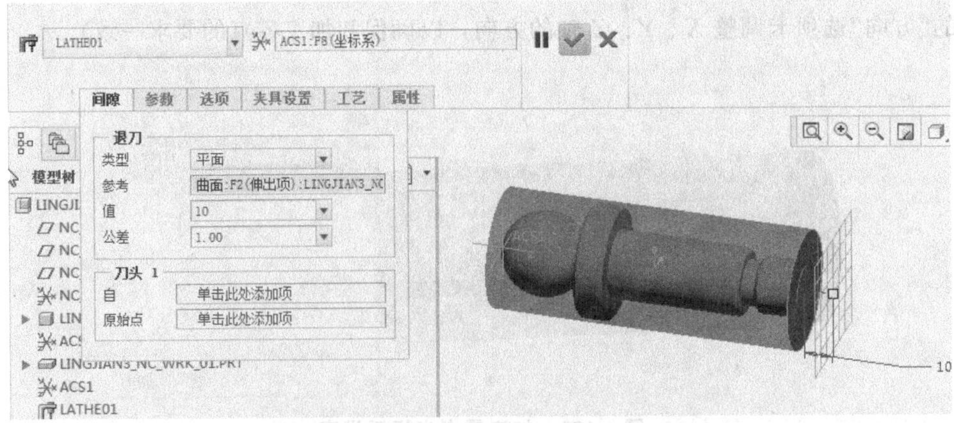

图 1-175　操作的加工零点和退刀面设置

(6)创建区域车削

首先对螺纹轴工件右端面进行粗加工，保留 0.5 mm 余量；在车削对话框的菜单栏中选择“区域车削”快捷菜单，弹出“区域车削”对话框，“刀具”选项显示“无刀具”，单击下拉三角，出现“编辑刀具”选项，单击弹出“刀具设定”对话框，单击“新建”按钮，刀具的默认类型为“车削”，可以在下方刀具细节设置对话框，更改车刀的参数，如图 1-176 所示，改完参数后单击“应用”，刀具“T0001”就出现在上方的对话框中，单击“确定”完成刀具设定。单击“区域车削”对话框中黄色的“参数”选项弹出加工参数定义对话框，输入加工参数值如图 1-177 所示。单击“区域车削”对话框中黄色的“刀具运动”选项弹出刀具运动定义对话框，单击右侧的“区域车削”选项，会弹出“区域车削切削”对话框如图 1-178 所示，在这个对话框中要求定义车削轮廓，单击“区域车削”对话框中“几何”快捷菜单下的“车削轮廓”车削轮廓选项；在“车削轮廓”对话框中，单击对话框上的“使用草绘定义车削轮廓”图标，右侧显示“草绘”按钮，单击此按钮进入草绘环境，绘制直线如图 1-179 所示(注意添加参照模型外轮廓线作为参照，便于绘制直线捕捉)，单击✔按钮，退出草绘，保证切削方向向上，如图 1-180 所示；此时，返回到“区域车削”对话框，在对话框上单击“继续”按钮，“区域车削切削”对话框中的车削轮廓选项就自动选中了刚刚建立的车削轮廓，修改“结束延伸”选项为“*X* 正向”，保证刀具切削完毕后退刀正常，通过绘图环境中箭头的指向，查看退刀方向是否正确，如图 1-181 所示，单击✔按钮完成“区域车削切削”定义。界面返回到区域车削操作界面，在操控栏上可以单击按钮查看区域车削的刀具路径，如图 1-182 所示，从而判断刀具路径是否符合加工要求，单击✔按钮完成区域车削命令。

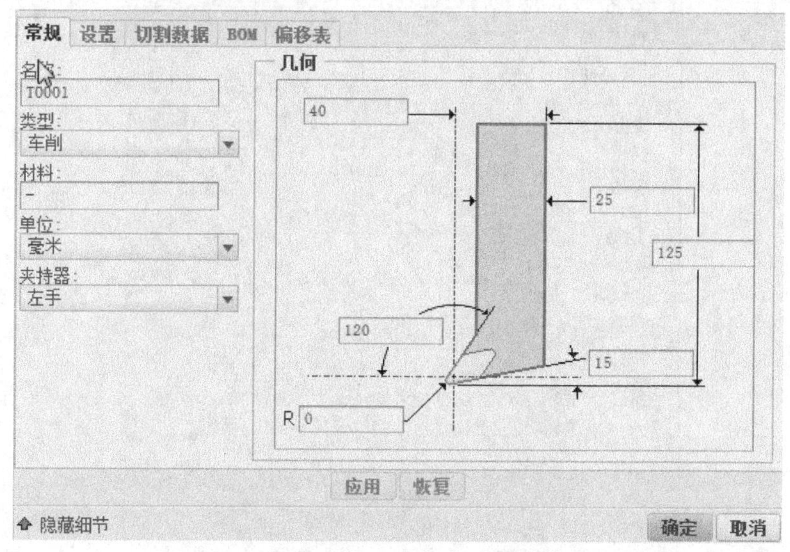

图 1-176　区域车削刀具设定

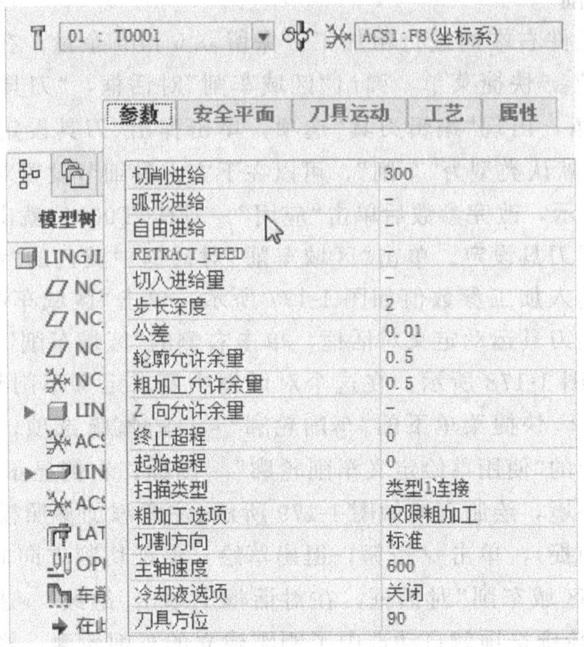

图 1-177　区域车削加工参数定义

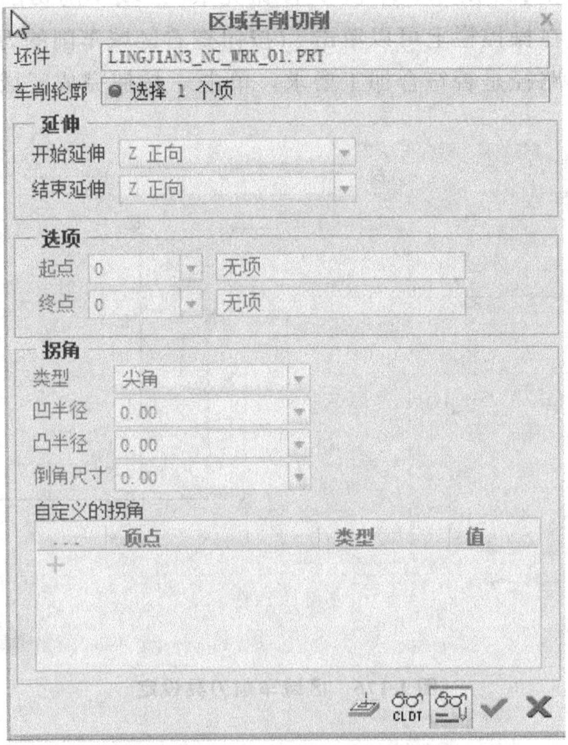

图 1-178　区域车削的切削定义

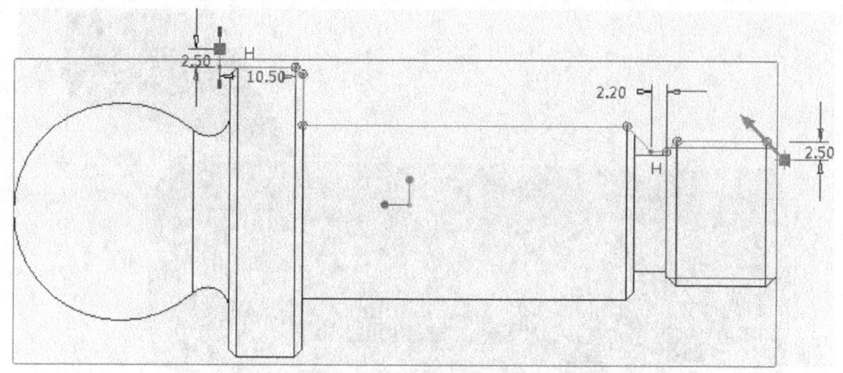

图 1-179 绘制车削轮廓

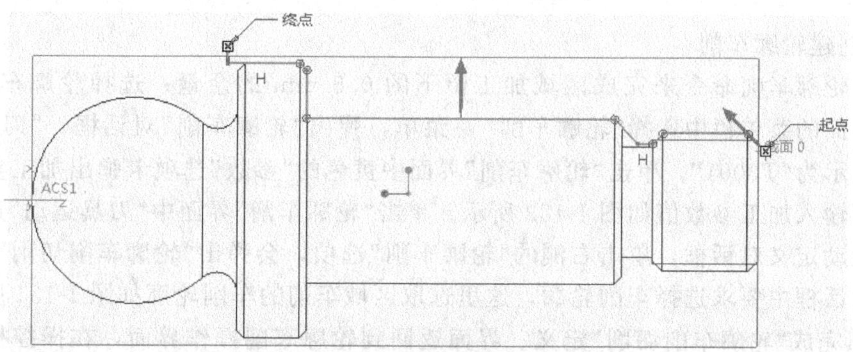

图 1-180 车削轮廓切削方向

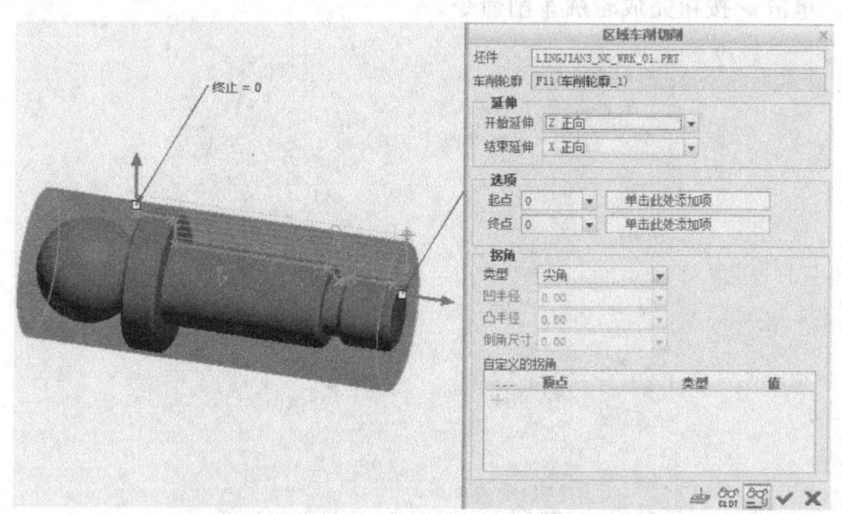

图 1-181 区域车削切削定义

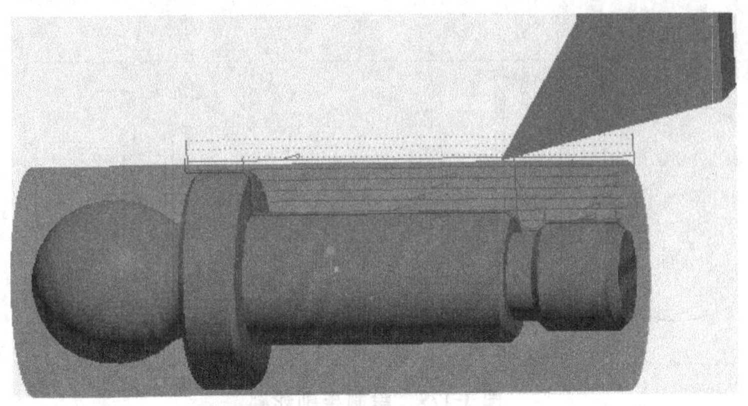

图 1-182　区域车削播放路径

(7)创建轮廓车削

通过轮廓车削命令来完成区域加工留下的 0.5 mm 的余量；选择轮廓车削方式，在车削界面的菜单栏中选择“轮廓车削”菜单，弹出“轮廓车削”对话框，“刀具”选项默认显示为“T0001”。单击“轮廓车削”界面中黄色的“参数”选项卡弹出加工参数定义对话框，输入加工参数值如图 1-183 所示。单击“轮廓车削”界面中“刀具运动”选项卡弹出刀具运动定义对话框，单击右侧的“轮廓车削”选项，会弹出“轮廓车削切削”对话框，在这个对话框中要求选择车削轮廓，这里选取区域车削的车削轮廓如图 1-184 所示，单击✔按钮完成“轮廓车削切削”定义。界面返回到轮廓车削操作界面，在操控栏上可以单击按钮查看轮廓车削的刀具路径，如图 1-185 所示，从而判断刀具路径是否符合加工要求，单击✔按钮完成轮廓车削命令。

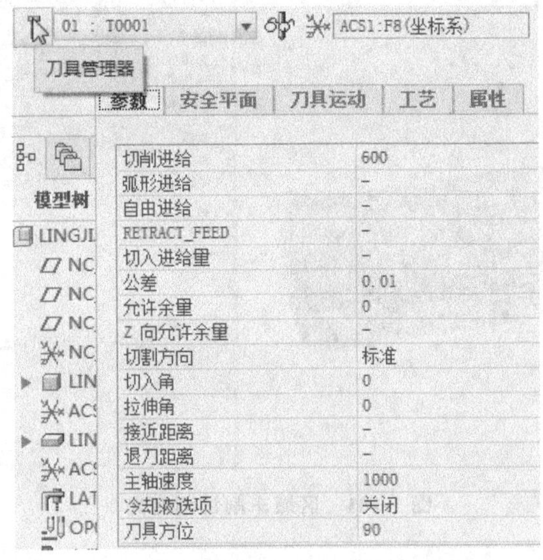

图 1-183　轮廓车削加工参数定义

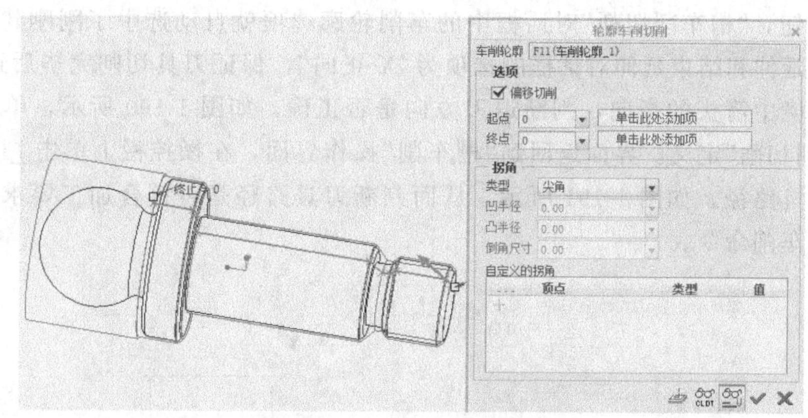

图 1-184 轮廓车削切削定义

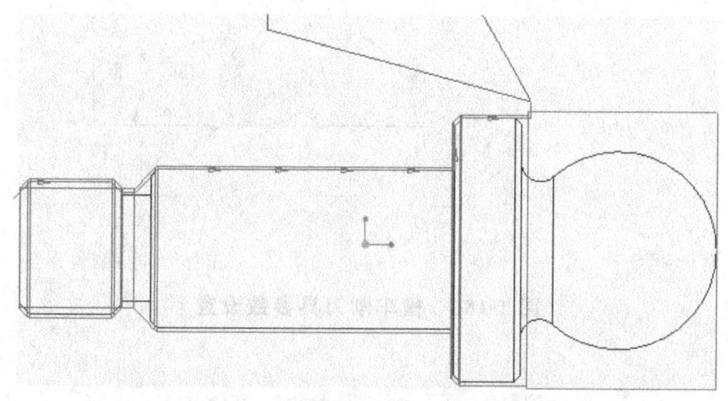

图 1-185 轮廓车削播放路径

(8)槽切削

螺纹轴的凹槽需要通过槽切削进行加工，选择槽车削方式，在“车削”界面的菜单栏中选择“槽车削”槽车削，弹出“槽车削”对话框，在“刀具”选项显示“无刀具”，单击下拉出现“编辑刀具”选项，单击“编辑刀具”，弹出“刀具设定”对话框，单击“新建”按钮，刀具的默认类型为“车削槽加工”，可以在下方刀具细节设置对话框，更改车刀的参数如图 1-186 所示，改完单击“应用”，“T0002”刀具就出现在上方的对话框中，单击“确定”完成刀具设定。单击“槽车削”界面中黄色的“参数”选项卡弹出加工参数定义对话框，输入加工参数值如图 1-187 所示。单击“槽车削”界面中黄色的“刀具运动”选项弹出刀具运动定义对话框，单击右侧的“槽车削切削”选项，会弹出“槽车削切削”对话框，在这个对话框中要求绘制并选择车削轮廓，在屏幕的右上侧单击“几何”图标，选择“车削轮廓”车削轮廓选项，在车削轮廓对话框中，单击“使用草绘定义车削轮廓”按钮，右侧显示“草绘”按钮，单击此按钮进入草绘环境，绘制直线如图 1-188 所示(注意添加参照模槽外轮廓线作为参照，以便于绘制直线的准确捕捉)，保证切削方向向上，如图 1-189 所示，单击按钮，退出草绘，返回到“槽车削”界面，单击

“继续”▶按钮，“槽车削切削”对话框中的车削轮廓选项就自动选中了刚刚建立的车削轮廓，开始延伸和结束延伸对话框的选项为“X 正向”，保证刀具切削完毕后退刀正常，通过绘图环境中箭头的指向，判断退刀方向是否正确，如图 1-190 所示，单击✔按钮完成“槽车削切削”定义。界面返回到“槽车削”操作界面，在操控栏上单击按钮查看槽车削的刀具路径，如图 1-191 所示，从而判断刀具路径是否符合加工要求，单击✔按钮完成槽车削命令。

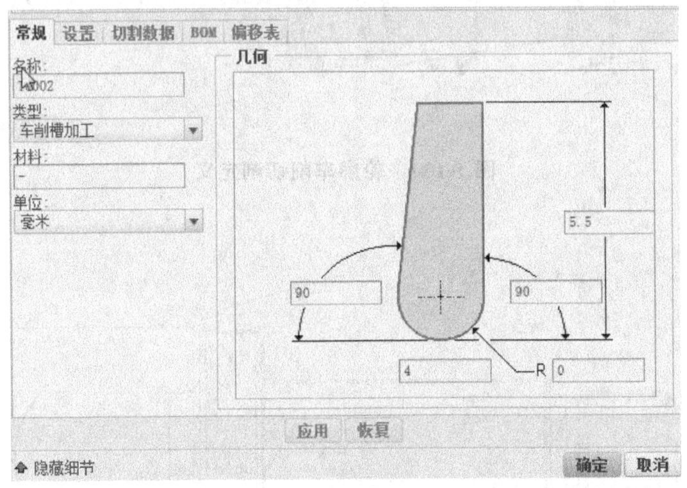

图 1-186　槽车削刀具参数设置

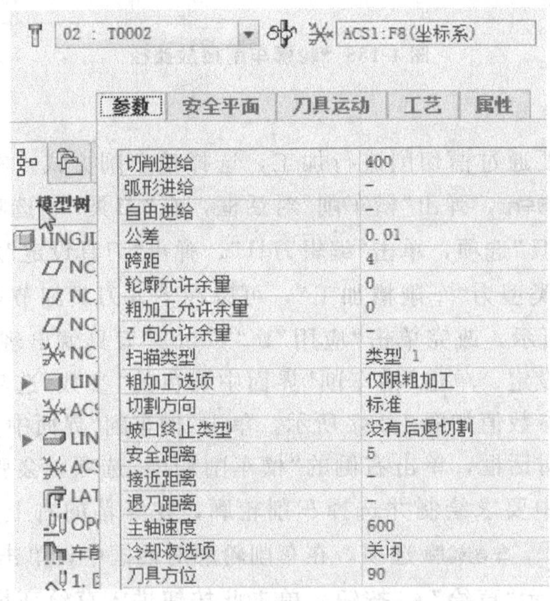

图 1-187　槽车削加工参数设置

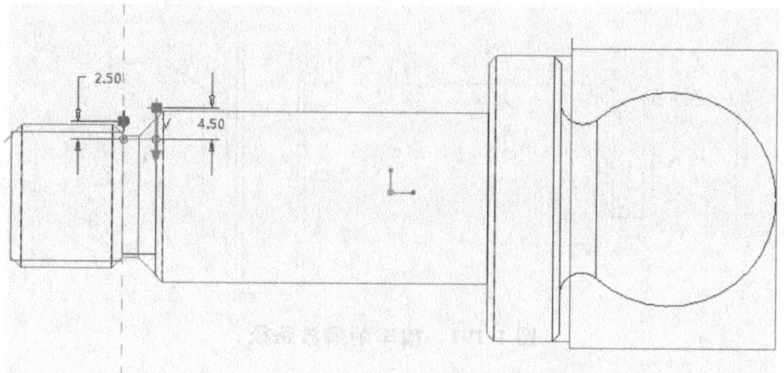

图 1-188 槽车削轮廓

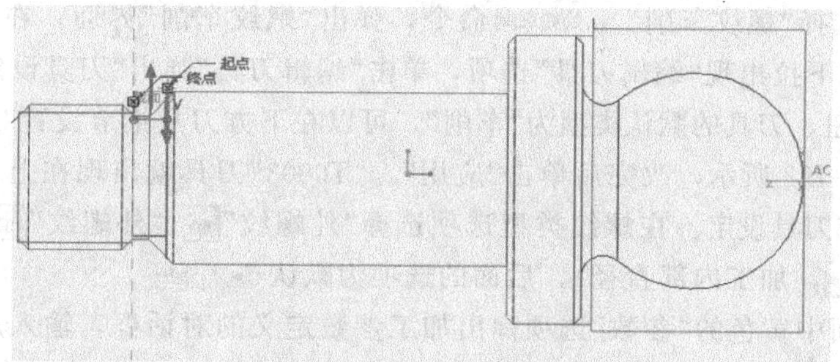

图 1-189 槽车削切削方向

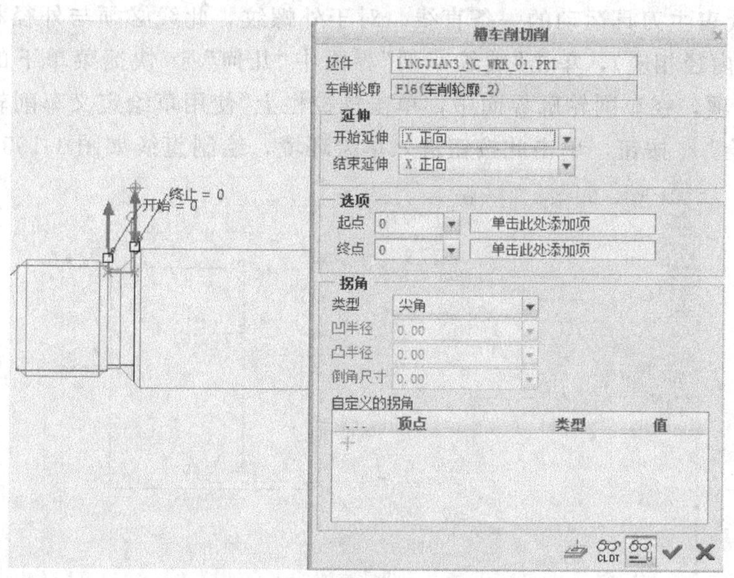

图 1-190 槽车削切削定义

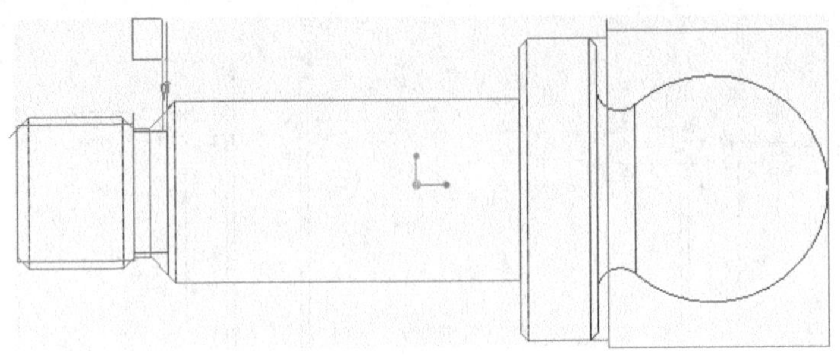

图 1-191　槽车削播放路径

(9)创建螺纹车削

通过螺纹车削命令完成绘图环境中螺纹的加工；选择螺纹车削方式，在“车削”界面的菜单栏中选择“螺纹车削”螺纹车削命令，弹出“螺纹车削”界面，在“刀具”选项后面单击可以下拉出现“编辑刀具”选项，单击“编辑刀具”弹出“刀具设定”对话框，单击“新建”按钮，刀具的默认类型为“车削”，可以在下方刀具细节设置对话框，更改车刀的参数如图 1-192 所示，改完后单击“应用”，“T0003”刀具就出现在上方的对话框中，单击“确定”完成刀具设定。在螺纹类型选项选择“外螺纹”(“外螺纹”，加工外部直径；“内螺纹”，加工内部直径)，后面的选项为默认 统一 ISO；单击“螺纹车削”界面中黄色的“参数”选项弹出加工参数定义的对话框，输入加工参数值(注意螺纹的进给单位一定选取 MMPR 作为公制单位)如图 1-193 所示。单击“螺纹车削”界面中黄色的“参考”选项弹出对话框要求定义新的车削轮廓，如图 1-194 所示(“车削轮廓”必须包含代表主刀具运动的一条直线。对于外螺纹，此线必须与外径相应；对于内螺纹，必须与内径相应)，单击“螺纹车削”界面中“几何”快捷菜单下的“车削轮廓”车削轮廓选项，在车削轮廓界面中，单击操控栏上“使用草绘定义车削轮廓”按钮，右侧显示“草绘”按钮，单击此按钮进入草绘环境，绘制直线如图 1-195 所示(注意添

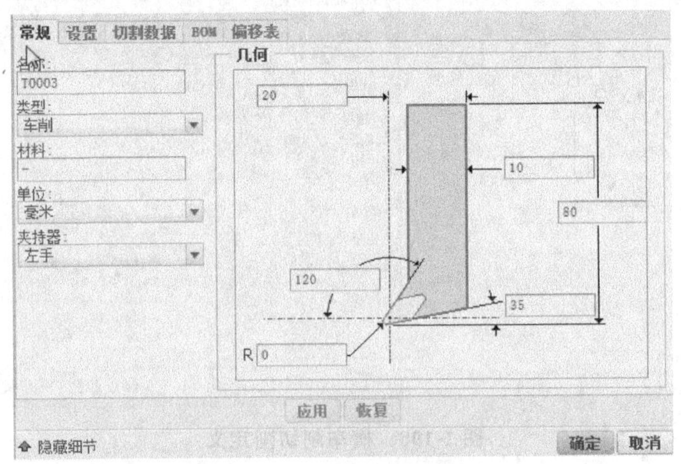

图 1-192　螺纹车削刀具定义

加参照模型中的内孔轮廓线作为参照，以便于直线准确捕捉），单击✔按钮，退出草绘，保证切削方向向上，如图 1-196 所示，此时，返回到“螺纹车削”界面，在操控栏上单击“继续”▶按钮，螺纹车削“参考”对话框中的车削轮廓选项就自动选中了刚刚建立的车削轮廓，在操控栏上单击按钮查看轮廓车削的刀具路径，如图 1-197 所示，从而判断刀具路径是否符合加工要求，单击✔按钮完成轮廓车削命令。

切削进给	300
自由进给	-
螺纹进给量	2
螺纹进给单位	MMPR
公差	0.01
允许余量	0
序号切割	0
安全距离	5
主轴速度	600
冷却液选项	关闭
刀具方位	90
余量百分比	0
进给角度	0

图 1-193　螺纹加工参数设定

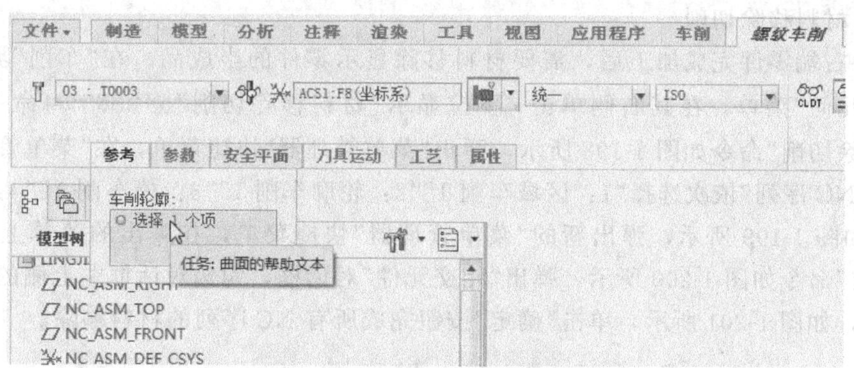

图 1-194　螺纹加工参考定义

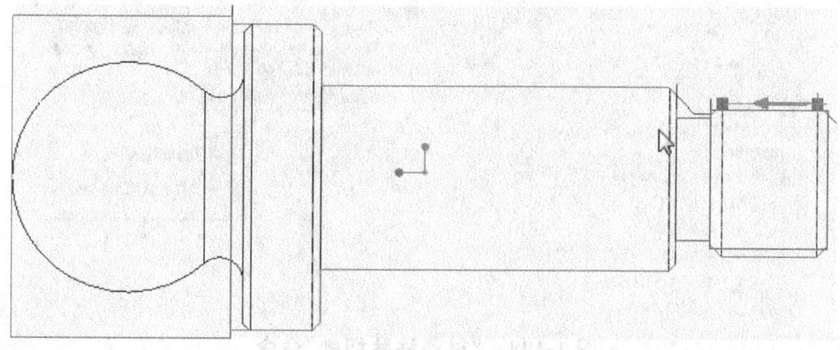

图 1-195　螺纹加工车削轮廓

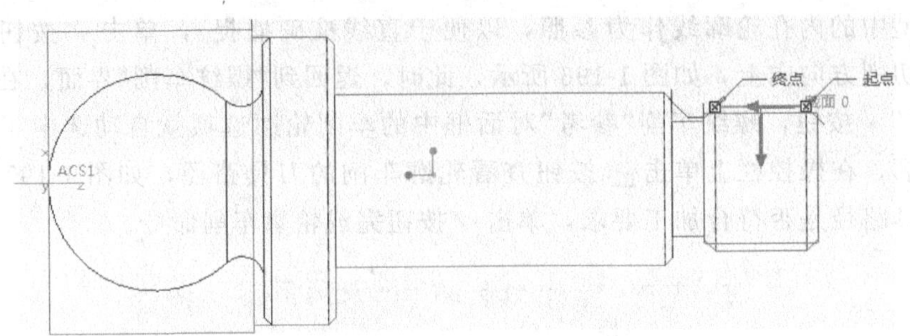

图 1-196　螺纹加工车削轮廓切削方向

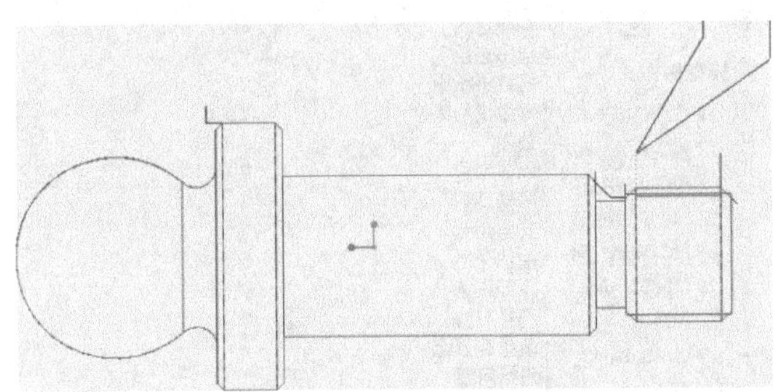

图 1-197　螺纹加工播放路径

(10)材料移除切削

工件右端零件完成加工后，需要材料移除显示零件的半成品。在“车削”界面中找到“制造几何”菜单，在其右侧单击▾下拉显示“材料移除切削”材料移除切削命令，单击“材料移除切削”命令如图 1-198 所示，弹出“菜单管理器”快捷菜单，在“菜单管理器”上的“选取 NC 序列”依次选择“1：区域车削 1”“2：轮廓车削 1”“3：槽车削 1”“4：螺纹车削 1”，如图 1-199 所示，弹出新的“菜单管理器”快捷菜单，在弹出的菜单上选择“自动”“完成”命令如图 1-200 所示，弹出“相交元件”对话框，勾选对话框左上侧的“自动更新”选项，如图 1-201 所示，单击“确定”按钮完成所有 NC 序列的材料移除。

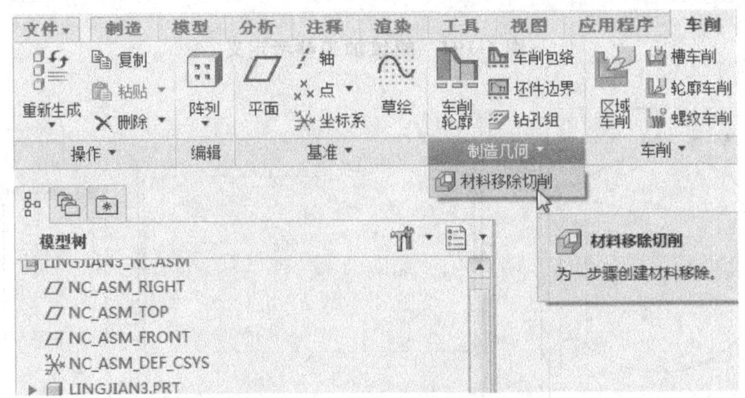

图 1-198　“材料移除切削”命令

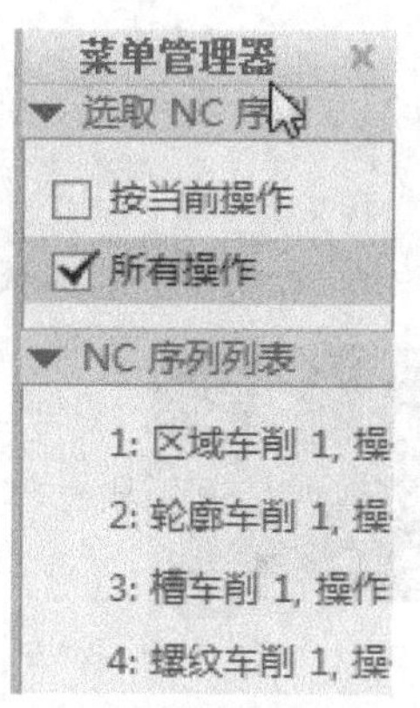

图 1-199　选择材料移除序列

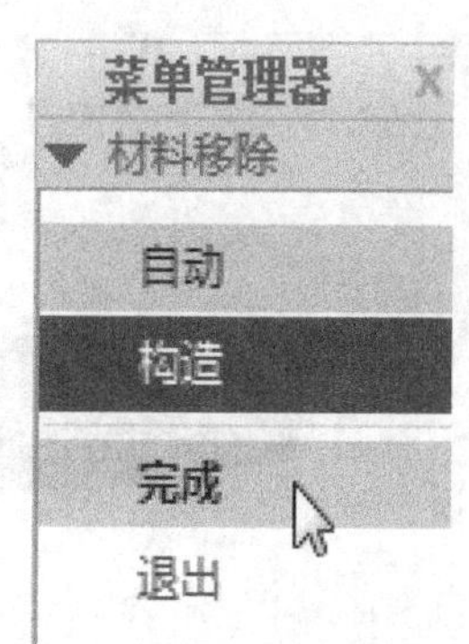

图 1-200　选择"自动""完成"

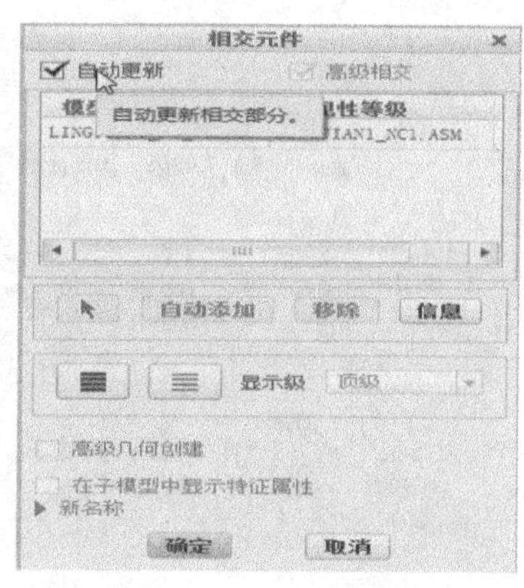

图 1-201　勾选自动更新

(11)掉头加工设置

工件进行掉头加工，需要重新设置坐标系作为加工零点，建立新的操作。在菜单栏选择"坐标系"坐标系快捷菜单，打开"坐标系"对话框，在"原点"选项卡选择"NC_ASM_TOP""NC_ASM_FRONT"和工件的已加工端的端面如图 1-202 所示(注意选择顺序)，单击"确定"按钮建立"ACS2"坐标系。

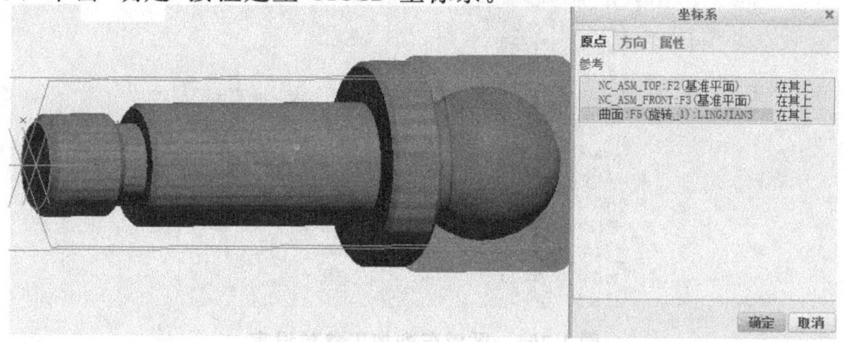

图 1-202　ACS2 坐标系设定

在菜单栏选择"操作"快捷菜单，打开"操作"对话框，系统将之前建立的车床工作中心默认选中，在对话框选择刚建立的坐标系"ACS2"，从而完成加工零点的设置。单击"间隙"选项卡，定义操作的退刀平面，在"退刀"选项框中的"类型"选项下选择"平面"，在绘图区选中工件的右端面如图 1-203 所示，在"值"的选项下输入"10"，即退刀平面为离开工件右端面距离为 10 mm 的平面，单击✓按钮完成操作的定义。

(12)创建区域车削

对绘图区工件进行圆球端加工，保留 0.5 mm 的加工余量；选择区域车削方式，在"车削"界面菜单栏中选择"区域车削"快捷菜单，弹出"区域车削"对话框，在"刀具"选项显示"无刀具"，单击后面的可以下拉，选择"T0003"完成刀具设定。单击"区域车削"界面中黄色的"参数"选项弹出加工参数定义对话框，输入加工参数值如图 1-204 所示。单击"区域车削"界面中黄色的"刀具运动"选项弹出刀具运动定义的对话框，单击

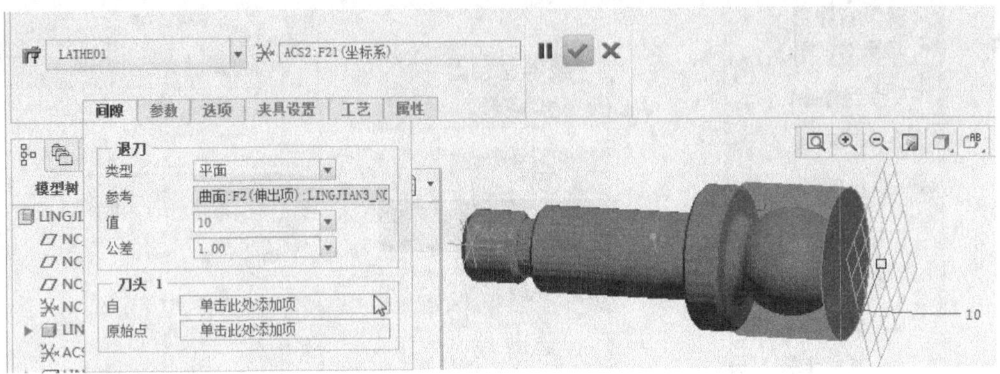

图 1-203　操作 OP020 设置

03 : T0003　ACS2:F21(坐标系)

参数　安全平面　刀具运动　工艺　属性

切削进给	300
弧形进给	-
自由进给	-
RETRACT_FEED	-
切入进给量	-
步长深度	2
公差	0.01
轮廓允许余量	0.5
粗加工允许余量	0.5
Z 向允许余量	-
终止超程	0
起始超程	0
扫描类型	类型1连接
粗加工选项	仅限粗加工
切割方向	标准
主轴速度	600
冷却液选项	关闭
刀具方位	90

图 1-204　区域车削加工参数设定

右侧的“区域车削”选项，会弹出“区域车削切削”对话框，在这个对话框中要求选择或新建车削轮廓，在屏幕的右上侧单击“几何”快捷菜单下的“车削轮廓”**车削轮廓**选项，打开“车削轮廓”界面，单击操控栏“使用草绘定义车削轮廓”按钮，右侧显示“草绘”按钮，单击此按钮进入草绘环境，绘制直线如图 1-205 所示(注意添加参照模型圆球端的轮廓线作为参照，以便于直线捕捉)，保证切削方向向内，如图 1-206 所示，单击✓按钮，退出草绘，返回到“区域车削”界面，在操控栏上单击“继续”按钮，“区域车削切削”对话框中的车削轮廓选项就自动选中了刚刚建立的车削轮廓，“结束延伸”选项为“X 正向”如图 1-207 所示，保证刀具切削完毕后退刀正常，通过绘图环境中箭头的指向，判断退刀方向是否正确，单击✓按钮完成“区域车削切削”定义。界面返回到“区域车削”操作界面，在操控栏上单击按钮查看区域车削的刀具路径，如图 1-208 所示，从而判断刀具路径是否符合加工要求，单击✓按钮完成区域车削命令。

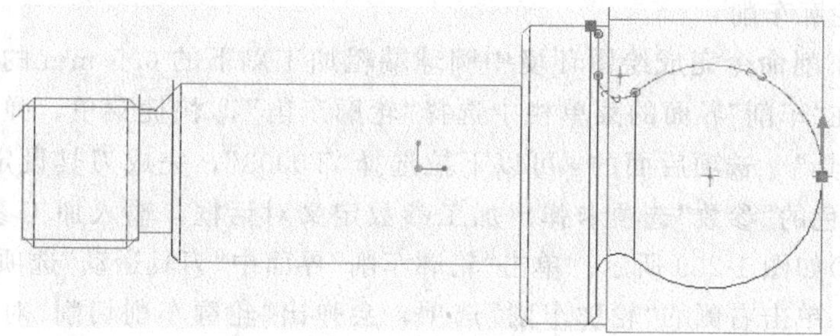

图 1-205 区域车削轮廓定义

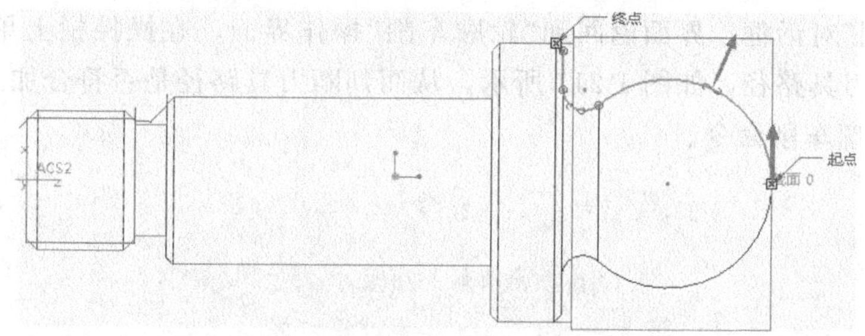

图 1-206 区域车削轮廓切削方向

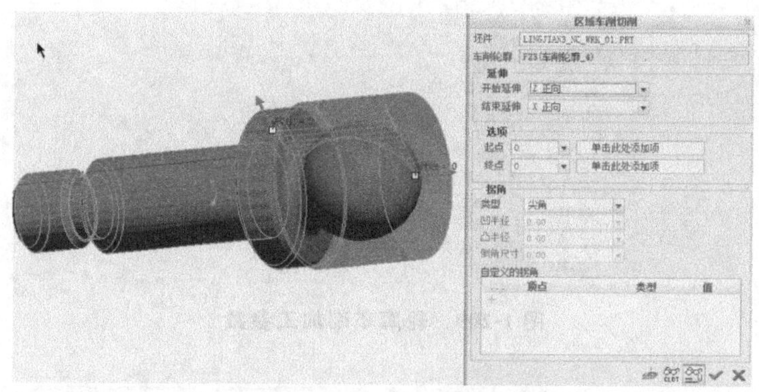

图 1-207 区域车削切削定义

图 1-208 区域车削播放路径

(13)创建轮廓车削

通过轮廓车削命令完成绘图环境中圆球端粗加工剩下的 0.5 mm 的余量；选择轮廓车削方式，在“车削”界面的菜单栏中选择“轮廓车削”快捷菜单，弹出“轮廓车削”界面，单击“刀具”选项后面的可以下拉选择“T0003”，完成刀具设定。单击“轮廓车削”界面中黄色的“参数”选项卡弹出加工参数定义对话框，输入加工参数值(注意刀具方位值为“0”)如图 1-209 所示。单击“轮廓车削”界面中“刀具运动”选项卡弹出刀具运动定义对话框，单击右侧的“轮廓车削”选项，会弹出“轮廓车削切削”对话框，在这个对话框中要求选择或新建车削轮廓，单击并选择上一步区域车削创建的车削轮廓，完成车削轮廓的选择如图 1-210 所示，单击“轮廓车削切削”对话框底部的✓按钮，退出“轮廓车削切削”对话框，界面返回到“轮廓车削”操作界面，在操控栏上单击按钮查看轮廓车削的刀具路径，如图 1-211 所示，从而判断刀具路径是否符合加工要求，单击✓按钮完成轮廓车削命令。

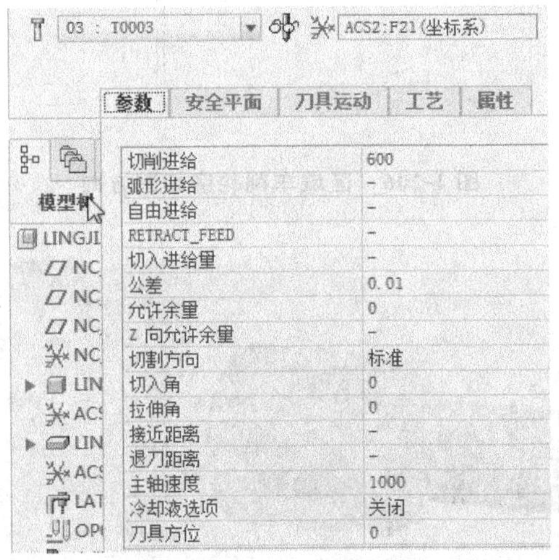

图 1-209 轮廓车削加工参数

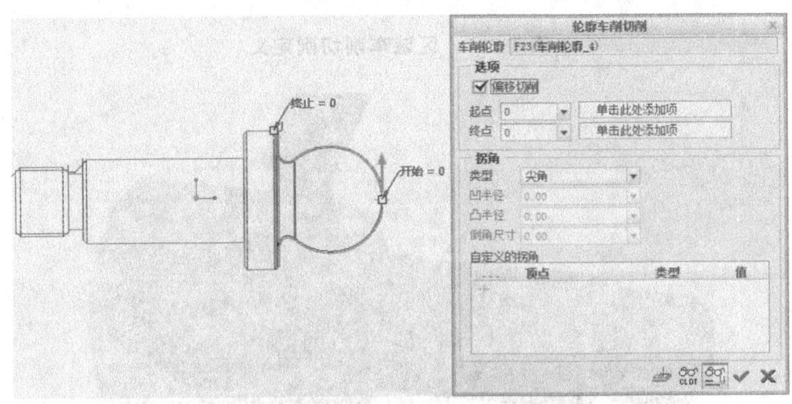

图 1-210 轮廓车削切削定义

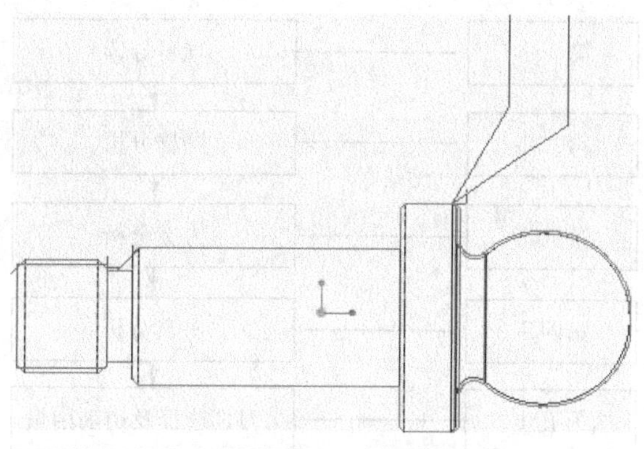

图 1-211　轮廓车削播放路径

(14)材料移除切削

圆球端加工完成后，通过材料移除来显示零件最终的加工形状；在“车削”界面中找到“制造几何”菜单，单击其右侧下拉显示的“材料移除切削”材料移除切削命令，如图 1-198 所示，弹出“菜单管理器”快捷菜单，在“菜单管理器”上依次选取 NC 序列“1：区域车削 2”“2：轮廓车削 2”，如图 1-212 所示，弹出新的菜单管理器，选择“自动”“完成”命令如图 1-200 所示，弹出“相交元件”对话框，勾选对话框左上侧的“自动更新”选项如图 1-201 所示，单击“确定”按钮完成工件的材料移除，最终加工零件的形状如图 1-213 所示。

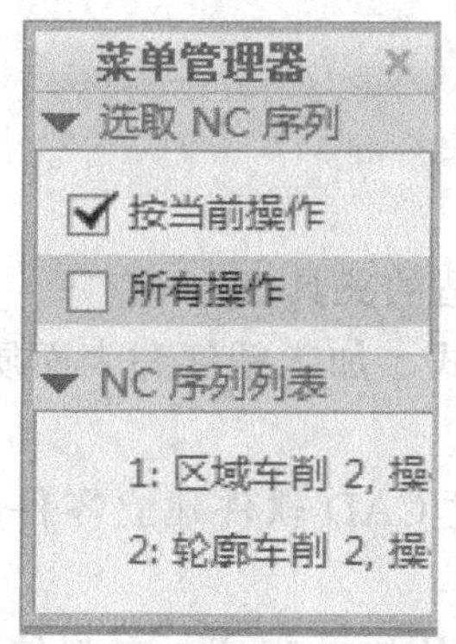

图 1-212　材料切除 NC 序列选择

图 1-213　最终螺纹轴

三、项目步骤

(一)项目执行顺序

项目的执行顺序如图 1-214 所示。

(二)项目步骤

1)项目导读。了解整个项目的要求与项目内容。

2)图样分析。了解图样加工要求，分析图样的基本尺寸、精度、表面质量等具体

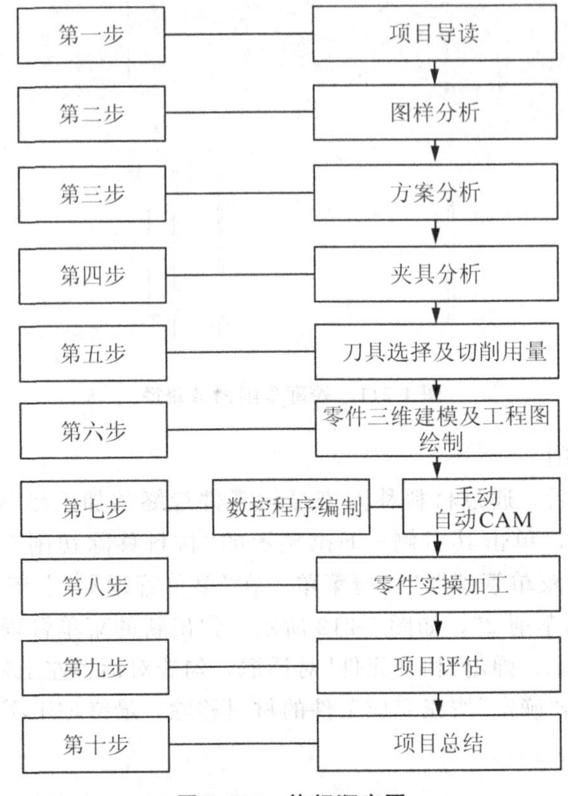

图 1-214　执行顺序图

的加工要求。

3)方案分析。制定加工工艺和可行性加工方案。

4)夹具分析。根据零件的加工精度与要求，选择合适的夹具。

5)刀具选择及切削用量。根据零件材料、热处理方式、加工精度和表面质量要求，选择合适的刀具和切削用量

6)零件三维建模及工程图绘制。根据图样分析通过 CAD 软件建立零件的三维模型，并绘制工程图。

7)数控编程。根据工艺安排及加工方案，编制零件的加工程序，车削编程以手动编制程序为主，数控铣削程序以 CAM 自动编程为主，通过 CAM 模块可以模拟仿真各个加工过程。

8)零件实操加工。操作数控机床加工各个零件，设定各种补偿值，保证零件加工质量，完成工件的加工与装配，整理数控机床及场地。

9)项目评估。通过学生分组进行自我评价零件，各组之间进行评论，指导老师再评价与给定成绩。

10)项目总结。学生分组总结项目完成过程中出现的问题及学到的知识，并派出代表在全班讨论，商讨加工中出现的问题和解决问题的办法。

四、项目实施

(一)组织方式

每三位同学一组，设备包括计算机 2 台，数控车床 1 台。

(二)工具列表

车床工具、量具、刀具表，如表 1-4 所示。

表 1-4　车床工具、量具、刀具表　　单位：mm

类别	序号	名　称	规　格	精度	数量
量具	1	外径千分尺	0～25、25～50、50～75	0.01	各 1
	2	游标卡尺	0～200	0.02	1
	3	带表游标卡尺	0～150	0.02	1
	4	深度千分尺	0～25、25～50	0.01	1
	5	深度游标卡尺	0～200	0.02	1
	6	万能角度尺	0～320°2′	2′	1
	7	内径量表	18～35、35～50	0.01	1
	8	螺纹塞规和环规	M30×1.5-6g/6H		各 1
	9	钟式百分表	0～10　0.01	0.01	1
	10	磁力表座			1
	11	螺纹样板、表面粗糙度样板			
	12	塞尺	0.02～1		1 套
	13	R 规	$R7\sim R14.5$　$R1\sim R25$		1
	14	螺纹对刀样板	60°		1
刀具	1	钻头、中心钻	$\phi23$、A3		各 1
	2	外圆车刀	$K_r\geqslant93°$、$K_r'\geqslant15°$	93°	1
	3	外圆车刀	$K_r\geqslant93°$、$K_r'\geqslant55°$	35°	1
	4	端面车刀	45°		1
	5	盲孔镗刀	$D\geqslant\phi22$、$L\geqslant55$		1
	6	外切槽刀	刀宽≤4、长≥9		1
	7	内切槽刀	刀宽≤4、$D\geqslant\phi22$、$L\geqslant55$		
	8	切断刀	刀宽 4～5，$L>30$		1
	9	内三角螺纹车刀	$P1.5$、$D\geqslant\phi24$、$L>30$		1
	10	外三角螺纹车刀	$P1.5$、$D\geqslant\phi24$、$L>30$		1

续表

类别	序号	名　称	规　格	精度	数量
操作工具	1	铜皮、铜棒			自定
	2	毛刷、棉纱			1
	3	红丹粉			若干
	4	套筒扳手、套筒			1
	5	刀架扳手			1
	6	起子、垫片	一字、十字		若干
	7	内六角扳手			自定
	8	相应配套钻套			各 1
	9	钻夹头、钢直尺			各 1
其他	1	铅笔、钢笔、橡皮		自定	自备
	2	绘图工具		1 套	自备
	3	计算器		1	自备
备注	1. 刀片数量各 2 片； 2. 学生佩戴护目镜等劳保防护用品； 3. 刀柄根据机床大小选择 25 mm×25 mm 或 20 mm×20 mm				

(三)实训工作页

信息导入

1. 请仔细阅读加工图纸，解释零件 1(螺纹套)图纸中 M20×1.5－6H 代表的含义：

____

2. 请仔细阅读加工图纸，解释零件 2(锥套)图纸中 |◎|ϕ0.025|A| 代表的含义：

____

____

为了达到这一精度要求，请简单描述你将采取什么加工措施？

____

____

____

____

3. 在零件 3(螺纹轴)图纸中 $\phi 24^{-0.02}_{-0.033}$ 尺寸中，允许最大加工尺寸为：__________
允许最小加工尺寸为：__________。

4. 加工零件 1 的材料是：__________，请查询相关资料说明此材料特性：__________

____

____

5. 在任务加工过程中您将会用到如下图量具，请读出下图尺寸并填写在方框中。

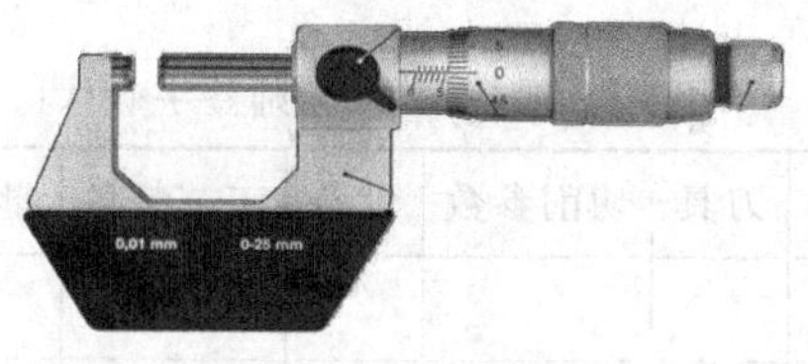

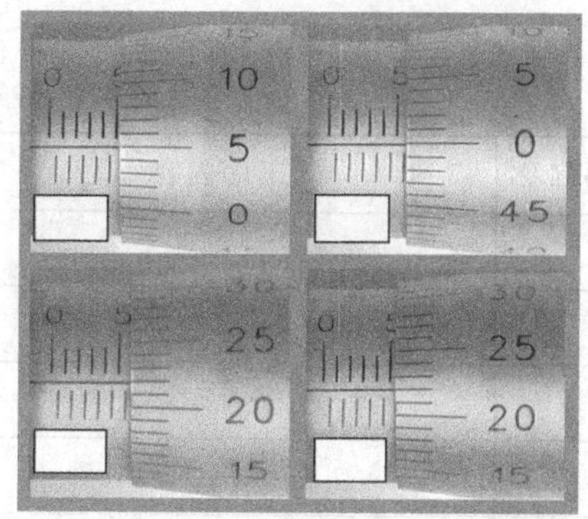

6. 如下图是车刀刀片包装说明，根据参数介绍，请考虑选用图片中该类(P)刀片加工此任务是否合理？请说明理由。

7. 在加工零件1(螺纹套)外圆时，你选择车床转速为_______，请在下面空白处写出计算过程。

8. 你在加工零件2时，将采用哪一类型切削液？切削液有何作用？

工艺计划

注：认真完成零件加工工艺编制，并由实训指导教师签字认可后方可进行下一步

工作。

零件名称：　　　　　　　　学生姓名：　　　　　　日期：　　　　教师签字确认：

序号	工序名称	工序内容	刀具	切削参数	设备	工艺装备	量具	工时

实施准备

注：请根据个人或小组最终确定好的工艺方案，完善加工所需物品清单，并以清单开始准备。

设备清单

序号	数量	名称	规格	备注

量具清单

序号	数量	名称	规格	备注

续表

序号	数量	名称	规格	备注

刀具清单

序号	数量	名称	规格	备注

工具清单

序号	数量	名称	规格	备注

续表

序号	数量	名称	规格	备注

6S 管理

6S 即整理(SEIRI)、整顿(SEITON)、清扫(SEISO)、清洁(SEIKETSU)、素养(SHITSUKE)、安全(SECURITY)

整理(SEIRI)——将工作场所的任何物品区分为有必要和没有必要的，除了有必要的留下来，其他的都消除掉。目的：腾出空间，空间活用，防止误用，塑造清爽的工作场所。

整顿(SEITON)——把留下来的必要用的物品依规定位置摆放，并放置整齐加以标识。目的：工作场所一目了然，消除寻找物品的时间，整整齐齐的工作环境，消除过多的积压物品。

清扫(SEISO)——将工作场所内看得见与看不见的地方清扫干净，保持工作场所干净、亮丽的环境。目的：稳定品质，减少工业伤害。

清洁(SEIKETSU)——将整理、整顿、清扫进行到底，并且制度化，经常保持环境处在美观的状态。目的：创造明朗现场，维持上面 3S 成果。

素养(SHITSUKE)——每位成员养成良好的习惯，并遵守规则做事，培养积极主动的精神(也称习惯性)。目的：培养具有良好习惯、遵守规则的员工，营造团队精神。

安全(SECURITY)——重视成员安全教育，每时每刻都有安全第一观念，防患于未然。目的：建立起安全生产的环境，所有的工作应建立在安全的前提下。

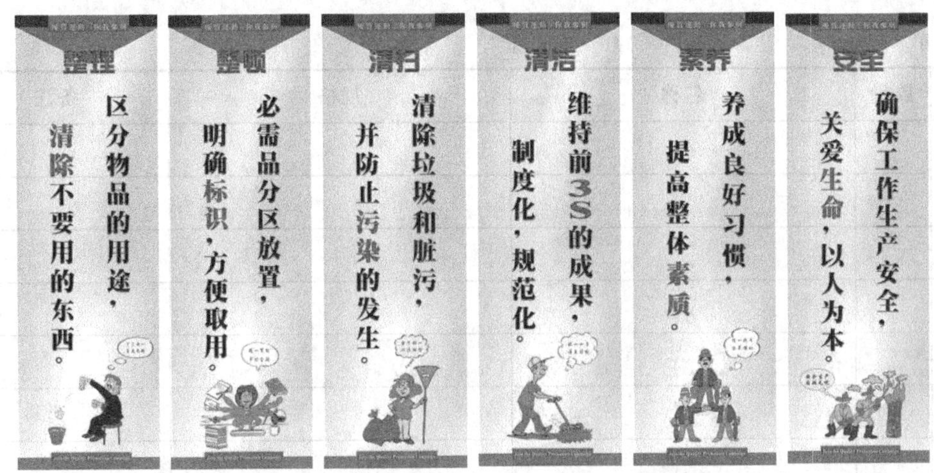

想一想：我们收集到一些图片，反映工作哪些工作内容，请你说明其重要之处。

图片	重要之处

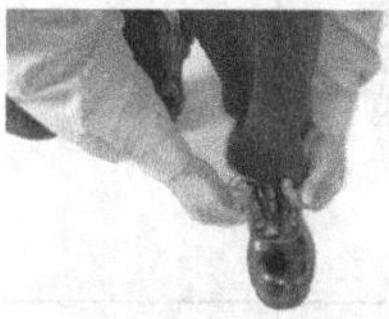	

请根据标示图写出其含义

标示图	含义	标示图	含义

续表

标示图	含义	标示图	含义

续表

标示图	含义	标示图	含义
		安全出口 EXIT	

实施过程

1. 机床

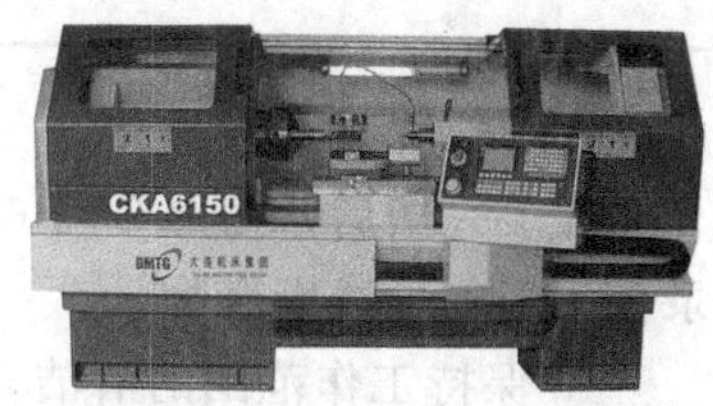

(1)启动机床。

(2)机床各轴回机床参考点。

(3)输入数控加工程序并校验。

2. 安装工件

毛坯尺寸较小，并且毛坯件外表面是已加工面，故选用三爪卡盘装夹工件，并用百分表进行找正。

3. 装夹刀具

正确装夹车刀，确保刀具牢固可靠，并通过 MDI 操作设定主轴转速，注意刀具伸出长度。

4. 对刀

首先设定主轴转速，然后通过各对刀方法将工件坐标系相对于机床坐标系的 X、Z、坐标值输入刀具列表相应的参数中。

任务实施记录

注：记录在实操过程中遇到的问题或出现的失误、个人收货以及影像资料(照片/视频)等。

项目结束后的有助于个人评估总结。

任务实施	备注

机床保养

加工完毕后，按照车间6S管理要求整理现场，清扫铁屑，保养机床，填写使用记录表，正确处置废弃物。

1. 保持工作范围的清洁，使机床周围保持干燥，并保持工作区域照明良好。

2. 保持机床清洁，每天开机前在实训教师指导下对各运动副加油润滑，并使机床空运转三分钟后，按说明调整机床。并检查机床各部件手柄是否正常位置。

3. 导筒上的齿条，务必经常保持干净。

4. 爱护机床工作台面和导轨面。毛胚件、手锤、扳手、锉刀等不准直接放在工作台面和导轨面上。

5. 下班前按电脑关闭程序关闭电脑，切断电源。并将键盘、显示器上的油污擦拭干净。

6. 学生必须在每天下班前半小时，关闭电脑、清洁机床、在实训教师指导下对各运动副加油润滑、打扫车间的环境卫生。待实验指导教师检查后方可离岗。

日常维护

班前：

1. 擦净机床外露导轨面及滑动面的尘土；
2. 完成设备点检记录表工作项。
3. 按规定润滑各部位；
4. 检查各手柄位置；
5. 空车试运转。

班后：

1. 清理卫生，要求机床外部表面(视线范围内)无油污、无铁屑、无锈迹；
2. 各手柄(操作手柄、进给手柄、机床开关旋钮、冷却液开关旋钮)处于停止状态；
3. 机床踏板摆放在标示区域内；
4. 机床周边无铁屑、垃圾；
5. 完成设备点检记录表工作项。
6. 机床断电。

机床点检记录表

设备型号： 　　　　　　　　　　　　　　____年____月　　　　　　　　负责人：

序号		项目 \ 日期																				备注
开始项	1	三箱油位正常																				
	2	润滑点注油																				
	3	工作台或刀架在安全位置																				
	4	电源正常																				
	5	机床控制开关正常																				
	6	防护设施正常																				
	7	低速运行、传动系统正常																				
	8	工具、刀具和量具齐全																				
	9	机床周围没有安全隐患																				
操作人员签名																						
结束项	1	电源关闭																				
	2	清扫金属屑																				
	3	导轨、工作台面油污擦拭干净																				
	4	工件或夹具卸下																				
	5	刀具卸下																				
	6	机床油漆表面擦拭干净																				
	7	尾座、溜板、控制手柄复位																				
	8	工具、刀具和量具在规定位置																				
	9	清理机床周围																				
执行人员签名																						

五、项目评价

针对项目内容的评价项目，进行各零件的检测与配合检测进行打分，如表 1-5 所示。

表 1-5　综合评价表　　　　单位：mm

项目一		螺纹连接件数控加工	加工时间	240 分钟	学生姓名		总分		
类别	序号	评价内容	评价内容及要求	评分标准	赋分	学生自评（10%）	小组互评（30%）	教师评分（60%）	得分
配合体（30%）	1	配合尺寸	$12^{+0.06}_{0}$	超差 0.01 扣 5 分	20				
	2		76±0.06	超差 0.01 扣 5 分	20				
	3		$M20\times1.5\frac{6H}{6g}$	配合精度超差视情况扣除 5～20 分	20				
	4		整体配合情况	视情况扣除 5～20 分	20				

续表

项目一		螺纹连接件数控加工	加工时间	240 分钟	学生姓名			总分	
类别	序号	评价内容	评价内容及要求	评分标准	赋分	学生自评(10%)	小组互评(30%)	教师评分(60%)	得分
螺纹套(20%)	1	内外径尺寸	$\phi 24^{+0.021}_{0}$	超差 0.001 扣 2 分	10				
	2		$\phi 40^{0}_{-0.025}$	超差 0.001 扣 2 分	10				
	3		$\phi 58^{0}_{-0.03}$	超差 0.01 扣 2 分	5				
	4	螺纹尺寸	M20×1.5－6H	视情况扣除 1～5 分	5				
	5	长度尺寸	20±0.03	超差 0.01 扣 2 分	5				
	6		40±0.03	超差 0.01 扣 2 分	5				
	7	其他	斜度 1∶10	超差扣 2～5 分	5				
	8		C1.5	超差无分	2				
	9		$Ra1.6\ \mu m$	每降一级扣 1 分	10				
	10		一般公差尺寸	超差无分	3				
	11		零件建模(含工程图)	视完成情况扣分	10				
	12		零件 CAM	视完成情况扣分	20				
锥套(20%)	1	内外径尺寸	$\phi 24^{+0.021}_{0}$	超差 0.001 扣 2 分	10				
	2		$\phi 40^{+0.025}_{0}$	超差 0.001 扣 2 分	10				
	3		$\phi 58^{0}_{-0.03}$	超差 0.01 扣 2 分	5				
	4	螺纹尺寸	M20×1.5－6H	视情况扣除 1～5 分	5				
	5	长度尺寸	40±0.03	超差 0.01 扣 2 分	5				
	6	其他	斜度 1∶10	超差扣 2～5 分	5				
	7		C2	超差无分	2				
	8		$Ra1.6\ \mu m$	每降一级扣 1 分	10				
	9		一般公差尺寸	超差无分	5				
	10		90°	超差扣 1～2 分	3				
	11		零件建模(含工程图)	视完成情况扣分	10				
	12		零件 CAM	视完成情况扣分	20				

续表

项目一		螺纹连接件数控加工	加工时间	240 分钟	学生姓名			总分	
类别	序号	评价内容	评价内容及要求	评分标准	赋分	学生自评(10%)	小组互评(30%)	教师评分(60%)	得分
螺纹轴(20%)	1	内外径尺寸	$\phi 24_{-0.033}^{-0.020}$	超差 0.001 扣 2 分	10				
	2		$\phi 40_{-0.031}^{-0.01}$	超差 0.001 扣 2 分	10				
	3	球形尺寸	$S\phi 30 \pm 0.02$	超差 0.01 扣 2 分	5				
	4	长度尺寸	10 ± 0.03	超差 0.01 扣 2 分	5				
	5		76 ± 0.03	超差 0.01 扣 2 分	5				
	6	螺纹尺寸	M20×1.5−6g	视情况扣除 1～5 分	5				
	7	过度半径	$R3$	视情况扣除 1～5 分	5				
	8	其他	一般公差尺寸	超差无分	3				
	9		$C1.5$	超差无分	2				
	10		$Ra1.6\ \mu m$	每降一级扣 1 分	5				
	11		零件建模（含工程图）	视完成情况扣分	10				
	12		零件 CAM	视完成情况扣分	20				
操作相关(10%)	1	态度	小组评价、教师评价	酌情扣分 1～4 分	4				
	2	文明生产	遵守文明生产规定	不遵守扣 1～4 分	4				
	3	安全生产	遵守安全操作规程	不遵守扣 1～4 分	4				
	4	环保生产	遵守环保生产规则	不遵守扣 1～4 分	4				
	5	其他		酌情扣分 1～4 分	4				

六、项目拓展

(一)紧固装配件加工(见图 1-215、图 1-216、图 1-217、图 1-218)

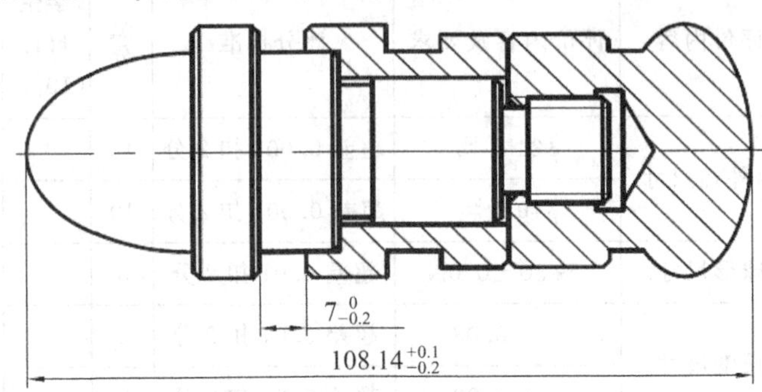

图 1-215 车削加工装配件

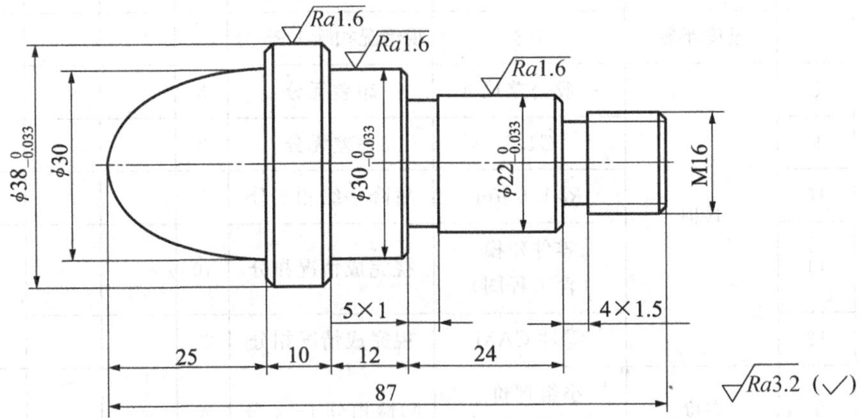

图 1-216 车削零件 1

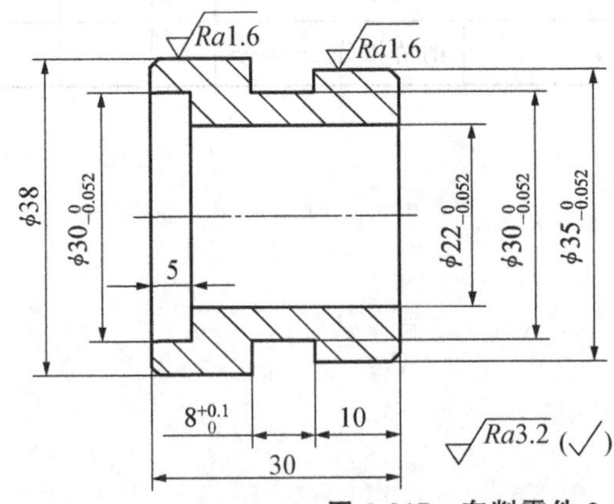

技术要求:
1. 未注倒角全部为C1
2. 锐边去毛刺

图 1-217 车削零件 2

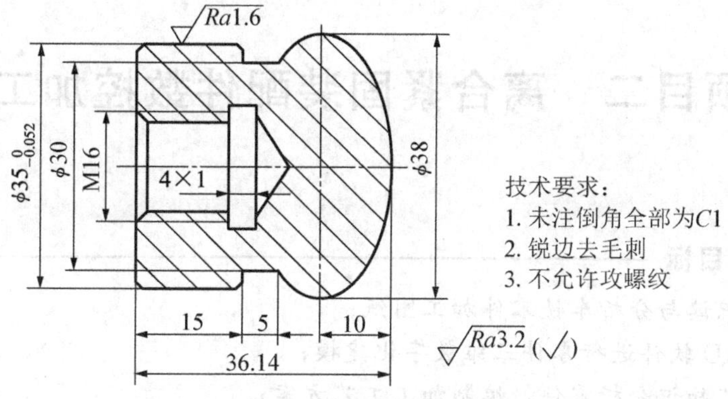

图 1-218 车削零件 3

(二)异形零件车削加工(见图 1-219)

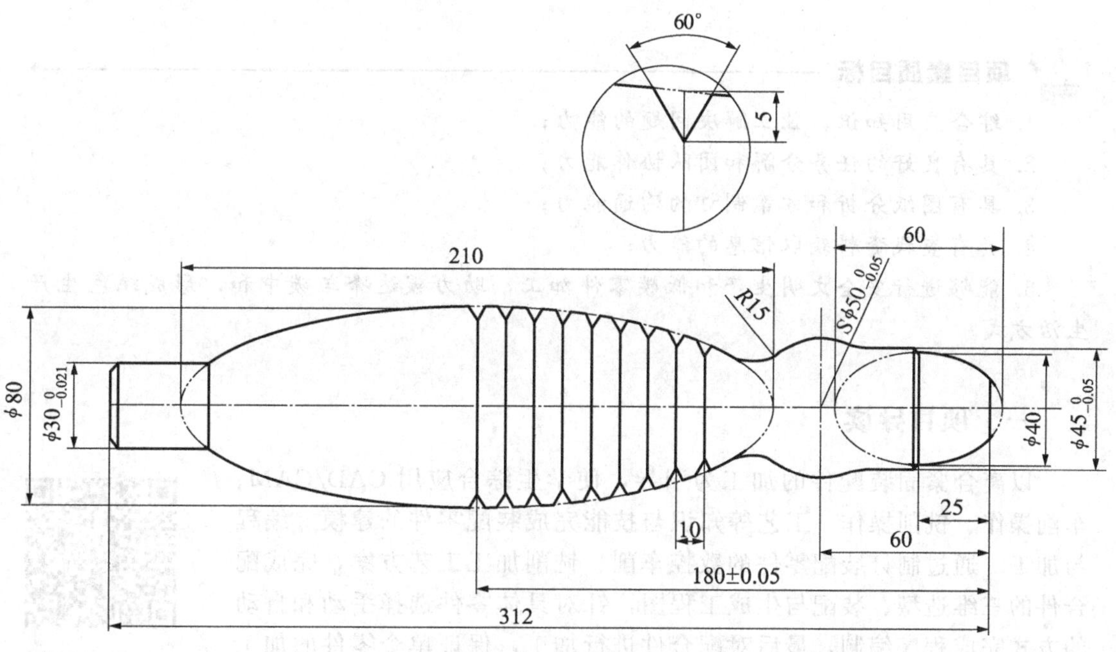

图 1-219 车削工件

项目二　离合紧固装配件数控加工

项目能力目标

1. 能熟练识读与分析车铣零件加工图纸；
2. 应用 CAD 软件进行零件三维数字化建模；
3. 应用工艺知识分析零件，编制加工工艺方案；
4. 应用 CAM 软件进行自动编程、加工；
5. 熟练应用数控车床、铣床等设备进行零件加工，提高全要素生产率。

项目素质目标

1. 综合应用知识，独立解决问题的能力；
2. 具有良好的任务分解和团队协作能力；
3. 具有图纸分析和方案制订的沟通能力；
4. 具有查找资料获取信息的能力；
5. 能够进行安全文明生产和低碳零件加工，助力碳达峰与碳中和，形成绿色生产生活方式。

一、项目导读

以离合紧固装配件的加工为引导，使学生综合应用 CAD/CAM、车削操作、铣削操作、工艺等知识与技能完成装配零件的建模、编程与加工。通过制订装配零件的数控车削、铣削加工工艺方案，完成配合件的三维造型、装配与生成工程图，针对具体零件选择手动和自动的方式完成程序编制，最后对配合件进行加工，保证单个零件的加工精度和装配的配合精度。

三维模型展示

毛坯件均为大于零件总体尺寸的棒料；材料 45 号钢。装配图如图 2-1 所示，紧固套、紧固轴、离合凹零件、离合凸零件分别如图 2-2、图 2-3、图 2-4、图 2-5 所示。

(1)加工工时要求：360 分钟。

(2)质量要求：零件加工后应符合零件图样要求与装配要求。

(3)安全、文明、环保要求：严格按照安全操作规程进行项目作业；自觉按照文明生产规则进行项目作业；努力按照环保要求进行项目作业。

(4)完成内容：零件三维造型与装配、零件工件。

(5)分组：3 人一组。

(6)设备：计算机 2 台，数控车床、数控铣床各 1 台。

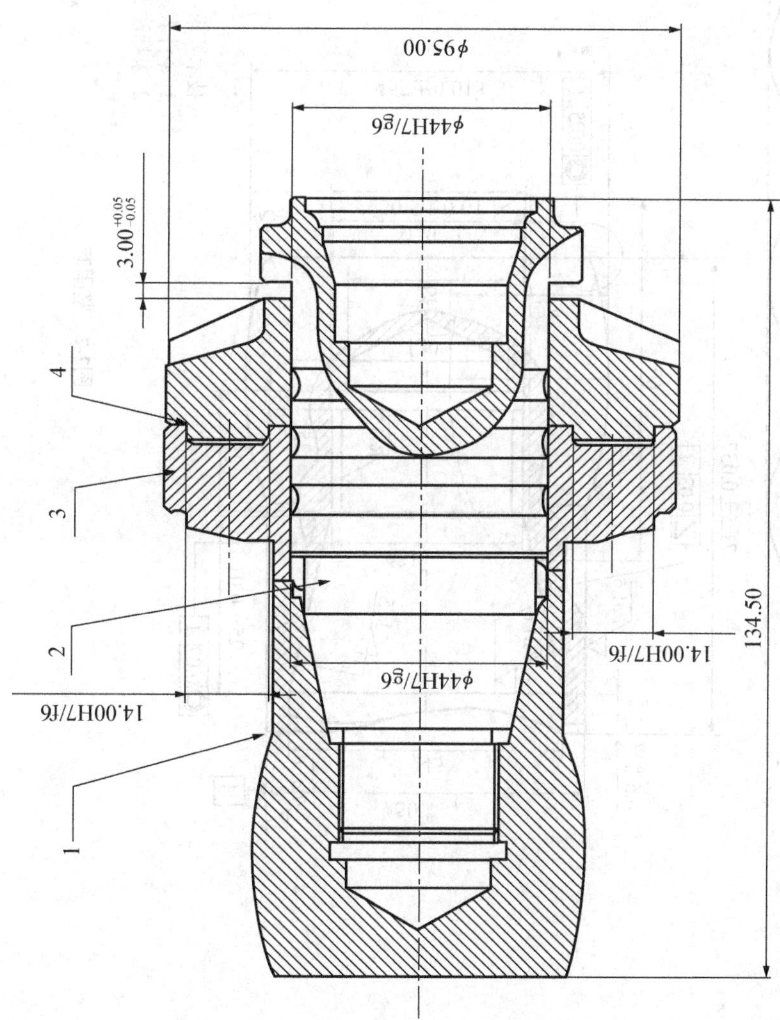

图2-1 装配图

1—紧固套；2—紧固轴；3—离合凹零件3；4—离合凸零件

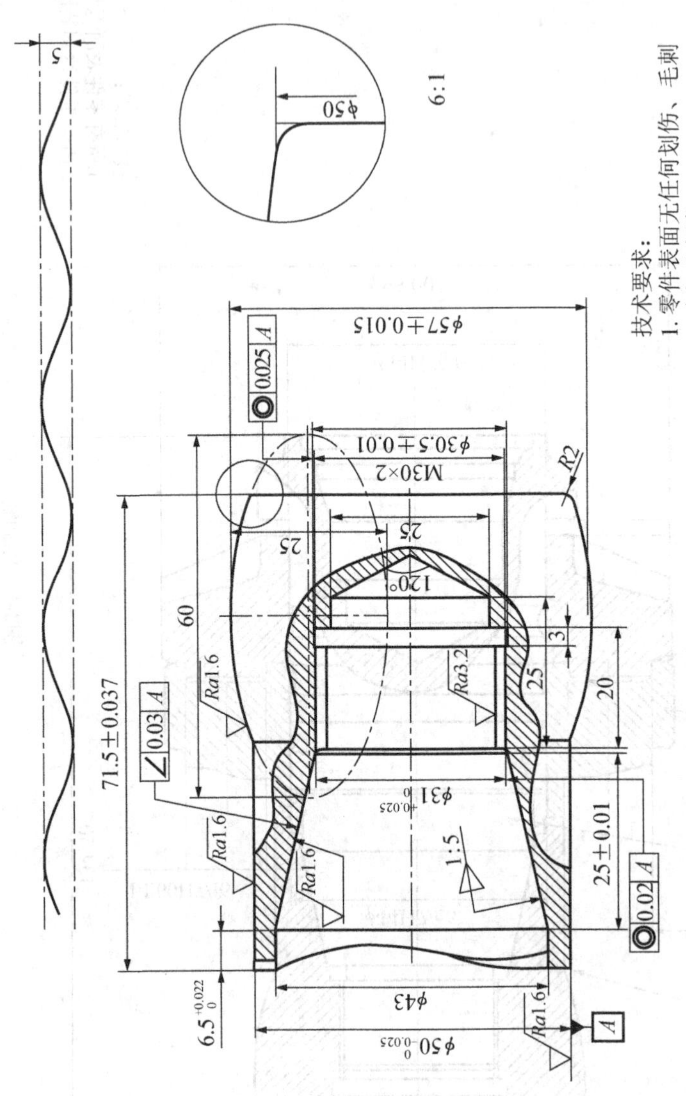

技术要求：
1. 零件表面无任何划伤、毛刺
2. 未标注倒角C1

图2-2 紧固套

技术要求：
1. 零件表面无任何划伤、毛刺。
2. 未标注倒角C0.5
φ55
φ50
φ45
φ40$^{+0.039}_{0}$
35
φ34$^{+0.039}_{0}$
φ30$^{+0.033}_{0}$
φ25
φ20
120°
φ42
φ44$^{-0.009}_{-0.025}$
φ40$^{0}_{-0.025}$
M30×2
R2.5
R2.5
2.5
5
7.5
15
25
30
14.5$^{+0.07}_{0}$
18
28
38
47.5±0.031
57.5
77.5$^{+0.003}_{0}$
110$^{+0.014}_{0}$
3×R4
3×2
C1
1:5
Ra3.2
Ra1.6
Ra1.6
Ra1.6
⊥ 0.05 A
∠ 0.04 A
⌓ 0.04
◎ 0.025 A
A
图2-3 紧固轴

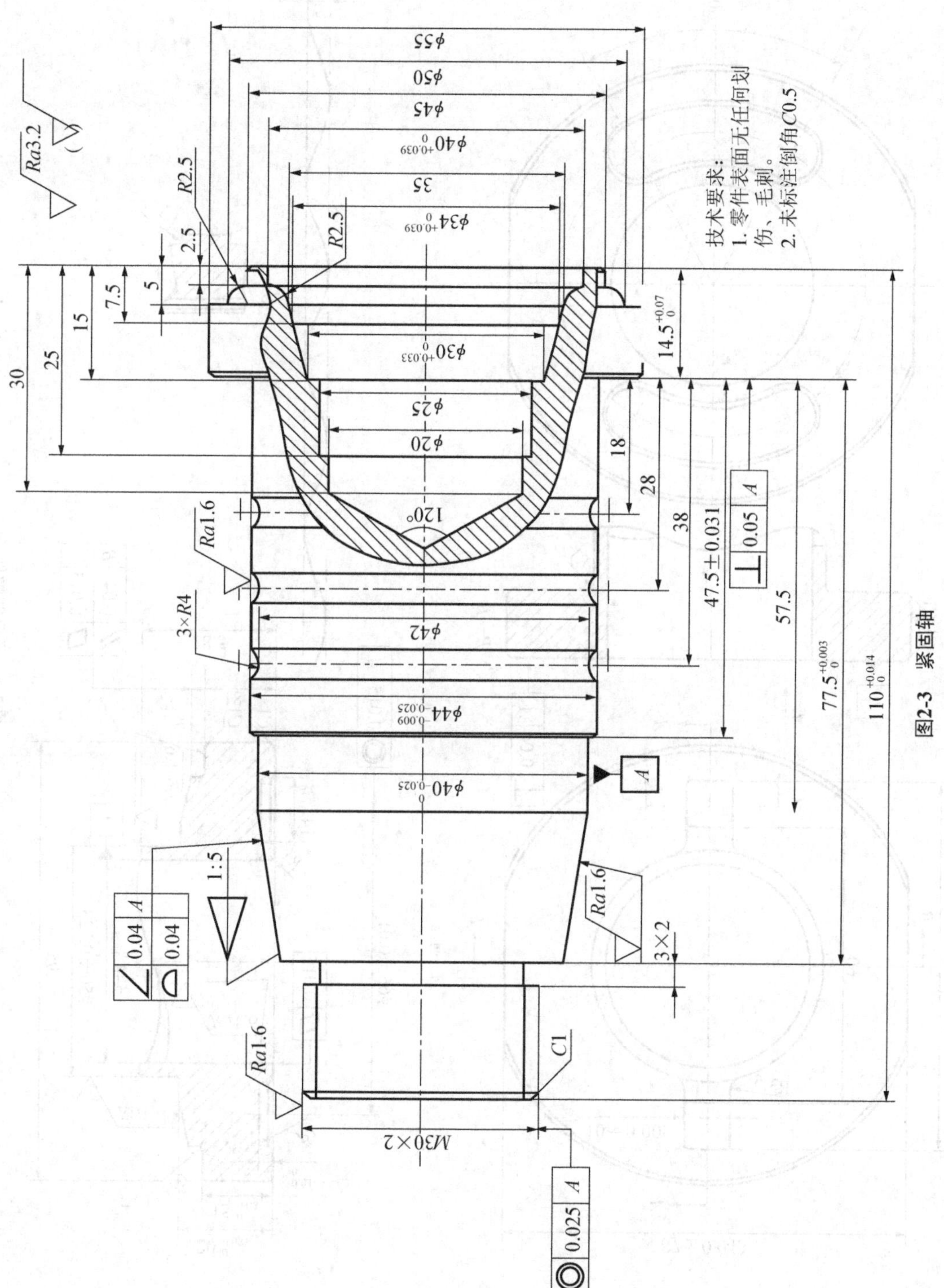

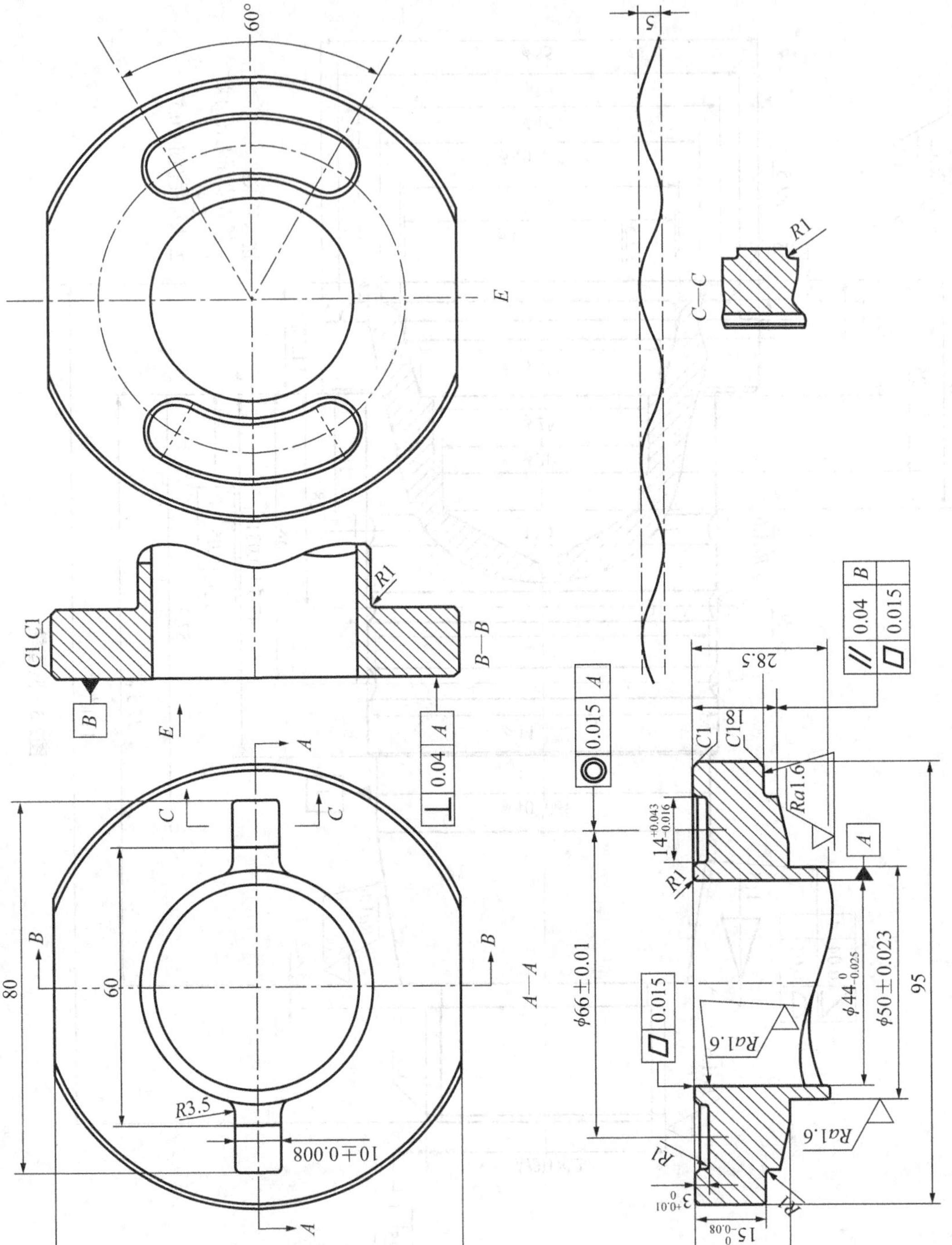

图2-4　离合凹零件

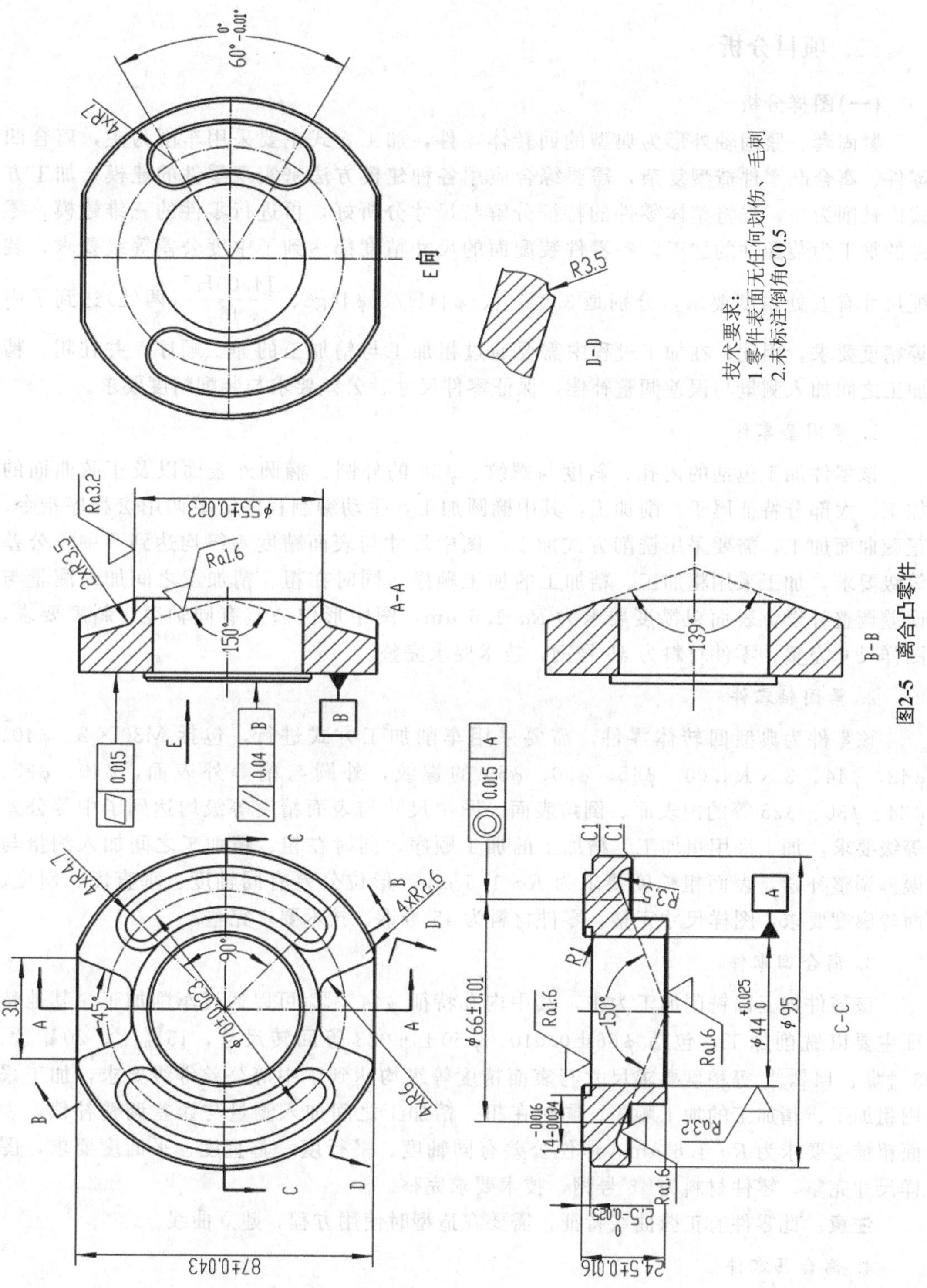

图2-5 离合凸零件

二、项目分析

(一)图样分析

紧固套、紧固轴外形为典型的回转体零件，加工方式主要采用车削为主，离合凹零件、离合凸零件造型复杂，需要综合应用各种建模方法来实现零件的建模，加工方式以铣削为主，先将整体零件的特征分解与尺寸分析好，再进行零件的三维建模，零件的加工为装配件的加工，各零件装配面的尺寸精度都达到了中度公差等级要求，装配尺寸有五处精度要求，分别是 $3.0^{+0.05}_{-0.05}$、ϕ44H7、ϕ44g6、$\frac{14.00\mathrm{H7}}{\mathrm{f6}}$(两处)达到了中等精度要求，因此，在加工过程中需要通过粗加工与精加工的加工顺序，并在粗、精加工之间加入测量与误差调整补偿，保证零件尺寸、公差要求与装配精度要求。

1. 紧固套零件

该零件加工包括的内孔、斜度与螺纹、ϕ50 的外圆、椭圆外表面以及正弦曲面的加工。大部分特征属于车削加工，其中椭圆加工，手动编制程序需要调用宏程序指令，正弦曲面加工，需要采用铣削方式加工。图中尺寸与表面精度等级均达到了中等公差等级要求，加工采用粗加工、精加工的加工顺序，同时在粗、精加工之间加入测量与误差调整补偿，表面粗糙度要求为 *Ra* 1.6 μm，图中形位公差有同轴度、斜度要求，图样尺寸完整，零件材料为 45 号钢，技术要求完整。

2. 紧固轴零件

该零件为典型回转体零件，需要采用车削加工方式进行，包括 M30×2、ϕ40、ϕ42、ϕ44、3×*R*4.00、ϕ45、ϕ50、ϕ55 的螺纹，外圆与槽等外表面，ϕ40、ϕ35、ϕ34、ϕ30、ϕ25 等的内表面、倒角表面。图中尺寸与表面精度等级均达到了中等公差等级要求，加工采用粗加工、精加工的加工顺序，同时在粗、精加工之间加入测量与误差调整补偿，表面粗糙度要求为 *Ra* 1.6 μm，形位公差有同轴度、垂直度、斜度、面轮廓度要求，图样尺寸完整，零件材料为 45 号钢，技术要求完整。

3. 离合凹零件

该零件加工以铣削加工为主，其中内孔特征 $\phi 44^{+0.025}_{0.000}$ 可以通过车削加工、其他特征主要以铣削加工，包括 ϕ66±0.010、ϕ50±0.023 等回转尺寸，$15^{0.000}_{-0.018}$、$20^{0.000}_{-0.021}$、$3^{+0.010}_{0.000}$、$14^{+0.043}_{+0.016}$ 等精度要求尺寸与表面精度等级均达到了中等公差等级要求，加工采用粗加工、精加工的加工顺序，同时在粗、精加工之间加入测量与误差调整补偿，表面粗糙度要求为 *Ra* 1.6 μm，形位公差有同轴度、平行度、垂直度、平面度要求，图样尺寸完整，零件材料为 45 号钢，技术要求完整。

注意：此零件有正弦曲线特征，需要在造型时使用方程，建立曲线。

4. 离合凸零件

该零件加工为以铣削加工为主，其中内孔特征，$\phi 44^{+0.025}_{0.000}$、139°锥度可以通过车削加工、其他特征主要以铣削加工，包括 ϕ66±0.010 等回转尺寸，$14^{-0.016}_{-0.034}$、24.5±0.016、

$2.5_{-0.025}^{0.000}$ 等精度要求尺寸与表面精度等级均达到了中等公差等级要求，加工采用粗加工、精加工的加工顺序，同时在粗、精加工之间加入测量与误差调整补偿，表面粗糙度要求为 Ra 1.6 μm，形位公差有同轴度、平面度要求，图样尺寸完整，零件材料为 45 号钢，技术要求完整。

加工工艺分析

(二)加工工艺方案分析

注意： 进行离合紧固装配件的加工，首先要分析零件的特征属于车削还是铣削加工，分析清楚后再进行工艺的安排。

1. 紧固套零件

该零件毛坯为 ϕ60×75 圆棒料，需要分两次装夹进行加工，首先夹持毛坯一端加工另一端，钻孔、镗孔、车螺纹。然后，调头装夹，加工椭圆特征与外圆表面，正弦曲面特征需要进行铣削加工。

2. 紧固轴零件

该零件的毛坯为 ϕ60×120 圆棒料，需要分两次装夹进行加工，首先，在右端打中心孔，一夹一顶车削加工，夹持长度为 10 mm。其次，调头装夹控制总长，进行钻孔、镗孔。

3. 离合凹零件

该零件毛坯为 ϕ100×35 的圆棒料，需要分别进行车削与铣削加工，(1)钻孔并镗孔到精度要求，车削加工外圆到精度要求，再进行铣削加工。(2)铣削加工要分两次装夹进行加工，首先，夹持毛坯一面铣两个平面，保证平行度要求，作为装夹基准，其次，进行 D 向视图的挖槽加工；再次，反向装夹进行正弦曲面等特征的加工。

4. 离合凸零件

该零件毛坯为 ϕ100×35 的圆棒料，需要分别进行车削与铣削加工，(1)钻孔并镗孔到精度要求，车削加工外圆到精度要求，车削锥度 139°表面，再进行铣削加工。(2)铣削加工要分两次装夹进行，首先，夹持毛坯一面铣两个平面，保证平行度要求，作为装夹基准，其次，进行 E 向视图的突出特征的加工；再次，反向装夹进行凹槽等特征的加工。

(三)CAD 建模

1. 紧固套零件建模

紧固套零件建模

从紧固套零件的图纸分析来看属于典型的回转特征，通过旋转命令可以进行大部分特征的建模工作，正弦曲面特征需要通过建立基准曲线来构建，基准曲线是标准的正弦曲线，需要通过方程来构建，紧固套零件的三维图如图 2-6 所示。

(1)外轮廓特征构建

首先建立外轮廓特征，在 Cero 2.0 的菜单启动“Cero parametric”程序，在“模型”模式下单击“新建”按钮，在新建对话框中输入名称“lingjian1”，取消勾选“使用默认模

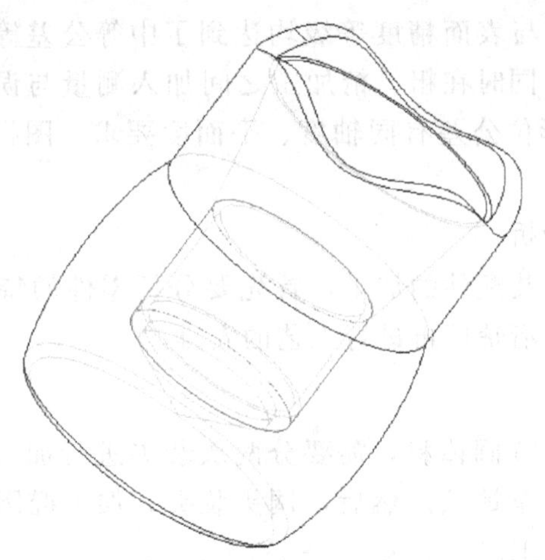

图 2-6　紧固套零件三维模型

板”如图 2-7 所示，单击“确定”按钮进入“新文件选项”对话框，选择“mmns_part_solid”模板如图 2-8 所示，单击“确定”进入建模环境，在建模环境的快捷菜单选择“旋转”旋转命令，单击“放置”选项卡，在弹出的菜单中单击“定义”按钮，定义内部草绘如图 2-9 所示，在弹出的草绘对话框中选择“TOP”基准面作为草绘平面，系统自动将“RIGHT”平面作为参照平面如图 2-10 所示，单击对话框中的“草绘”按钮进入二维绘图环境，在操控栏如单击“草绘视图方向”，将草绘平面和屏幕显示对齐，以便于进行草图绘制(按钮可用于草绘平面设置和方向调整的菜单，按钮可用于草绘参照设置)。单击草绘操控栏的“中心线”中心线命令，绘制旋转特征的旋转轴，通过“直线”线和“椭圆”命令绘制如图 2-11 所示的截面，截面中的椭圆是构造特征(可通过两种方法进行创建，一种是通过椭圆命令先构建草绘特征，再选择椭圆后右键单击，选择快捷菜单中的“构造”选项；另一种是先单击草绘控制栏中的“构造模式”选项，在这种状态下，创建的任何草绘特征都是构造特征)。

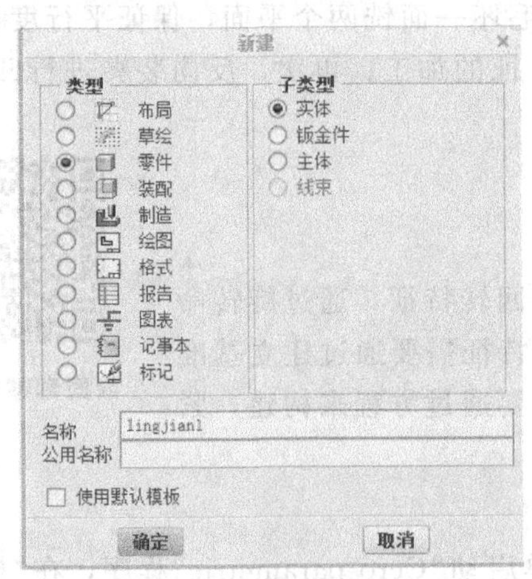

图 2-7　“新建”对话框

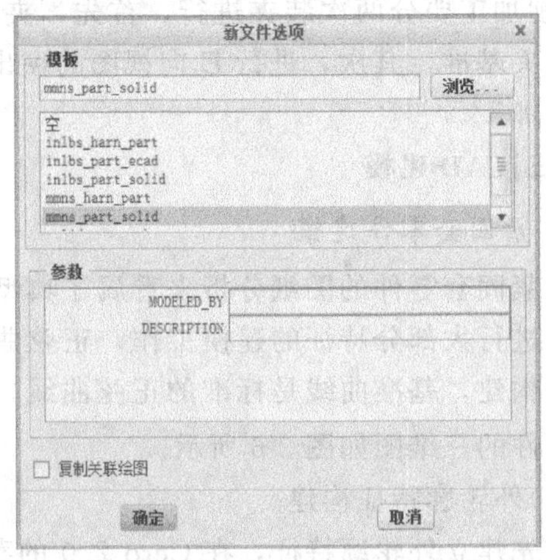

图 2-8　新文件选项

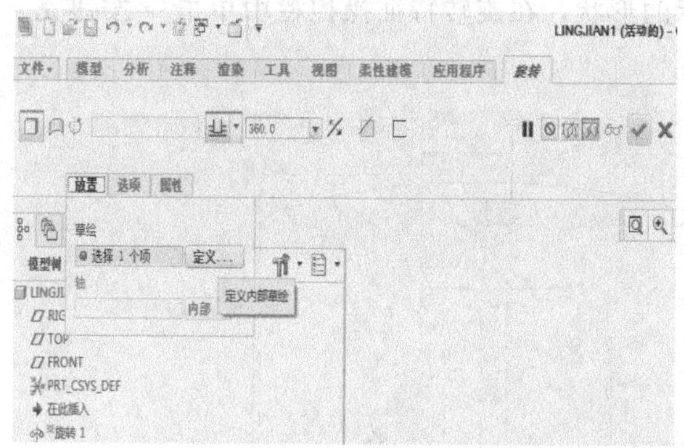

图 2-9　旋转命令定义放置

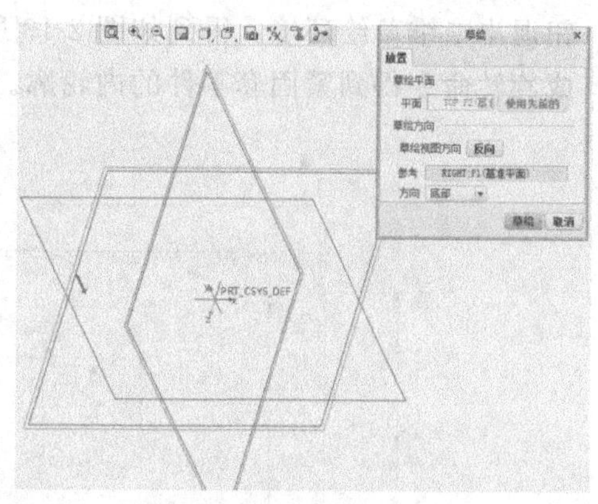

图 2-10　草绘平面定义

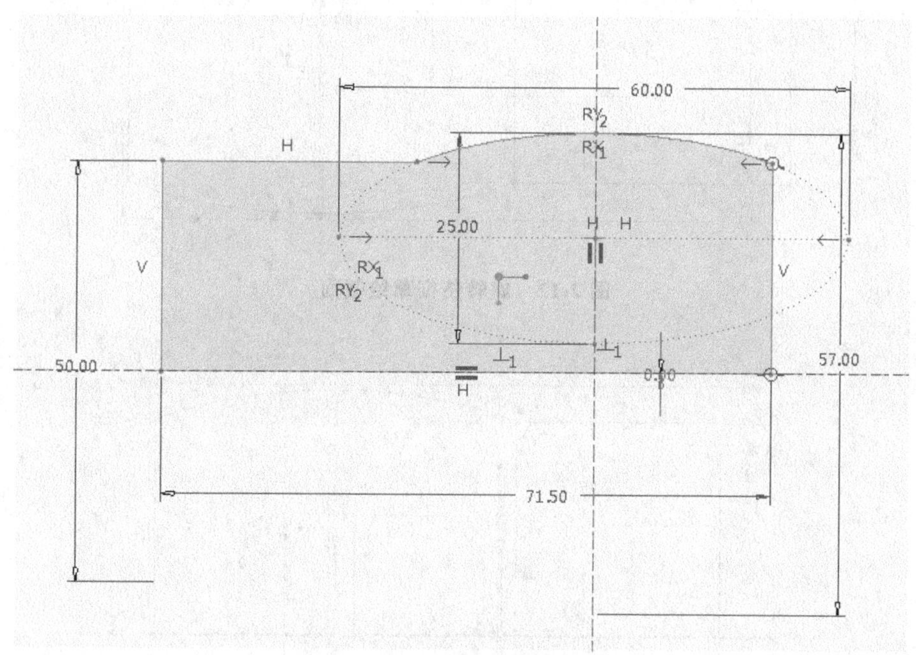

图 2-11　旋转特征草绘截面

单击草绘操控栏中✓按钮，退出二维草绘环境，在旋转特征操控栏中单击✓按钮，完成旋转命令得到紧固套零件的外轮廓。

(2)内轮廓特征构建

在建模环境的快捷菜单选择“旋转”旋转命令，在旋转操控栏上单击“切除材料”选项，单击“放置”选项卡，在弹出的对话框中单击“定义”选项，定义草绘平面，在弹出的草绘对话框中选择“TOP”基准面作为草绘平面，系统自动将“RIGHT”平面作为参照平面，单击对话框中的“草绘”按钮进入二维绘图环境，单击“中心线”中心线命令，绘制旋转特征的旋转轴，通过“直线”线命令绘制如图 2-12 所示的截面，单击✓按钮退出二维草绘环境，得到如图 2-13 所示的形状，在旋转特征操控栏中单击✓按钮完成旋转命令得到紧固套零件的内轮廓。

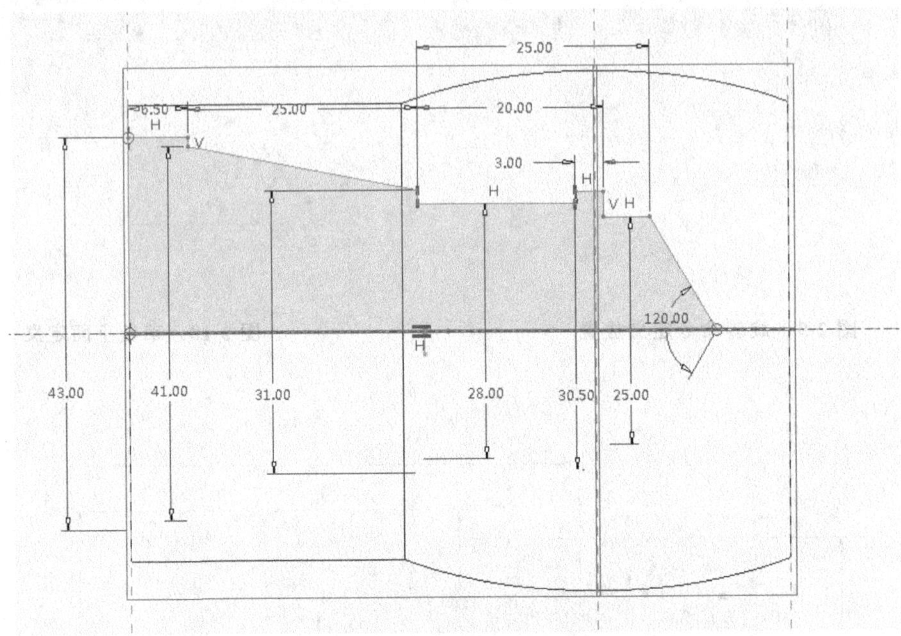

图 2-12　旋转特征草绘截面

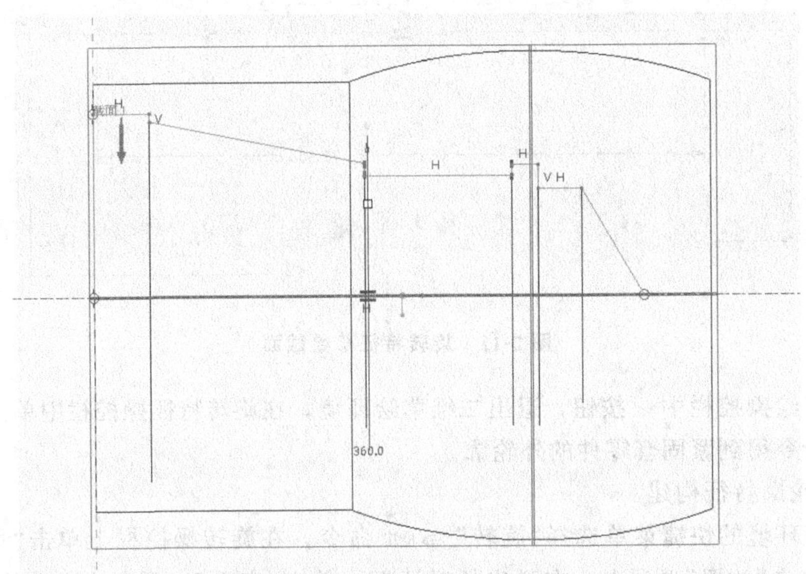

图 2-13　旋转特征构建图

(3)正弦曲面特征构建

通过“可变截面扫描” 扫描 命令构建 4 个周期的正弦曲线特征；首先绘制可变截

面扫描的扫描轨迹，在建模环境单击“草绘” 弹出“草绘”对话框，选择已构建特征的上端面，选中端面平面，如图 2-14 所示，单击对话框中的“草绘”按钮进入二维绘图环境，单击草绘操控栏上“投影” 投影 按钮，选择上端面外圆，如图 2-15 所示，单击“确定”按钮完成草绘轨迹的创建。在菜单栏单击“可变截面扫描” 扫描 命令，弹出“扫描”对话框，系统默认选择了之前建立的草绘轨迹作为参考线，选择“切除材料”和“允许截面按参数变化”两个选项，对话框中按钮状态如图 2-16 所示，单击操控栏上“草绘”

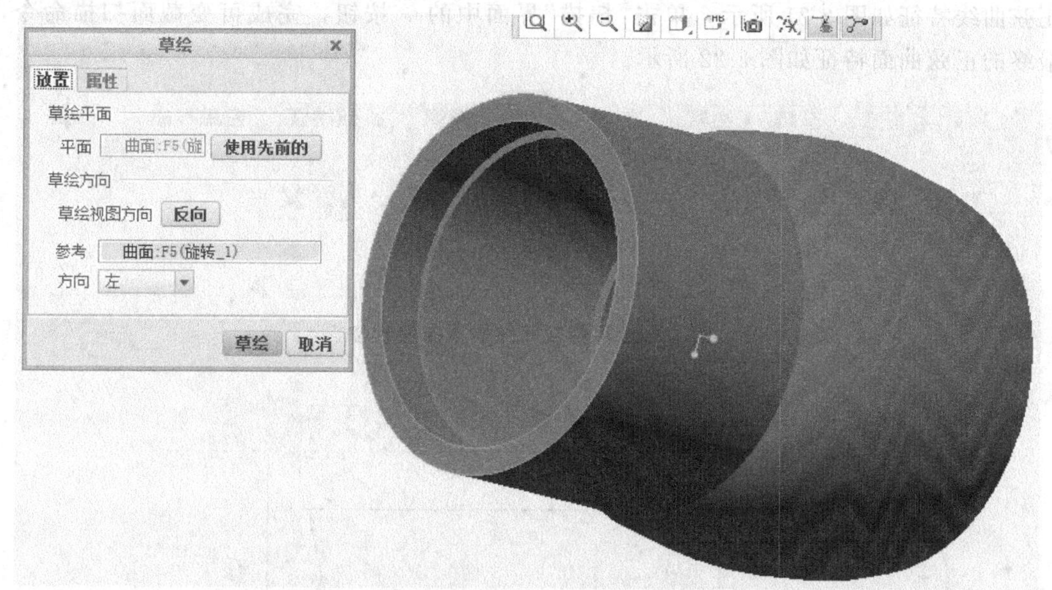

图 2-14　可变截面扫描轨迹构建草绘对话框设置

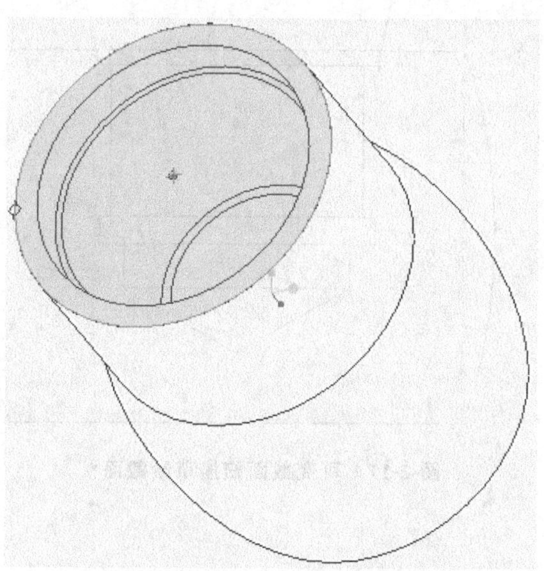

图 2-15　可变截面扫描轨迹的草绘轨迹

按钮进入二维绘图环境，添加内孔边缘为参考，绘制如图 2-17 所示的矩形，其中右侧边和内孔边缘参考重合，宽度尺寸为 3.5 mm，单击建模环境“元件界面”的模型意图 模型意图▾，单击右侧的下三角，打开下拉菜单找到“关系”d=关系命令如图 2-18 所示，系统会弹出“关系”对话框如图 2-19 所示，在对话框中输入方程式：sd3＝3.5＋2.5 * sin(4 * 360 * trajpar)如图 2-20 所示(sd3 代表的是宽度尺寸，可以根据自身参数变化情况修改 sd3 和当前的参数进行对应)，单击“确定”按钮，构建除了四个周期切除材料的正弦曲线特征如图 2-21 所示，单击“扫描”界面中的✔按钮，完成可变截面扫描命令，最终的正弦曲面特征如图 2-22 所示。

图 2-16　可变截面扫描操控栏状态

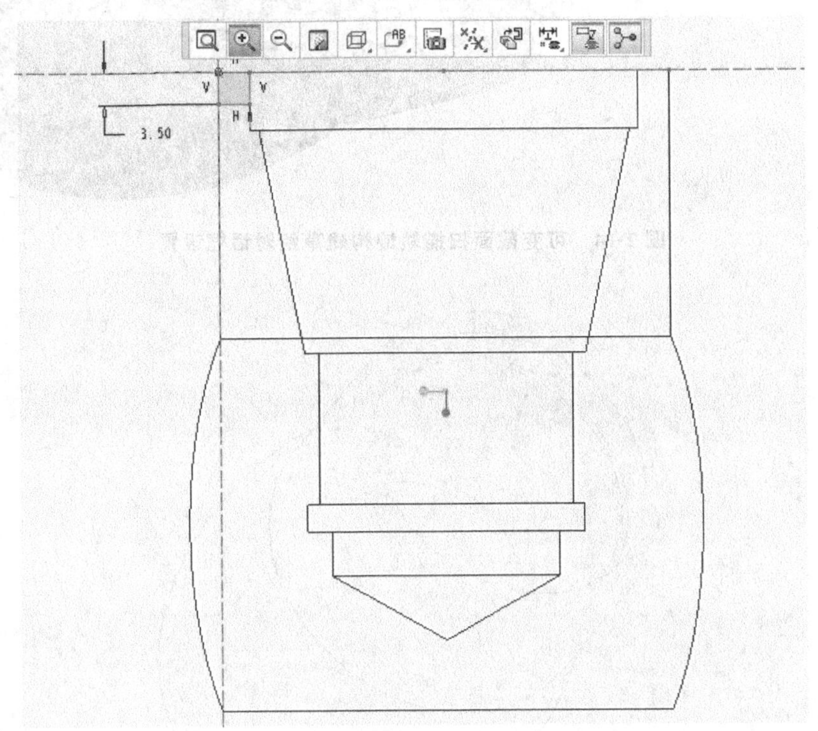

图 2-17　可变截面扫描草绘截面

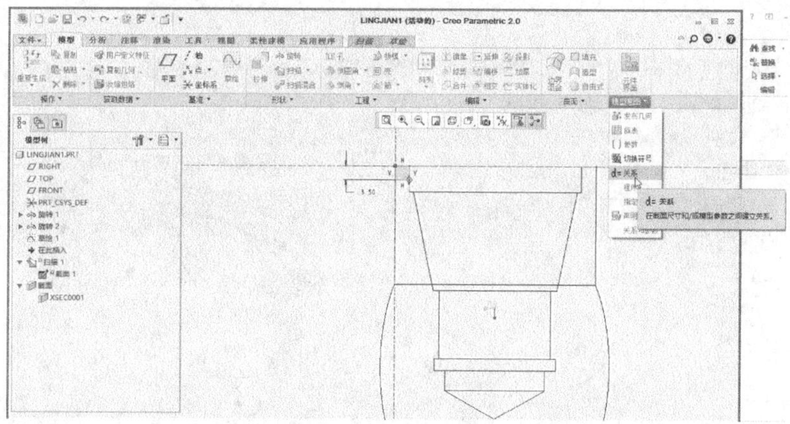

图 2-18　关系式调用

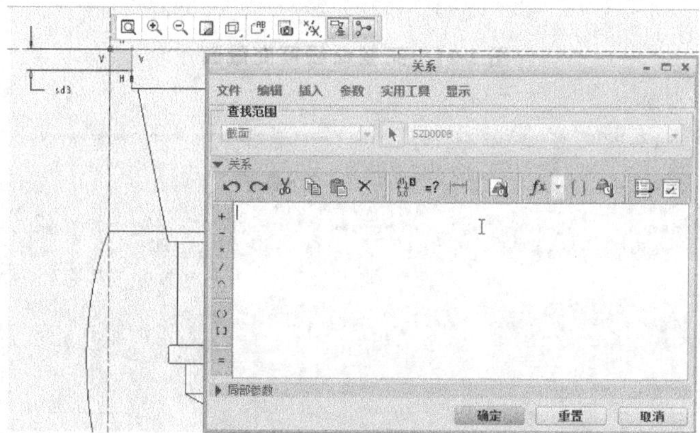

图 2-19　关系式定义对话框

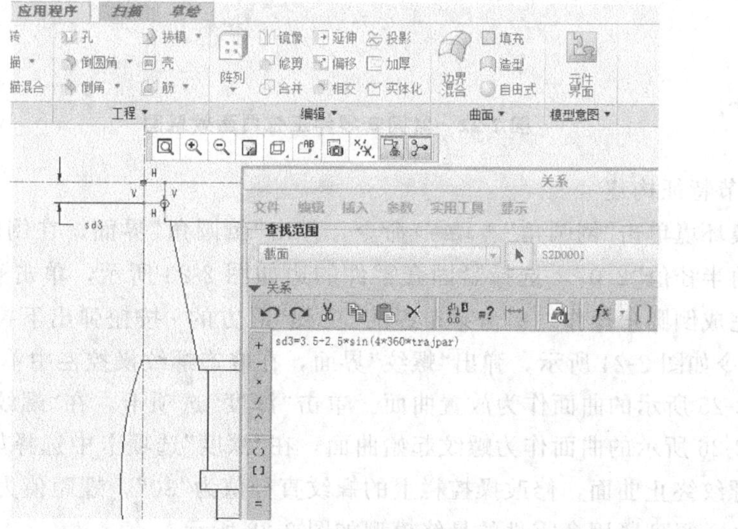

图 2-20　关系式方程

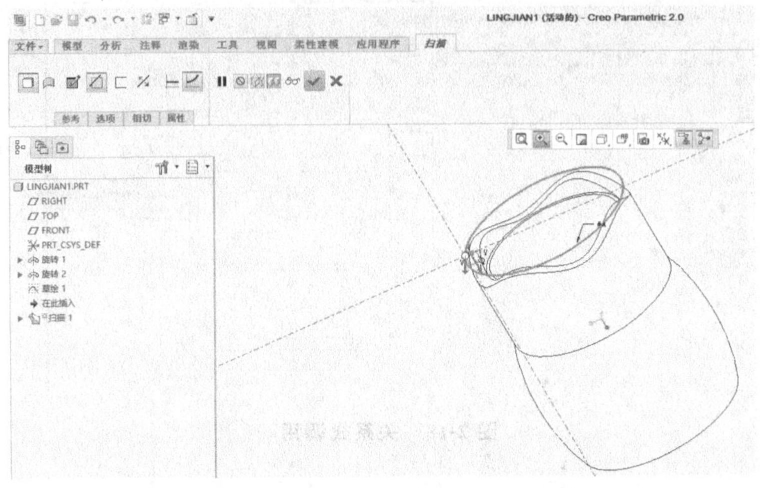

图 2-21　正弦曲线可变截面

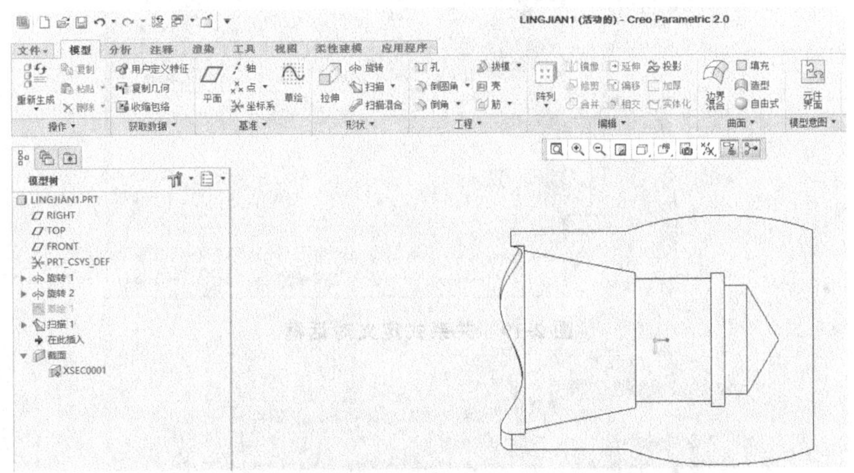

图 2-22　紧固套零件正弦曲面效果图

(4)细节特征构建

在建模环境单击“倒圆角”命令，弹出“倒圆角”界面，在倒圆角的操控栏上输入倒圆角半径值“2.0”，选择紧固套零件的边如图 2-23 所示，单击✔按钮退出倒圆角界面，完成倒圆角操作。单击菜单栏的“工程”后方的▾按钮弹出下拉菜单，选择“修饰螺纹”命令如图 2-24 所示，弹出“螺纹”界面，在修饰螺纹操控栏中单击“放置”选项卡选择如图 2-25 所示的曲面作为放置曲面。单击“深度”选项卡，在“螺纹起始自”选项中选择如图 2-26 所示的曲面作为螺纹起始曲面，在“深度”选项卡中选择如图 2-27 所示的曲面作为螺纹终止曲面，修改操控栏上的螺纹直径值为“30”，螺距值为“2”，单击✔按钮完成命令，得到紧固套零件的最终模型如图 2-28 所示。

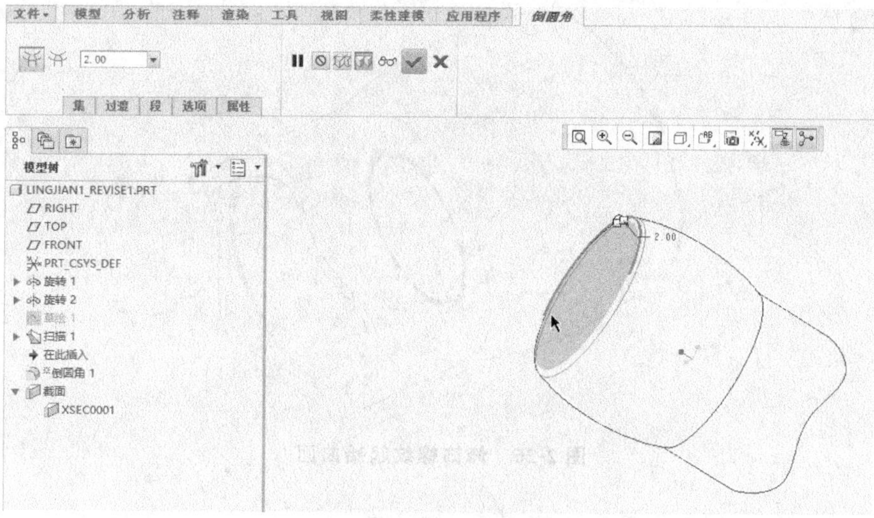

图 2-23 倒圆角设置

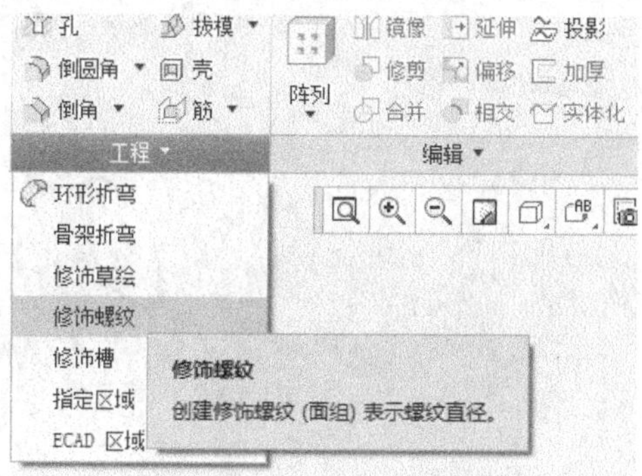

图 2-24 修饰螺纹命令

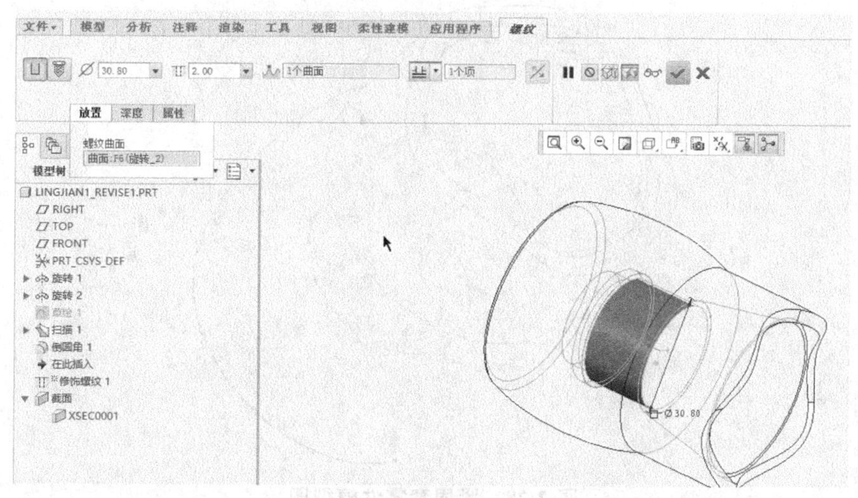

图 2-25 修饰螺纹放置曲面

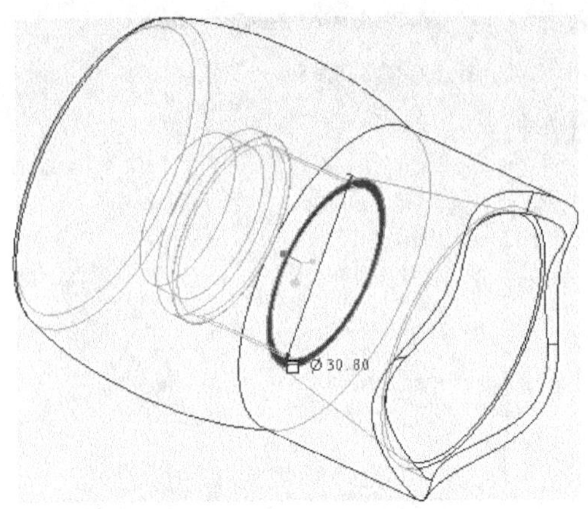

图 2-26　修饰螺纹起始曲面

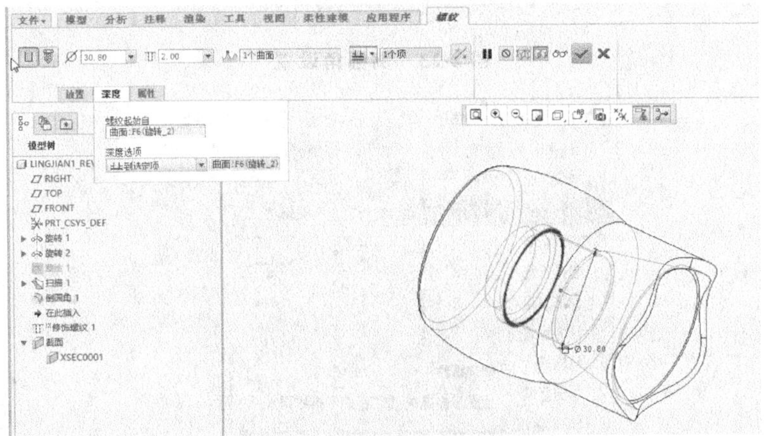

图 2-27　修饰螺纹终止曲面

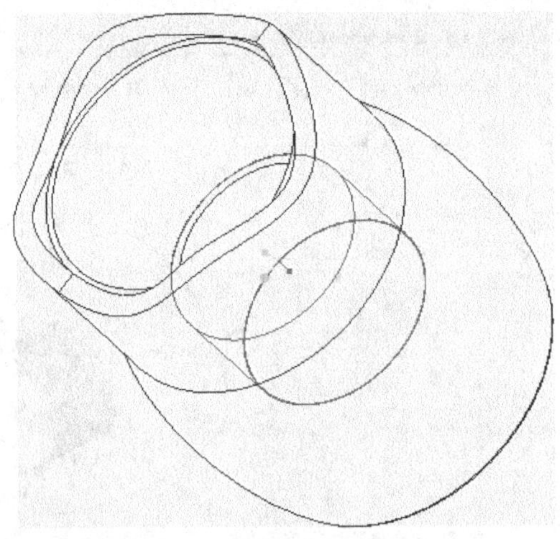

图 2-28　紧固套零件模型图

2. 紧固轴零件建模

紧固轴零件属于典型的回转体，可通过旋转命令来完成零件的特征建模工作。

紧固轴零件建模

(1)基础特征构建

首先建立紧固轴零件的基础特征，在 Cero 2.0 的菜单启动 Cero parametric 程序，在"模型"模式下单击"新建"按钮，在"新建"对话框中输入名称"lingjian2"，取消勾选"使用默认模板"，单击"确定"按钮进入"新文件选项"对话框，选择"mmns_part_solid"模板，单击"确定"按钮进入建模环境，在建模环境的快捷菜单选择"旋转" 旋转 命令，在绘图区单击鼠标右键弹出快捷菜单，选择"定义内部草绘"如图 2-29 所示，在弹出的"草绘"对话框中选择"FRONT"基准面作为草绘平面，系统自动将"RIGHT"平面作为参照平面如图 2-30 所示，单击"草绘"按钮，进入二维绘图环境，单击"草绘视图"方向，将草绘的平面和屏幕显示对齐，

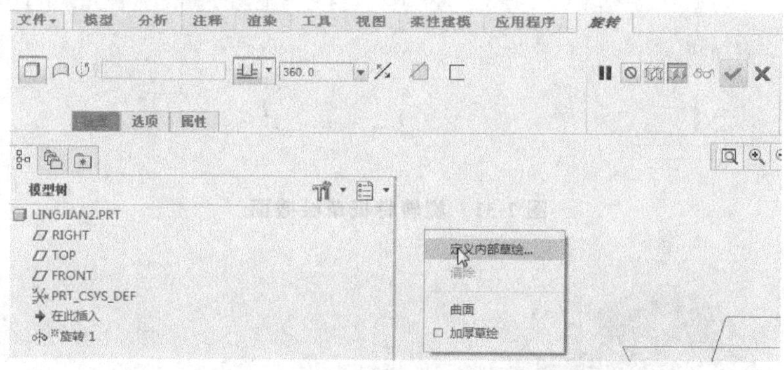

图 2-29 旋转特征右键定义内部草绘

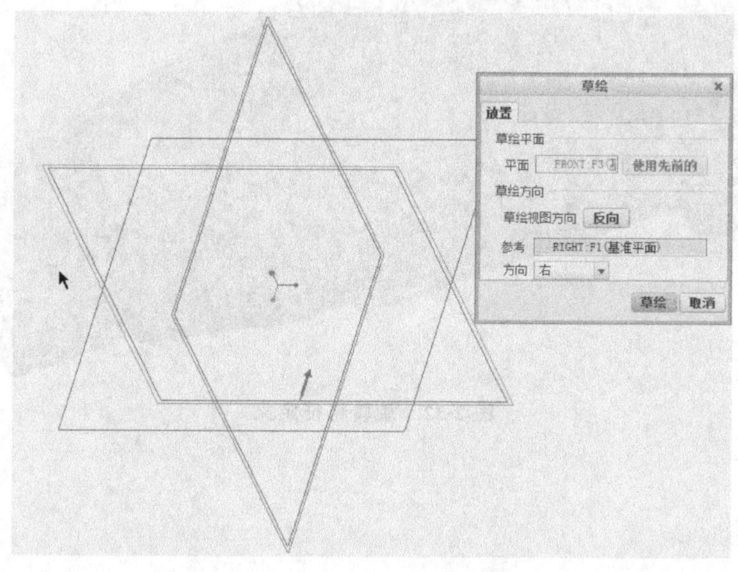

图 2-30 旋转特征定义草绘平面

以便于进行草图绘制。单击操控栏的“中心线”中心线命令绘制旋转特征的旋转轴，通过“直线”线命令绘制如图 2-31 所示的截面，单击✓按钮退出草绘环境，回到“旋转”界面，旋转特征的默认为旋转 360 度如图 2-32 所示，在旋转特征操控栏上单击✓按钮完成旋转特征命令，得到紧固轴零件的基础特征如图 2-33 所示。

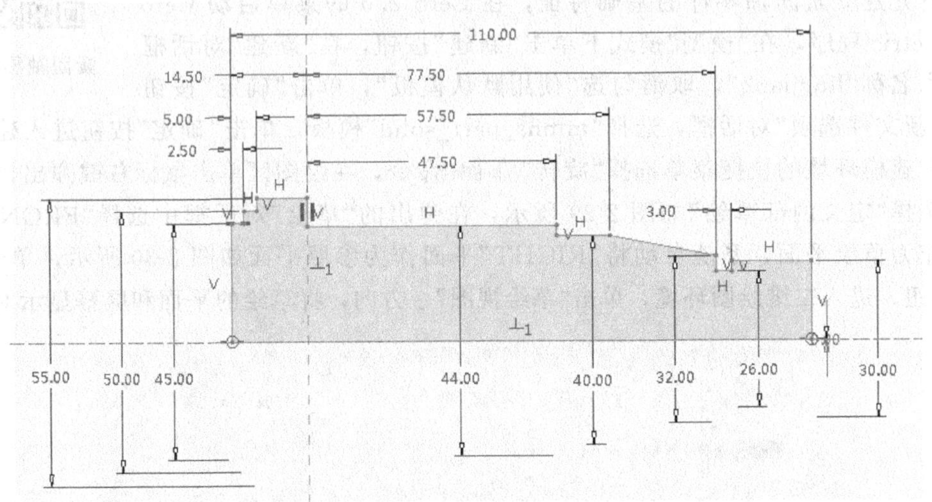

图 2-31　旋转特征草绘截面

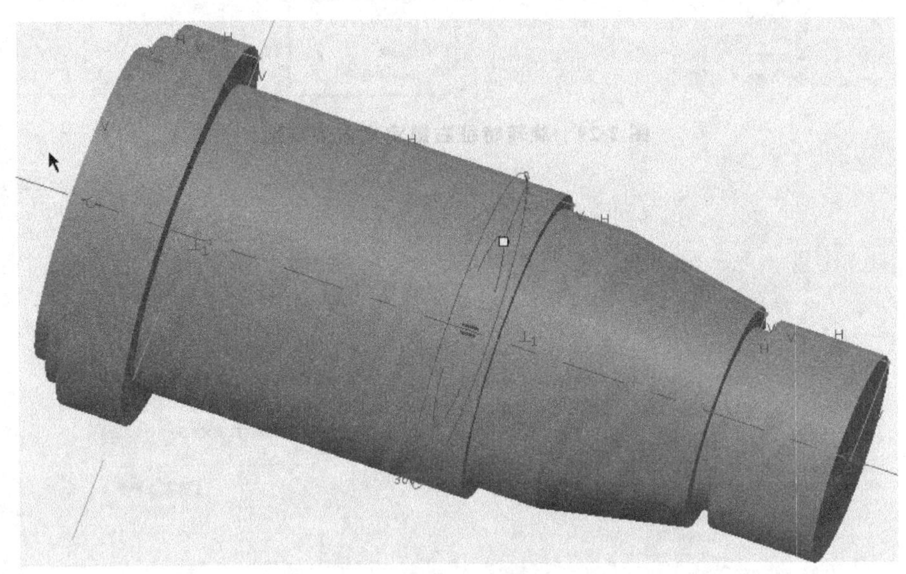
图 2-32　旋转特征定义

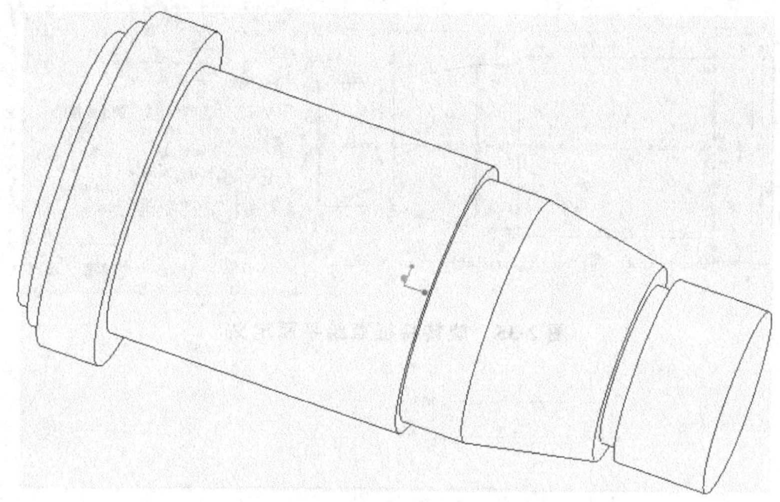

图 2-33　紧固轴零件旋转特征

(2)内部特征构建

在建模环境的快捷菜单选择“旋转” 旋转 命令，在旋转特征操控栏单击“切除材料” 选项，在绘图区单击鼠标右键弹出快捷菜单，选择“定义内部草绘”如图 2-34 所示，在弹出的“草绘”对话框中选择“FRONT”基准面作为草绘平面，系统自动将“RIGHT”平面作为参照平面如图 2-35 所示，单击“草绘”按钮，进入二维绘图环境，单击“草绘视图方向”，将草绘的平面和屏幕显示对齐，以便于进行草图的绘制。单击草绘操控栏的“中心线” 中心线 命令，绘制旋转特征的旋转轴，通过“直线” 线 命令绘制如图 2-36 所示的截面，单击按钮退出草绘环境，回到“旋转”界面，旋转特征的默认旋转 360 度，在旋转特征操控栏上单击按钮，完成旋转特征命令，得到紧固轴零件的内部特征如图 2-37 所示。

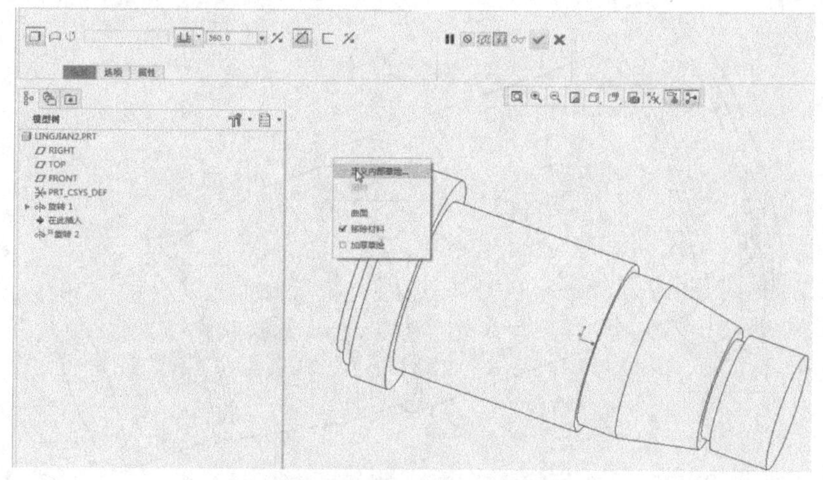

图 2-34　旋转特征右键定义

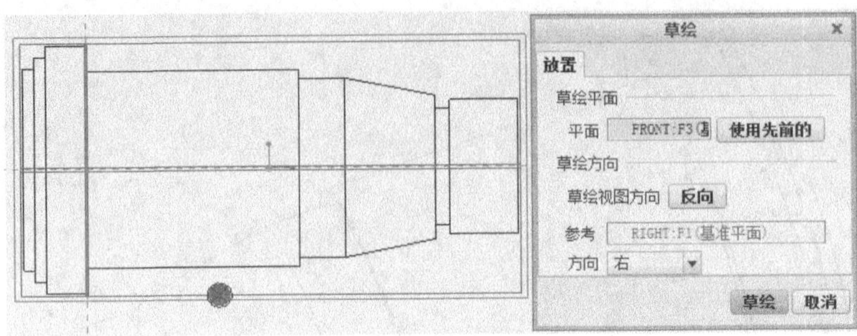

图 2-35 旋转特征草绘平面定义

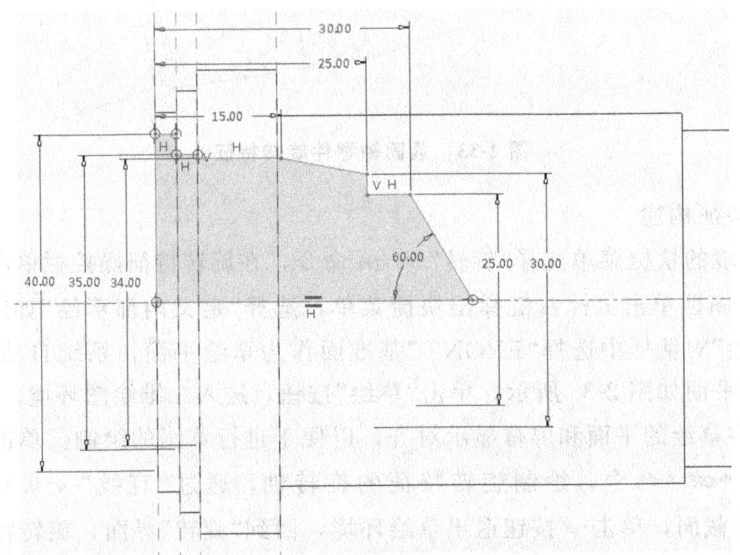

图 2-36 旋转特征草绘截面

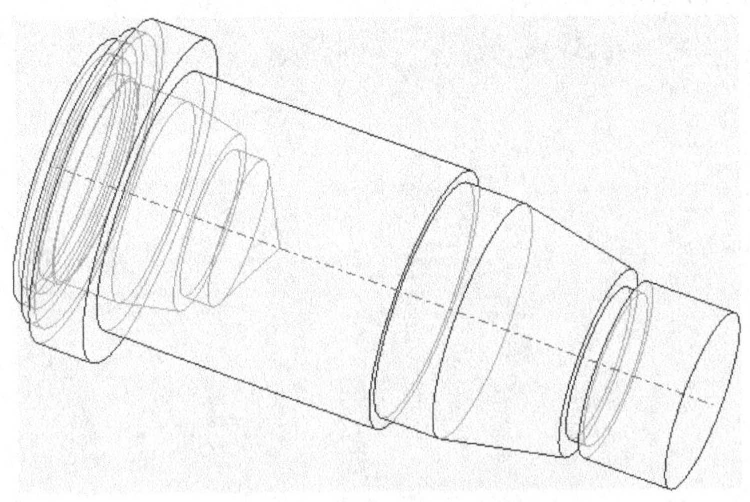

图 2-37 旋转特征切除材料

(3)外部凹槽特征构建

在建模环境的选择“旋转” 旋转 命令，在旋转特征操控栏上单击“切除材料”选项，在绘图区单击鼠标右键弹出快捷菜单，选择“定义内部草绘”如图 2-38 所示，在弹出的草绘对话框中选择“FRONT”基准面作为草绘平面，系统自动将“RIGHT”平面作为参照平面如图 2-39 所示，单击“草绘”按钮，进入二维绘图环境，单击“草绘视图方向”，将草绘的平面和屏幕显示对齐，以便于进行草图的绘制。单击草绘操控栏上的“中心线” 中心线 按钮，绘制旋转特征的旋转轴，通过“圆” 圆 命令绘制如图 2-40 所示的截面，单击按钮退出草绘环境，回到“旋转”界面，旋转特征的默认旋转 360 度，单击按钮完成旋转命令的操作，得到紧固轴零件的凹槽特征如图 2-41 所示。

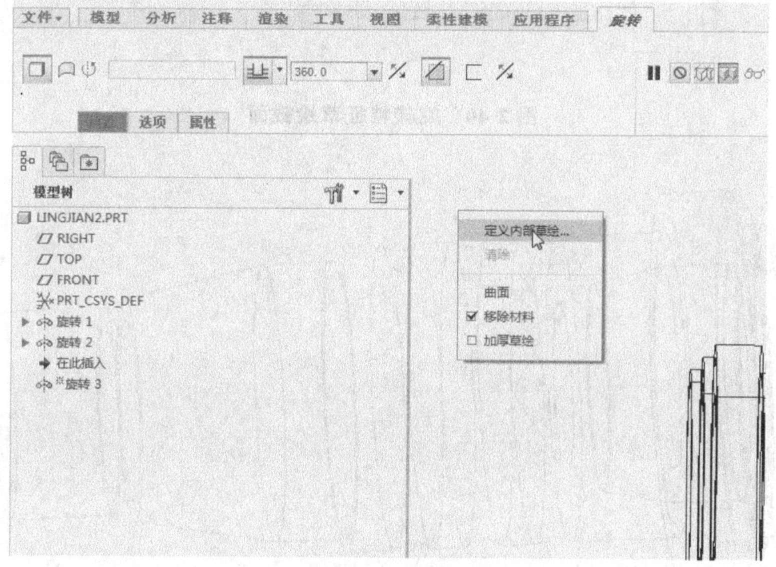

图 2-38　旋转特征右键定义

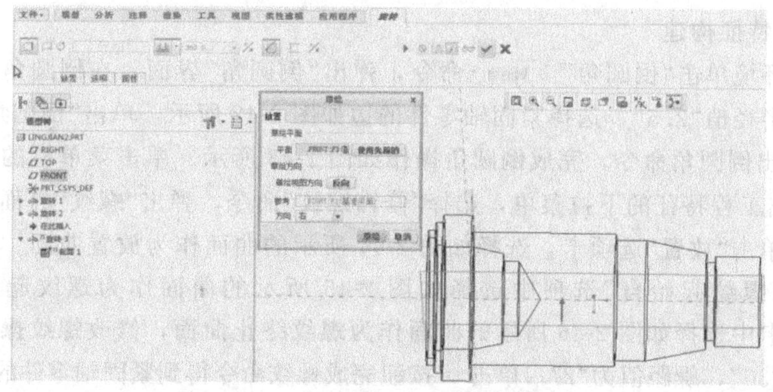

图 2-39　旋转特征草绘平面定义

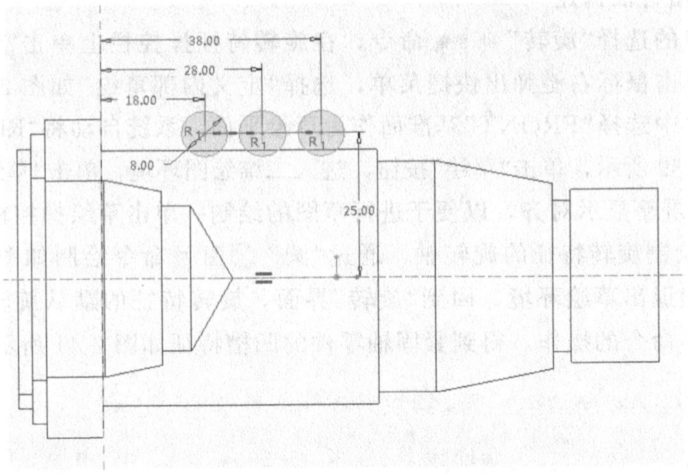

图 2-40　旋转特征草绘截面

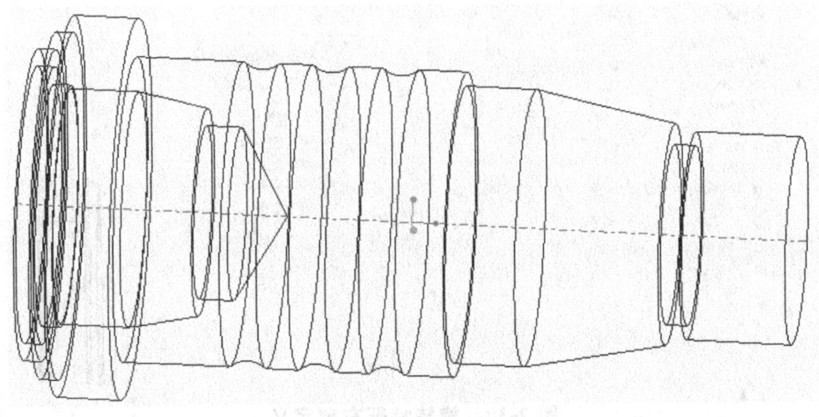

图 2-41　凹槽特征

(4)细节特征构建

在建模环境单击“倒圆角” 倒圆角 命令，弹出“倒圆角”界面，在倒圆角的操控栏上输入倒圆角半径值“2.5”，选择紧固轴零件的边如图 2-42 所示，单击“倒圆角”操控栏上的✔按钮退出倒圆角命令，完成倒圆角操作如图 2-43 所示。单击菜单栏的“工程”后方的▾按钮弹出工程特征的下拉菜单，选择“修饰螺纹”命令，弹出“螺纹”界面，在修饰螺纹操控栏上单击“放置”选项卡，选择如图 2-44 所示的曲面作为放置曲面。单击“深度”选项卡，在“螺纹起始自”选项中选择如图 2-45 所示的曲面作为螺纹起始曲面，在“深度”选项卡中选择如图 2-46 所示的曲面作为螺纹终止曲面，修改螺纹操控栏上的螺纹直径值为“30”，螺距值为“2”，单击✔按钮完成螺纹命令得到紧固轴零件的最终模型如图 2-47 所示。

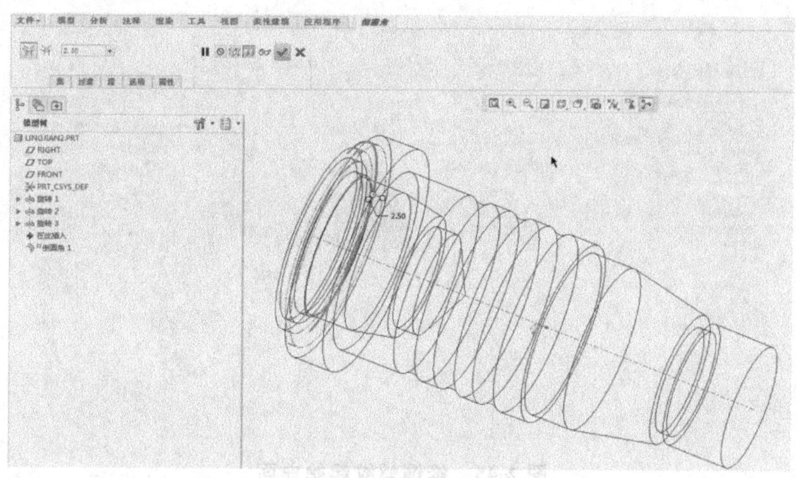

图 2-42　倒圆角边选择

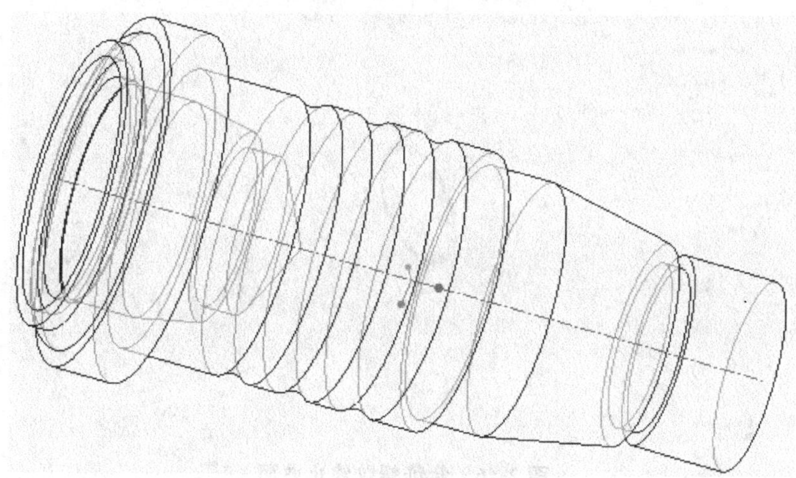

图 2-43　倒圆角特征

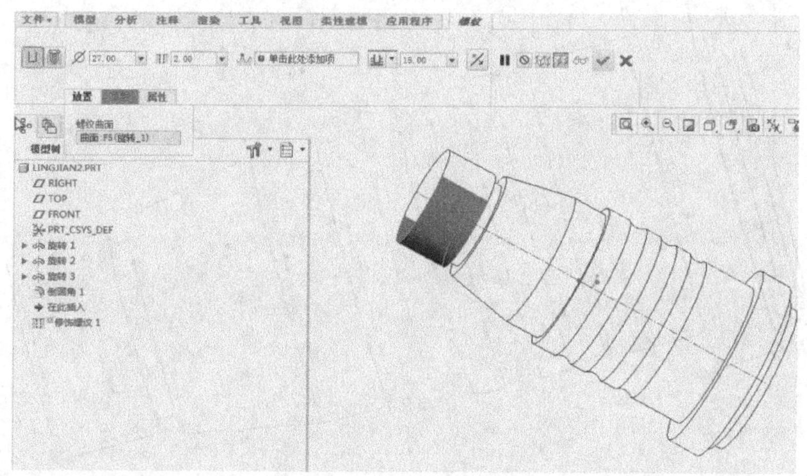

图 2-44　修饰螺纹放置曲面

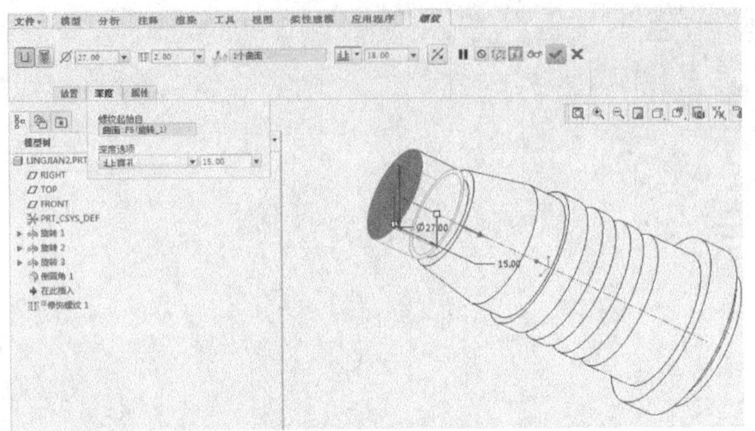

图 2-45　修饰螺纹起始曲面

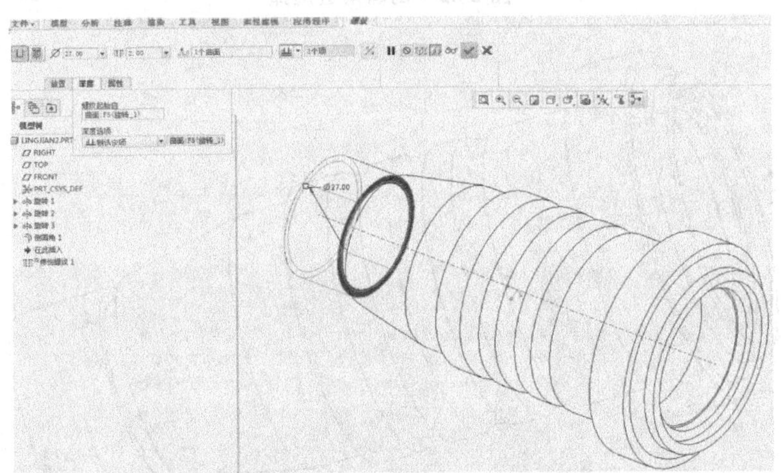

图 2-46　修饰螺纹终止曲面

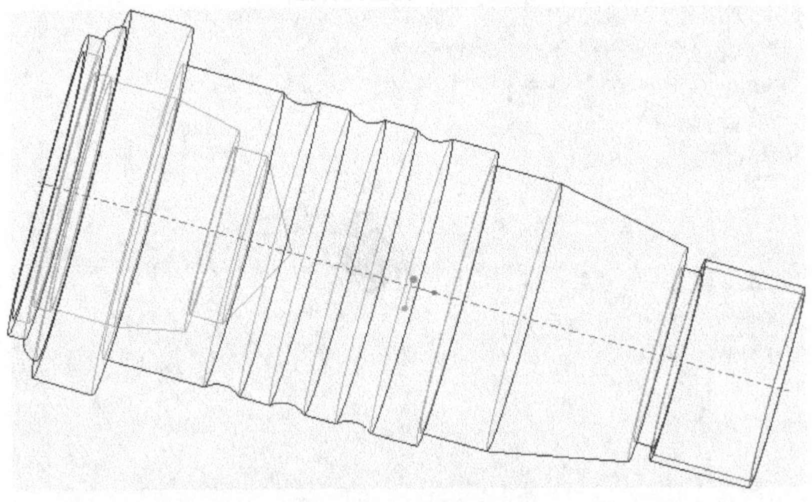

图 2-47　紧固轴零件模型

3. 离合凹零件建模

离合凹零件属于车削与铣削复合进行加工的一个零件，通过旋转命令可以进行大部分特征的建模工作，正弦曲面特征需要通过建立基准曲线构建，基准曲线是标准的正弦曲线，需要通过方程来构建。

离合凹零件建模

(1)外轮廓特征构建

首先建立外轮廓特征，在 Cero 2.0 的菜单启动 Cero parametric 程序，在“模型”模式下单击“新建”按钮，在新建对话框中输入名称 lingjian3，取消勾选“使用默认模板”，单击“确定”按钮进入“新文件选项”对话框，选择“mmns_part_solid”模板，单击“确定”按钮进入建模环境，在建模环境的快捷菜单选择“旋转” 旋转 命令，单击“放置”选项卡，在弹出的菜单中单击“定义”按钮，弹出的“草绘”对话框中选择“FRONT”基准面作为草绘平面，系统自动将“RIGHT”平面作为参照平面如图 2-48 所示，单击“草绘”按钮进入二维绘图环境，单击“草绘视图方向”将草绘的平面和屏幕显示对齐，以便于进行草图绘制。单击草绘操控栏上“中心线” 中心线 按钮绘制旋转特征的旋转轴，通过“直线” 线 绘制如图 2-49 所示的截面，单击按钮退出二维草绘环境，回到“旋转”界面，在旋转特征操控栏上单击按钮完成旋转命令，得到离合凹零件的外轮廓，如图 2-50 所示。

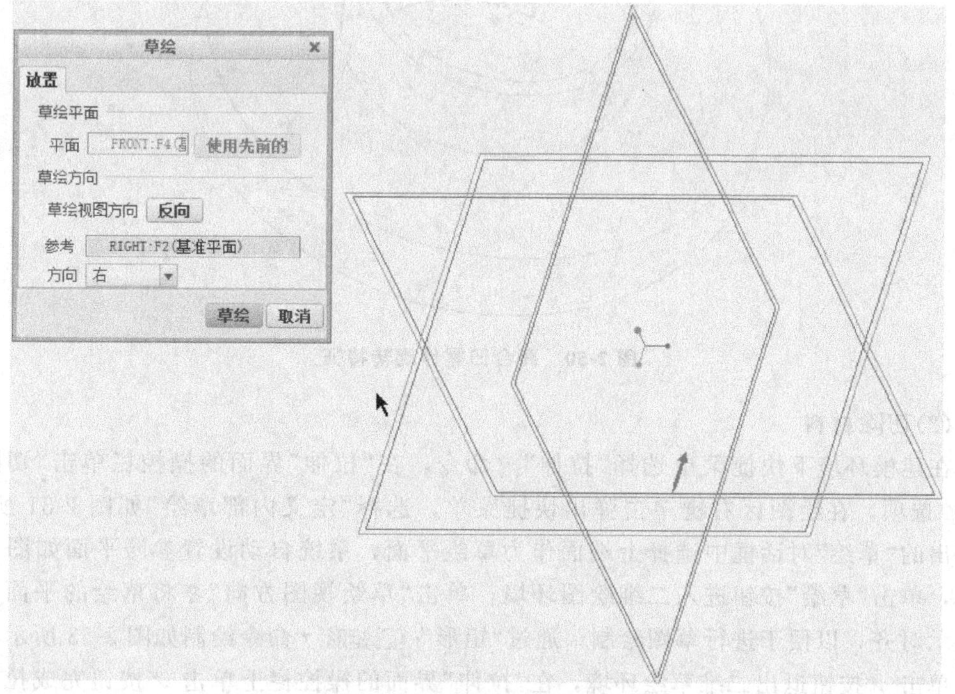

图 2-48　旋转特征草绘平面定义

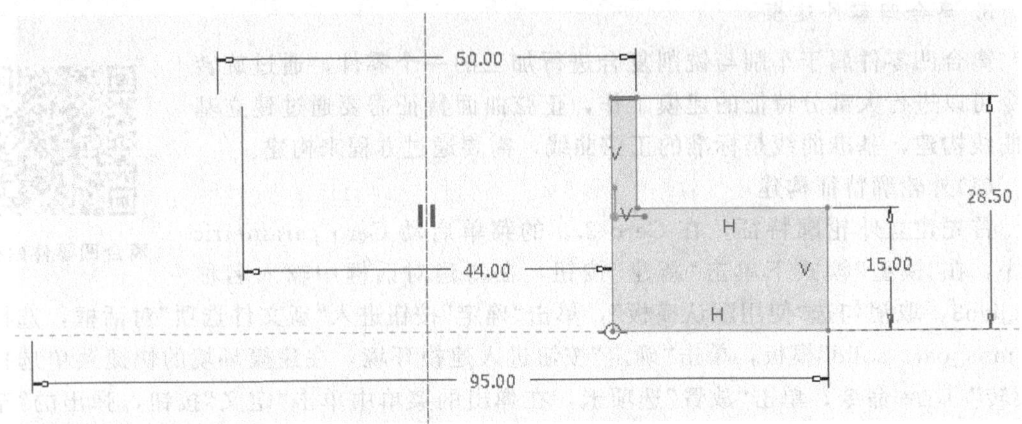

图 2-49　旋转特征草绘截面

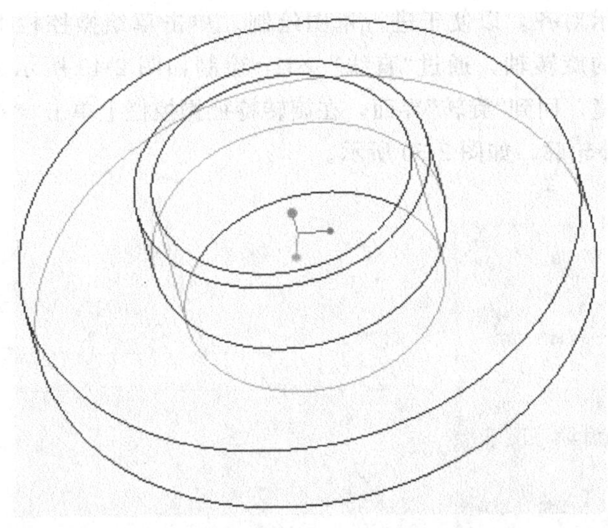

图 2-50　离合凹零件旋转特征

(2)切除材料

在建模环境下快捷菜单选择“拉伸”命令，在“拉伸”界面的操控栏单击“切除材料”选项，在绘图区右键单击弹出快捷菜单，选择“定义内部草绘”如图 2-51 所示，在弹出的“草绘”对话框中选择上端面作为草绘平面，系统自动设置参照平面如图 2-52 所示，单击“草绘”按钮进入二维绘图环境，单击“草绘视图方向”将草绘的平面和屏幕显示对齐，以便于进行草图绘制。通过“矩形” 矩形 ▾命令绘制如图 2-53 所示的截面，单击✓按钮退出二维草绘环境，在“拉伸”界面的操控栏上单击✓按钮完成拉伸命令得到离合凹零件的切除特征，如图 2-54 所示。

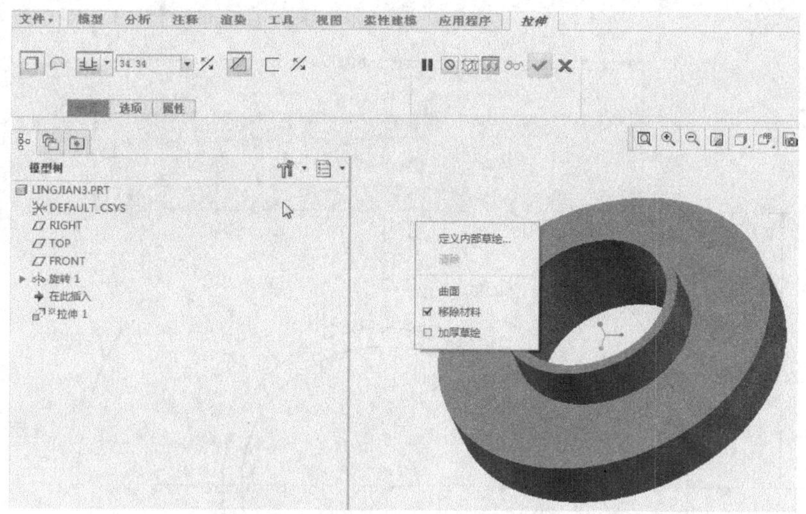

图 2-51　拉伸命令内部草绘定义

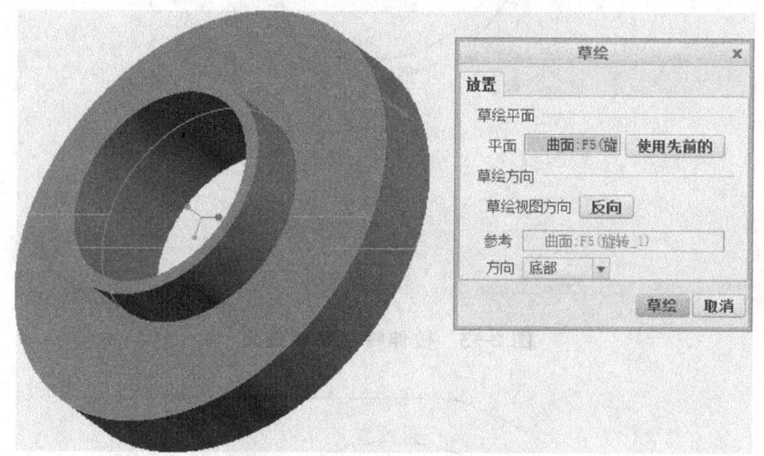

图 2-52　拉伸命令草绘平面定义

(3)凹槽特征构建

在建模境下快捷菜单选择“拉伸”命令，在“拉伸”界面的操控栏上单击“切除材料”选项，在绘图区右键单击弹出的快捷菜单，选择“定义内部草绘”，在弹出的“草绘”对话框中选择零件的下端面作为草绘平面，系统自动设置参照平面如图 2-55 所示，单击“草绘”按钮进入二维绘图环境，单击“草绘视图方向”将草绘平面和屏幕显示对齐，以便于进行草图绘制。在草绘操控栏上单击“构造模式”选项，通过“中心线”中心线命令构建夹角为 30 度的构造线，通过“同心圆”同心 命令绘制的构造圆作为参照，单击“构造模式”选项，取消构造模式，在构造圆和中心线相交的位置，通过“圆”圆命令在相交的四个点绘制相等的圆，再通过“同心圆”同心 命令绘制两个圆分别与刚绘制的四个圆相切如图 2-56 所示的截面，单击“删除段”删除段命令删除不需要的线段，得到最终的草绘截面如图 2-57 所示，单击✓按钮退出二维草绘环境，回

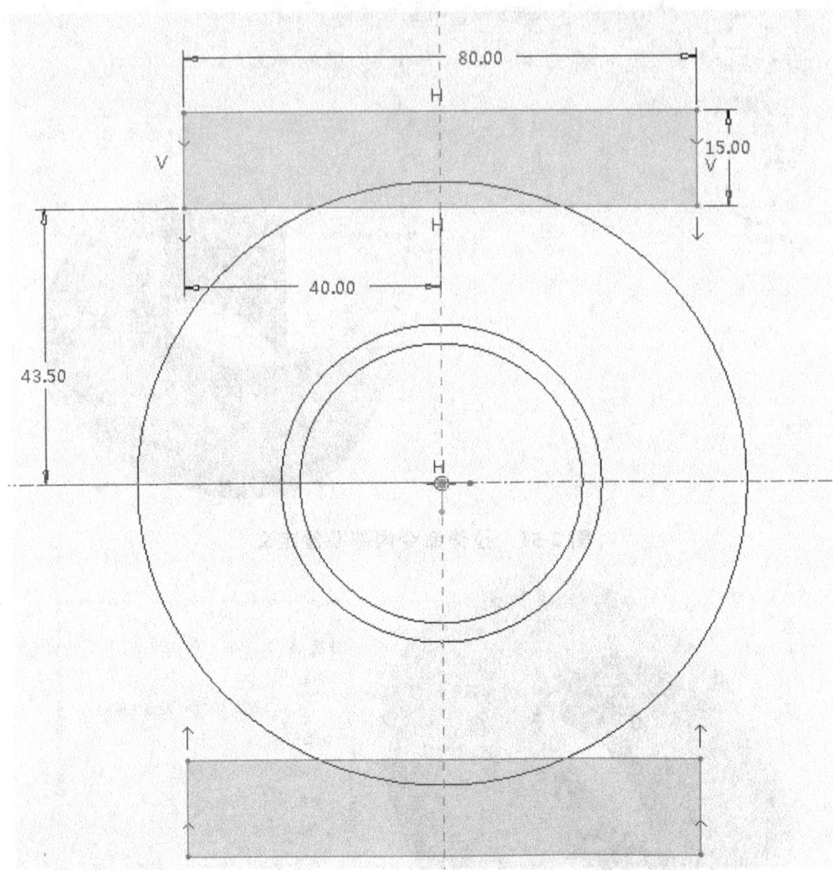

图 2-53　拉伸特征草绘截面

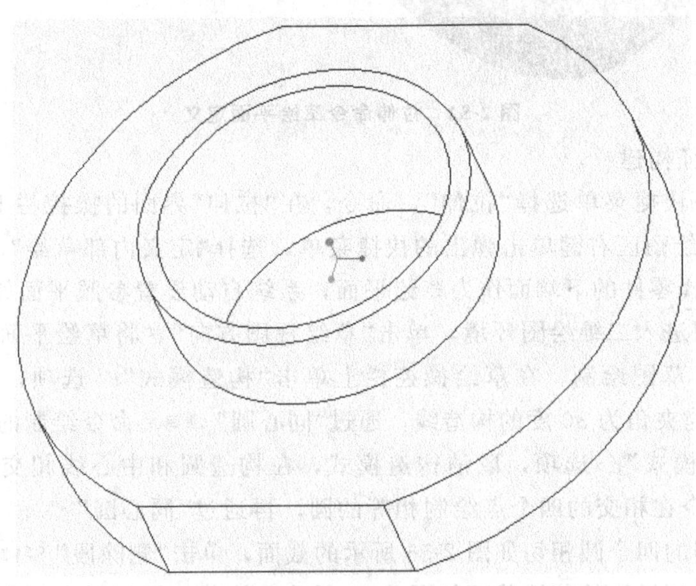

图 2-54　拉伸切除材料

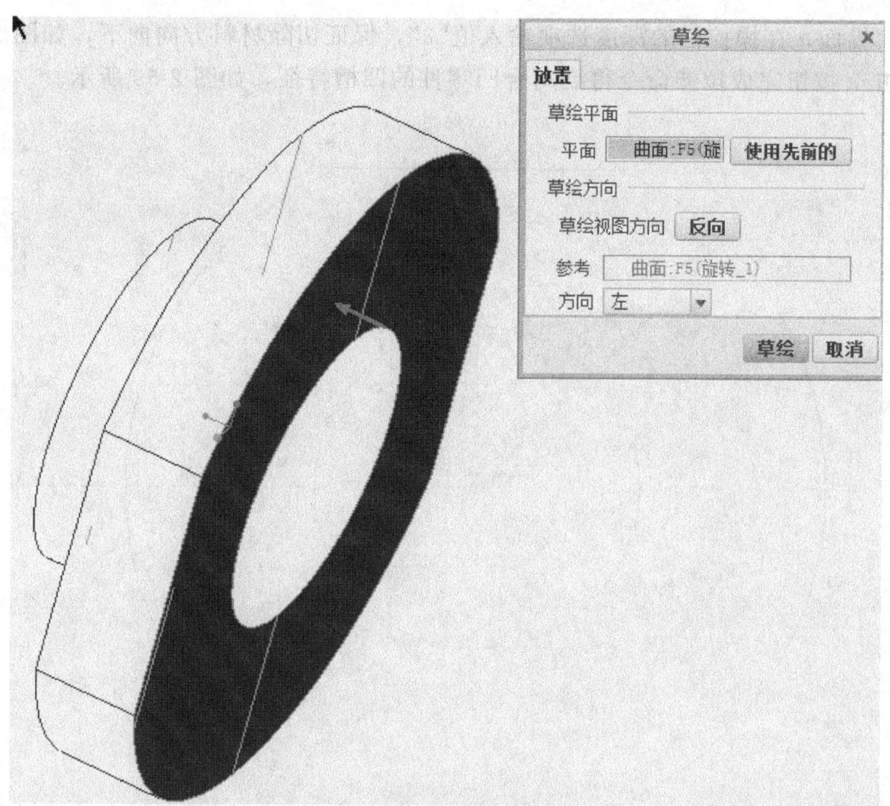

图 2-55 拉伸特征草绘平面定义

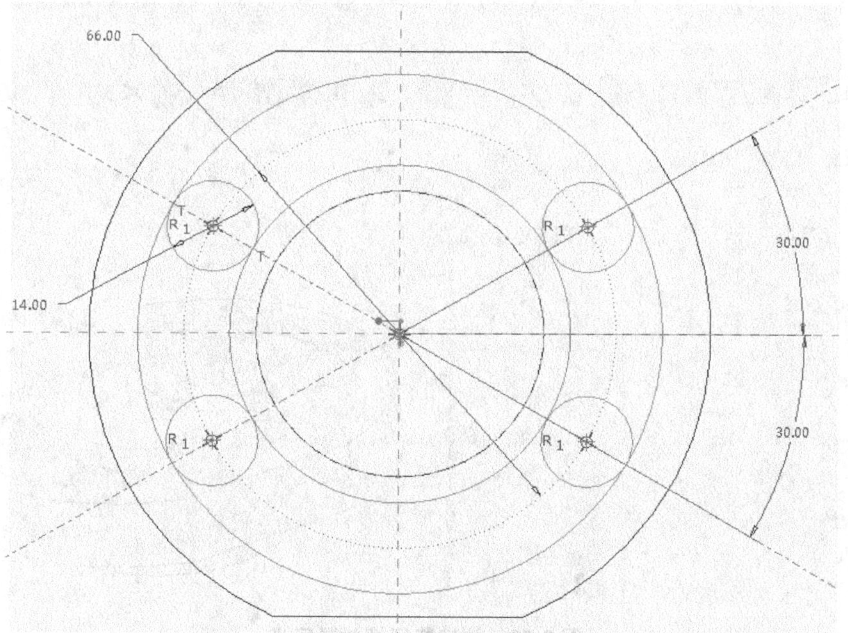

图 2-56 拉伸特征草绘截面定义

到“拉伸”界面，在操控栏的深度选项输入值“3”，保证切除材料方向向下，如图 2-58 所示，单击✔按钮完成拉伸命令得到离合凹零件的凹槽特征，如图 2-59 所示。

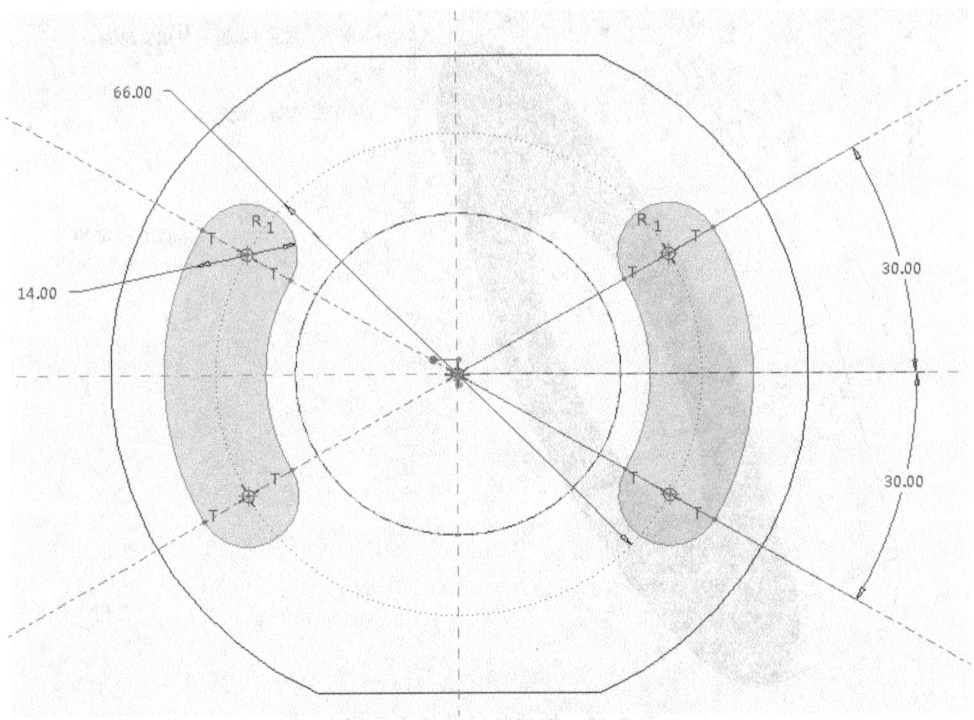

图 2-57　拉伸特征草绘截面

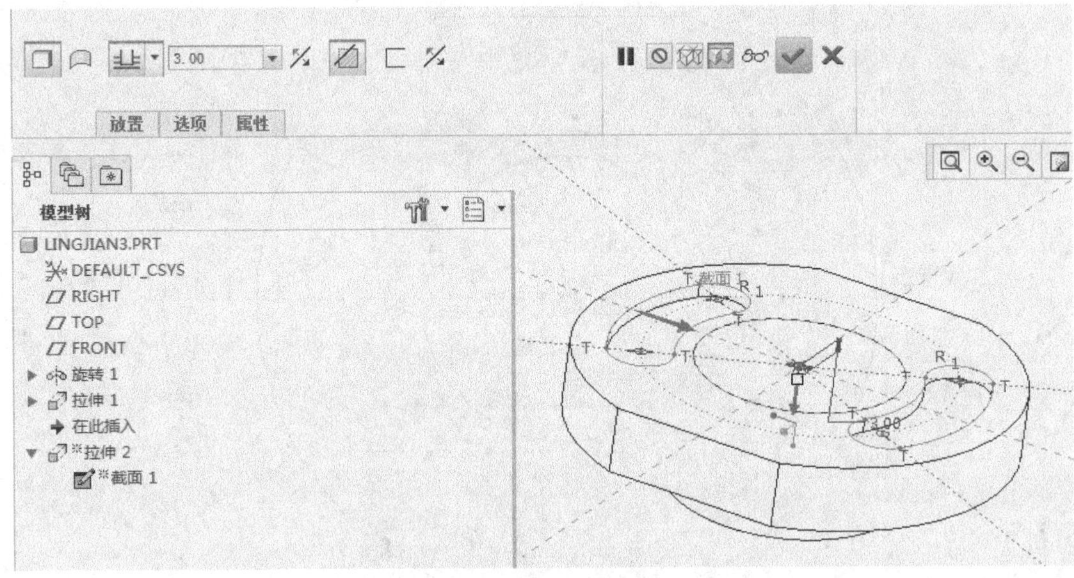

图 2-58　拉伸特征切材料定义

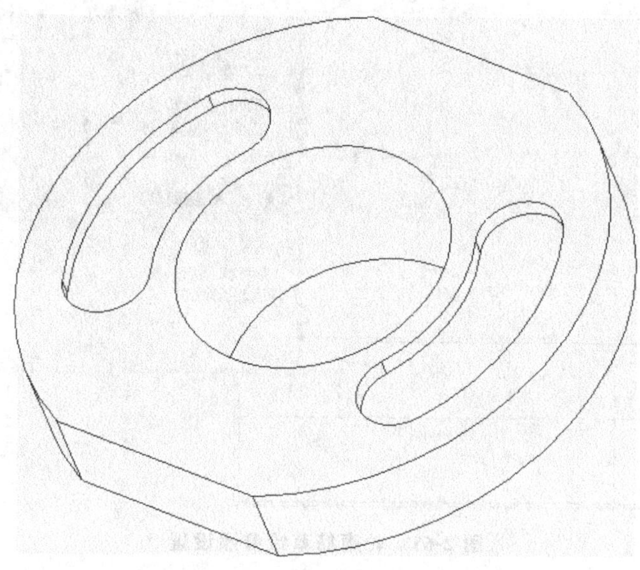

图 2-59 离合凹零件的凹槽特征

(4)筋特征构建

在建模环境下单击“筋” 筋 命令后面的▾，选择“轮廓筋”命令如图 2-60 所示，弹出“轮廓筋”界面，在操控栏上单击“参考”选项卡，在弹出的菜单中单击“定义”按钮，弹出“草绘”对话框，选择“FRONT”基准面作为草绘平面，系统自动将“RIGHT”平面作为参照平面，单击“草绘”按钮进入二维绘图环境，单击“参照”按钮，选择如图 2-61 所示的凸台的两条侧边作为参照，以便于捕捉，通过“直线” 线 命令来绘制如图 2-62 所示的截面，单击✔按钮退出二维草绘环境，返回到“轮廓筋”界面，将操控栏上的筋厚度选项值设置为“10”，得到如图 2-63 所示的形状，单击✔按钮得到离合凹零件的轮廓筋特征，如图 2-64 所示。在建模环境中的菜单栏编辑类工具中选择“镜像” 镜像 命令如图 2-65 所示，弹出“镜像”界面，在绘图区选择“RIGHT”基准平面作为镜像平面如图 2-66 所示，单击✔按钮来完成镜像命令得到离合凹零件的筋特征，如图 2-67 所示。

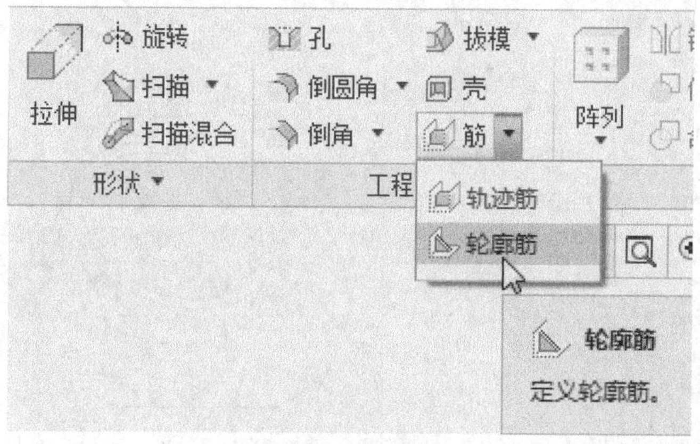

图 2-60 轮廓筋命令

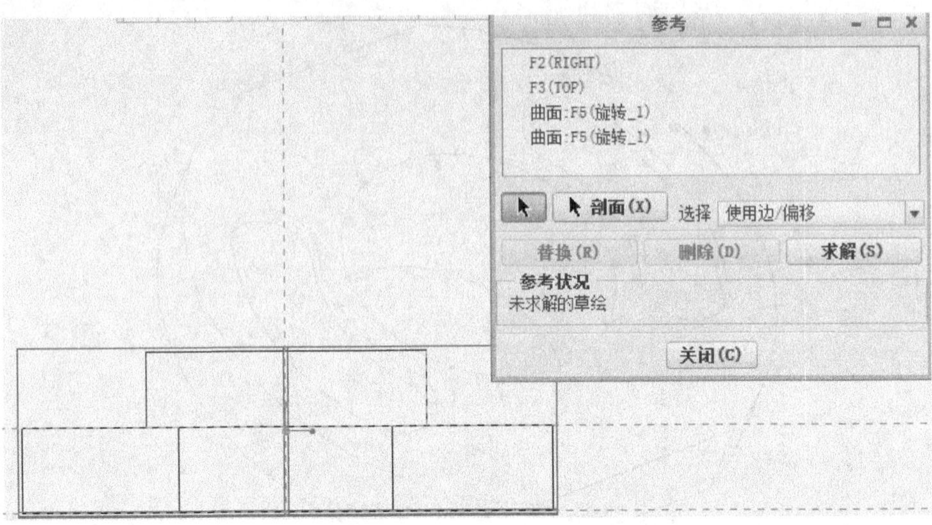

图 2-61　轮廓筋草绘参照设置

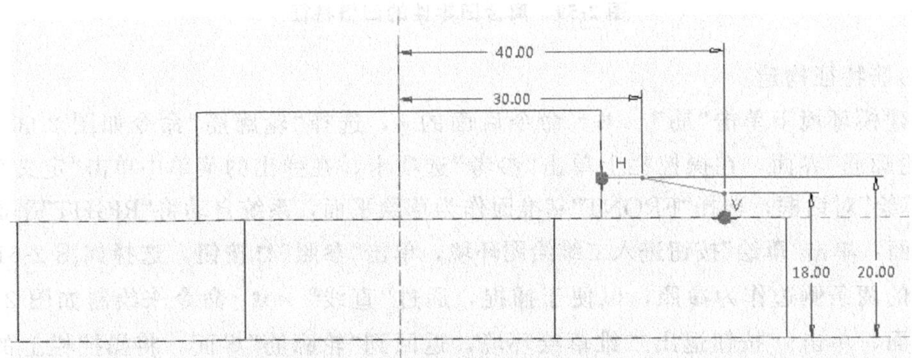

图 2-62　轮廓筋草绘截面

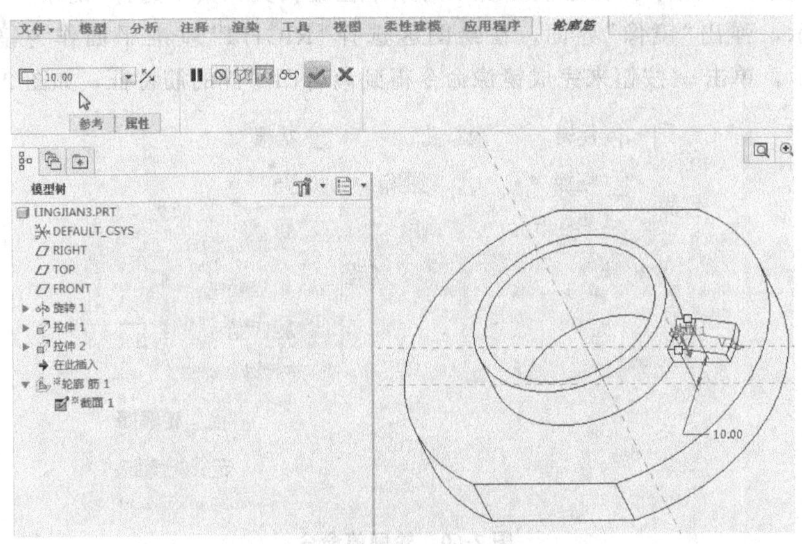

图 2-63　轮廓筋定义

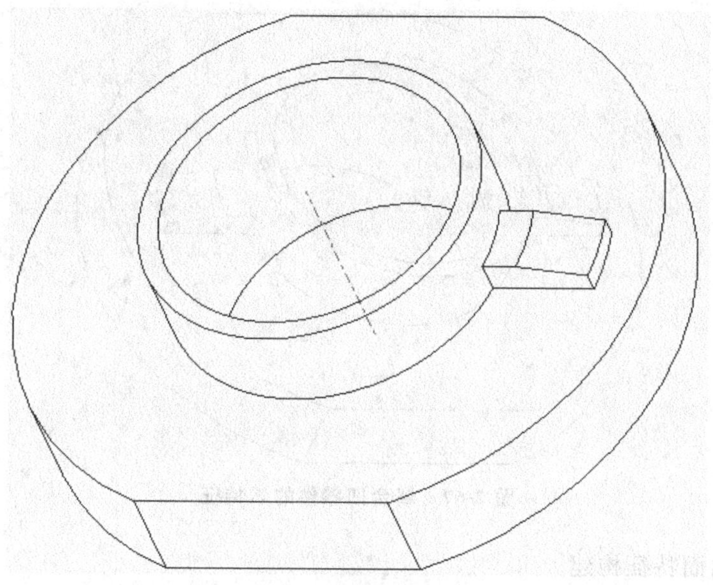

图 2-64　轮廓筋特征

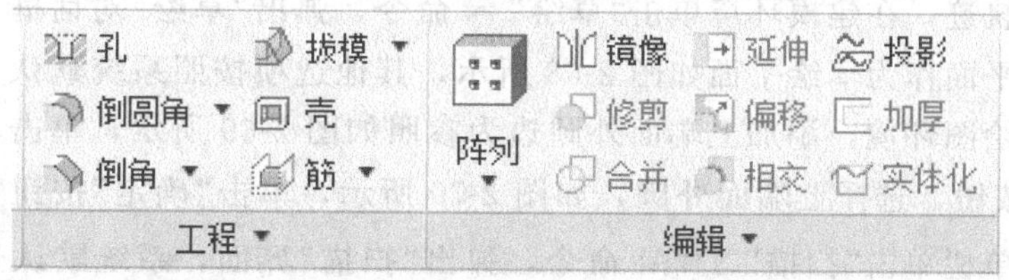

图 2-65　镜像命令

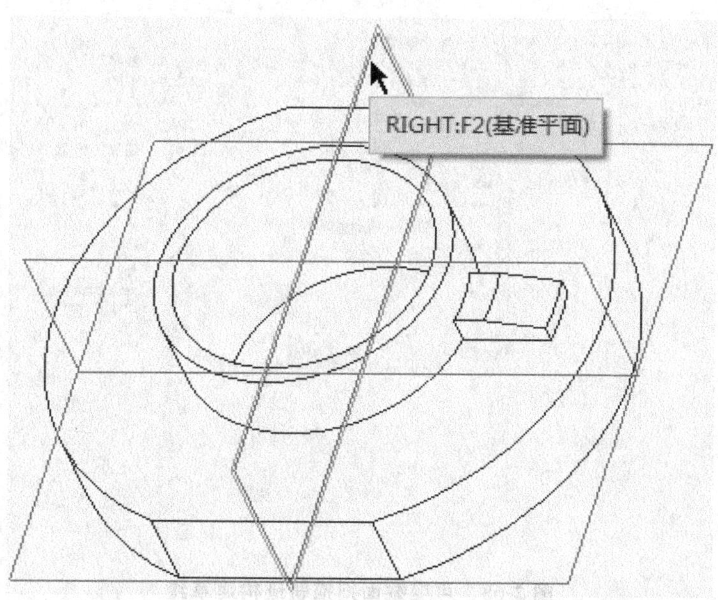

图 2-66　镜像平面

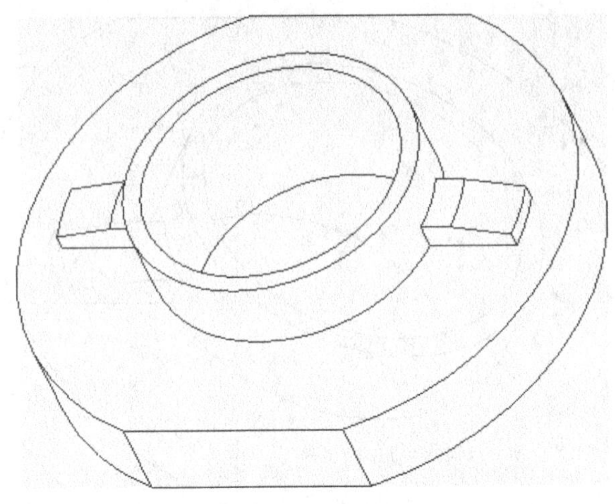

图 2-67 离合凹零件的筋特征

(5)正弦曲面特征构建

通过可变截面“扫描”扫描命令构建 4 个周期的正弦曲线特征：首先绘制可变截面扫描的扫描轨迹，在建模环境单击“草绘”命令，弹出“草绘”对话框，选择已构建特征的上端面平面作为草绘平面如图 2-68 所示，其他选项按照系统默认，单击“草绘”按钮进入二维绘图环境，添加上端面外圆边为参照如图 2-69 所示，单击草绘操控栏上“投影”投影按钮，选择上端面外圆，如图 2-70 所示，单击“确定”按钮完成草绘轨迹的创建。在菜单栏单击“扫描”扫描命令，弹出“扫描”界面，系统默认选择了刚绘制的草绘轨迹作为参考线，选择“切除材料”和“允许截面按参数变化”两个选项，对话框

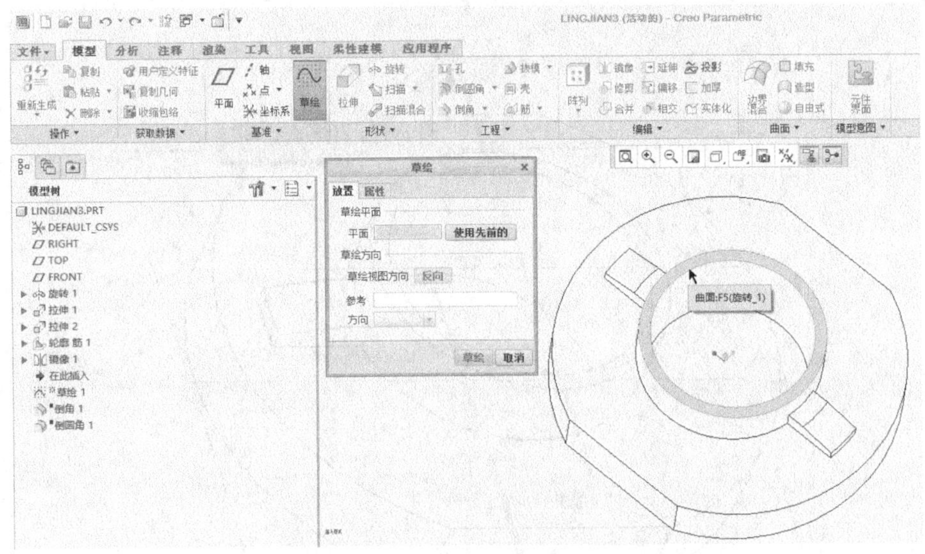

图 2-68 可变截面扫描轨迹构建草绘

中按钮状态如图 2-71 所示，单击“草绘”按钮进入二维绘图环境，添加内孔边缘为参考如图 2-72 所示，绘制如图 2-73 所示的矩形，其中右侧边和内孔边缘参考重合，宽度尺寸为 3.5 mm，单击建模环境“元件界面”的“模型意图” 模型意图 ▾ 右侧的下三角打开下拉菜单，单击“关系”d=关系命令如图 2-74 所示，系统会弹出“关系”对话框如图 2-75 所示，在对话框中输入方程式：sd3＝3.5＋2.5 * sin(trajpar * 4 * 360)，其中 sd3 代表矩形宽度尺寸，可根据实际参数情况进行替换，单击“确定”按钮，可构建四个周期的切除材料的正弦曲线特征，如图 2-76 所示，单击扫描界面的✔按钮，完成可变截面扫描命令，最终的正弦曲面特征如图 2-77 所示。

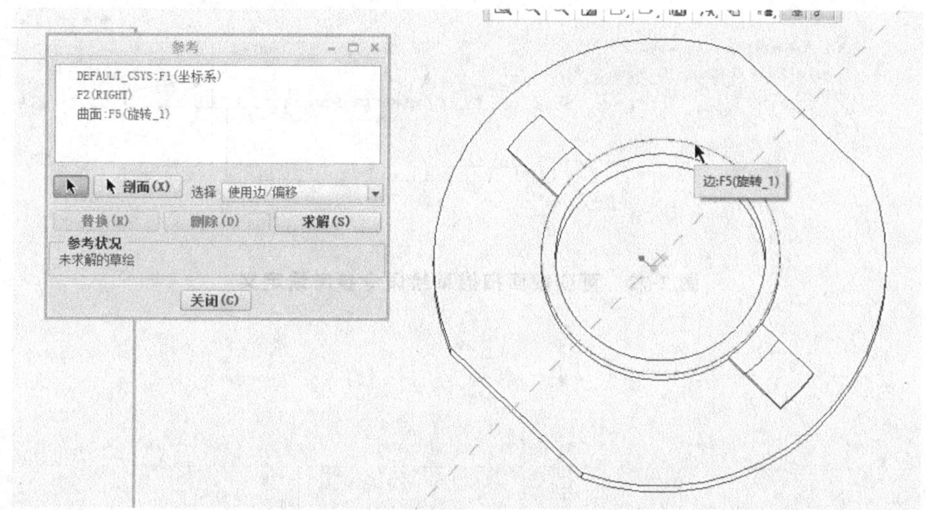

图 2-69 可变截面扫描轨迹构建草绘环境参考边设置

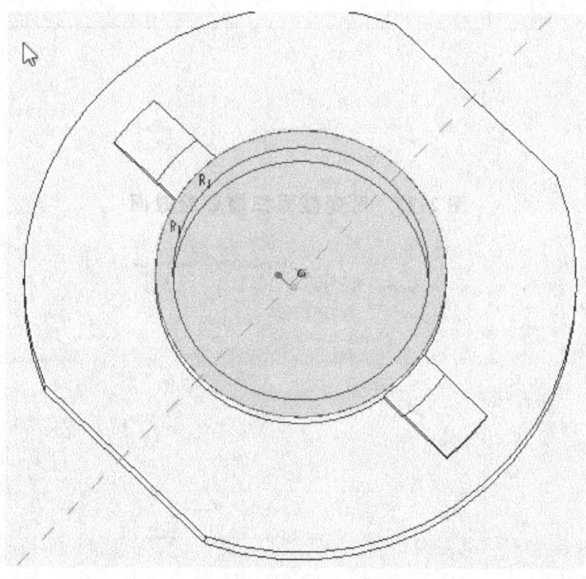

图 2-70 可变截面扫描轨迹的草绘轨迹

图 2-71　可变截面扫描对话框状态

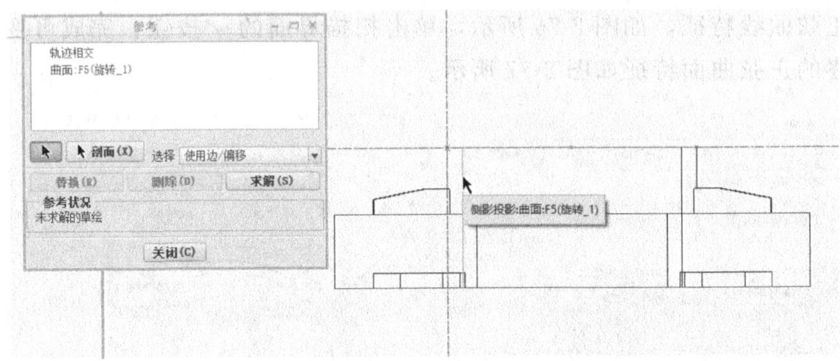

图 2-72　可变截面扫描草绘命令参考线定义

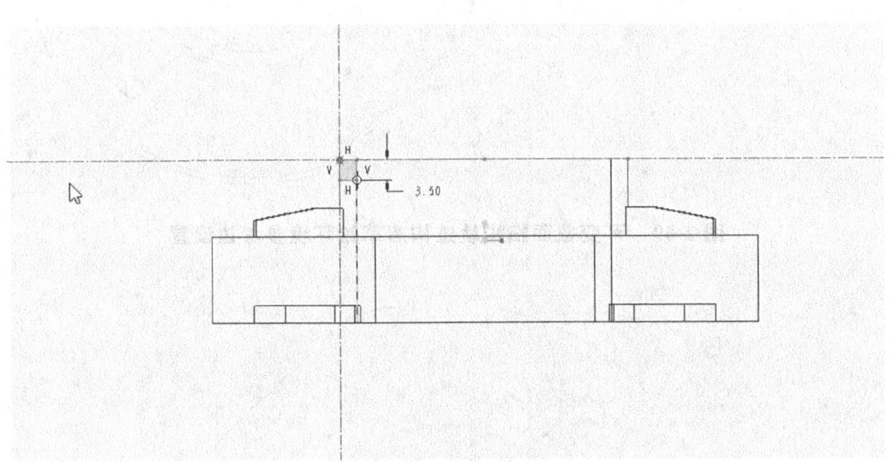

图 2-73　可变截面扫描草绘截面

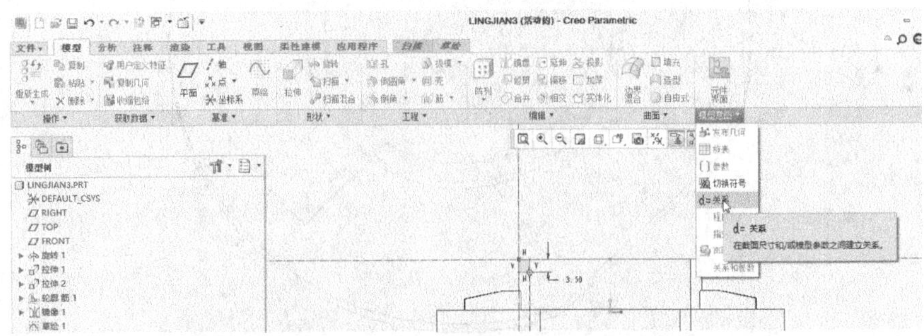

图 2-74　可变截面扫描草绘环境下的关系式调用

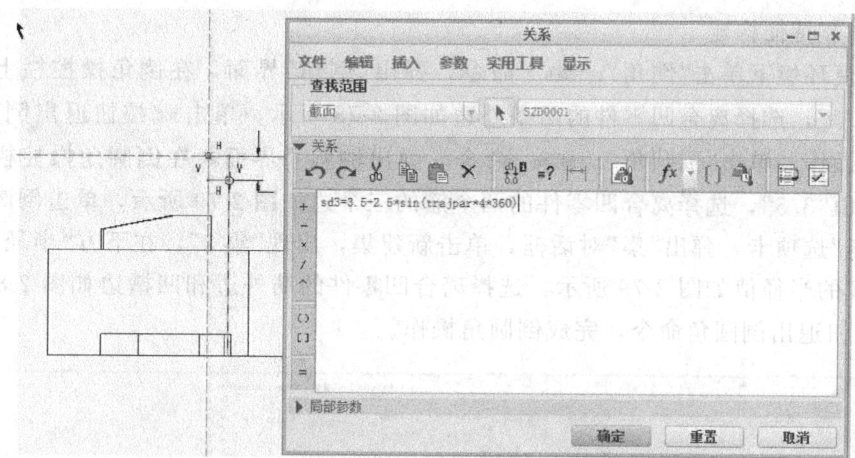

图 2-75　可变截面扫描草绘环境下的关系式定义对话框

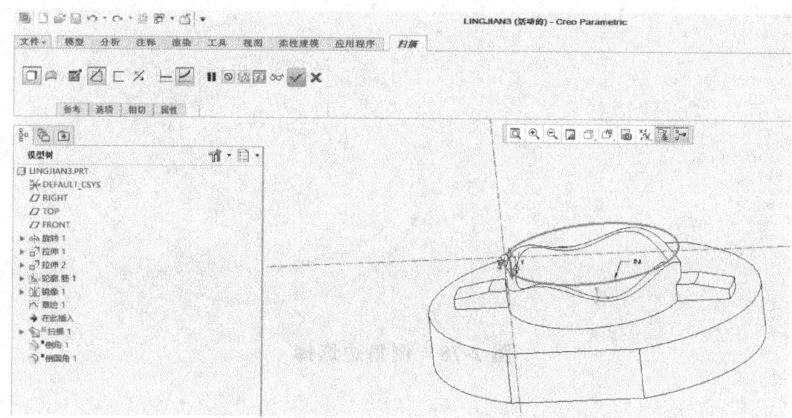

图 2-76　可变截面扫描对话框定义设置

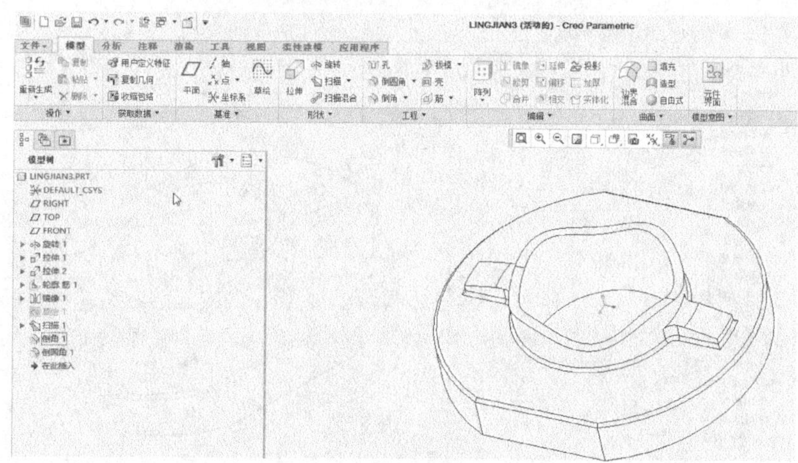

图 2-77　离合凹零件正弦曲面效果图

(6)细节特征构建

在建模环境下单击“倒角” 倒角 命令，弹出“倒角”界面，在倒角操控栏上输倒角半径值“1.0”，选择离合凹零件的两条外边如图 2-78 所示，单击✔按钮退出倒角命令，完成倒角操作。单击“倒圆角” 倒圆角 命令，弹出倒圆角界面，在倒圆角操控栏输入倒圆角半径值“3.5”，选择离合凹零件的两个筋的三个边如图 2-79 所示，单击倒圆角操控栏上的“集”选项卡，弹出“集”对话框，单击新建集，出现“集 2”，在下方“半径”选项中输入“1.0”的半径值如图 2-79 所示，选择离合凹零件的筋外边和凹槽边如图 2-80 所示，单击✔按钮退出倒圆角命令，完成倒圆角操作。

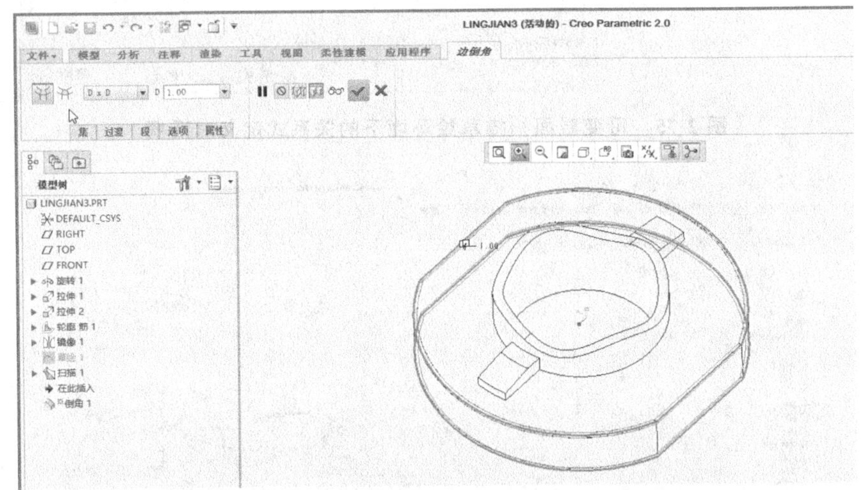

图 2-78　倒角边选择

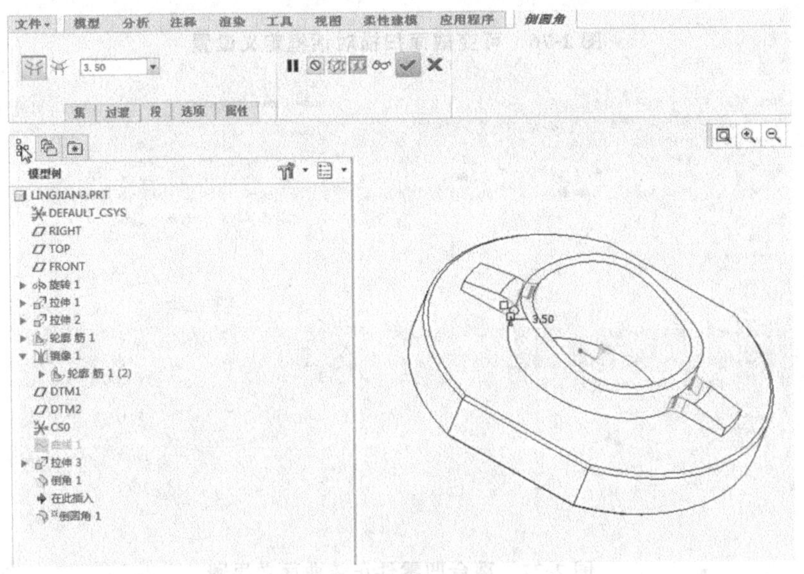

图 2-79　倒圆角边选择

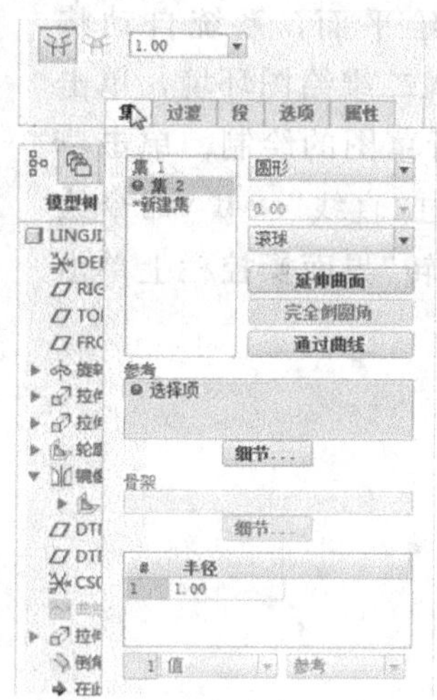

图 2-80　倒圆角新建集

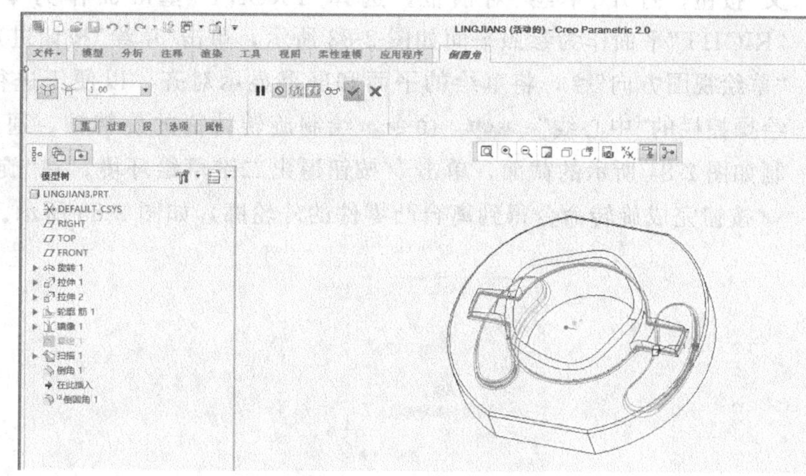

图 2-81　倒圆角边选择

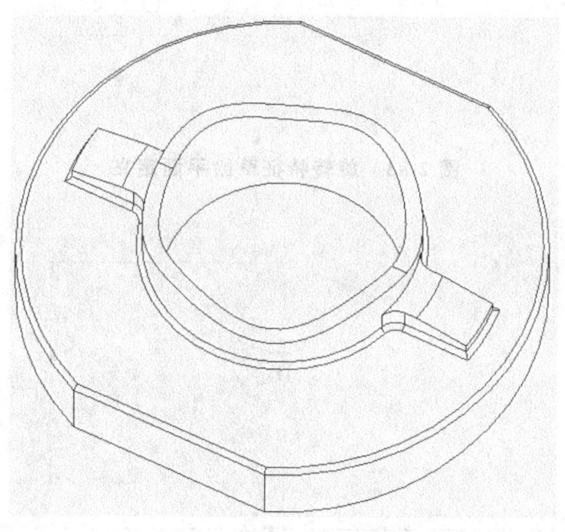

图 2-82　离合凹零件模型

4. 离合凸零件建模

离合凸零件建模

离合凸零件属于车削与铣削复合进行加工的一个零件，通过旋转和拉伸命令可以进行大部分特征的建模工作。

(1)外轮廓特征构建

首先建立外轮廓特征，在 Cero 2.0 的菜单启动“Cero parametric”程序，在“模型”模式下单击“新建”按钮，在“新建”对话框中输入名称“lingjian4”，取消勾选“使用默认模板”，单击“确定”按钮进入“新文件选项”对话框，选择“mmns_part_solid”模板，单击“确定”按钮进入建模环境，在操控栏单击“旋转”旋转命令，打开“旋转”界面，单击操控栏的“放置”选项卡，在弹出的菜单中单击“定

义”按钮，打开“草绘”对话框，选择“FRONT”基准面作为草绘平面，系统自动将“RIGHT”平面作为参照平面如图 2-83 所示，单击“草绘”按钮进入二维绘图环境，单击“草绘视图方向”，将草绘的平面和屏幕显示对齐，以便于进行草图的绘制。单击草绘操控栏的“中心线”中心线命令，绘制旋转特征的旋转轴，通过“直线”线命令绘制如图 2-84 所示的截面，单击✔按钮退出二维草绘环境，在“旋转”界面操控栏上单击✔按钮完成旋转命令得到离合凸零件的外轮廓，如图 2-85 所示。

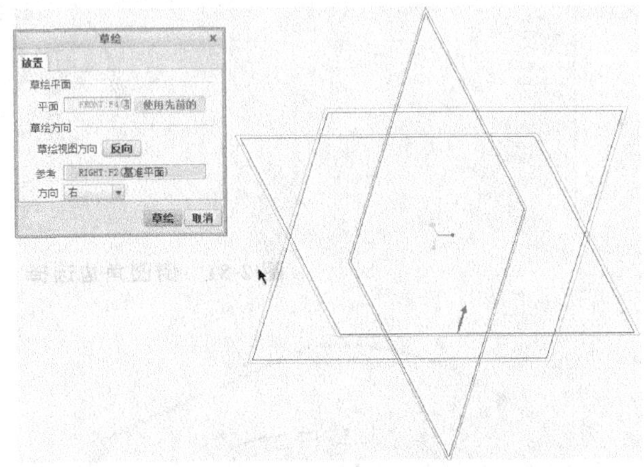

图 2-83　旋转特征草绘平面定义

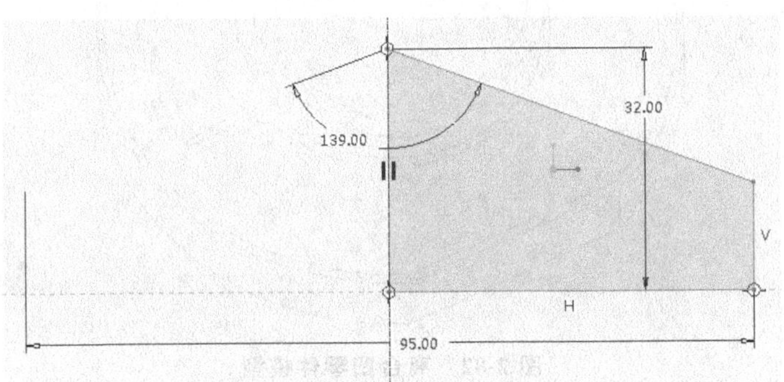

图 2-84　旋转特征草绘截面

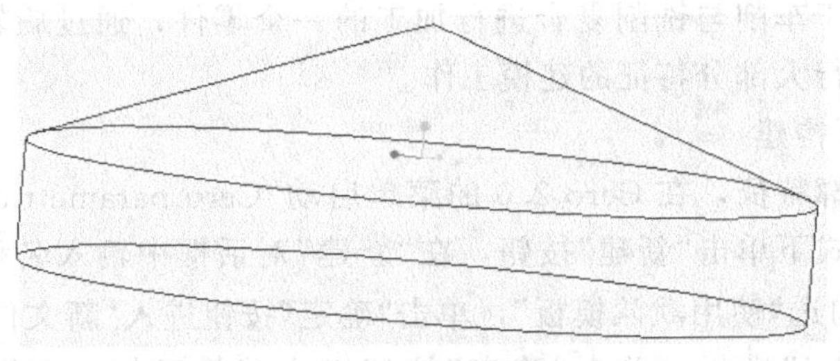

图 2-85　旋转特征

(2)切除材料 1

在建模环境下选择“拉伸”命令，在“拉伸”界面操控栏上单击“切除材料”选项，在绘图区右键单击弹出快捷菜单，选择“定义内部草绘”，在弹出的“草绘”对话框中选择“FRONT”基准平面作为草绘平面，系统自动设置“RIGHT”基准平面作为参照平面，单击“草绘”按钮进入二维绘图环境，单击“草绘视图方向”，将草绘的平面和屏幕显示对齐，以便于进行草图的绘制。通过“矩形” 矩形 ▾ 命令绘制如图 2-86 所示的截面，单击✓按钮退出二维草绘环境，在“拉伸”界面的操控栏上单击✓按钮完成拉伸命令，得到离合凸零件的切除特征，如图 2-87 所示。

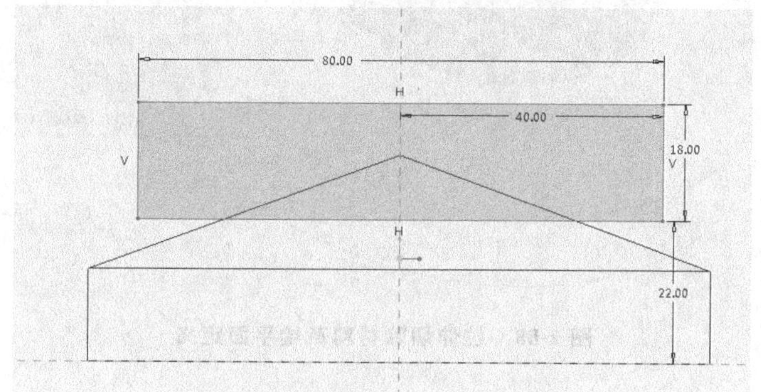

图 2-86　拉伸特征切削草绘平面

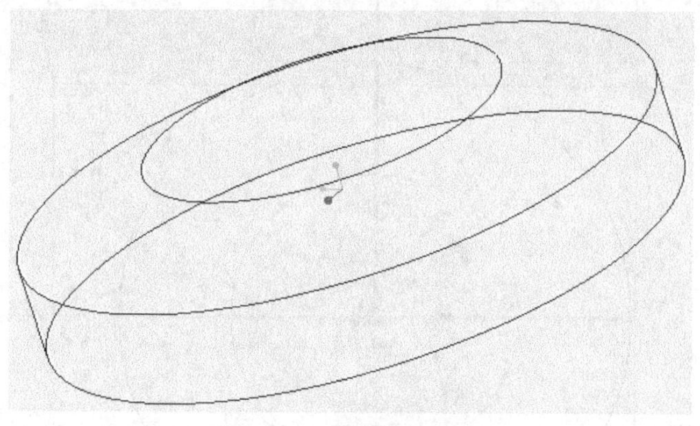

图 2-87　拉伸特征切削

(3)切除材料 2

在建模环境下选择“拉伸”命令，在“拉伸”界面操控栏上单击“切除材料”选项，在绘图区右键单击弹出快捷菜单，选择“定义内部草绘”，弹出“草绘”对话框，选择上端面作为草绘平面，系统自动设置参照平面如图 2-88 所示，单击“草绘”按钮进入二维绘图环境，单击“草绘视图方向”，将草绘的平面和屏幕显示对齐，以便于进行草图的绘制。通过“矩形” 矩形 ▾、“中心线” 中心线 ▾、“圆” 圆 ▾ 和“对称” 对称 命令

绘制如图 2-89 所示的截面，单击✔按钮退出二维草绘环境，得到如图 2-90 所示的形状，在“拉伸”界面操控栏上单击✔按钮来完成拉伸命令，得到离合凹零件的切除特征，如图 2-91 所示。

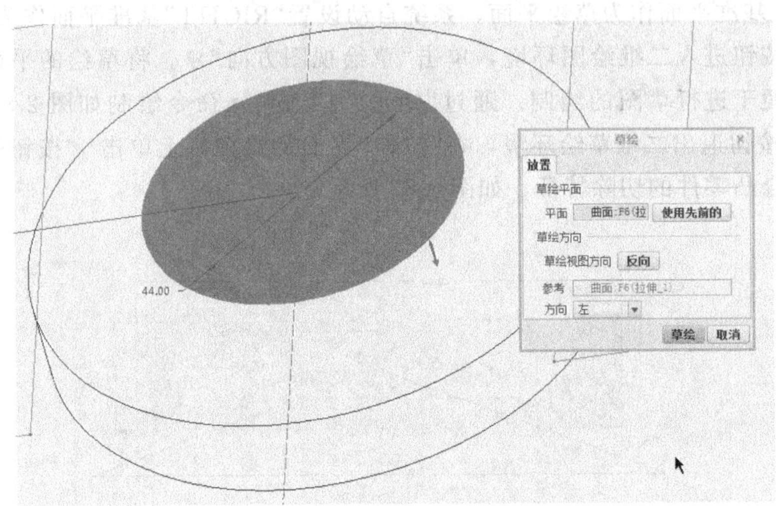

图 2-88　拉伸切除材料草绘平面定义

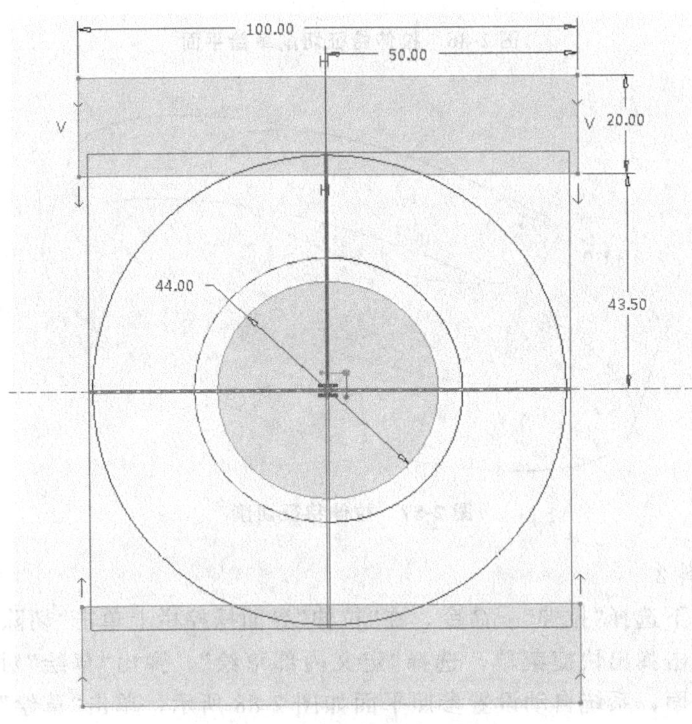

图 2-89　拉伸切除材料草绘截面

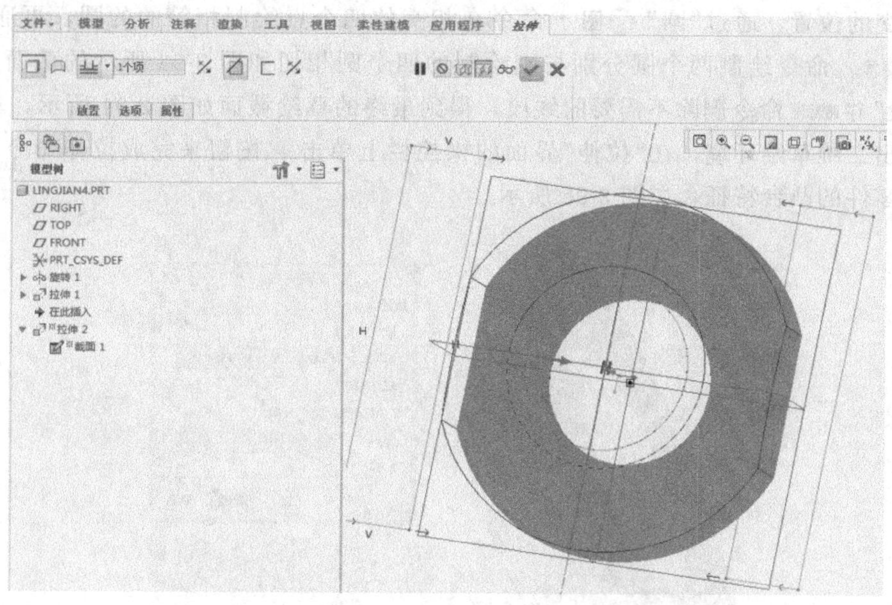

图 2-90　拉伸切除材料定义

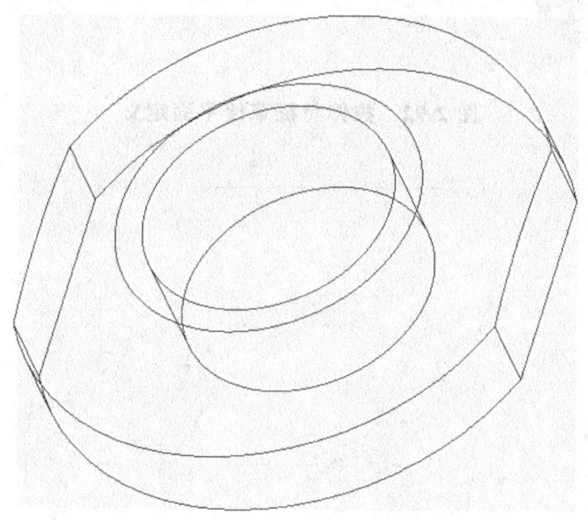

图 2-91　离合凹零件的切除特征

(4)凸台特征构建

在建模环境下选择“拉伸”命令，在绘图区右键单击弹出快捷菜单，选择“定义内部草绘”，在弹出的“草绘”对话框中选择下端面作为草绘平面，系统自动设置参照平面如图 2-92 所示，单击“草绘”按钮进入二维绘图环境，单击“草绘视图方向”，将草绘的平面和屏幕显示对齐，以便于进行草图的绘制。在“草绘”界面操控栏上单击“构造模式”选项，通过“中心线” 中心线 命令构建夹角为 30°的构造线，通过“同心圆” 同心 命令绘制的构造圆作为参照，单击“构造模式”选项，取消构造模式，在构造圆和中心线相交的位置，通过“圆” 圆 命令在相交的四个点绘制相等的的圆，再通过“同心圆” 同心 命令绘制两个圆分别与刚绘制的四个圆相切如图 2-93 所示的截面，单击“删除段” 删除段 命令删除不需要的线段，得到最终的草绘截面如图 2-94 所示，单击✓按钮退出二维草绘环境，在“拉伸”界面的操控栏上单击✓按钮来完成拉伸命令，得到离合凸零件的凸台特征，如图 2-95 所示。

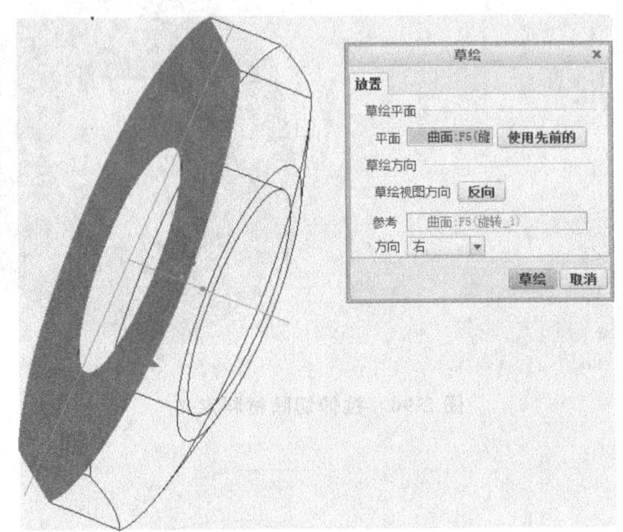

图 2-92　拉伸特征草绘平面定义

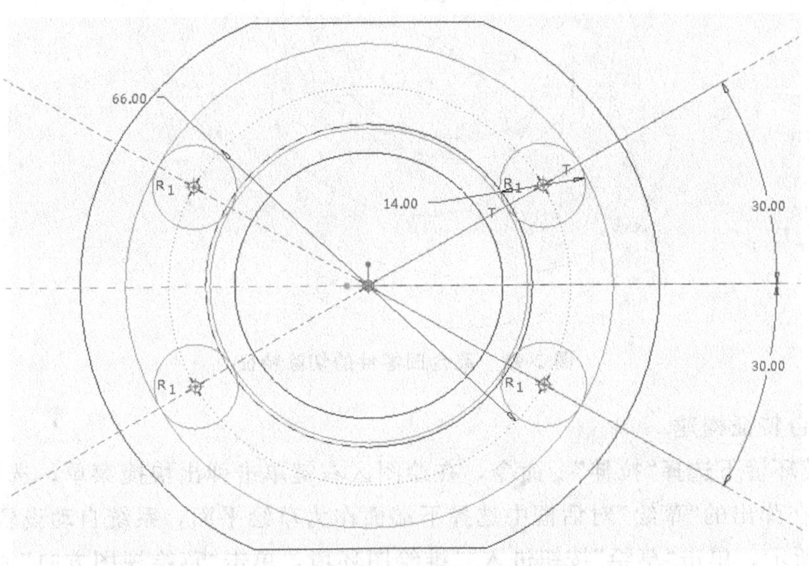

图 2-93　拉伸特征草绘截面绘制

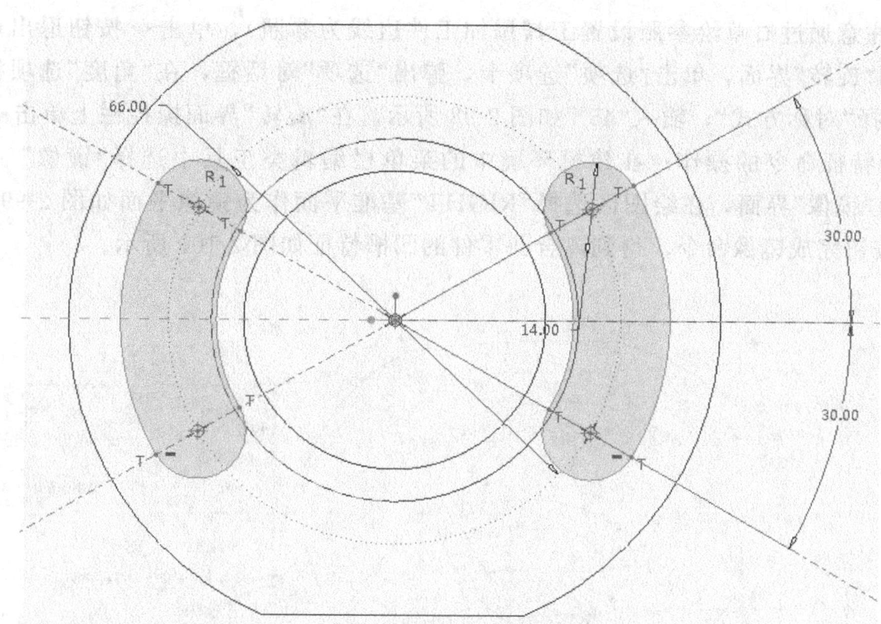

图 2-94 拉伸特征草绘截面

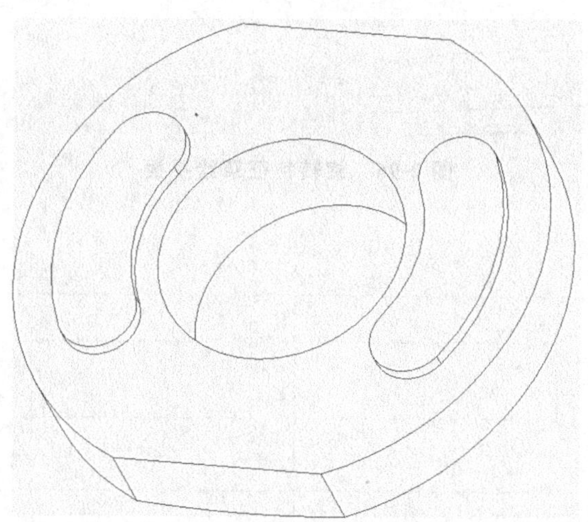

图 2-95 离合凸零件的凸台拉伸特征

(5)凹槽特征 1 构建

在建模环境下选择“旋转”旋转命令，在“旋转”界面的操控栏上单击“切除材料”选项，在绘图区单击鼠标右键弹出快捷菜单，单击“定义内部草绘”，在弹出的“草绘”对话框中选择“FRONT”基准面作为草绘平面，系统自动将“RIGHT”平面作为参照平面如图 2-96 所示，单击“草绘”按钮进入二维绘图环境，单击“草绘视图方向”，将草绘的平面和屏幕显示对齐，以便于进行草图的绘制。单击“草绘”界面操控栏上的“中心线”中心线命令，绘制旋转特征的旋转轴，通过“直线”线命令绘制如图 2-97 所示的截面(注意通过草绘参照设置工具添加工件边线为参照)，单击✔按钮退出草绘环境，回到“旋转”界面，单击“选项”选项卡，弹出“选项”对话框，在“角度”选项栏下的“侧 1”选择“对称方式”，输入“45°”如图 2-98 所示，在“旋转”界面操控栏上单击✔按钮完成旋转特征命令的操作；在建模环境中的菜单栏编辑类工具中选择“镜像”镜像命令，弹出“镜像”界面，在绘图区选择“RIGHT”基准平面作为镜像平面如图 2-99 所示，单击✔按钮完成镜像命令，得到离合凸零件的凹槽特征如图 2-100 所示。

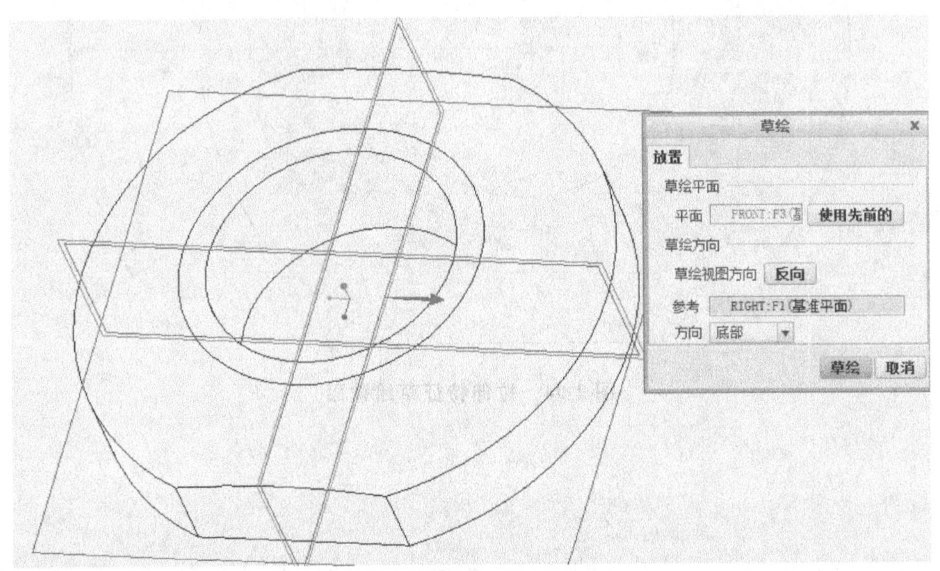

图 2-96　旋转特征草绘平面

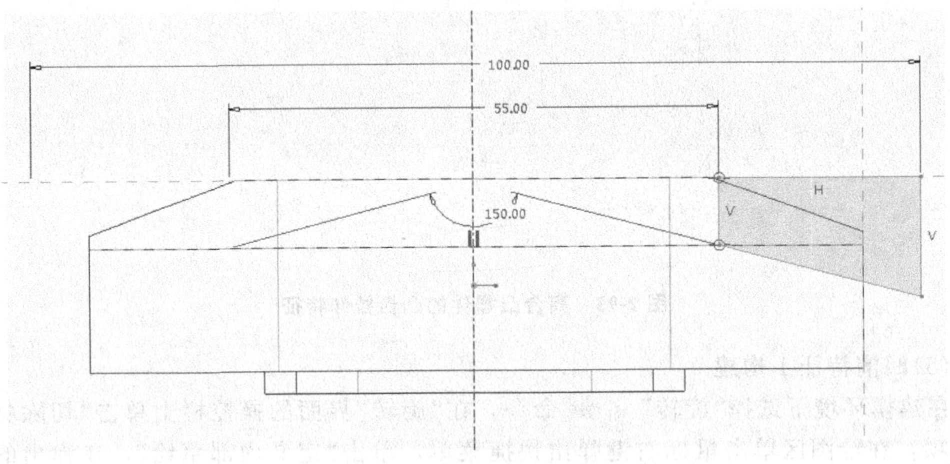

图 2-97　旋转特征草绘截面

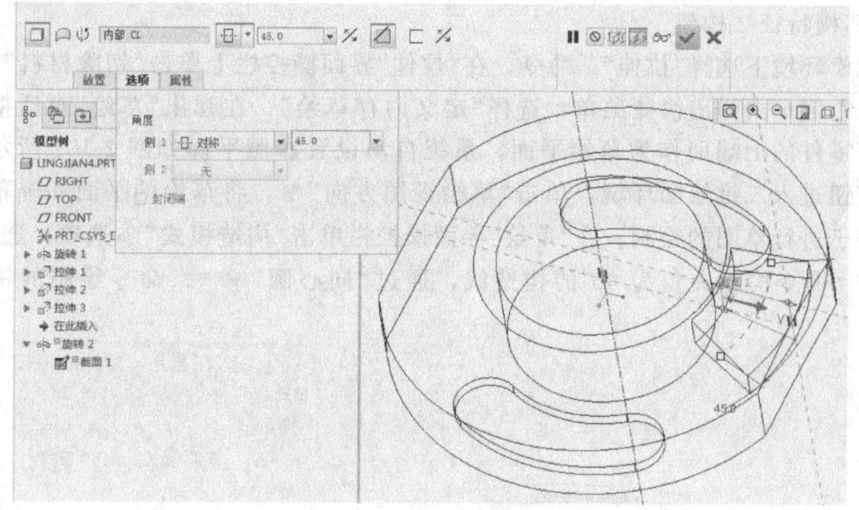

图 2-98 旋转特征选项定义

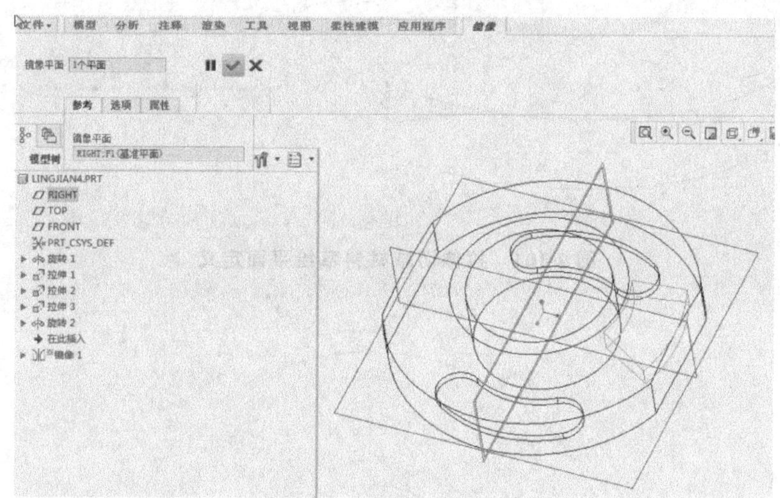

图 2-99 镜像平面定义

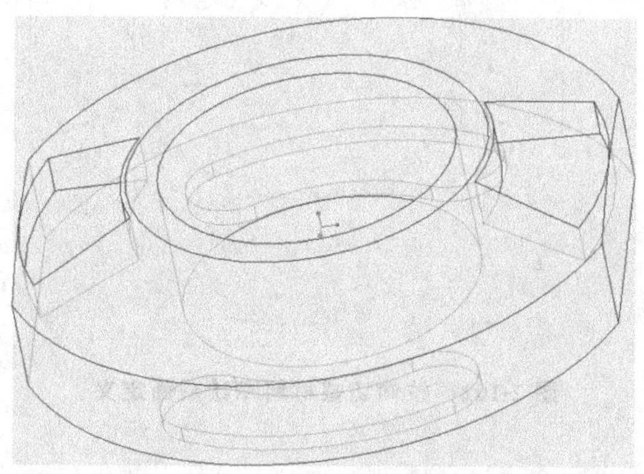

图 2-100 离合凸零件的凹槽特征 1

(6)凹槽特征 2 构建

在建模环境下选择“拉伸”命令，在“拉伸”界面操控栏上单击“切除材料”选项，在绘图区右键单击弹出快捷菜单，选择“定义内存草绘”，在弹出“草绘”对话框中选择之前建模零件的上端面作为草绘平面，系统自动设置参照平面如图 2-101 所示，单击“草绘”按钮进入二维绘图环境，单击“草绘视图方向”，将草绘的平面和屏幕显示对齐，以便于进行草图的绘制。在“草绘”界面操控栏单击“构造模式”选项，通过“中心线”中心线命令构建夹角为 45°的构造线，通过“同心圆”同心 命令绘制的构造圆作

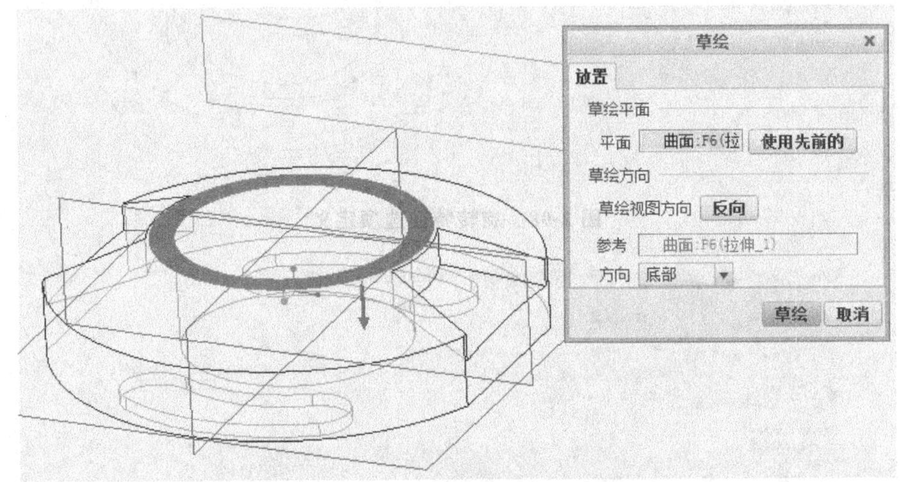

图 2-101　拉伸切减材料草绘平面定义

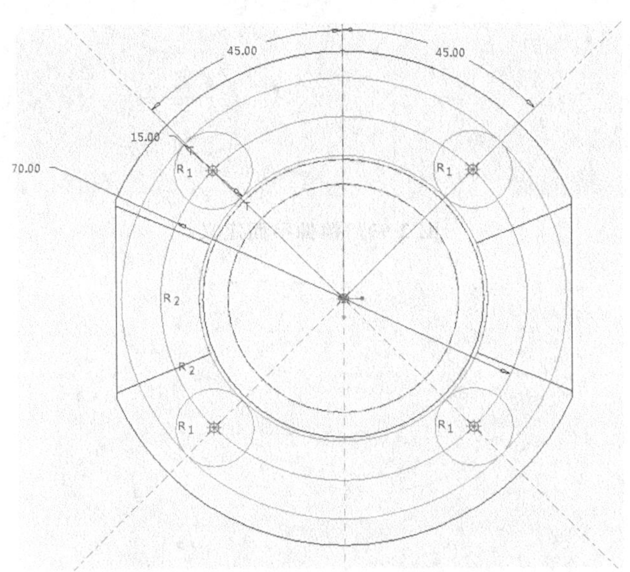

图 2-102　拉伸切减材料草绘截面定义

为参照，再次单击“构造模式”退出构造模式，在构造圆和中心线相交的位置，通过“圆”圆命令在相交的四个点绘制相等的的圆，再通过“同心圆”同心命令来绘制两个圆分别与刚绘制的四个圆相切如图 2-102 所示的截面，单击“删除段”删除段命令删除不需要的线段，得到最终的草绘截面如图 2-103 所示，单击✔按钮退出二维草绘环境，在“拉伸”界面操控栏的深度框中输入值“14”，得到如图 2-104 所示的形状，单击✔按钮来完成拉伸命令。

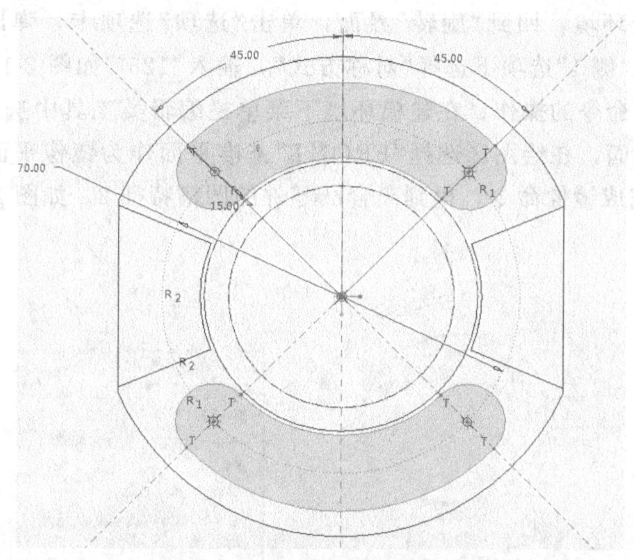

图 2-103 拉伸切减材料草绘截面

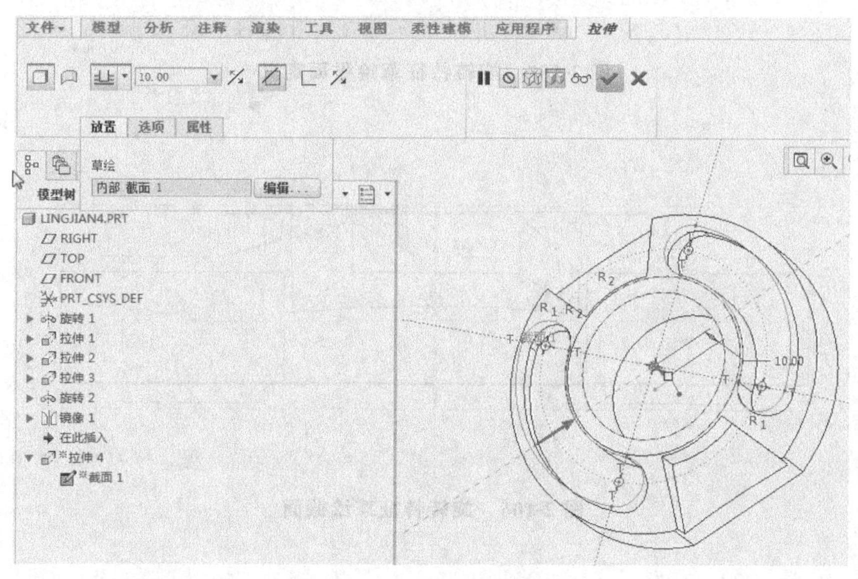

图 2-104 拉伸切减材料定义

在建模环境下选择“旋转” 旋转 命令，在绘图区单击鼠标右键弹出快捷菜单，选择“定义内部草绘”，弹出“草绘”对话框，选择“RIGHT”基准面作为草绘平面，系统自动将“TOP”平面作为参照平面如图 2-105 所示，单击“草绘”按钮进入二维绘图环境，单击“草绘视图方向”，将草绘的平面和屏幕显示对齐，以便于进行草图的绘制。单击“草绘”界面操控栏上的“中心线” 中心线 命令绘制旋转特征的旋转轴，通过“直线” 线 命令来绘制如图 2-106 所示的截面(注意通过草绘参照设置工具添加工件边线为参照)，单击按钮退出草绘环境，回到“旋转”界面，单击“选项”选项卡，弹出“选项”对话框，在“角度”选项栏的“侧 1”选项下选择“对称方式”，输入“125°”如图 2-107 所示，单击按钮完成旋转特征命令的操作；在建模环境下菜单栏编辑类工具中选择“镜像” 镜像 命令，弹出“镜像”界面，在绘图区选择“FRONT”基准平面作为镜像平面，如图 2-108 所示，单击按钮完成镜像命令，得到离合凸零件的凹槽特征 2，如图 2-109 所示。

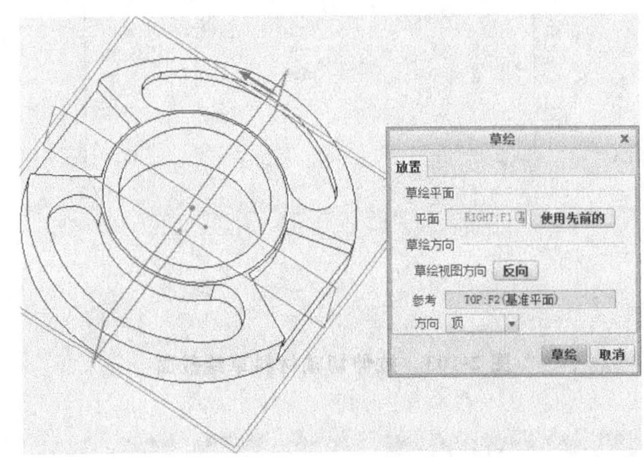

图 2-105　旋转特征草绘平面定义

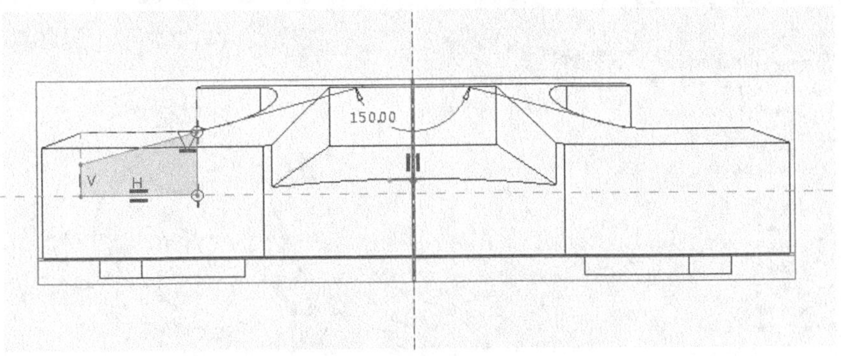

图 2-106　旋转特征草绘截面

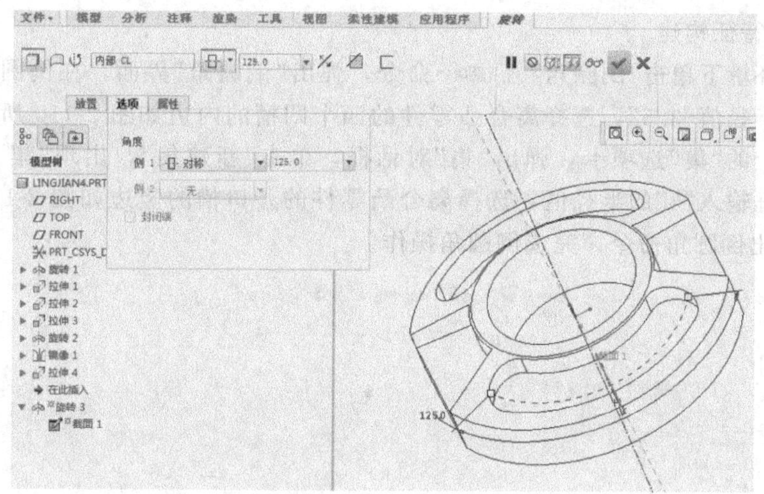

图 2-107　旋转特征角度定义

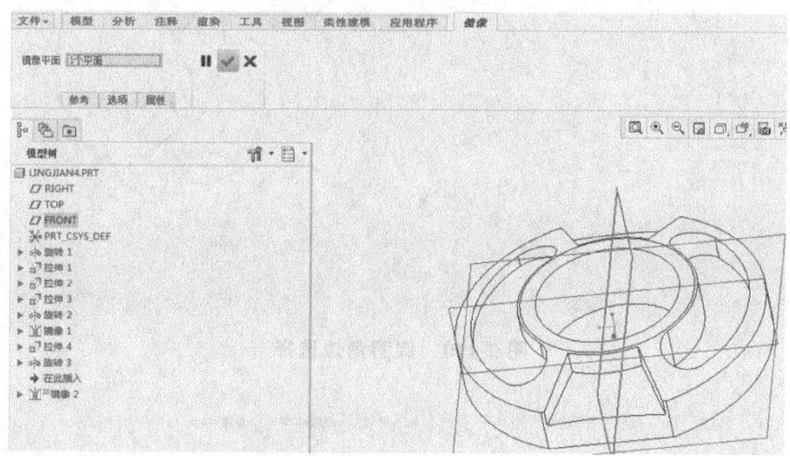

图 2-108　镜像平面定义

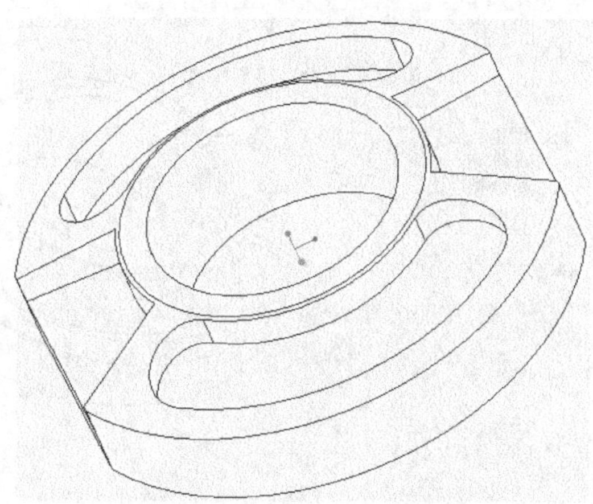

图 2-109　离合凸零件的凹槽特征 2

(7)细节特征构建

在建模环境下单击“倒圆角”倒圆角命令，弹出“倒圆角”界面，在倒圆角操控栏上输入倒圆角半径值“3.5”，选择离合凸零件的四个凹槽的内边如图 2-110 所示，单击倒圆角操控栏上的“集”选项卡，弹出“集”对话框，单击“新建集”，出现“集 2”，在下方“半径”选项框输入“5”的半径值，选择离合凸零件的开口槽的竖边如图 2-111 所示，单击✔按钮退出倒圆角命令，完成倒圆角操作。

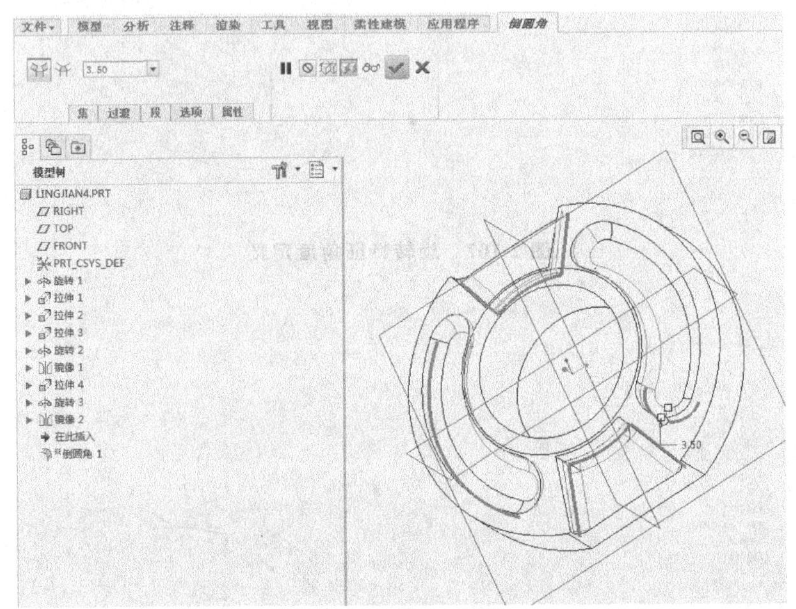

图 2-110　倒圆角边选择

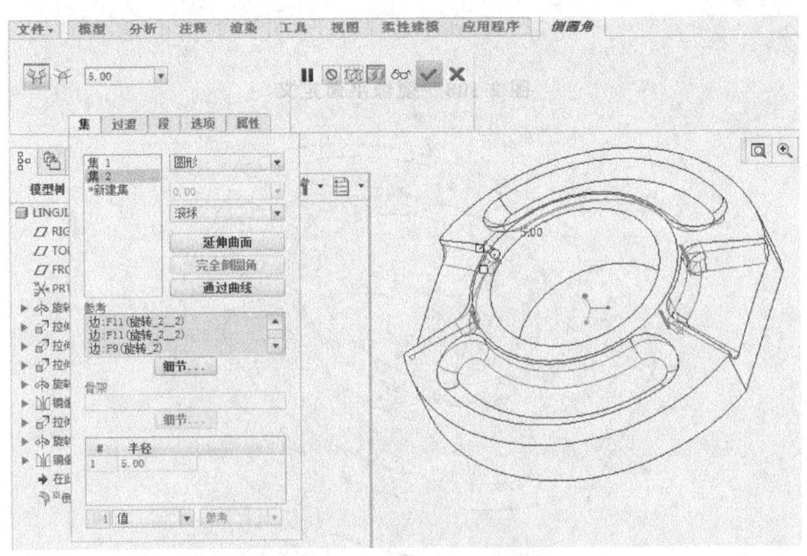

图 2-111　倒圆角集 2 边选择

单击“倒角”倒角·命令，弹出“倒角”界面，在倒角的操控栏上输入“1.0”，选择离合凸零件的外边如图 2-112 所示，单击“倒角”界面的“集”选项卡，弹出集对话框，单击“新建集”，出现“集 2”，在下方“半径”选项框输入“0.5”的半径值，选择离合凸零件的凸台外边如图 2-113 所示，单击✔按钮退出倒角命令，完成倒角操作。

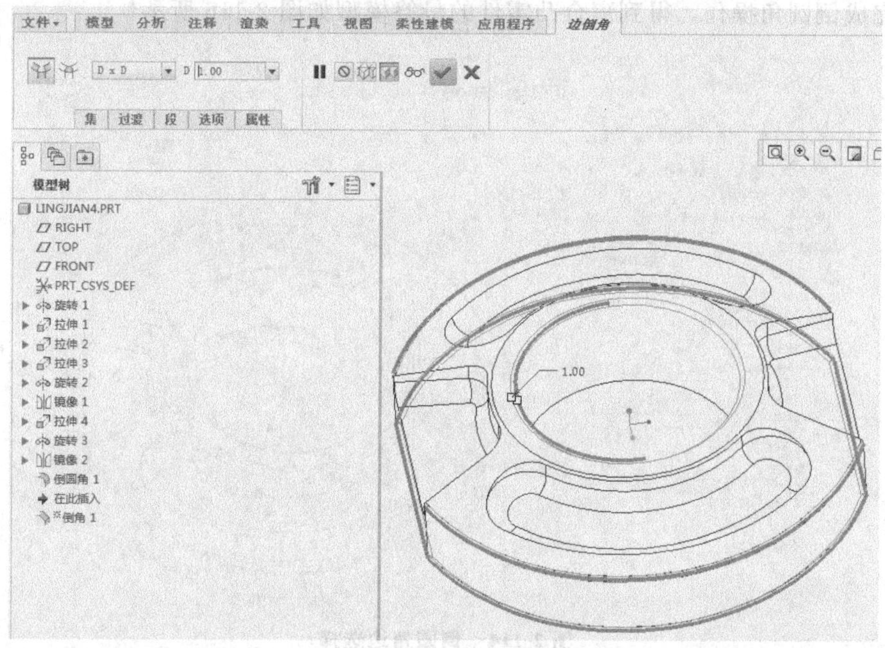

图 2-112 倒角边选择

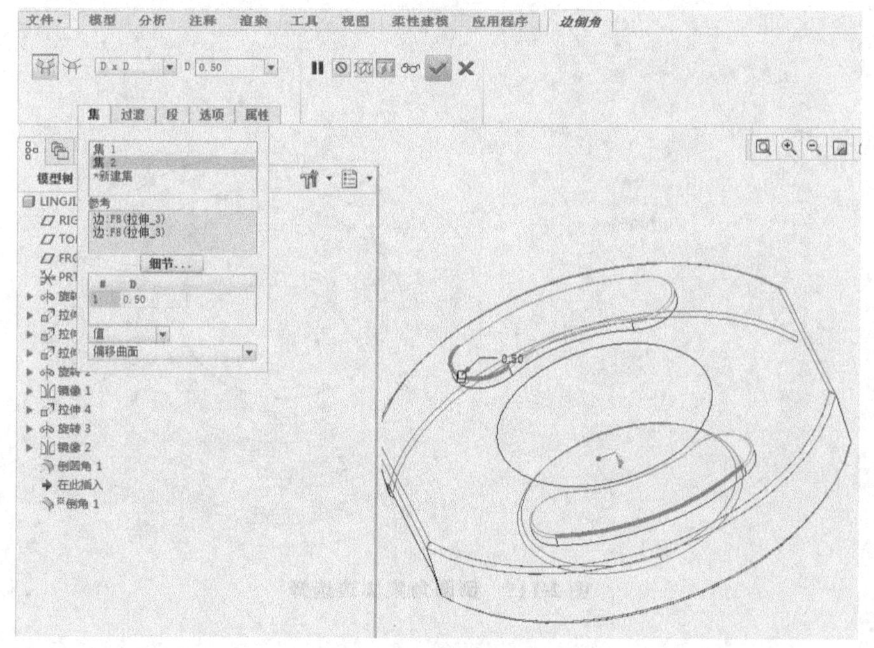

图 2-113 倒角集 2 边选择

单击“倒圆角”倒圆角命令，弹出“倒圆角”界面，在倒圆角操控栏上输入倒圆角半径值“1”，选择离合凸零件的凸台内边如图 2-114 所示，单击“倒圆角”界面上的“集”选项卡，弹出集对话框，单击“新建集”，出现“集 2”，在下方“半径”选项框输入“2.5”的半径值，选择离合凸零件的开口凹槽的外边如图 2-115 所示，单击✔按钮退出倒圆角命令，完成倒圆角操作，得到离合凸零件的最终模型如图 2-116 所示。

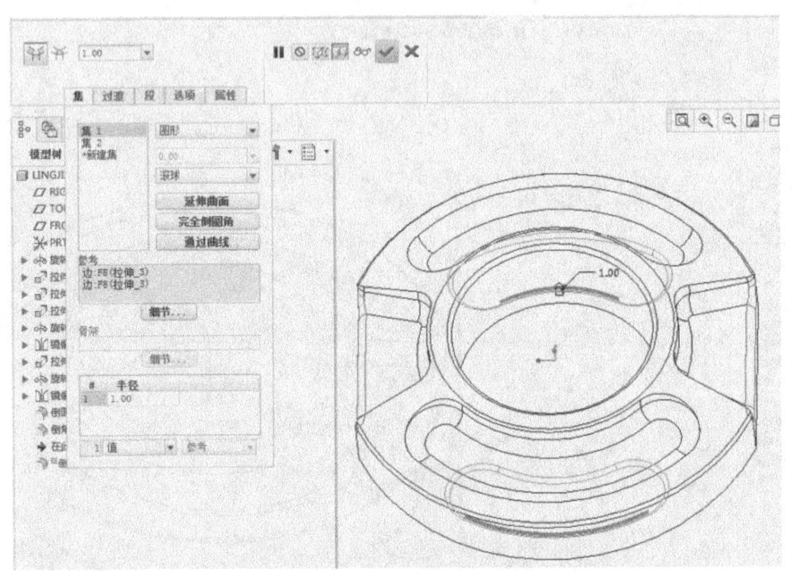

图 2-114　倒圆角边选择

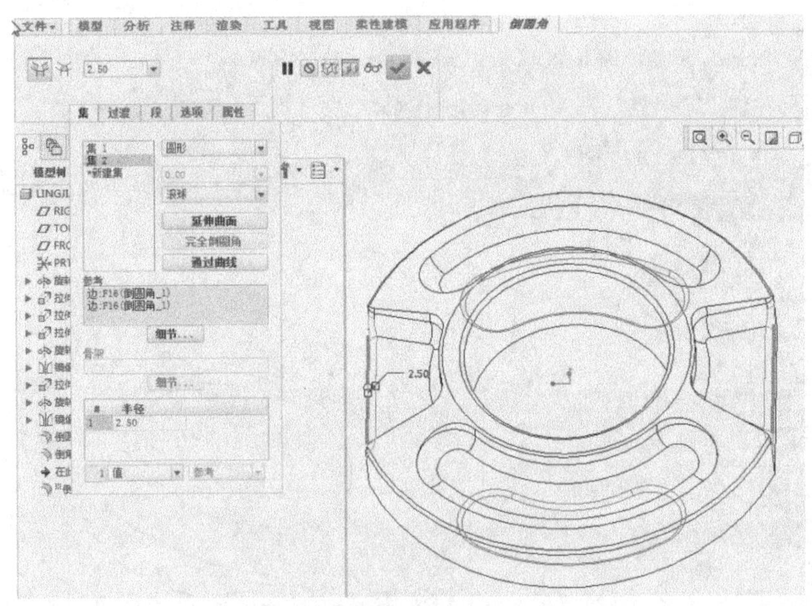

图 2-115　倒圆角集 2 边选择

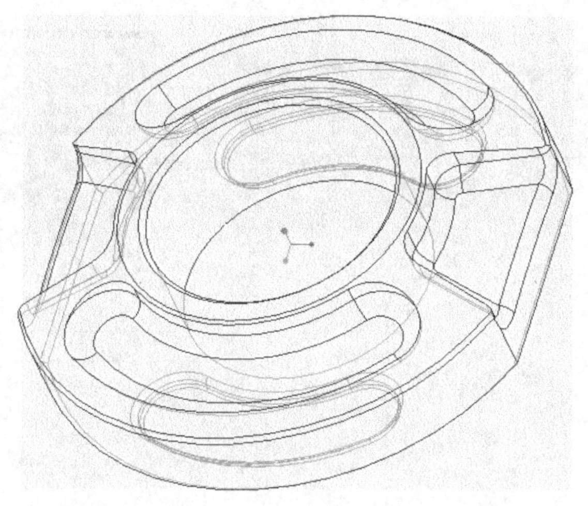

图 2-116 离合凸零件最终模型

5. 离合紧固装配件装配

离合紧固装配件装配

(1)建立装配

单击“新建”按钮，在弹出的“新建”对话框中选择“装配”选项，输入“zhuangpei2”名称，取消勾选“使用默认模板”选项如图 2-117 所示，单击“确定”按钮进入“新文件选项”对话框，选择“mmns_asm_design”公制模板如图 2-118 所示，单击“确定”按钮进入装配环境如图 2-119 所示。

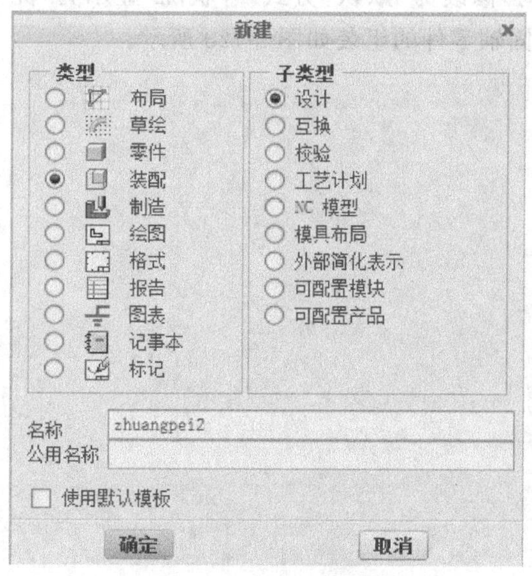

图 2-117 新建对话框

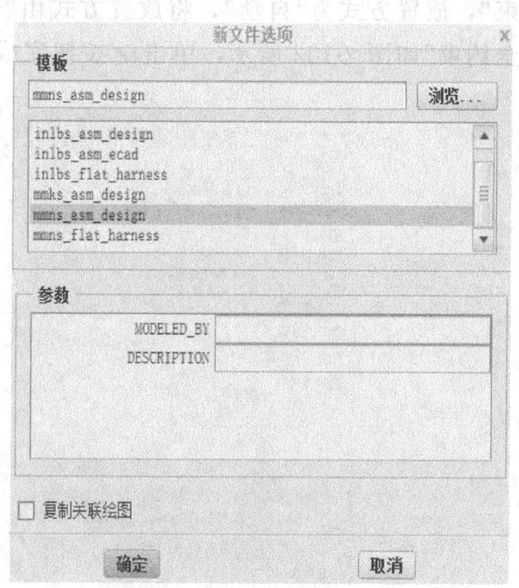

图 2-118 新文件选项

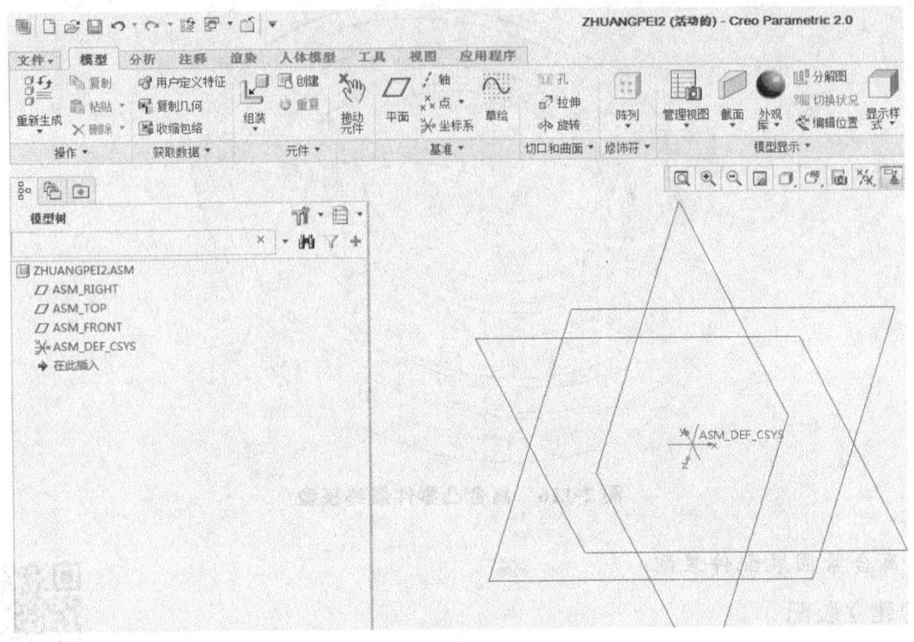

图 2-119　装配环境

(2)紧固轴零件装配

单击“组装”命令，在“打开”对话框中选择“lingjian2”作为装配基准零件如图 2-120 所示，单击“打开”，“lingjian2”被调入装配环境中如图 2-121，此时“状况”显示“无约束”，放置方式为“自动”，将放置方式由“自动”修改为“默认”方式，“状况”显示为“完全约束”如图 2-122 所示，单击✔按钮完成紧固轴零件的组装如图 2-123 所示。

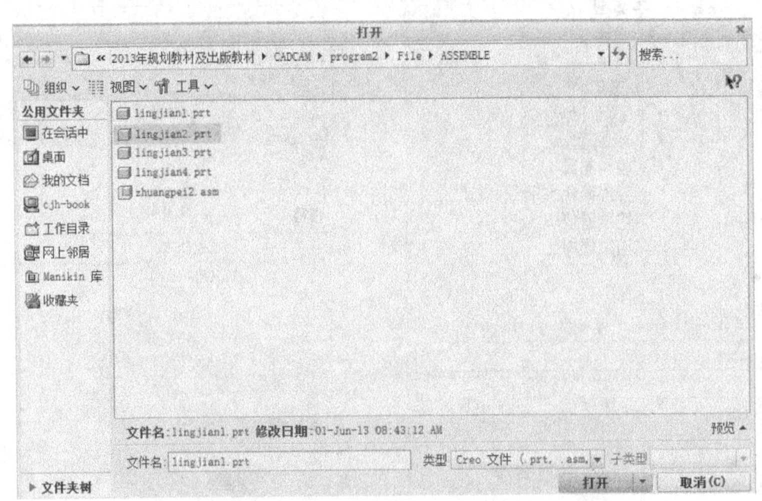

图 2-120　组装打开对话框

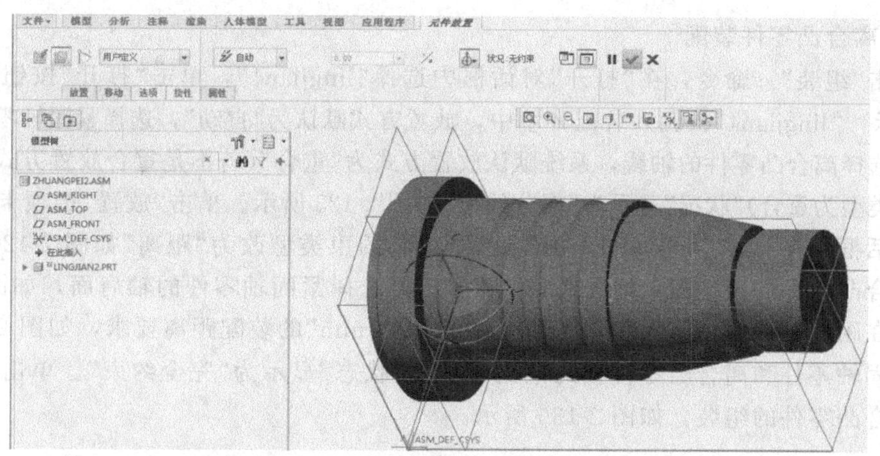

图 2-121　紧固轴零件调入装配环境

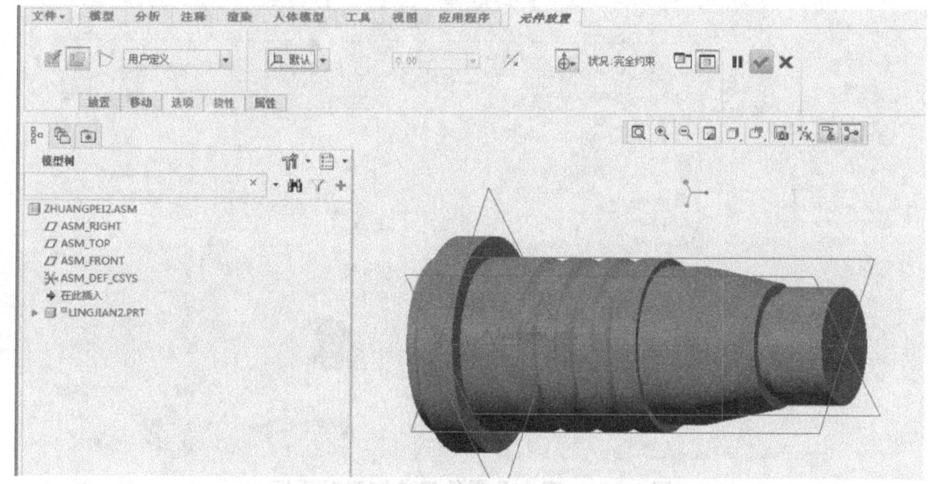

图 2-122　紧固轴零件默认方式放置

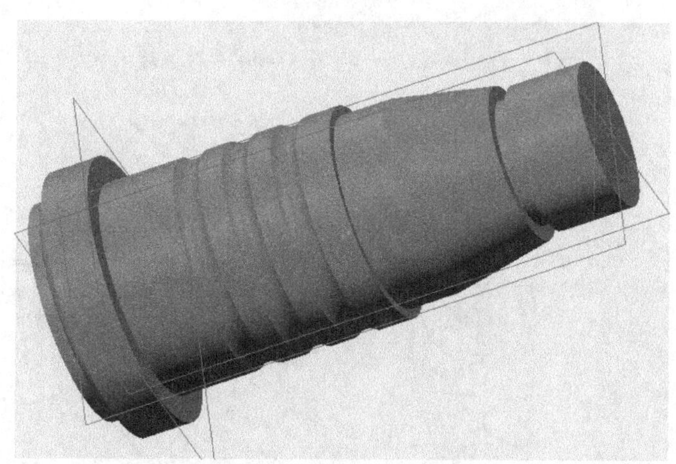

图 2-123　紧固轴零件组装

(3)离合凸零件装配

单击“组装”命令，在“打开”对话框中选择“lingjian4”，单击“打开”按钮如图 2-124 所示，“lingjian4”被调入装配环境中，放置方式默认为“自动”，选择紧固轴零件的轴线，再选择离合凸零件的轴线，系统默认放置方式为“重合”(若不是重合放置方式，请修改约束类型为重合)“状况”显示为“部分约束”如图 2-125 所示。单击“放置”选项卡，弹出放置对话框，在“集 7”下面单击“新建约束”，将约束类型改为“距离”如图 2-126 所示，选择离合凸零件的顶平面，如图 2-127 所示，再选择紧固轴零件的轴肩面，如图 2-128 所示，在距离对话框中输入“3”，保证装配图中“3mm”的装配距离要求，如图 2-129 所示，紧固轴零件和离合凸零件被约束到一块，“状态”显示为“完全约束”，单击✔按钮完成离合凸零件的组装，如图 2-130 所示。

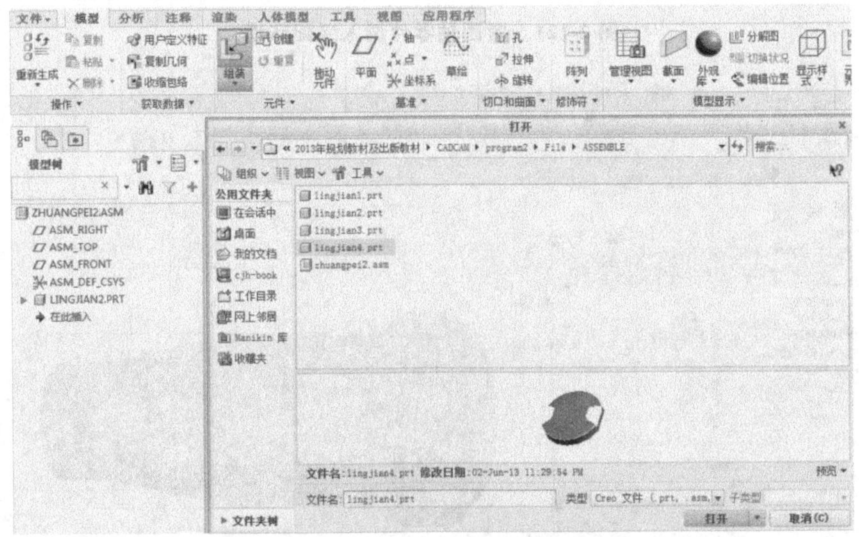

图 2-124　离合凸零件组装打开对话框

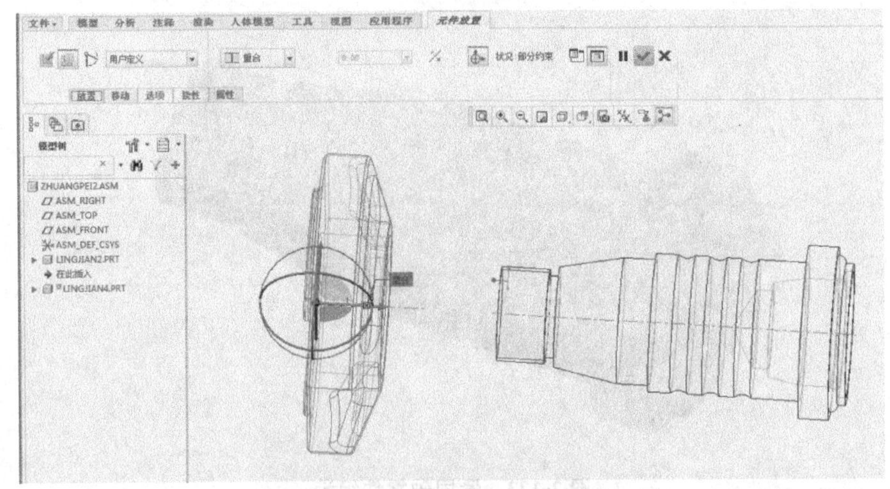

图 2-125　离合凸零件放置轴重合

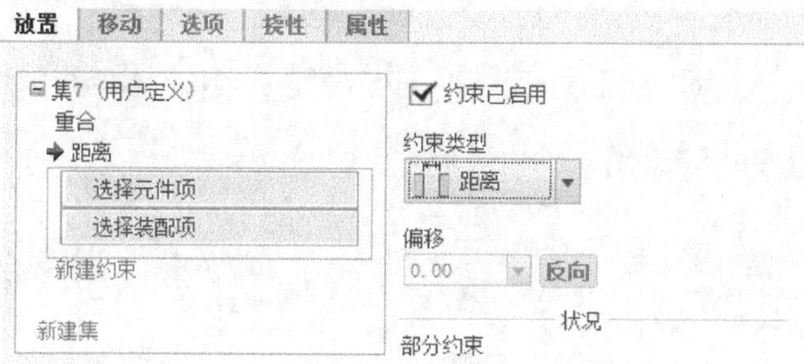

图 2-126 离合凸零件放置距离约束

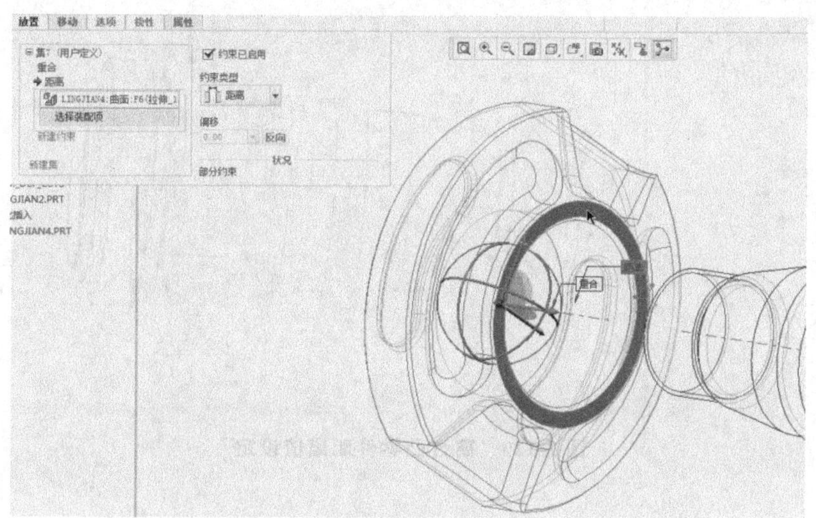

图 2-127 离合凸零件放置距离约束选择平面

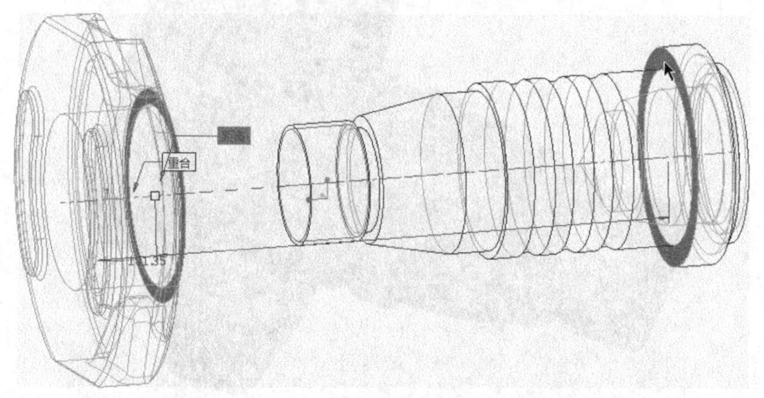

图 2-128 紧固轴零件距离约束选择平面

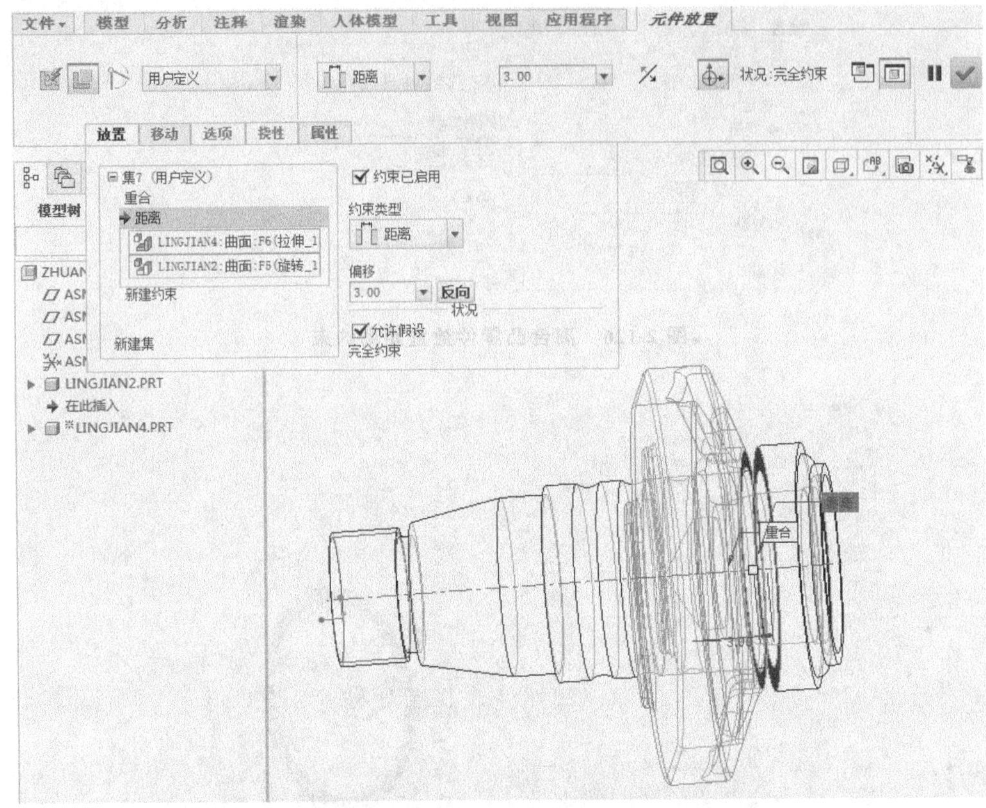

图 2-129　离合凸零件距离值设定

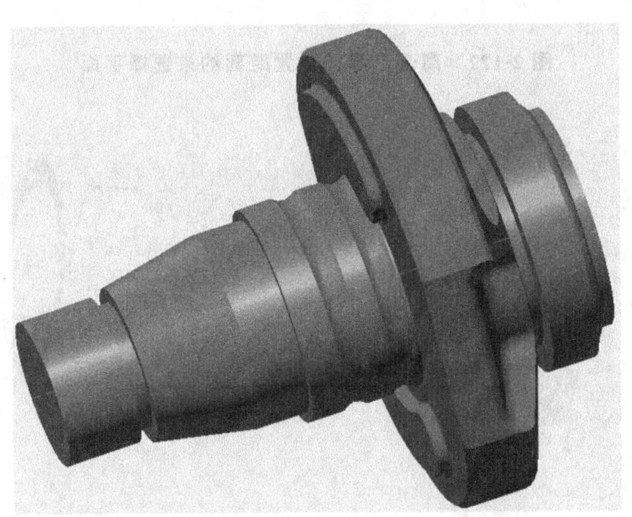

图 2-130　离合凸零件组装完毕

(4)离合凹零件装配

单击“组装”命令，在“打开”对话框中选择“lingjian3”，单击“打开”按钮，如图 2-131

所示，“lingjian3”被调入装配环境中，放置方式默认为“自动”，选择离合凹零件的轴线，再选择紧固轴零件的轴线，系统默认放置方式为“重合”(若不是重合放置方式，请修改约束类型为重合)，“状况”显示为“部分约束”，如图 2-132 所示。选择离合凹零件凹槽的底面，如图 2-133 所示，再选择离合凸零件的凸台的顶面，如图 2-134 所示，系统

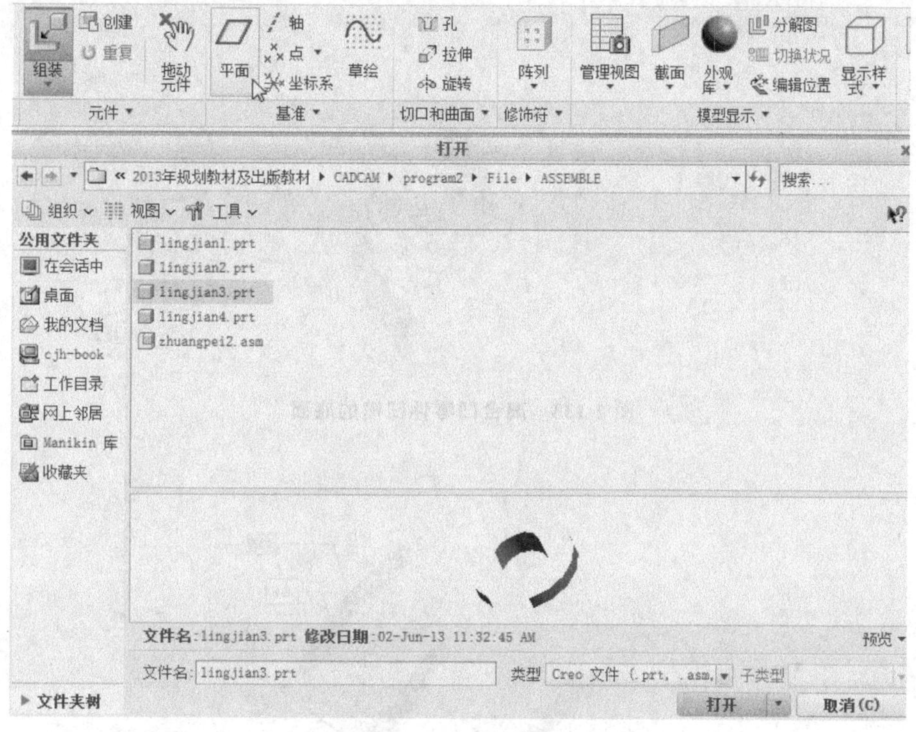

图 2-131　离合凹零件组装打开对话框

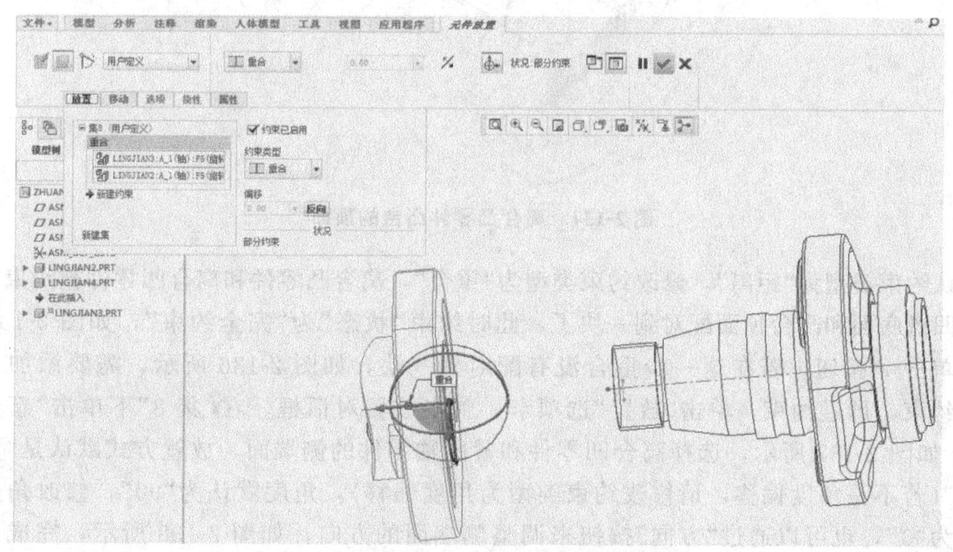

图 2-132　离合凹零件和紧固轴零件轴重合

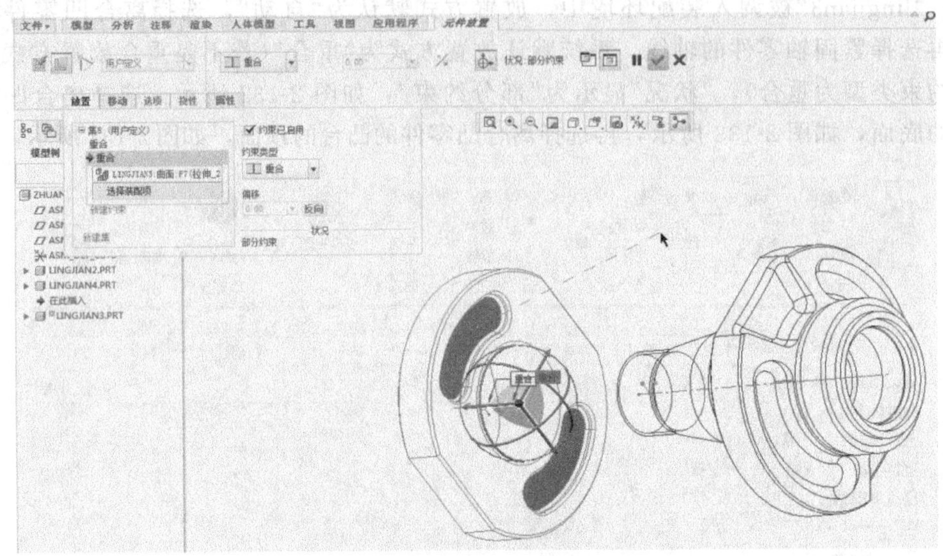

图 2-133　离合凹零件凹槽的底面

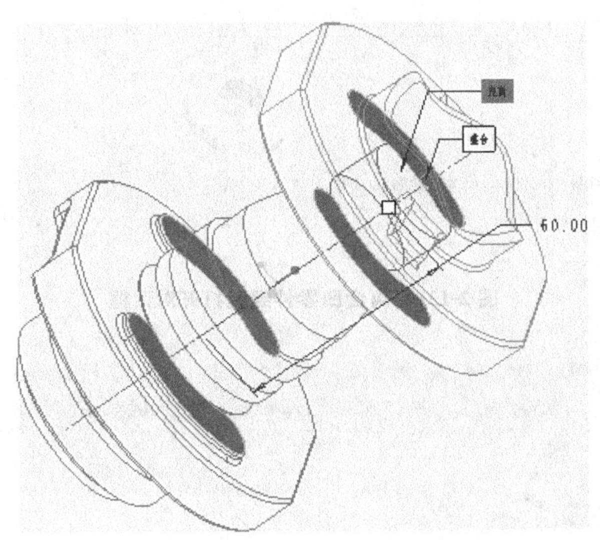

图 2-134　离合凸零件凸台的顶面

将默认约束类型为“距离”，修改约束类型为“重合”，离合凸零件和离合凹零件被约束到一块，凹槽底面和凸台顶面配对到一块了，此时约束“状态”为“完全约束”，如图 2-135 所示，单击✔按钮。若在这一步重合没有配对到一块，如图 2-136 所示，需要添加一个新的约束，即过约束，单击“放置”选项卡，弹出放置对话框，在“集 8”下单击“新建约束”，如图 2-137 所示，选择离合凹零件和紧固轴零件的侧端面，放置方式默认是“角度偏移”(若不是角度偏移，请修改约束类型为角度偏移)，角度默认为“90”，修改角度偏移值为“0”，也可以通过“方向”按钮来调整侧端面的方向，如图 2-138 所示，完成离合凹零件的组装，如图 2-139 所示，至此，紧固轴零件，离合凹零件和离合凸零件装配完毕。

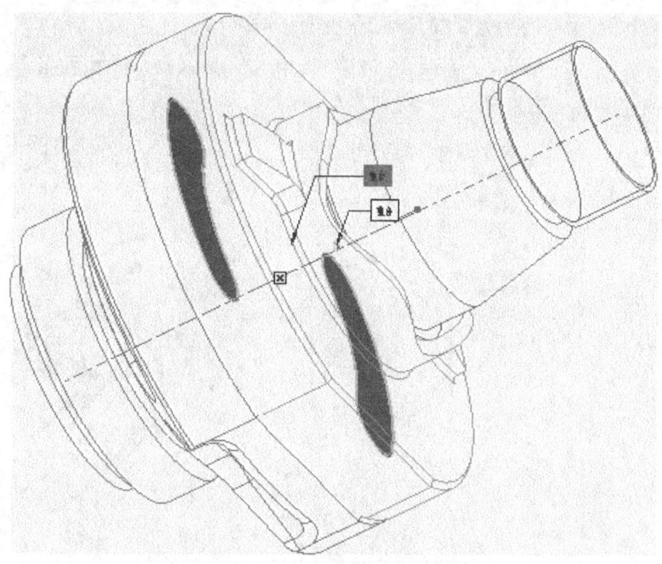

图 2-135　离合凹零件组装完成

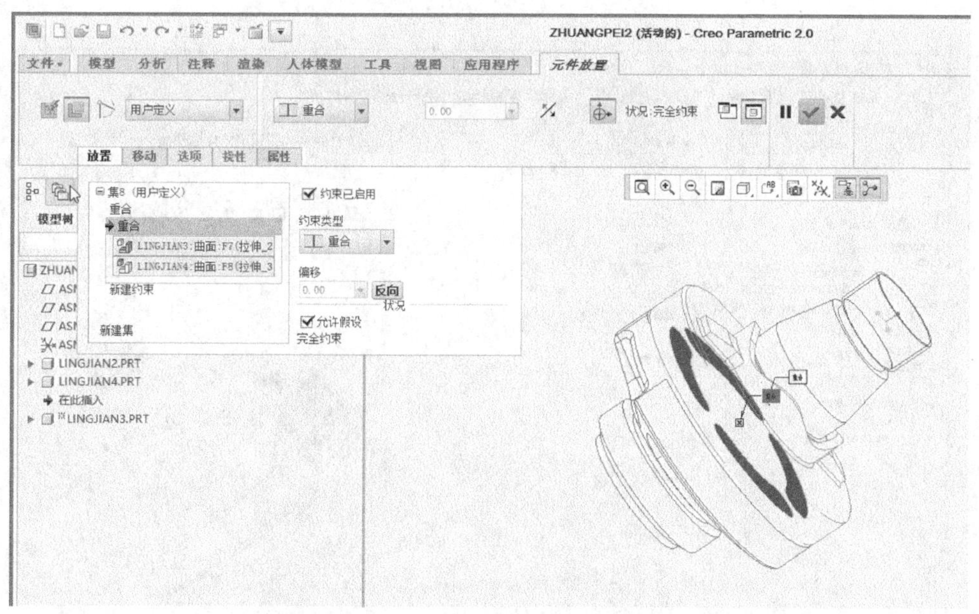

图 2-136　离合凹零件组装配对不成功

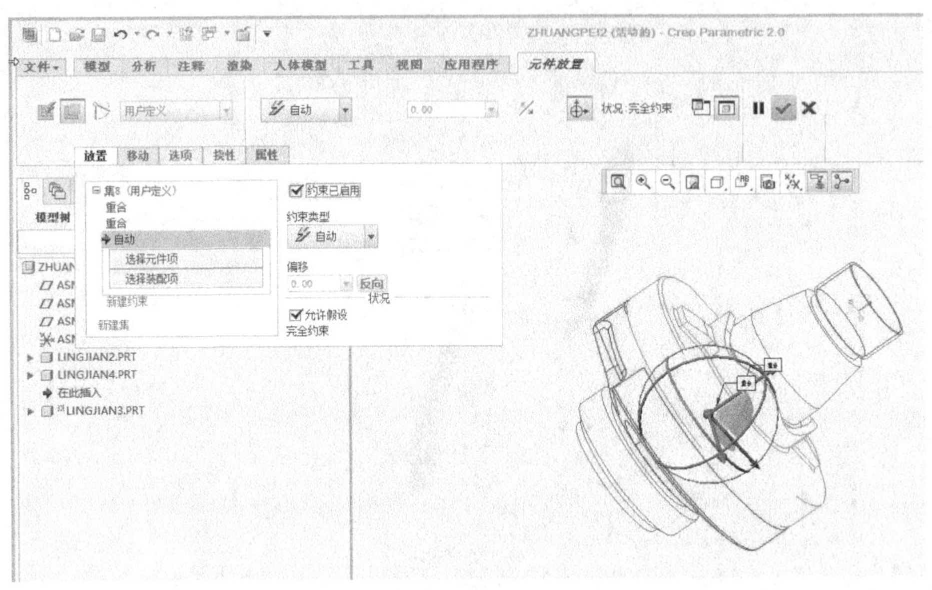

图 2-137　离合凹零件组装添加过约束

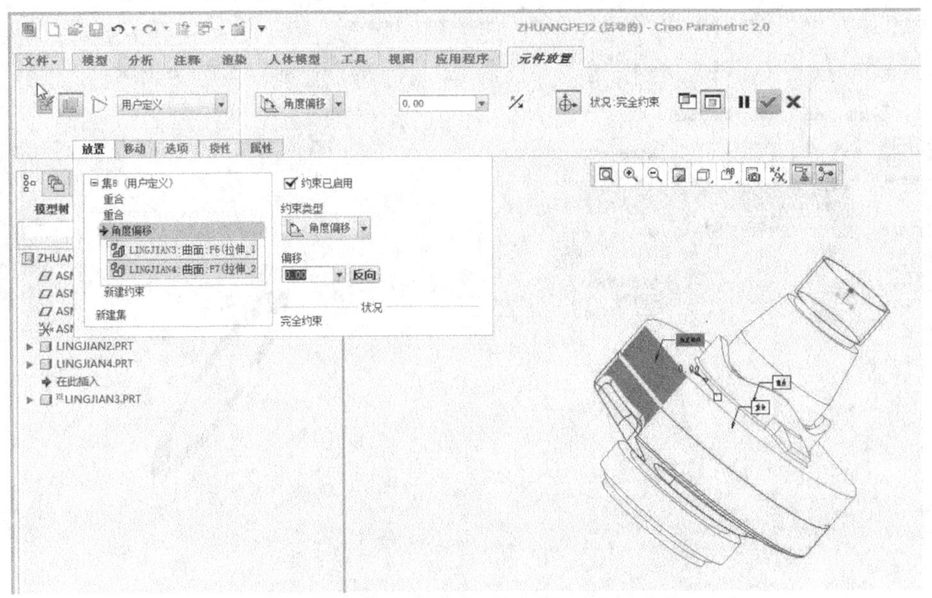

图 2-138　离合凹零件组装添加过约束—角度偏移

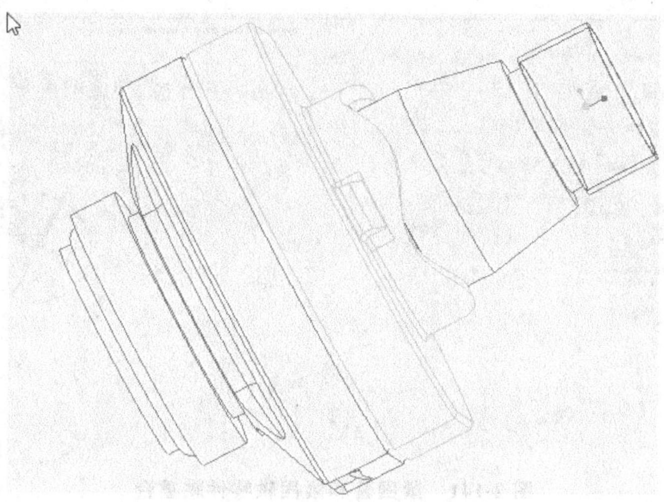

图 2-139 离合凹零件组装完成

(5)紧固套零件装配

单击“组装”命令，在“打开”对话框中选择“lingjian1”，单击“打开”按钮如图 2-140 所示，紧固套零件被调入装配环境中，放置方式默认为“自动”，选择紧固轴零件的轴线，再选择紧固套的轴线，系统默认放置方式为“重合”，如图 2-141 所示(若不是重合放置方式，请修改约束类型为重合)，“状况”显示为“部分约束”。单击操控栏上的“放置”选项卡，弹出放置对话框，在“集 13”下面单击“新建约束”，约束类型默认为“相切”，如图 2-142 所示，选择紧固套的“DTM1”平面(在建模环境或者装配环境下打开，在零件正弦曲线特征的顶平面向下 3.5mm 处建立 DTM1 平面)，再选择离合凹零件的“DTM1”平面(在建模环境或者装配环境下打开，在零件正弦曲线特征的顶平面向下 3.5mm 处建立 DTM1 平面)，系统默认将约束类型设置为“距离”，如图 2-143 所示，修改约束类型为“重合”，如图 2-144 所示，紧固套和离合凹零件被约束到一块，放置“状态”为“完全约束”，如图 2-145 所示，单击✓按钮，完成紧固套零件的装配，至此，项目二的全部零件被装配完成，如图 2-146 所示。

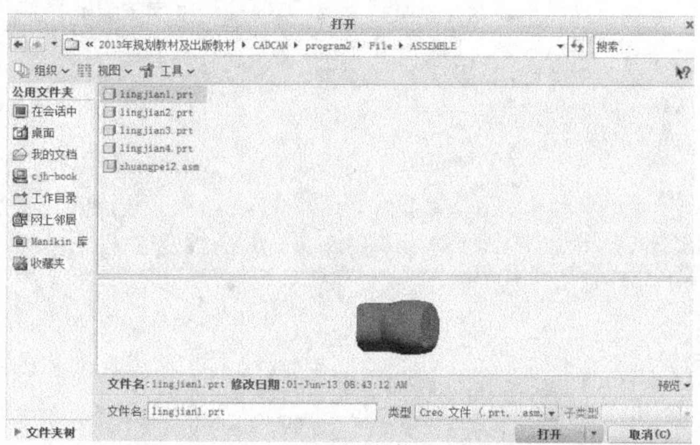

图 2-140 紧固套组装打开对话框

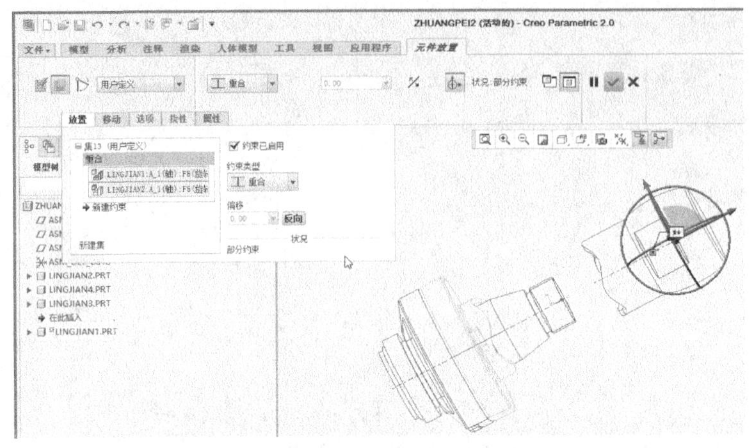

图 2-141　紧固套和紧固轴零件轴重合

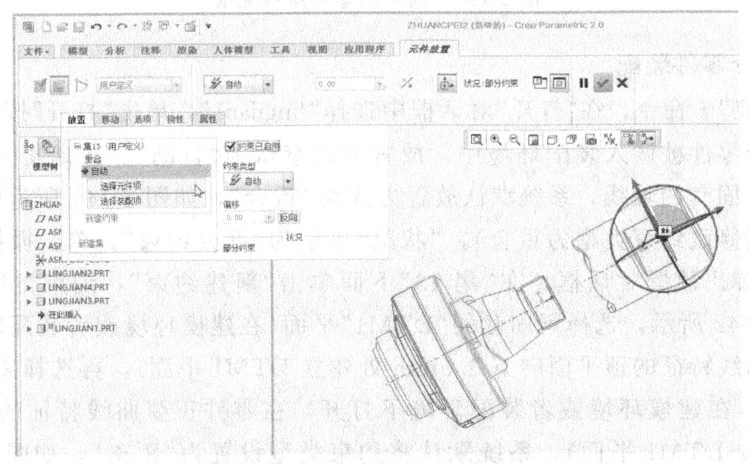

图 2-142　紧固套组装新建约束

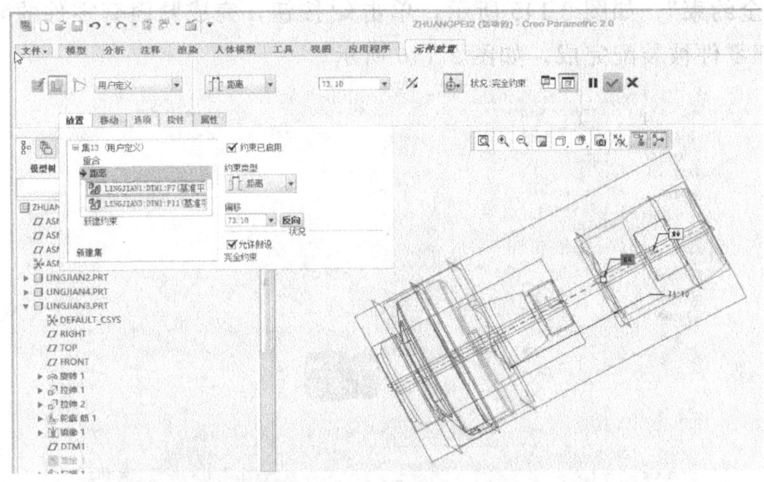

图 2-143　紧固套和离合凹零件的 DTM1 平面约束

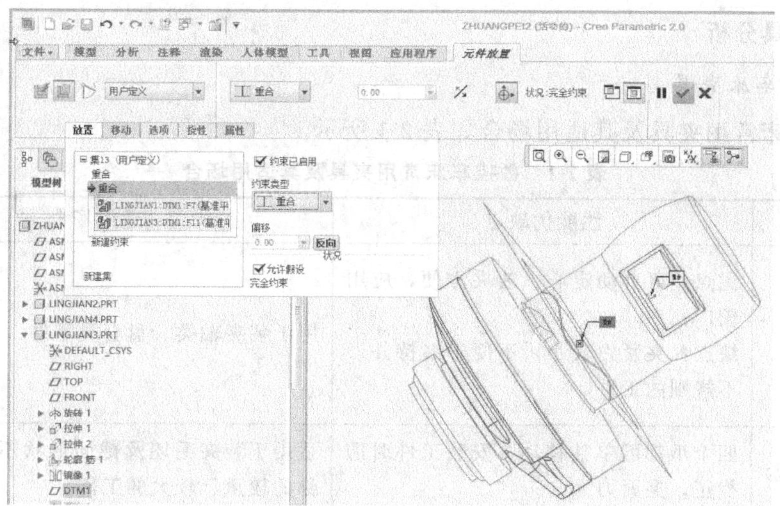

图 2-144　紧固套和离合凹零件的 DTM1 平面重合约束

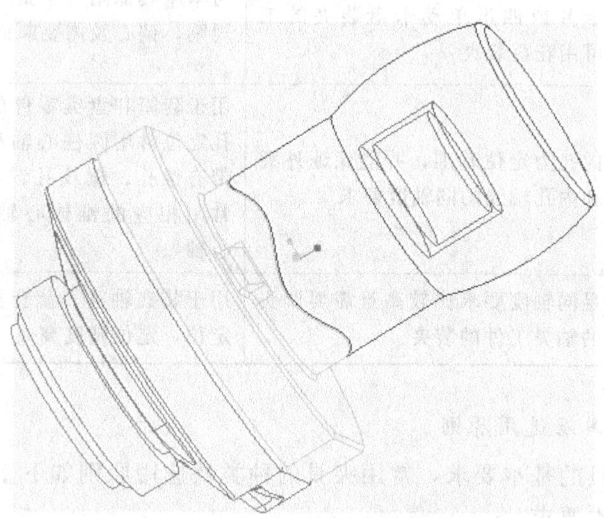

图 2-145　紧固套和离合凹零件的组装完成

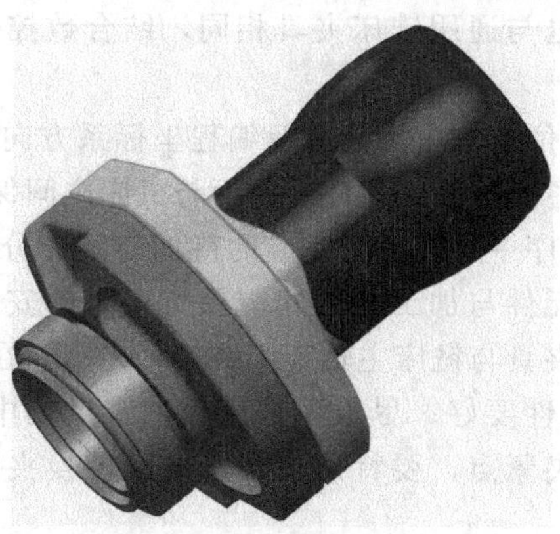

图 2-146　项目二装配图

(四)夹具分析

1. 数控车床夹具

数控车床常用夹具及其适用场合如表 2-1 所示。

表 2-1 数控车床常用夹具及其适用场合

夹具名称	性能优缺点	适用场合
三爪自定心卡盘	优点：可自动定心，装夹方便，应用较广； 缺点：夹紧力较小，不便于夹持外形不规则的工件	用于装夹轴类、盘套类零件
四爪单动卡盘	四个爪都可单独移动，安装工件时需找正，夹紧力大	适用于装夹毛坯及截面形状不规则和不对称的较重、较大的工件
花盘	形状不规则的工件，无法使用三爪自定心卡片或四爪单动卡盘装夹的工件，可用花盘装夹	与车床其他附件一起使用，适用于形状不规则，偏心及需要断面定位夹紧的工件
心轴	当以内孔为定位基准，并能保证外圆轴线和内孔轴线的同轴度要求	用于套筒和盘类零件的装夹，工件以圆柱孔定位常用圆柱心轴和小锥度心轴；对于带有锥孔、螺纹孔、花键孔的工件定位，常用相应的锥体心轴，螺纹心轴和花键心轴
顶尖	可满足同轴度要求比较高且需要调头加工的轴类工件的装夹	用于装夹轴类、盘套类零件，用于中心孔定位，定位精度高

2. 数控铣床夹具及选用原则

数控铣床对夹具的基本要求，常用夹具的种类及选用原则如下。

1)对夹具的基本要求

实际上数控铣削加工时一般不要求很复杂的夹具，只要求有简单的定位、夹紧机构就可以了。其设计原理也与通用铣床夹具相同，结合数控铣削加工的特点，这里只提出几点基本要求：

(1)为保持零件安装方位与机床坐标系及编程坐标系方向的一致性，夹具应能保证在机床上实现定向安装，还要求能使零件定位面与机床之间保持一定的坐标尺寸联系。

(2)为保持工件在本工序中所有需要完成的待加工面充分暴露在外，夹具要做得尽可能开敞，因此夹紧机构元件与加工面之间应保持一定的安全距离，同时要求夹紧机构元件能低则低，以防止夹具与铣床主轴套筒或刀套、刃具在加工过程中发生碰撞。

(3)夹具的刚性与稳定性要好。尽量不采用在加工过程中更换夹紧点的设计方案，当一定在加工过程中更换夹紧点，要特别注意不能因更换夹紧点而破坏夹具或工件定位精度。

2)常用夹具种类

数控铣削加工常用的夹具大致有下列几种。

(1)万能组合夹具

适用于小批量生产或研制时的中、小型工件在数控铣床上进行铣削加工。

(2)专用铣切夹具

特别为某一项或类似的几项工件设计制造的夹具，一般在批量生产或研制过程中必不可少时采用。

(3)多工位夹具

可以同时装夹多个工件，可减少换刀次数，也便于一边加工，一边装卸工件，有利于缩短准备时间，提高生产率，较适宜于中批量生产。

(4)气动或液压夹具

适用于生产批量较大，采用其他夹具又特别费工、费力的工件。能减轻工人劳动强度并提高生产率，但此类夹具结构较复杂，造价往往较高，而且制造周期较长。

(5)真空夹具

适用于有较大定位平面或具有较大可密封面积的工件。有的数控铣床(如壁板铣床)自身带有通用真空平台，在安装工件时，对形状规则的矩形毛坯，可直接用特制的橡胶条(有一定尺寸要求的空心或实心圆形截面)嵌入夹具的密封槽内，再放入毛坯，开动真空泵，就可以将毛坯夹紧。对形状不规则的毛坯，橡胶条已不太适用，须在其周围抹上腻子(常用橡皮泥)密封，这样做不但很麻烦，而且占机时间长，效率低。为了克服这种困难，可以采用特制的过渡真空平台，将其叠加在通用真空平台上使用。

除上述几种夹具外，数控铣削加工中也经常采用虎钳、分度头和三爪夹盘等通用夹具。

3)数控铣削夹具的选用原则

在选用夹具时，通常需要考虑产品的生产批量、生产效率、质量保证及经济性等，选用时可参照下列原则。

(1)在生产量小或研制时，应广泛采用万能组合夹具，只有在组合夹具装夹工件无效时才可放弃；

(2)小批或成批生产时可考虑采用专用夹具，但应尽量简单；

(3)在生产批量较大时可考虑采用多工位夹具和气动、液压夹具。

本项目车床采用三爪自定心卡盘定位，铣床使用虎钳。

(五)刀具及切削用量选择

1. 车削刀具

车削刀具的车刀切削用量选择和车刀类型及进给速度见表 2-2 和表 2-3。

表 2-2　车刀切削用量选择

工件材料	加工内容	背吃刀量(mm)	切削速度($m \cdot min^{-1}$)	进给量($mm \cdot r^{-1}$)	刀具材料
碳素钢 σ_b>600 MPa	粗加工	5～7	60～80	0.2～0.4	YT 类
	粗加工	2～3	80～120	0.2～0.4	
	精加工	0.2～0.6	120～150	0.05～0.1	
	钻中心孔		500～800 r/min		W18Cr4V
	钻孔		30～40	0.05～0.1	
	切断(宽度<5 mm)		70～110	0.05～0.1	YT 类
铸铁 200HBW	粗加工		50～70	0.2～0.4	YG 类
	精加工		70～100	0.05～0.1	
	切断(宽度<5 mm)		50～70	0.05～0.1	

表 2-3　车刀类型及进给速度

序号	加工内容	刀具规格		主轴转速($r \cdot min^{-1}$)	进给速度($mm \cdot min^{-1}$)
		类型	材料		
1	粗车外圆	小于 90°外圆车刀	YT15	600	100
2	精车外圆	大于等于 90°外圆车刀	YT15	900	60
3	粗车内孔	盲孔刀	YT15	600/1000	60
4	精车内孔	盲孔刀	YT15	1000	60
5	切内沟槽	刀宽 4～5 mm 的内切槽刀	YT15	500	20
6	切外槽	刀宽 4 mm 的切槽刀	YT15	500	20
7	车螺纹	60°三角螺纹车刀	YT15	600	2 $mm \cdot r^{-1}$
8	切断	刀宽 4～5 mm，切断刀	YT15	500	20

2. 铣削刀具

1)铣削刀具种类

(1)加工平面的铣刀

- 圆柱铣刀：有高速钢整体式圆柱铣刀、硬质合金镶齿圆柱铣刀两种。
- 面铣刀(端铣刀)：面铣刀的主切削刃位于圆柱或圆锥表面上，副切削刃位于圆柱或圆锥的端面上。
- 三面刃铣刀(盘铣刀)：在刀体的圆周及两侧环形端面上均有刀刃。圆周切削刃为主切削刃，侧面刃为副切削刃，有直齿、斜齿两种。

(2)加工沟槽用铣刀

加工沟槽用铣刀有锯片铣刀、立铣刀、键槽铣刀、角度铣刀四种。

(3)成形铣刀

2)铣削用量的选择

(1)背吃刀量的选择

背吃刀量的选择应视工艺系统的刚度和已加工表面的精度和表面粗糙度而定。

(2)进给量和切削速度的选择

• 粗加工时，加工余量较大，精度要求不高，应根据工艺系统刚性及刀具耐用度选择。

• 半精加工时，加工余量一般在 0.5～2 mm，并且无硬皮，加工后要降低表面粗糙度，故选用较小的每齿进给量和较大的铣削速度。

• 精加工时，加工余量小，应着重考虑刀具的磨损对加工精度的影响，故选择较小的每齿进给量和较大的铣削速度。

粗铣每齿进给量的参考值见表 2-4。

表 2-4 粗铣每齿进给量的参考值

刀具		材料	参考进给量(mm)
高速钢	圆柱铣刀	钢	0.1～0.5
		铸铁	0.12～0.20
	端铣刀	钢	0.04～0.06
		铸铁	0.15～0.20
	三面刃铣刀	钢	0.04～0.06
		铸铁	0.15～0.25
硬质合金铣刀		钢	0.1～0.20
		铸铁	0.15～0.30

(六)程序分析与 CAM 编程

注意：车削加工建议采用手动编制程序，有复杂特征的可以通过自动编程来进行加工。

1. 紧固套编程

1)紧固套手动编制程序

左端先钻孔，再镗孔车螺纹。

```
O0056
N10  M03S600T0606
N20  G00X20Z2
N30  G71U1.5R1                    //用 G71 循环指令镗孔
N40  G71P50Q100U-0.4W0F0.2
N50  G01X44F0.2
N60  Z0
```

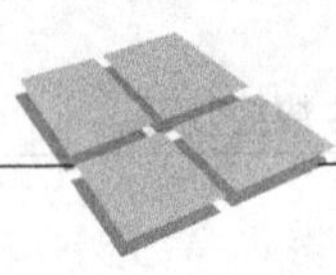


```
N60   X43Z－0.5
N60   Z－6.5
N70   X41
N80   X31Z－31.5
N90   X27.6
N100   Z－51.5
N110   G00X26Z100
N110   M03S1500T0606
N110   G70P50Q100F0.1
N110   G00X26Z100
N120   M03S400T0606                    //用内槽刀车内槽
N130   G00X26Z10
N130   G01X26Z－51.5F0.5
N140   G01X30.5F0.05
N150   X26
N160   G00Z100
N170   M03S400T0606
N180   G00X26Z10
N180   G01X26Z－29F0.5                 //用 G92 循环指令车螺纹
N190 G92X27.4Z－52.5F2
N200   X28.3
N210   X28.9
N220   X29.5
N230   X29.9
N230   X30
N230   X30
N230   X30
N240   G01X26F0.2
N250   G00Z200
N260   M05
N270   M30
```

左端粗精车。

```
O0050;
M03S600T0101
N10   G00X58Z3
N20   G71U2R1
N30   G71P40Q50U0.8W0F0.2
N40   G00X50
N50   G01Z－29.9F0.2
N60   G00X100Z100
```

```
N70  M03S1500T0202
N70  G70P40Q50F0.05
N80  G00X100Z100
N90  M05
N100 M30
```

右端粗精车。

```
O0053
N10  M03S600T0202
N20  G00X59Z2
N30  G73U7R7
N40  G73P50Q140U0.4W0F0.2        //用 G73 循环指令车椭圆
N50  G00X47.2
N60  G01Z0F0.2
N70  G03X51Z－1.3R2F0.2
N80  #1=－1.3
N90  #2=#1＋20.8
N100  #3=32＋25*SQRT[1－#2*#2/900]
N110  G01X#3Z#1F0.2
N120  #1=#1－0.25
N130  IF[#1GT－41.6]GOTO90
N140  G01X50Z－41.7F0.2
N150  G00X100Z100
N160  M03S1500T0202
N170  G70P50Q140F0.05
N180  G00X100Z100
N190  M05
N200  M30
```

2)紧固套 CAM 编制程序

(1)参照模型调入

首先进入制造环境，单击“新建”按钮，弹出“新建”对话框选择“制造”选项，取消勾选“使用默认模板”，如图 2-147 所示，单击“确定”按钮弹出“新文件选项”对话框，选择“mmns_mfg_nc”公制模板，如图 2-148 所示，单击“确定”按钮进入制造环境，如图 2-149 所示，在菜单栏选择“参考模型”下侧的按钮选择“组装参照模型”，如图 2-150 所示，在“打开”对话框中选择已经建模好的 PRT 文件“lingjian1.prt”，如图 2-151 所示，单击“打开”按钮进入放置模式，将放置模式更改为“默认”模式放置参照模型，约束“状况”显示为“完全约束”，如图 2-152 所示。

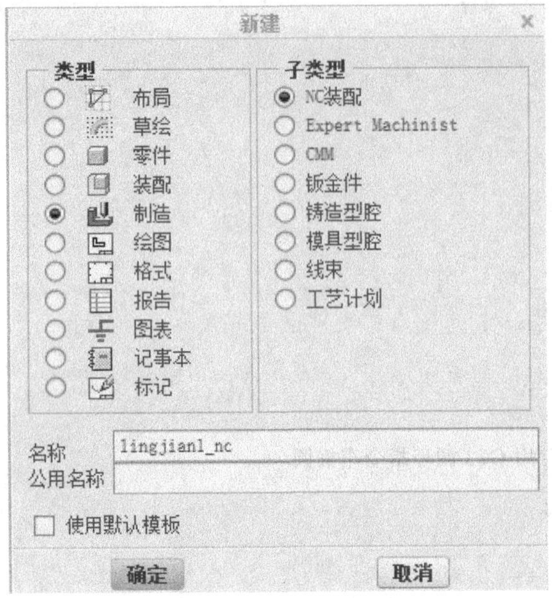

图 2-147 “新建”对话框

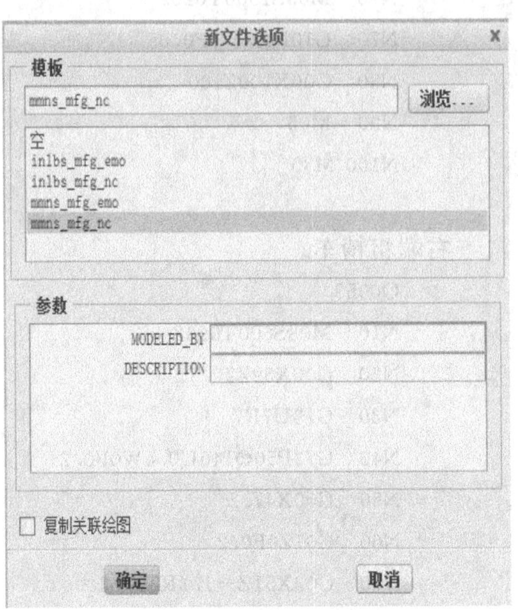

图 2-148 选择公制模板

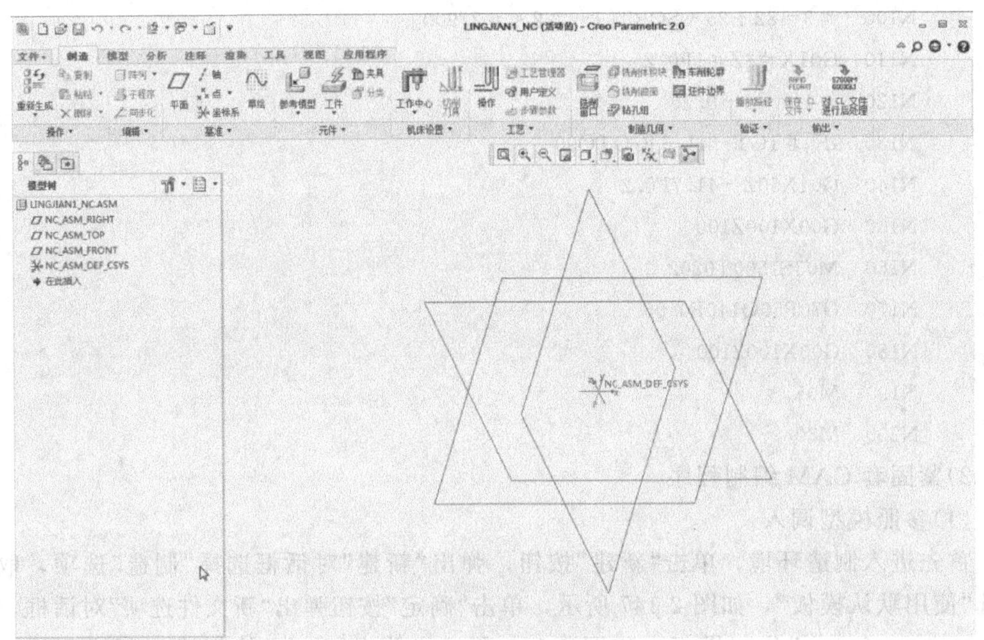

图 2-149 Cero 制造环境

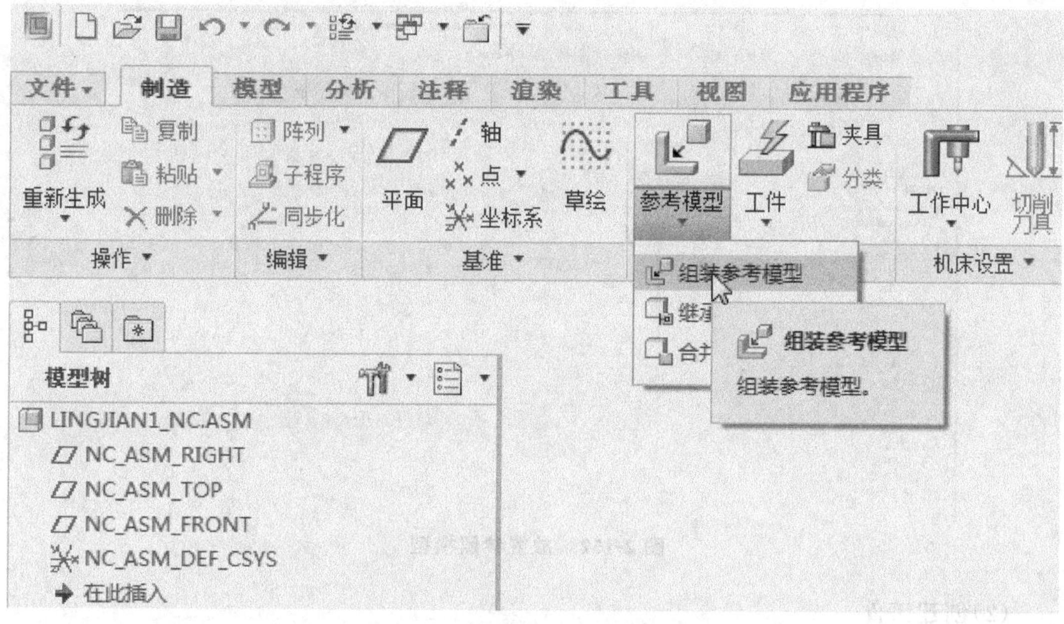

图 2-150 调入参考模型菜单

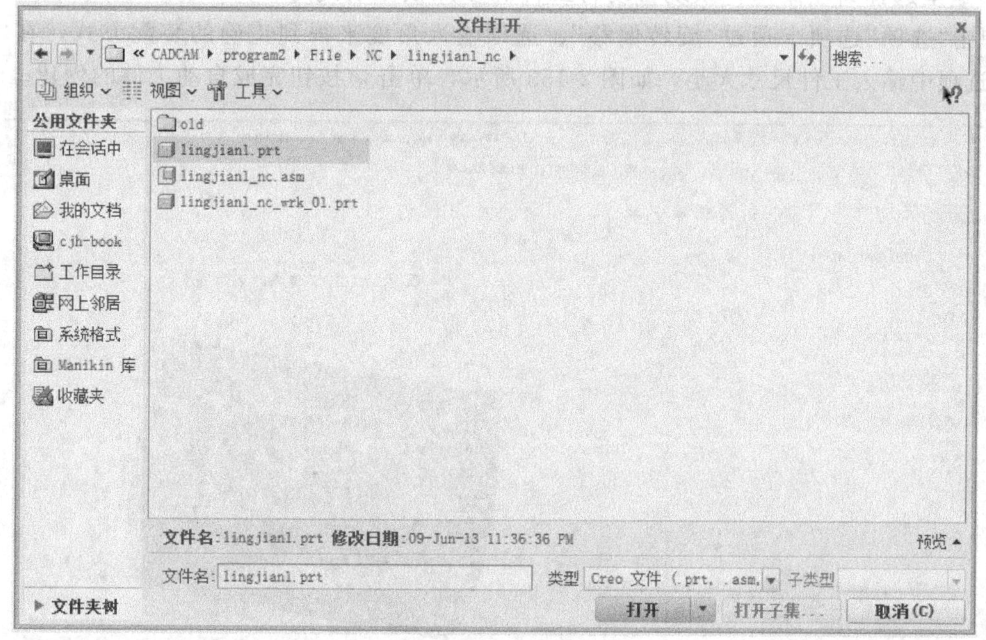

图 2-151 调入参照模型

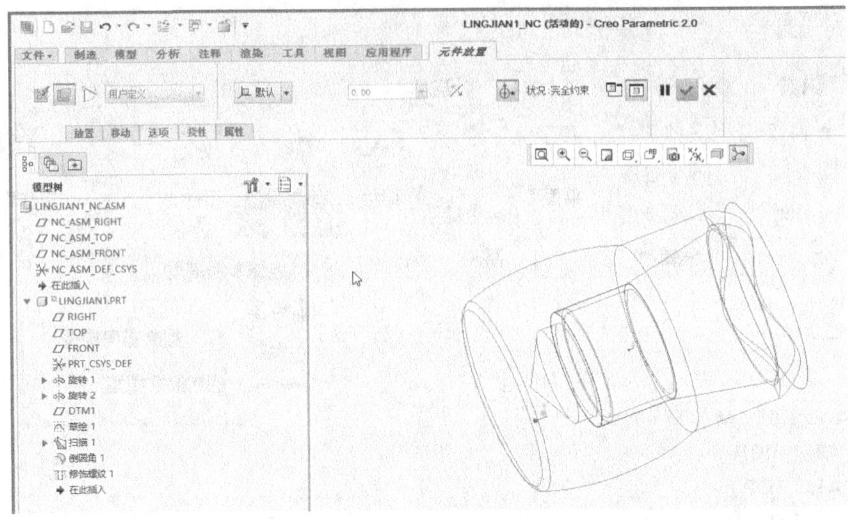

图 2-152 放置参照模型

(2)创建工件

在菜单栏选择“自动工件”命令，打开“创建自动工件”界面默认是创建矩形工件，这里选择圆柱体，系统自动将工件和参照模型装配好，如果存在装配问题，可以单击“选项”选项卡通过“旋转偏移”、选项输入角度来得到正确的装配方式，在“尺寸”选项中输入工件尺寸大小，如图 2-153 所示，单击✓按钮完成自动工件的创建。

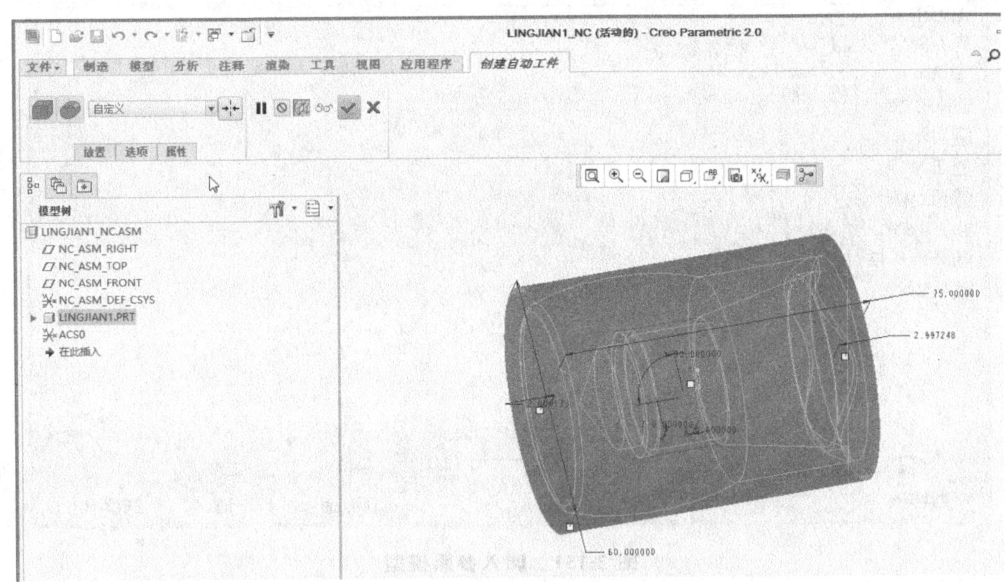

图 2-153 自动工件创建

(3)创建车削加工坐标系

在菜单栏选择“坐标系”命令，打开“坐标系”对话框，在“原点”选项卡依次选择“NC_ASM_FRONT”“NC_ASM_TOP”和工件的左端面，如图 2-154 所示(注意选择顺序，是依次选择，保证 X、Y、Z 轴的方向；如果选择顺序出现错乱，将导致 X、Y、Z 轴与设置的加工零点的要求不一致，可以单击坐标系对话框中的“方向”选项卡调整 X、Y、Z 轴，以确保与加工零点的要求一致)。

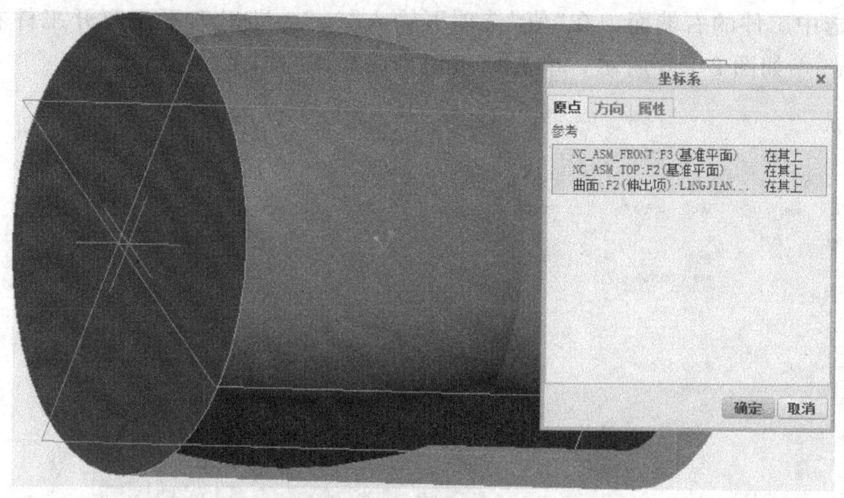

图 2-154　加工零点 ACS1 坐标系设置

注意：车床坐标系 Z 轴方向为机床主轴线方向，以刀具远离卡盘方向为 Z 轴正向，X 轴方向为水平面上垂直于旋转轴线的方向，以刀具离开主轴线的方向为正向。

(4)创建车削机床

在菜单栏选择“工作中心” 命令，选择“车床” 车床 选项，打开“车床工作中心”对话框，设置车床的相关参数，单击✔按钮完成车床工作中心的定义，如图 2-155 所示。

车床工作中心
名称 LATHE01
类型 车床
CNC 控制 -
后处理器 UNCX01　ID 1
转塔数 1　启用探测
输出 刀具 参数 装配 行程 循环 属性
命令
自 不输出
LOADTL 模态
冷却液/关闭 输出
主轴/关闭 输出
刀补
输出点 刀具中心
安全半径 0.05
调整拐角 直
探针补偿
输出点 触针中心

图 2-155　创建车床工作中心

(5)创建操作

在菜单栏选择“操作”命令，打开“操作”界面，系统默认选中刚建立的车床工作中心，在选项框中选择刚建立的“ACS1”坐标系，从而完成加工零点的设置。单击“间隙”选项卡，来定义操作的退刀平面，在“退刀”选项框中的“类型”选项选择“平面”，在绘图区选中工件的右端面，在“值”选项下输入“10”，即退刀平面离开工件右端面距离为 10 mm，如图 2-156 所示，单击✔按钮完成操作的定义。

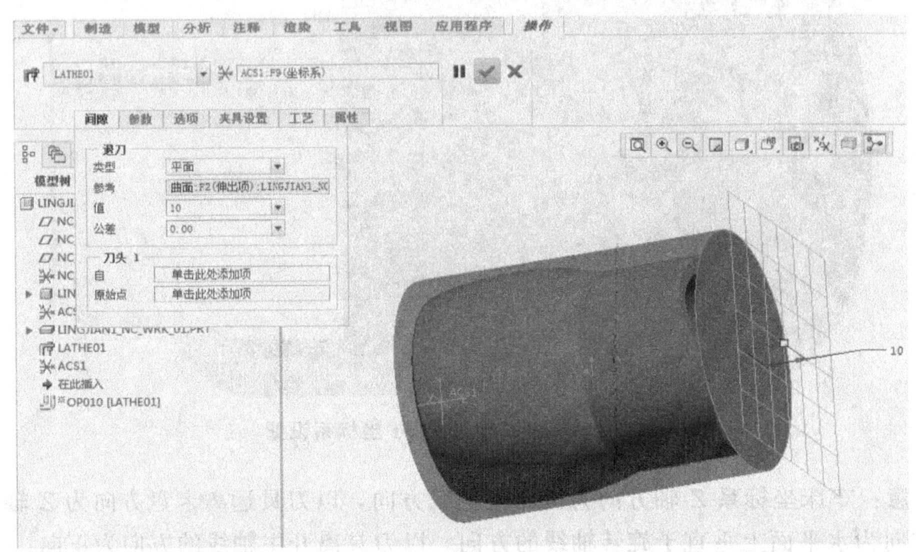

图 2-156　确定操作的加工零点和退刀平面

(6)创建区域车削

首先对工件右端面进行粗加工，选择区域车削方式，在“车削”界面的菜单栏中选择“区域车削”命令，弹出“区域车削”界面；“刀具”选项显示“无刀具”，单击后面的按钮弹出下拉菜单，选择“编辑刀具”，如图 2-157 所示，弹出刀具设定对话框，刀具的默认类型为“车削”，可以在下方刀具细节设置对话框，更改车刀的参数，单击“应用”，刀具“T0001”就出现在上方的对话框中，如图 2-158 所示，单击“确定”完成刀具设定。单击“区域车削”界面中黄色的“参数”选项卡，弹出加工参数定义对话框，输入加工参数值如图 2-159 所示。单击“区域车削”界面中黄色的“刀具运动”选项卡，弹出刀

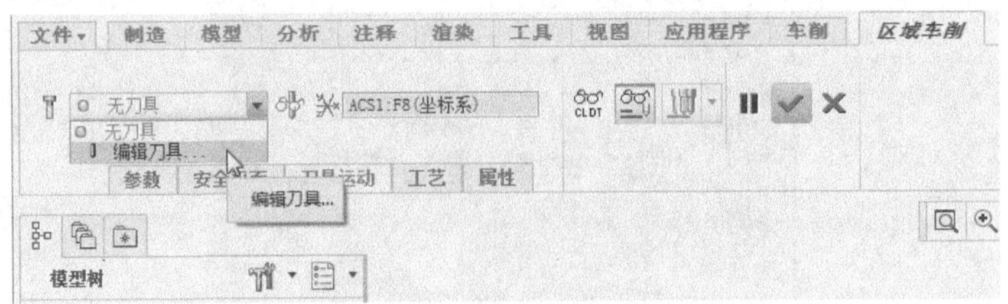

图 2-157　区域车削刀具定义

具运动定义的对话框，单击右侧的“区域车削”选项，弹出“区域车削切削”对话框，在这个对话框中要求选择车削轮廓，单击“区域车削”界面操控栏中“几何”菜单下的“车削轮廓”车削轮廓命令，如图 2-160 所示。

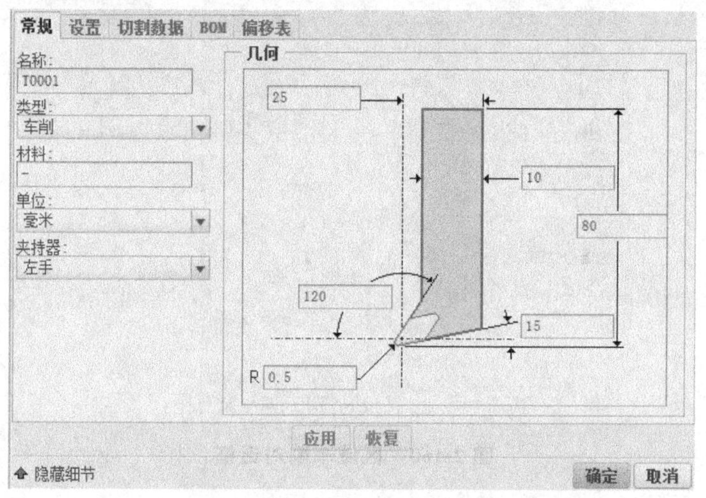

图 2-158 区域车削刀具定义

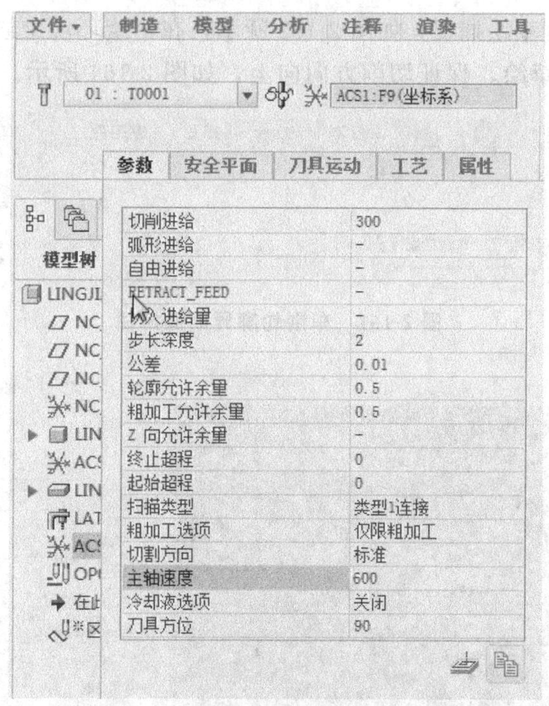

图 2-159 区域车削加工参数定义

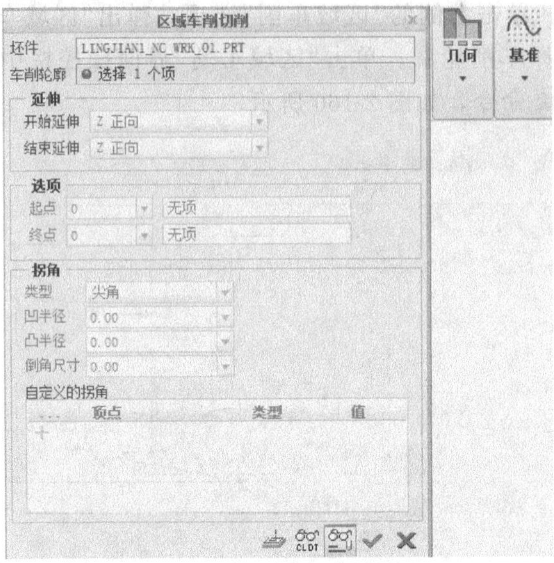

图 2-160　区域车削对话框

在“车削轮廓”界面操控栏上单击“使用草绘定义车削轮廓”按钮，右侧显示“草绘”按钮，如图 2-161 所示，单击此按钮进入草绘环境，添加参照模型正弦曲线外轮廓线作为参照，以便于绘制草绘捕捉，如图 2-162 所示，在草绘环境中绘制直线如图 2-163 所示，单击✓按钮退出草绘，保证切削方向向上，如图 2-164 所示。

图 2-161　车削轮廓界面操控栏

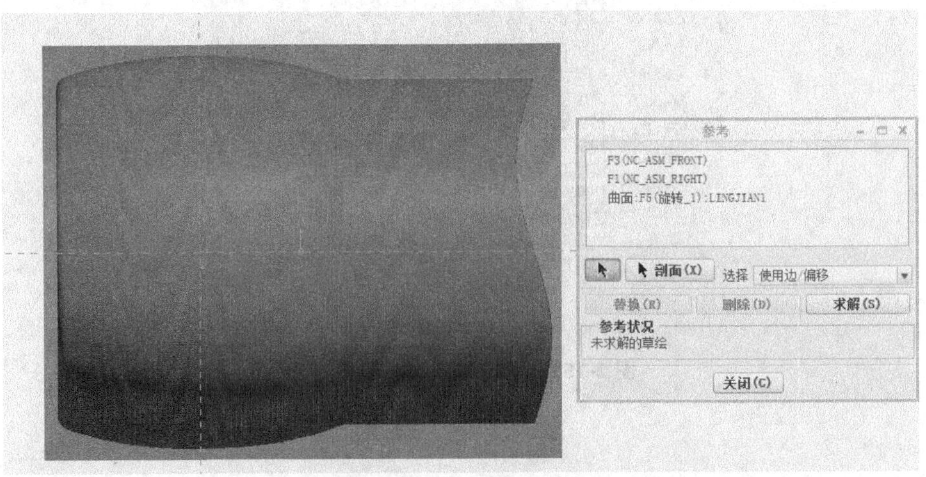

图 2-162　添加外轮廓为参照

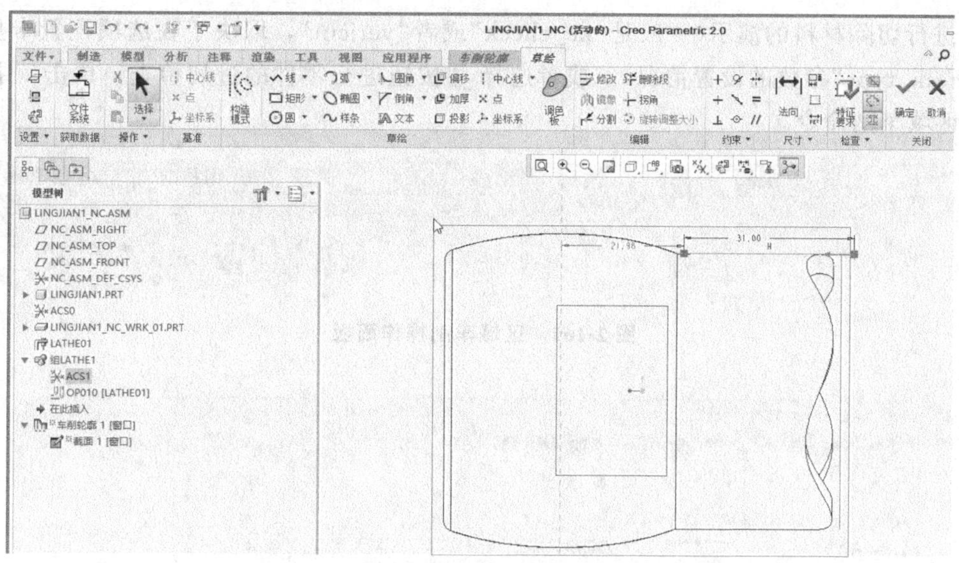

图 2-163 车削轮廓定义

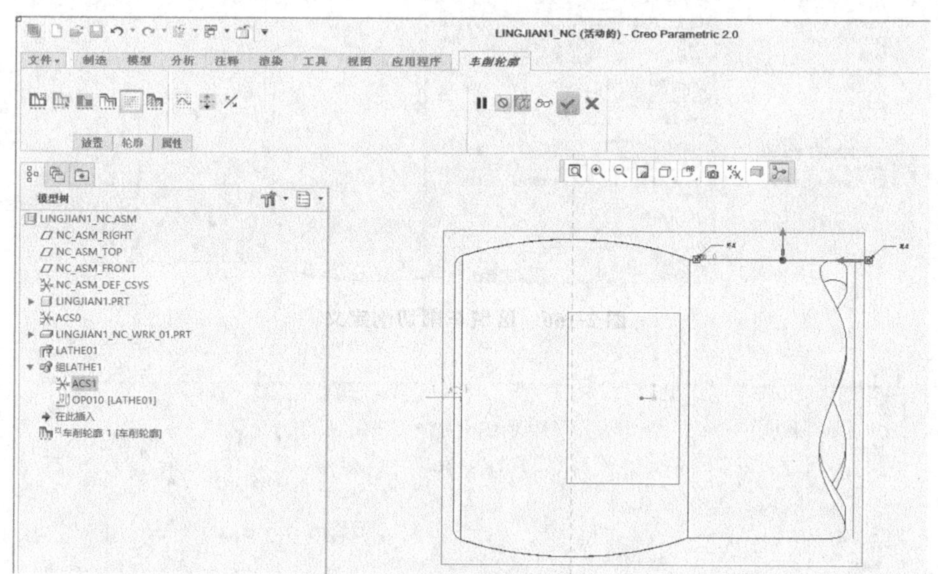

图 2-164 车削轮廓切削方向

此时，返回到“区域车削”界面，在操控栏上单击“继续”按钮，如图 2-165 所示，“区域车削切削”对话框中的“车削轮廓”选项就自动选中了刚刚建立的车削轮廓，修改“结束延伸”选项为“X 正向”，保证刀具切削完毕后退刀正常，通过绘图环境中箭头的指向，查看退刀方向是否正确，如图 2-166 所示，单击✔按钮完成“区域车削切削”定义。界面返回到“区域车削”操作界面，在操控栏上单击按钮查看区域车削的刀具路径，如图 2-167 所示，可判断刀具路径是否符合零件加工要求，也可以单击其后面选择进行切除材料的演示(一般是"nc_check"或者"vericut"，取决于在选项配置卡里的"nccheck_type"参数的设置情况)，或者选择按钮进行零件的过切检查，单击✔按钮完成区域车削命令。

图 2-165　区域车削操作面板

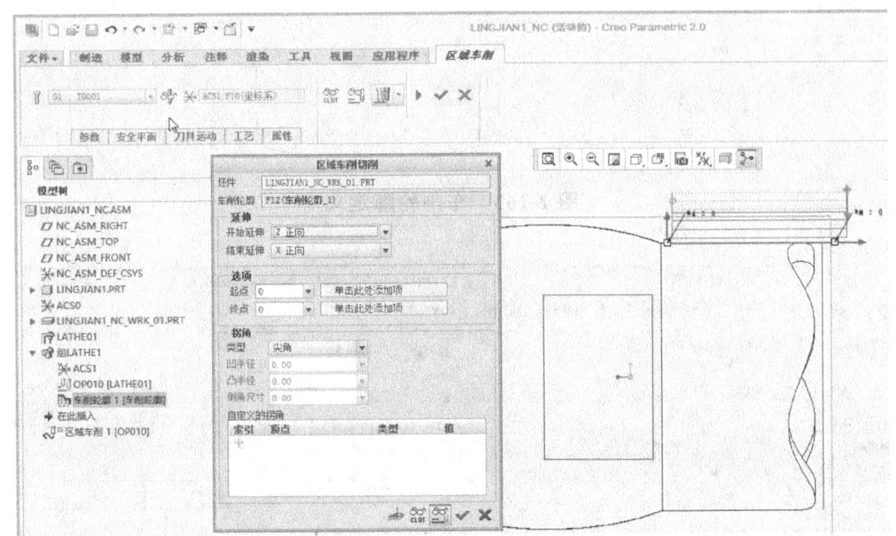

图 2-166　区域车削切削定义

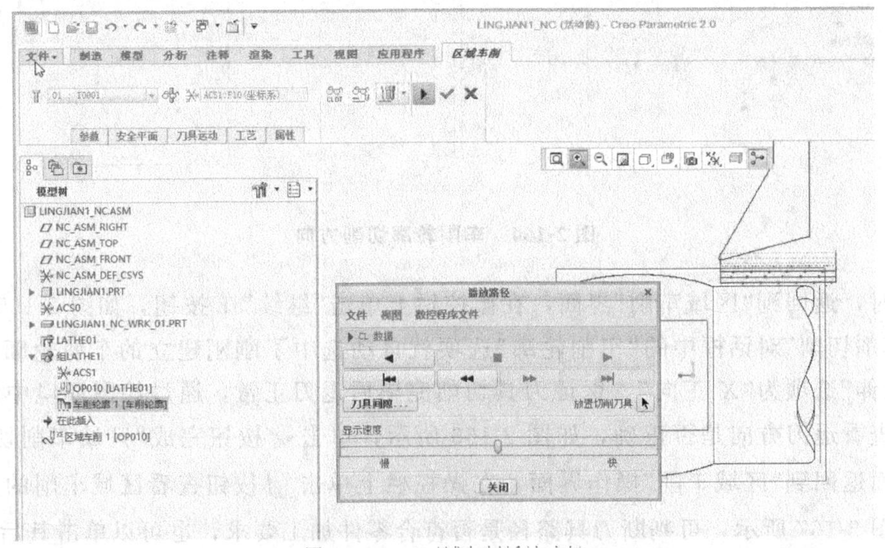

图 2-167　区域车削播放路径

(7)创建轮廓车削

通过轮廓车削命令完成工件右端的精加工，选择轮廓车削方式，在“车削”界面的菜单栏中选择“轮廓车削”命令，弹出“轮廓车削”界面，“刀具”选项默认显示为“T0001”(若需要定义新的刀具，单击后面的弹出下拉菜单选择“编辑刀具”，弹出刀具设定对话框，更改刀具的参数与定义，完成刀具设定)。单击“轮廓车削”界面中黄色的“参数”选项卡弹出加工参数定义对话框，输入加工参数值如图 2-168 所示。单击“轮廓车削”界面中“刀具运动”选项卡，弹出刀具运动定义对话框，单击右侧的“轮廓车削”选项如图 2-169 所示，弹出“轮廓车削切削”对话框，在这个对话框中要求选择车削轮廓，这里选择区域车削已经创建的“车削轮廓 1”，“轮廓车削切削”对话框中的“车削轮廓”选项选中“车削轮廓 1”，如图 2-170 所示，单击按钮完成“轮廓车削切削”定义。界面返回到“轮廓车削”操作界面，在操控栏上单击按钮查看轮廓车削的刀具路径，如图 2-171 所示，从而判断刀具路径是否符合零件的加工要求，也可以单击其后面来选择进行切除材料的演示，或者选择按钮进行零件的过切检查，单击按钮完成轮廓车削命令。

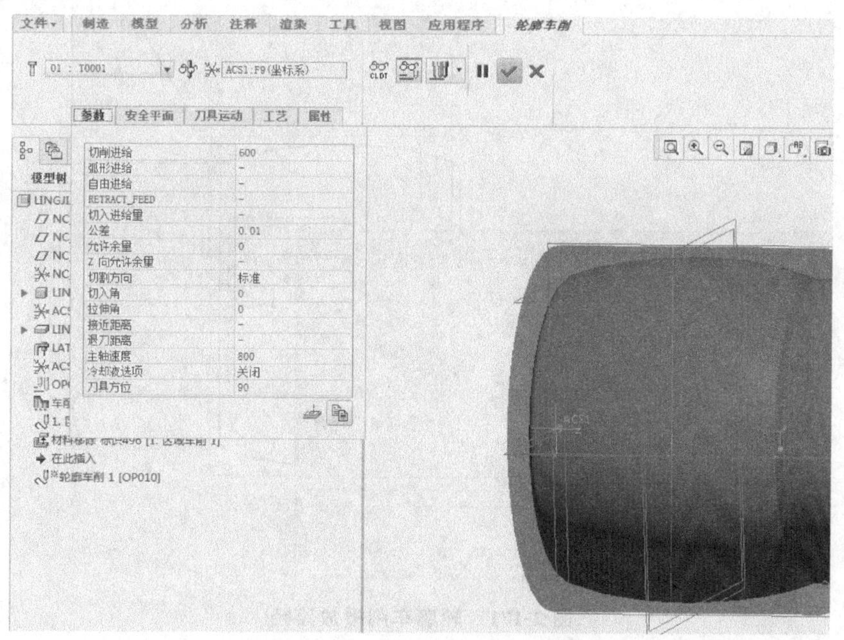

图 2-168 轮廓车削加工参数定义

图 2-169 轮廓车削刀具运动定义

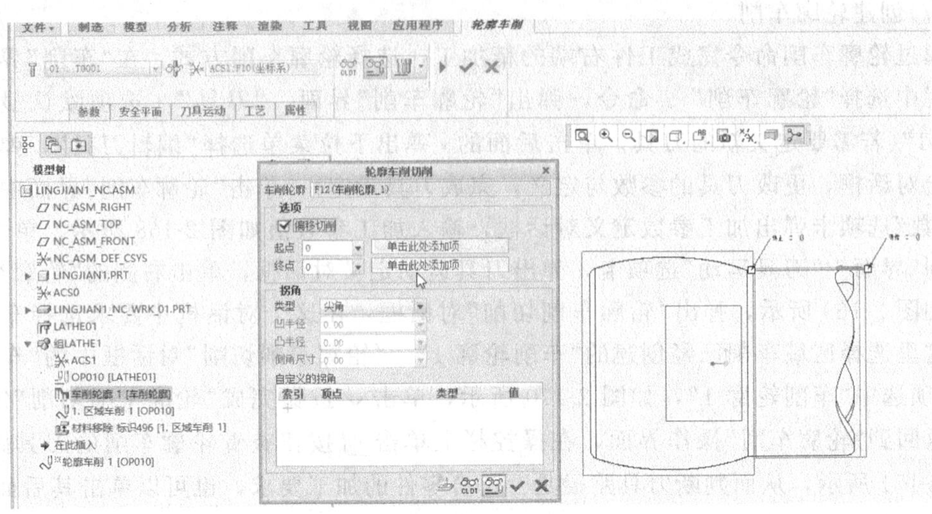

图 2-170　轮廓车削切削定义

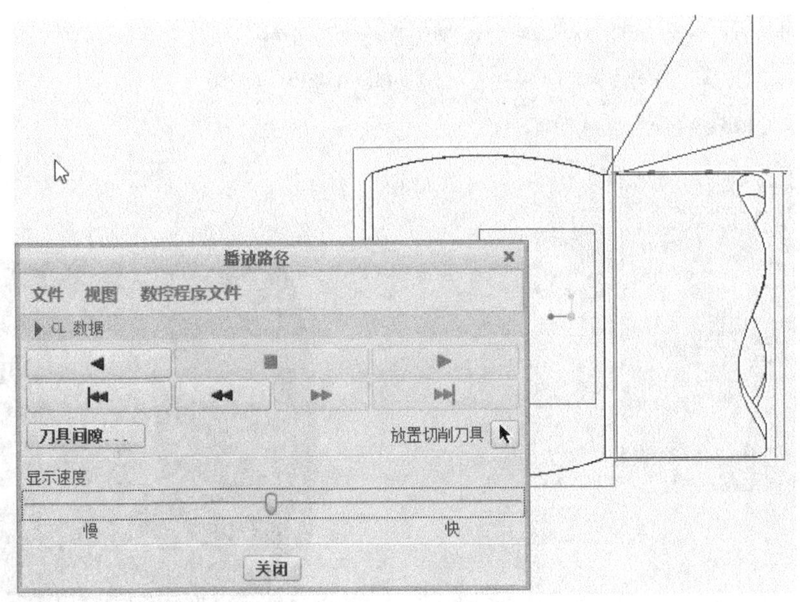

图 2-171　轮廓车削播放路径

(8)材料移除切削

完成右端加工后的零件，需要移除材料显示零件的半成品，可以在“车削”界面中选择“制造几何”菜单，在其右侧单击▾下拉菜单，单击“材料移除切削”材料移除切削命令，如图 2-172 所示，弹出“菜单管理器”快捷菜单，在管理器上选择“1：区域车削 1，操作 1”，如图 2-173 所示，弹出新的“菜单管理器”，选择“自动”“完成”选项，如图 2-174 所示，弹出“相交元件”对话框，勾选对话框左上侧的“自动更新”选项，如图 2-175 所示，单击“确定”按钮完成区域车削的材料移除。同样，单击“材料移除切削”命令，弹出“菜单管理器”快捷菜单，在管理器上选择“2：轮廓车削 1，操作 1”，如图 2-176 所示，弹出新的“菜单管理器”快捷菜单，在弹出的菜单上选择“自动”“完成”选项，如图 2-174 所示，弹出“相交元件”对话框，勾选对话框左上侧的“自动更新”选项，如图 2-175 所示，单击“确定”按钮完成轮廓车削的材料移除。

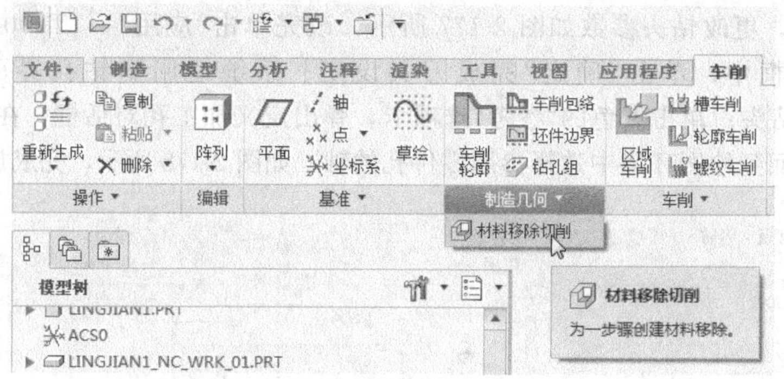

图 2-172 “材料移除切削”命令

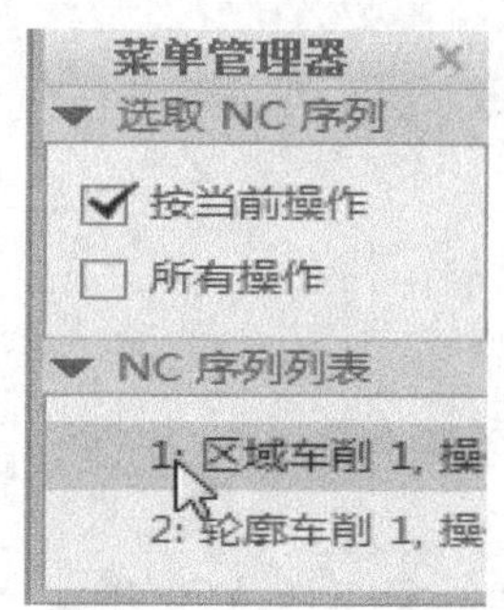

图 2-173 选择区域车削

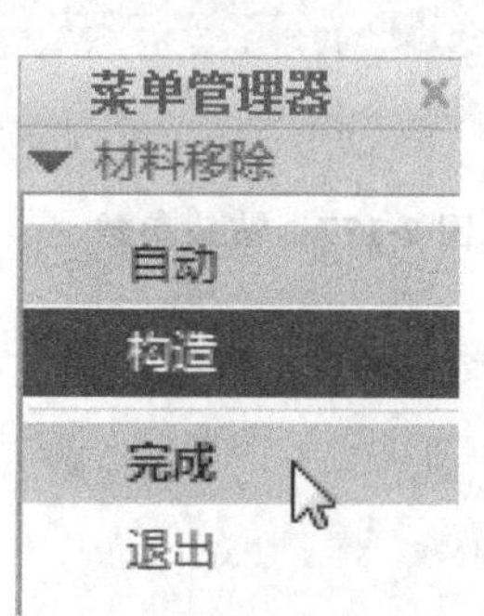

图 2-174 选择“自动”“完成”

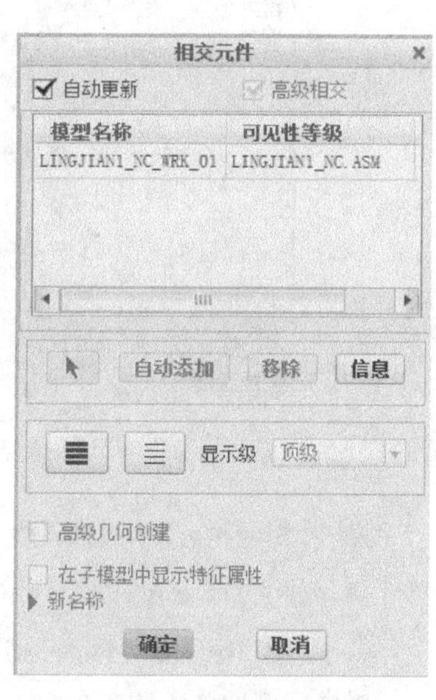

图 2-175 勾选自动更新

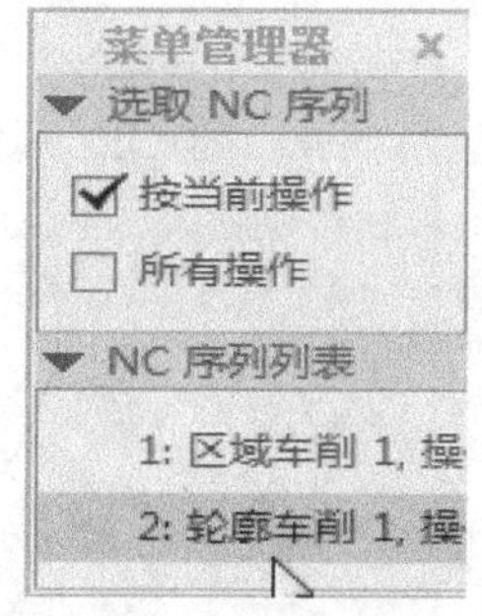

图 2-176 选择轮廓车削

(9)钻孔

在“车削”界面中选择“标准孔”命令，打开“钻孔”界面，在钻孔操控栏的“刀具”选项显示“无刀具”，单击后面的弹出下拉菜单，选择“编辑刀具”选项，弹出“刀具设定”对话框，单击“新建”按钮，刀具的默认类型为“基本钻头”，可以在下方刀具细节设置对话框，更改钻头参数如图 2-177 所示，改完单击“应用”，“T0002”刀具就出现在上方的对话框中，单击“确定”完成刀具设定；系统返回到钻孔界面，默认选中“T0002”基本钻头；单击黄色的“参考”选项卡，弹出定义加工孔对话框，在“孔”选项框下单击鼠标，再回到绘图环境中选择参照零件孔的轴，如图 2-178 所示，完成加工孔的指定；

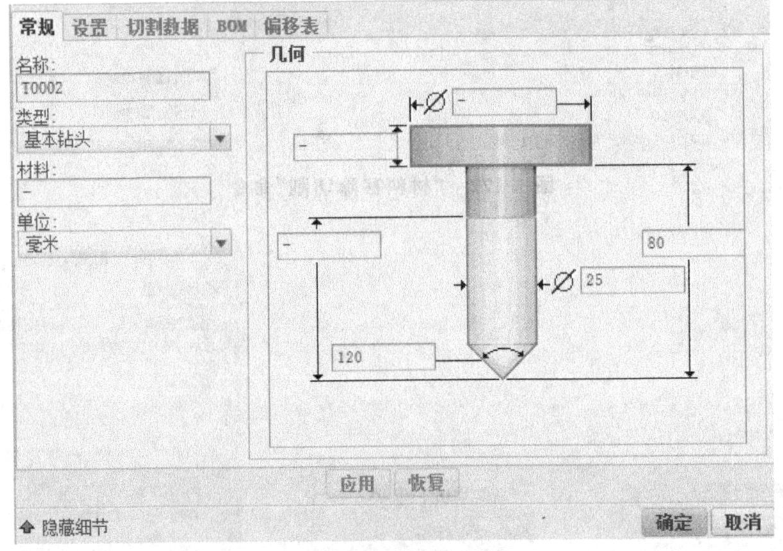

图 2-177　钻头参数

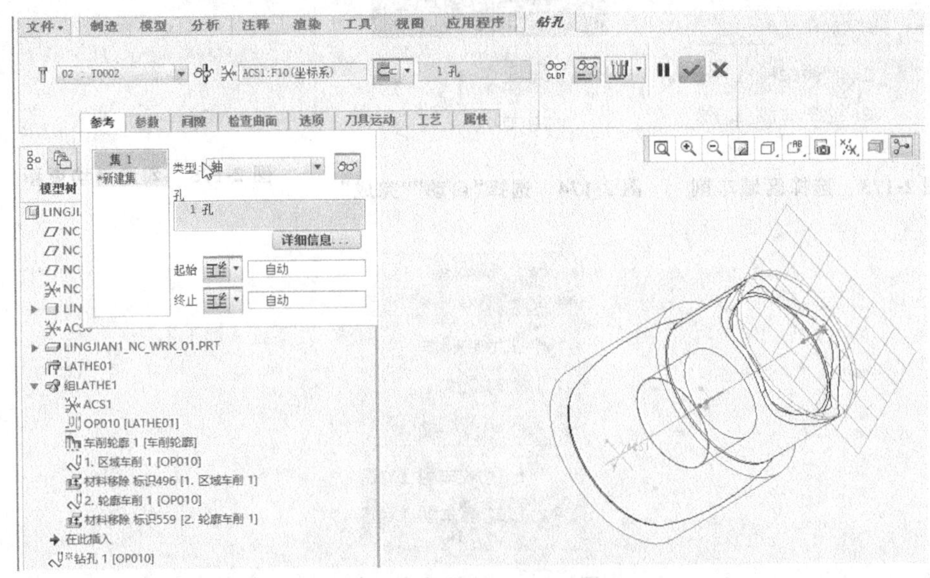

图 2-178　选择加工孔的轴

单击黄色的“参数”选项卡弹出加工参数定义的对话框，输入加工参数值如图 2-179 所示。单击“间隙”选项卡，定义操作的退刀平面，在“退刀”选项框下的“类型”选择“平面”，在绘图区选中工件的右端面，如图 2-180 所示，在值的选项下输入“10”，即退刀平面离工件右端面距离为 10 mm；界面返回到“钻孔”操作界面，在操控栏上单击按钮查看钻头切削刀具路径，如图 2-181 所示，从而判断刀具路径是否符合零件加工要求，单击✔按钮完成钻孔操作的定义。

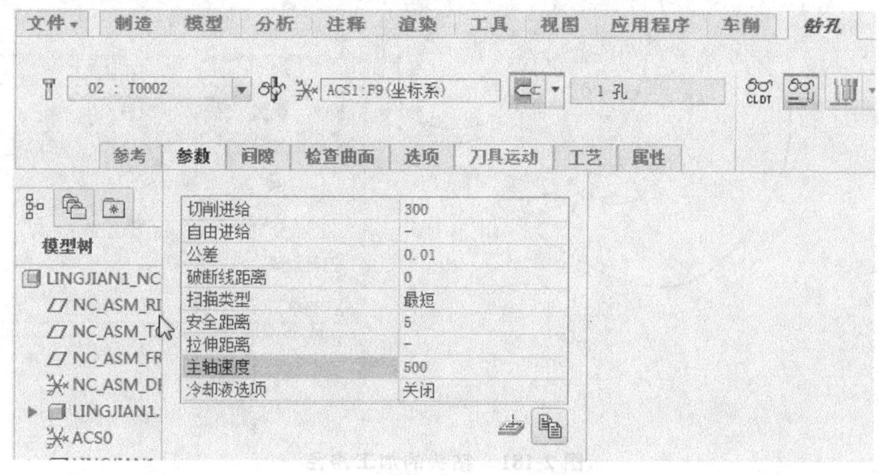

图 2-179　钻孔的加工参数设置

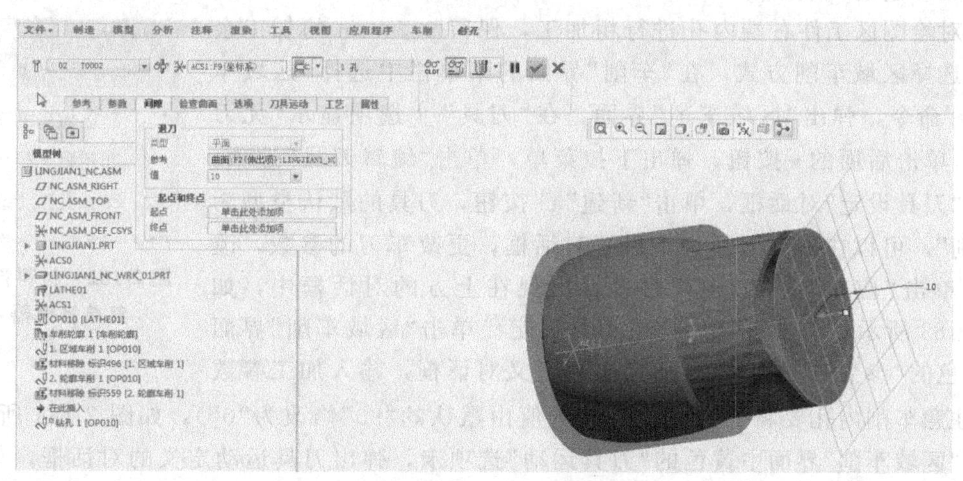

图 2-180　钻孔的退刀面设置

在“车削”界面上找到“制造几何”菜单，在其右侧单击▾弹出下拉菜单，单击“材料移除切削”材料移除切削命令，弹出“菜单管理器”快捷菜单，在管理器上选择“3：钻孔 1，操作”，如图 2-182 所示，弹出新的“菜单管理器”快捷菜单，选择“自动”“完成”命令，弹出“相交元件”对话框，勾选对话框左上侧的“自动更新”选项，单击“确定”按钮完成钻孔切削的材料移除。

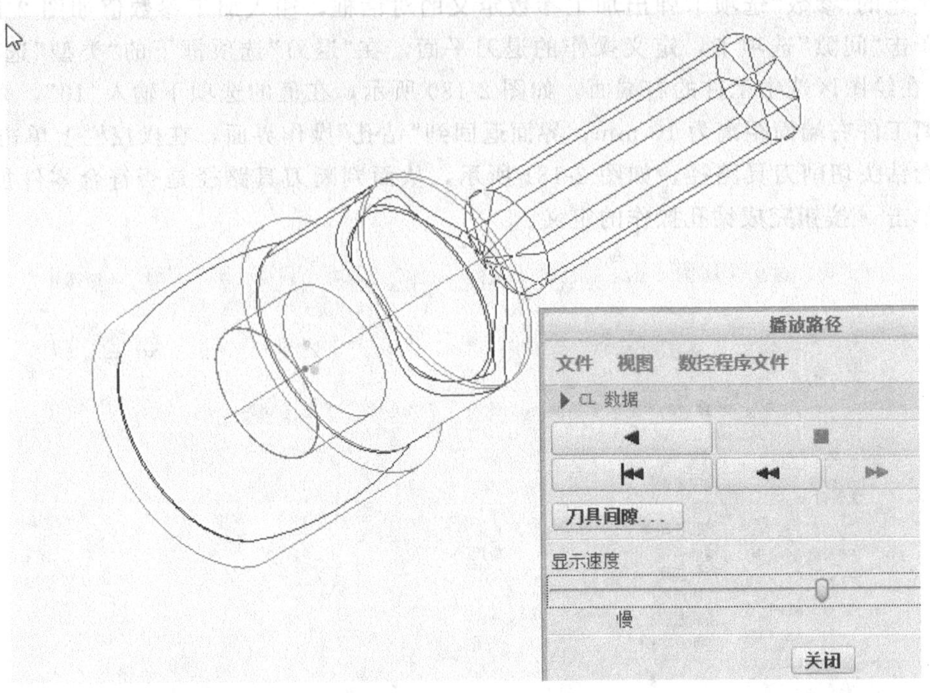

图 2-181 钻头的加工路径

(10)创建区域车削

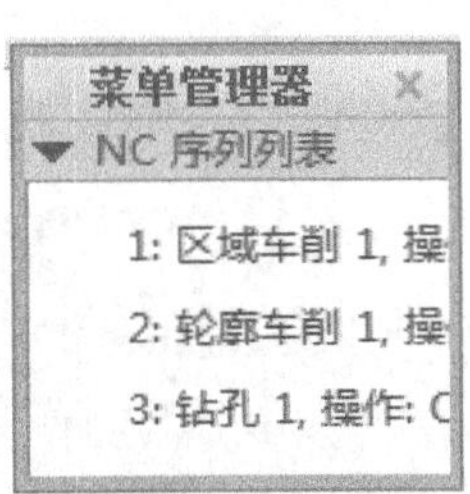

图 2-182 材料移除菜单管理器

对绘图区工件右端内孔进行粗加工，保留 0.5 mm 的加工余量；选择区域车削方式，在“车削”界面的菜单栏中选择“区域车削”命令，弹出“区域车削”界面，在“刀具”选项显示“无刀具”，单击后面的按钮，弹出下拉菜单，单击“编辑刀具”选项，弹出“刀具设定”对话框，单击“新建”按钮，刀具的默认类型为“车削”，可以在下方刀具细节设置对话框，更改车刀的参数，改完后单击“应用”，“T0003”刀具就出现在上方的对话框中，如图 2-183 所示，单击“确定”完成刀具设定。单击“区域车削”界面中黄色的“参数”选项卡弹出加工参数定义对话框，输入加工参数值(注意车削内孔要将“刀具方位”的数值由默认的“90”修改为“0”)，如图 2-184 所示。单击“区域车削”界面中黄色的“刀具运动”选项卡，弹出刀具运动定义的对话框，单击右侧的“区域车削”选项，如图 2-185 所示，弹出“区域车削切削”对话框，在这个对话框中要求选择车削轮廓，单击“区域车削”界面菜单栏中的“几何”菜单下的“车削轮廓”**车削轮廓**命令，单击操控栏上的“使用草绘定义车削轮廓”按钮，右侧显示“草绘”按钮，单击此按钮进入草绘环境，添加参照模型内孔轮廓线作为参照，以便于捕捉，如图 2-186 所示，绘制直线如图 2-187 所示，保证切削方向向内，单击按钮退出草绘，如图 2-188 所示，此时，返回到“区域车削”界面，在操控栏单击“继续”按钮，

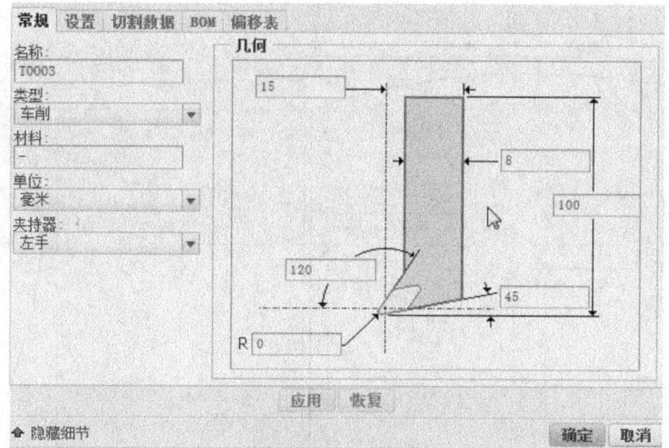

图 2-183　T0003 刀具参数定义

参数　安全平面　刀具运动　工艺　属性

切削进给	400
弧形进给	-
自由进给	-
RETRACT_FEED	-
切入进给量	-
步长深度	2
公差	0.01
轮廓允许余量	0.5
粗加工允许余量	0.5
Z 向允许余量	-
终止超程	0
起始超程	0
扫描类型	类型1连接
粗加工选项	仅限粗加工
切割方向	标准
主轴速度	600
冷却液选项	关闭
刀具方位	0

图 2-184　区域车削加工参数定义

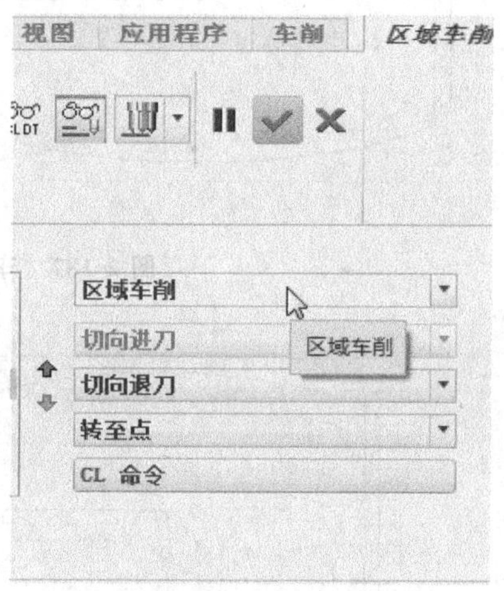

图 2-185　区域车削刀具运动定义

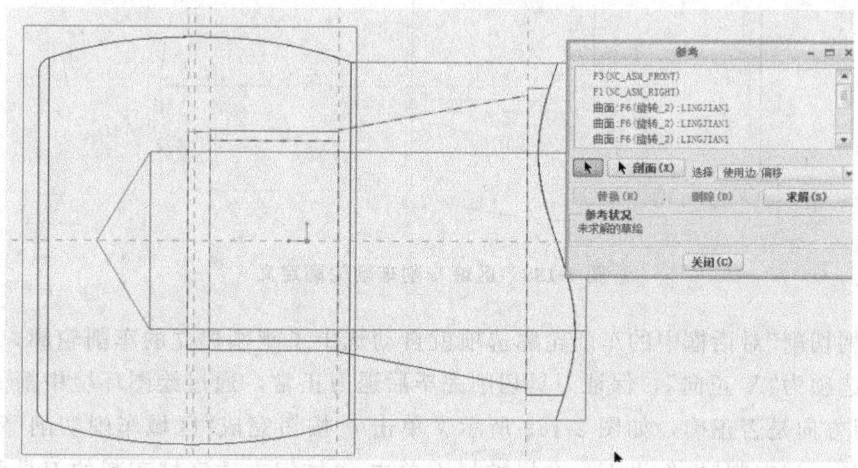

图 2-186　添加草绘参照

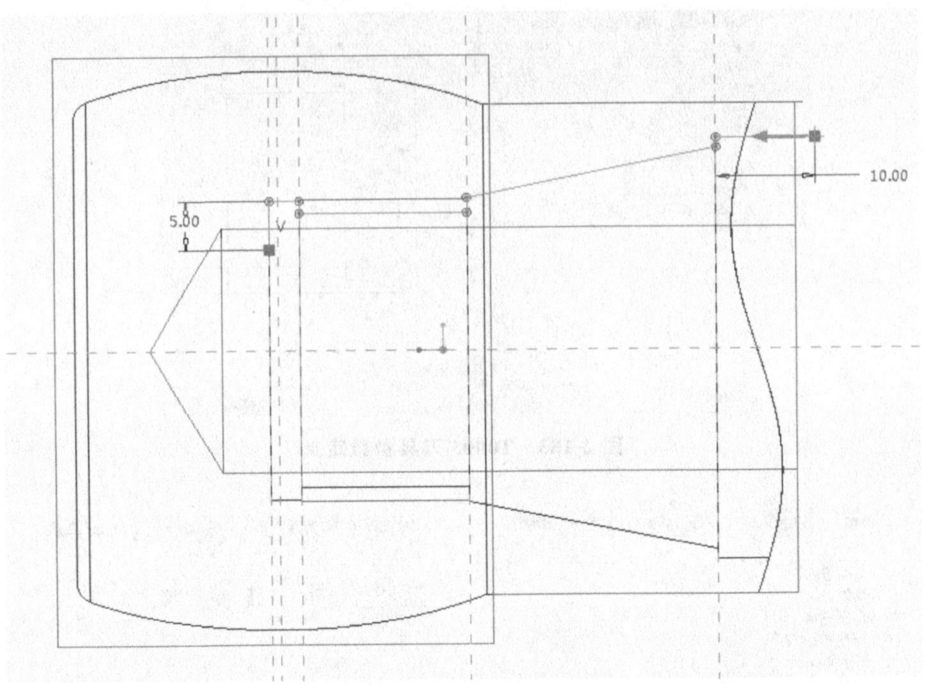

图 2-187　车削轮廓轨迹定义

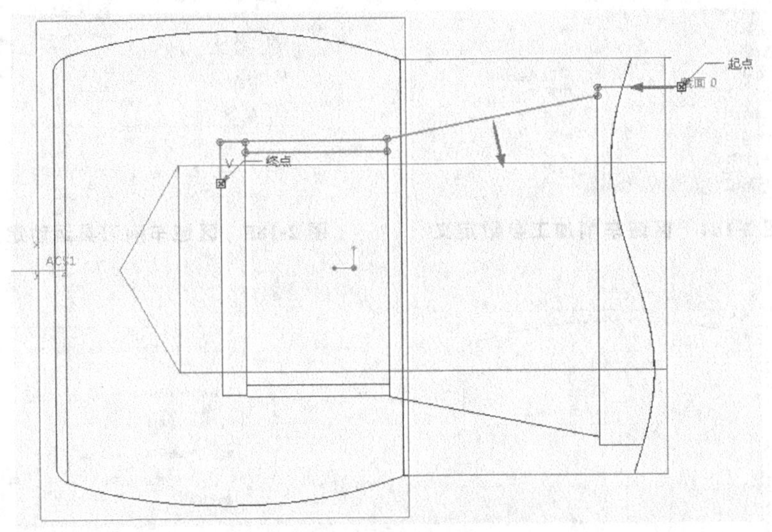

图 2-188　区域车削车削轮廓定义

“区域车削切削”对话框中的车削轮廓选项就自动选中了刚刚建立的车削轮廓，修改“结束延伸”选项为“X 正向”，保证刀具切削完毕后退刀正常，通过绘图环境中箭头的指向判断退刀方向是否正确，如图 2-189 所示，单击✔按钮完成“区域车削切削”定义。界面返回到“区域车削”操作界面，在操控栏上单击▥按钮查看区域车削的刀具路径，如

图 2-190 所示，从而判断刀具路径是否符合零件加工要求，单击✔按钮完成区域车削命令。

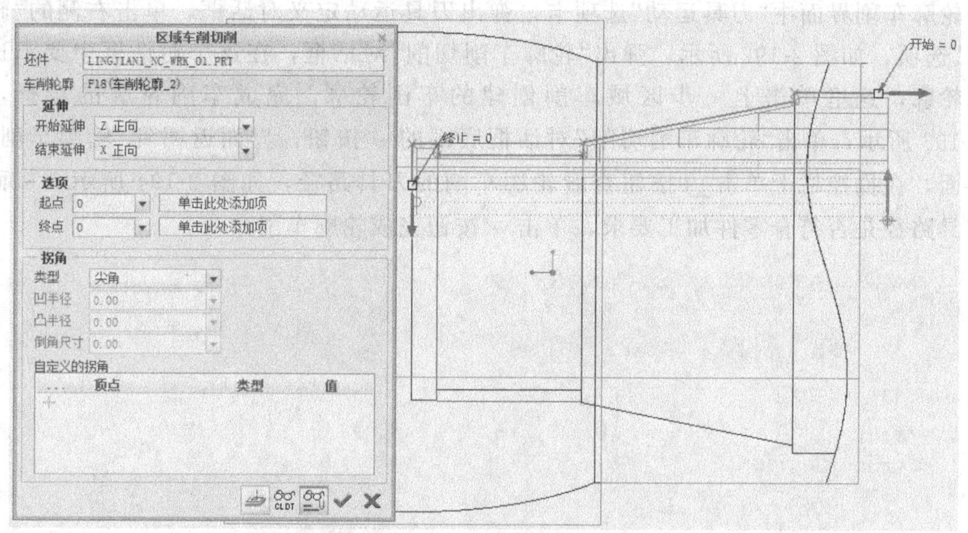

图 2-189　区域车削切削定义

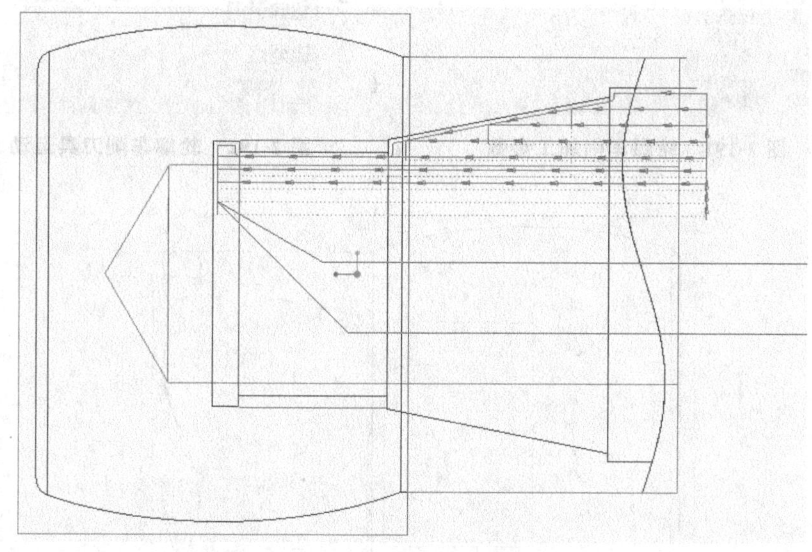
图 2-190　区域车削刀具路径

(11)创建轮廓车削

通过“轮廓车削”命令完成绘图环境中工件粗加工剩下的 0.5 mm 的余量。选择轮廓车削方式，在“车削”界面的菜单栏选择“轮廓车削”命令，弹出“轮廓车削”界面，在“刀具”选项默认显示为“T0003”(如果需要定义新的刀具，单击后面的弹出下拉菜单，单击“编辑刀具”选项，弹出刀具设定对话框，更改刀具的参数与定义，完成刀具设定)。

单击“轮廓车削”界面中黄色的“参数”选项卡，弹出加工参数定义对话框，输入加工参数值(注意车削内孔要将“刀具方位”的数值由默认的“90”修改为“0”)，如图 2-191 所示。单击轮廓车削界面中“刀具运动”选项卡，弹出刀具运动定义对话框，单击右侧的“轮廓车削”选项，如图 2-192 所示，弹出“轮廓车削切削”对话框，在这个对话框中要求选择车削轮廓，这里单击上一步区域车削创建的车削轮廓，完成车削轮廓的选择，如图 2-193 所示，单击“轮廓车削切削”对话框底部的✓按钮，界面返回到“轮廓车削”操作界面，在操控栏上单击按钮查看轮廓车削的刀具路径，如图 2-194 所示，从而判断刀具路径是否符合零件加工要求，单击✓按钮完成轮廓车削命令。

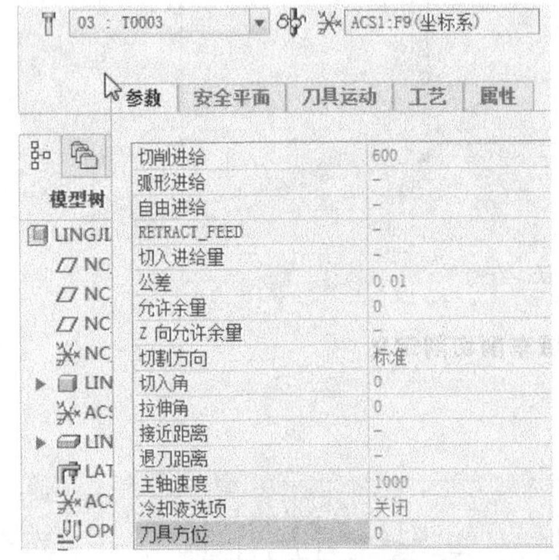

图 2-191　轮廓车削加工参数

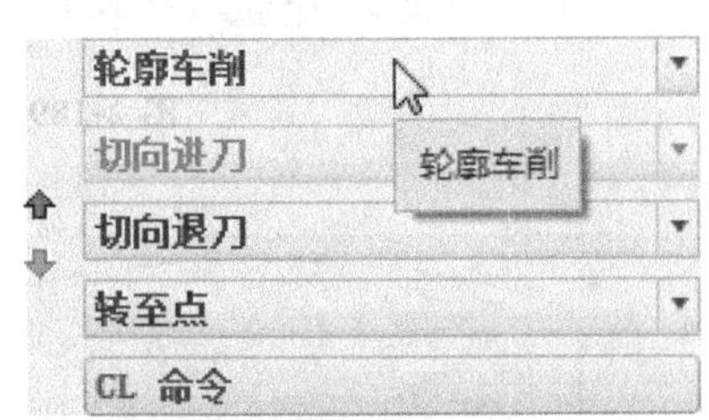

图 2-192　轮廓车削刀具运动

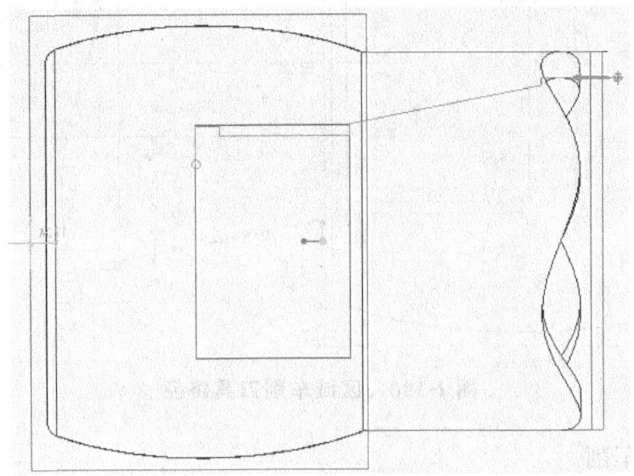

图 2-193　轮廓车削切削定义

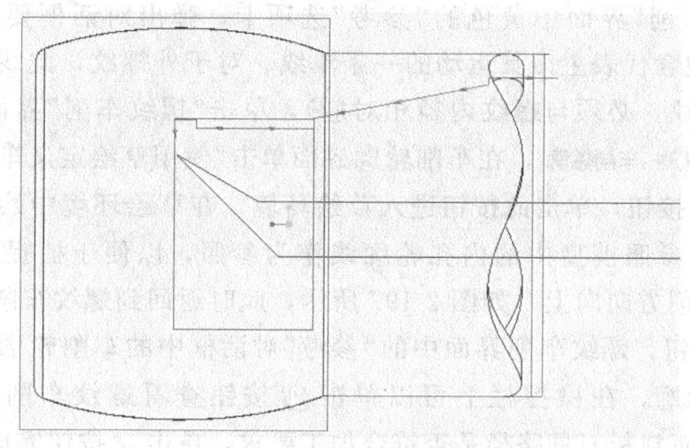

图 2-194　轮廓车削播放路径

(12)创建螺纹车削

通过“螺纹车削”命令完成绘图环境中螺纹的加工；选择“螺纹车削”方式，在车削界面的菜单栏中选择“螺纹车削”螺纹车削命令，弹出“螺纹车削”界面，单击螺纹车削界面“刀具”选项后面的按钮可以下拉选择“T0003”，完成刀具设定。螺纹类型选择内螺纹(加工外部直径；加工内部直径)，其余按默认设置 统一 ISO；单击“螺纹车削”界面中黄色“参数”选项卡弹出加工参数定义对话框，输入加工参数值(注意“刀具方位”值为“0”，“螺纹进给单位”一定选取“MMPR”公制单位)，如图 2-195

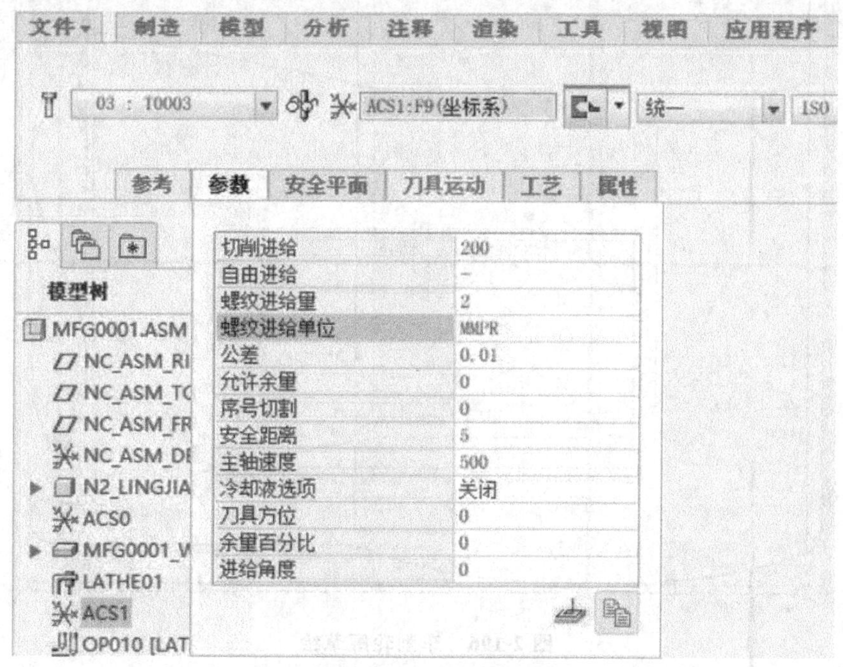

图 2-195　螺纹车削参数设置对话框

所示。单击“螺纹车削”界面中黄色的“参考”选项卡，弹出对话框要求定义车削轮廓(“车削轮廓”必须包含代表主刀具运动的一条单线。对于外螺纹，此线必须与螺纹外径相对应；对于内螺纹，必须与螺纹内径相对应)，单击“螺纹车削”界面中“几何”菜单下的“车削轮廓” 车削轮廓，在车削轮廓界面单击“使用草绘定义车削轮廓”按钮，右侧显示“草绘”按钮，单击此按钮进入草绘环境，在草绘环境中绘制直线，如图 2-196 所示(注意添加参照模型中的内孔轮廓线作为参照，以便于捕捉)，单击按钮，退出草绘，保证切削方向向上，如图 2-197 所示，此时返回到螺纹车削界面，在操控栏上单击“继续”按钮，螺纹车削界面中的“参考”对话框中的车削轮廓选项就自动选中了刚建立的车削轮廓，在操控栏上可以单击按钮查看螺纹车削的刀具路径，如图 2-198 所示，从而判断刀具路径是否符合加工要求，单击按钮完成螺纹车削命令。

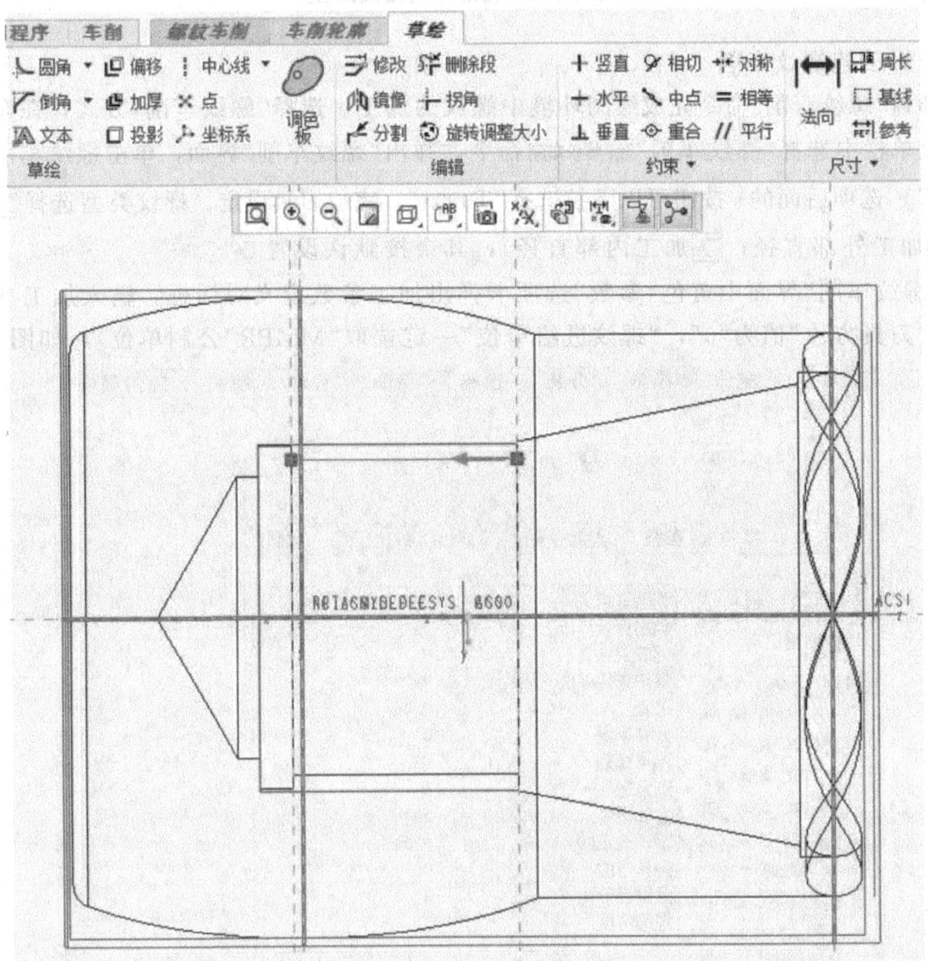

图 2-196　车削轮廓草绘

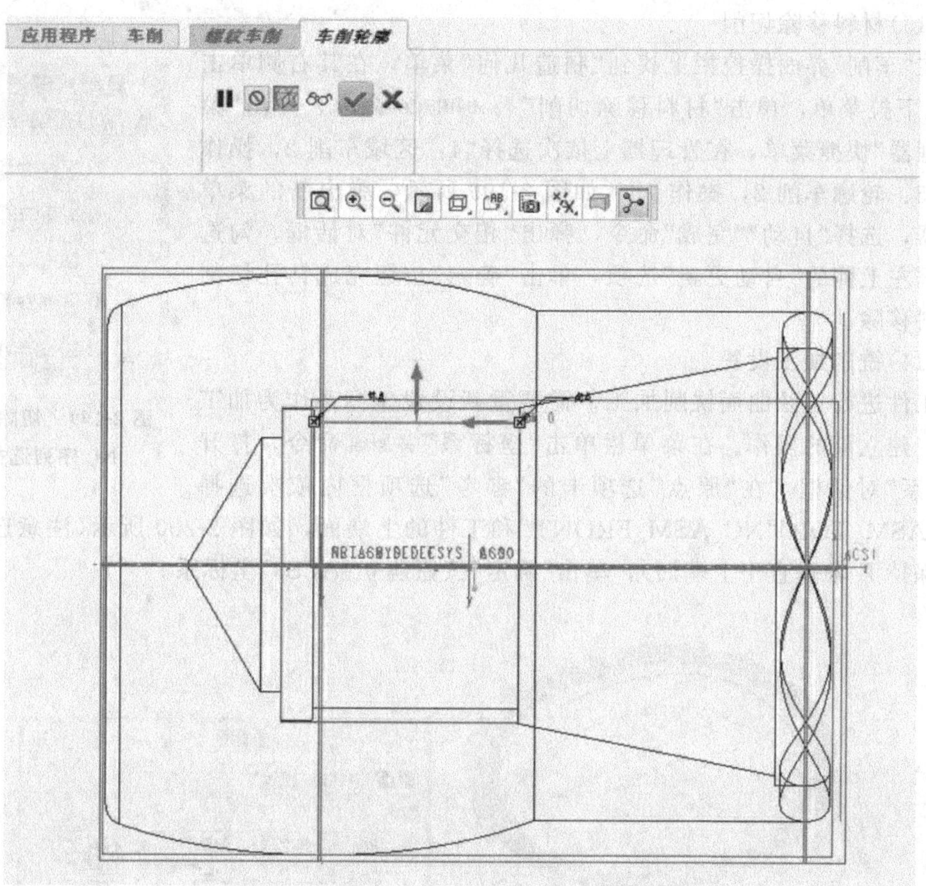

图 2-197 车削轮廓方向

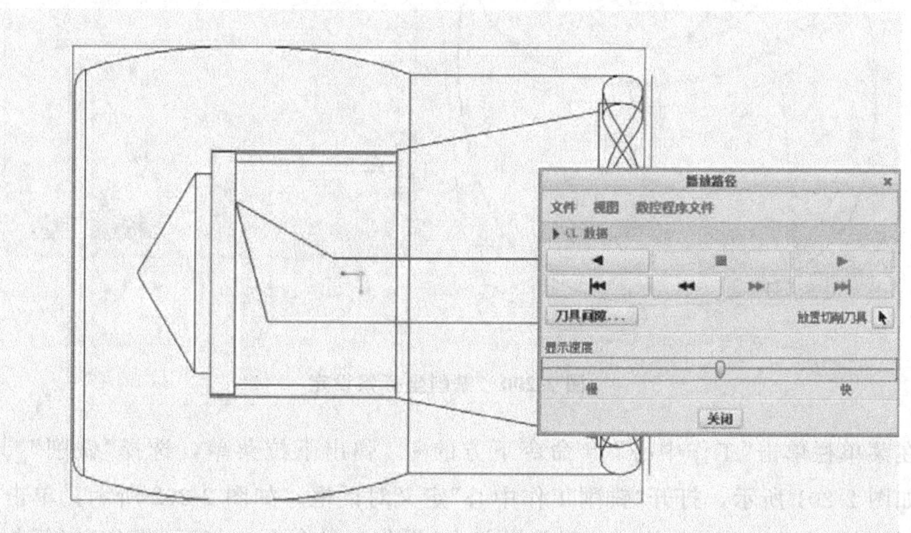

图 2-198 车削轮廓播放路径

(13)材料移除切削

在“车削”界面操控栏上找到“制造几何”菜单，在其右侧单击▾弹出下拉菜单，单击“材料移除切削”材料移除切削命令，弹出“菜单管理器”快捷菜单，在管理器上依次选择“4：区域车削 2，操作 1”和“5：轮廓车削 2，操作 1”，如图 2-199 所示，弹出新的菜单管理器，选择“自动”“完成”命令，弹出“相交元件”对话框，勾选对话框左上侧的“自动更新”选项，单击“确定”按钮完成钻孔切削的材料移除。

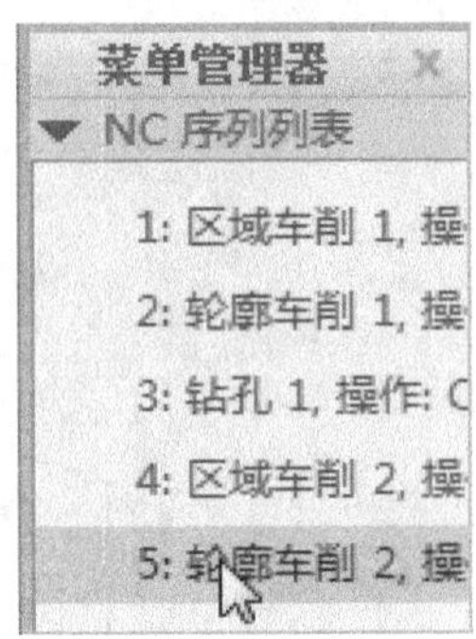

图 2-199 切除材料 NC 序列选择

(14)铣削加工设置

工件进行正弦曲面铣削加工，需要重新设置坐标系作为加工零点，建立新的操作。在菜单栏单击“坐标系”坐标系命令，打开“坐标系”对话框，在“原点”选项卡的“参考”选项框内依次选择“NC_ASM_TOP”“NC_ASM_FRONT”和工件的上端面，如图 2-200 所示(注意选择顺序，保持 Z 轴垂直于上端面)，单击“确定”按钮建立“ACS3”坐标系。

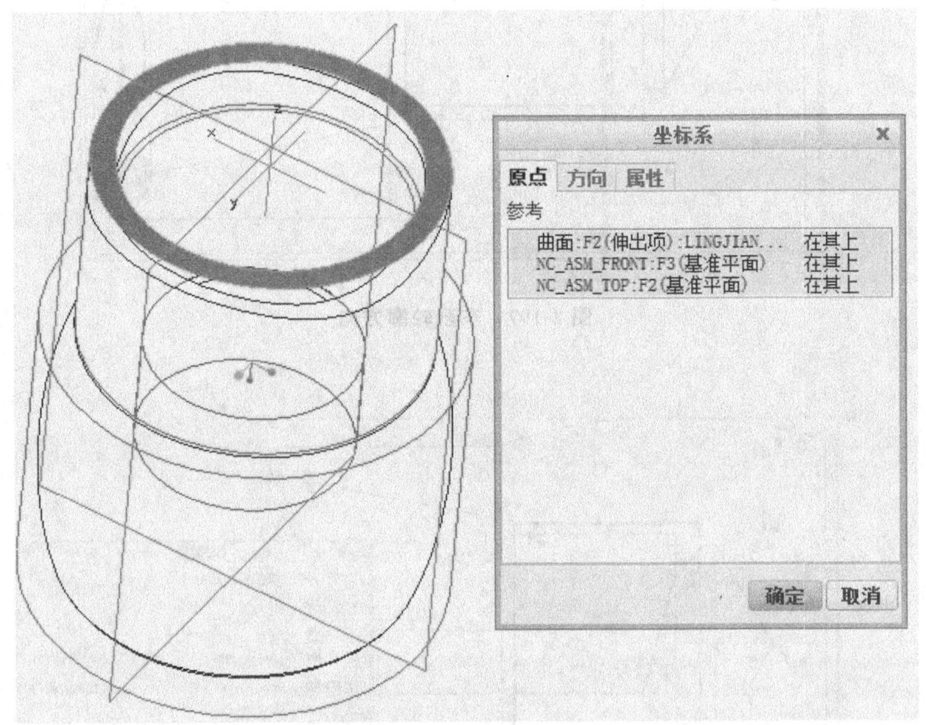

图 2-200 铣削坐标系设定

在菜单栏单击“工作中心”命令下方的▾，弹出下拉菜单，选择“铣削”铣削命令，如图 2-201 所示，打开“铣削工作中心”定义对话框，如图 2-202 所示，单击✔按钮完成“铣削工作中心”的定义。在菜单栏单击“操作”命令，打开“操作”对话框，系统将刚建立的铣床工作中心默认选中，在 对话框选择之前建立的坐标系“ACS3”，从而完成铣削加工零点的设置。单击“间隙”选项卡来定义操作的退刀平面，在“退刀”选项框中的“类型”选项选择“平面”，在绘图区选中工件的上端面，如图 2-203 所示，在“值”选项下输入“10”，即退刀平面离开工件右端面距离为 10 mm，单击✔按钮完成操作的定义。

图 2-201 铣削工作中心选择

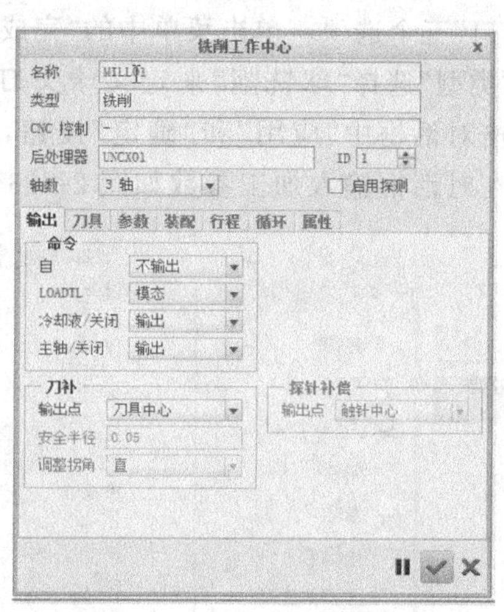

图 2-202 铣削工作中心设定

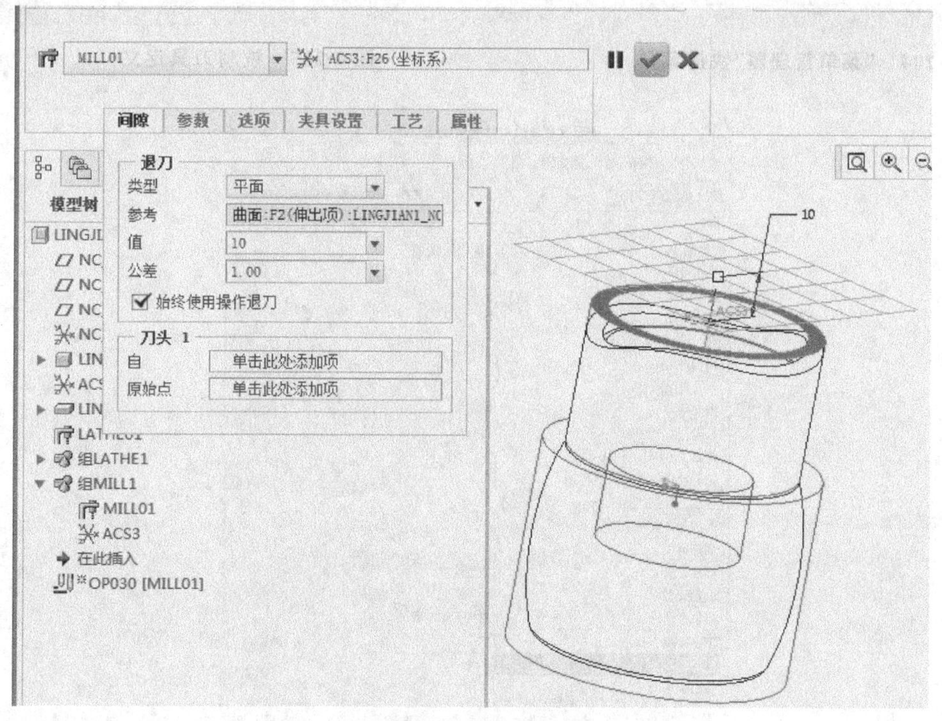

图 2-203 退刀平面设定

(15)创建体积块铣削

对绘图区工件进行正弦曲面的加工，可以选择曲面铣削加工方式也可以通过体积块铣削加工方式中的粗加工和轮廓两种方式进行加工。选择体积块铣削加工方式，在“铣削”界面的菜单栏中单击“粗加工”命令下方的按钮，在弹出的快捷菜单上单击“体积块粗加工”命令，弹出“菜单管理器”快捷菜单如图 2-204 所示，默认选择“刀具”“参数”和“窗口”三个选项，单击菜单中的“完成”，系统弹出“刀具设定”对话框，在“常规”选项卡中的“类型”选择“球铣削”来定义球头刀，将刀具直径设置成“12”，如图 2-205 所示，依次单击对话框中“应用”和“确定”按钮，完成刀具设定。系统弹出“序列参数”定义对话框，在对话框输入加工参数如图 2-206 所示，单击“确定”按钮，完成加工参数的

图 2-204 “菜单管理器”快捷菜单

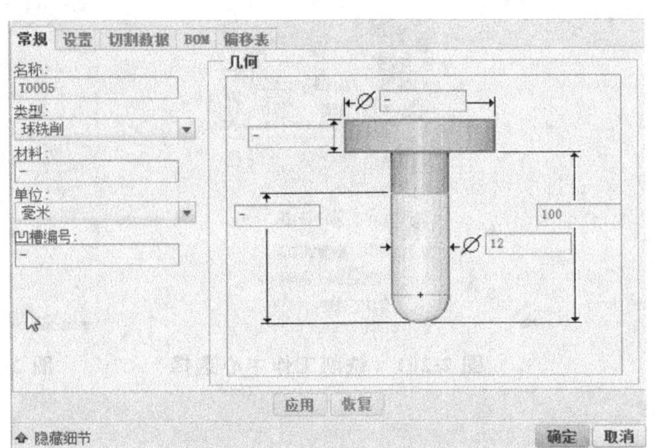

图 2-205 铣削刀具定义

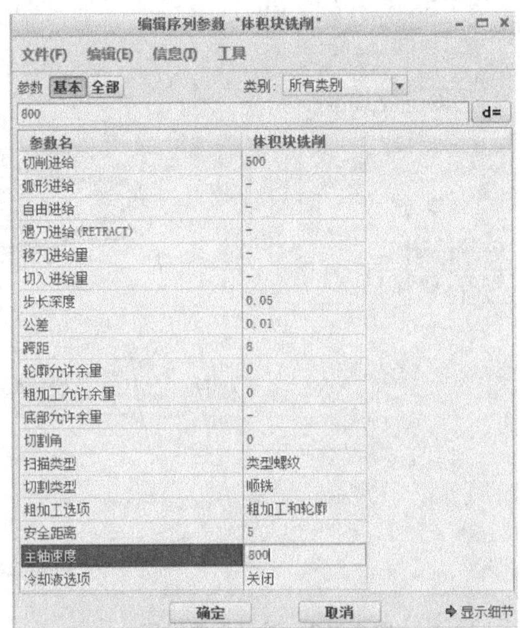

图 2-206 序列参数定义

设定。系统弹出菜单管理器，要求选择铣削窗口，如图 2-207 所示，单击“铣削”界面菜单栏中“铣削窗口”命令，系统打开如图 2-208 所示的“铣削窗口”定义操控栏，系统“放置”选项卡中的“窗口平面”默认选择工件的顶平面，单击操控栏上的“草绘窗口类型”选项，在右侧显示“草绘”选项，单击进入草绘环境，单击“草绘视图方向”选项，使草绘平面与屏幕对齐，单击草绘菜单栏中的“投影”投影命令，选择工件顶平面的两个圆进行投影得到如图 2-209 所示的草绘截面，在“草绘”界面单击✔按钮完成草绘定义，系统返回到“铣削窗口”界面，如图 2-210 所示，单击✔按钮完成铣削窗口的定义。系统弹出菜单管理器如图 2-211 所示，单击“屏幕播放”菜单，弹出“播放”菜单，单击“播放”按钮，进行刀具路径模拟和检验刀具路径，结果如图 2-212 所示，单击“完成序列”菜单完成体积块铣削加工。

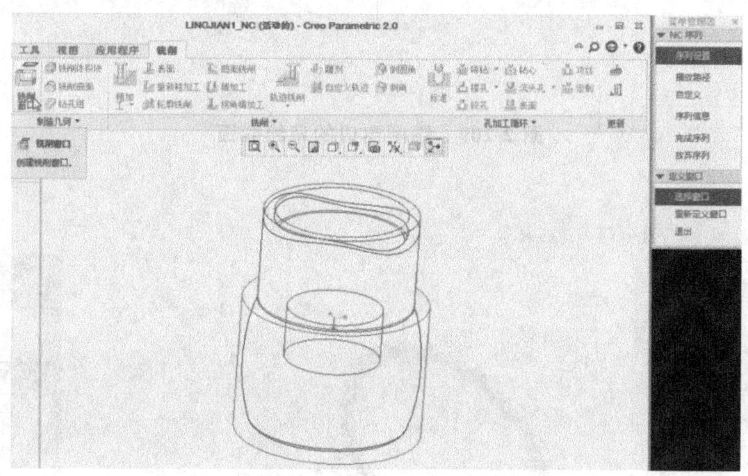

图 2-207　选择铣削窗口

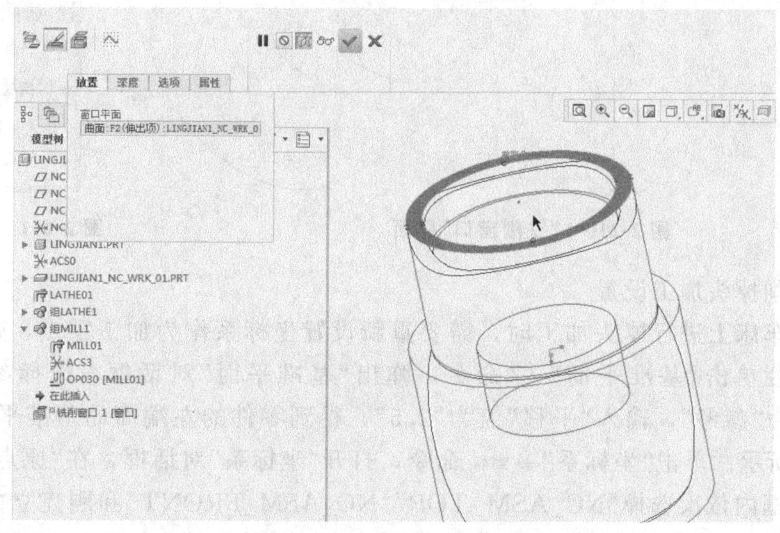

图 2-208　铣削窗口操控栏

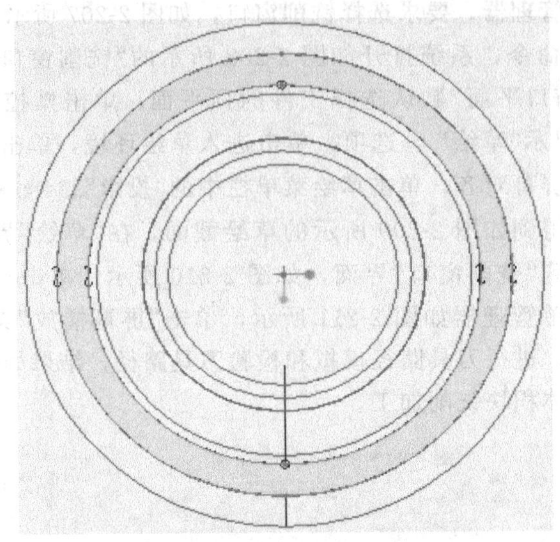

图 2-209　铣削窗口的草绘截面

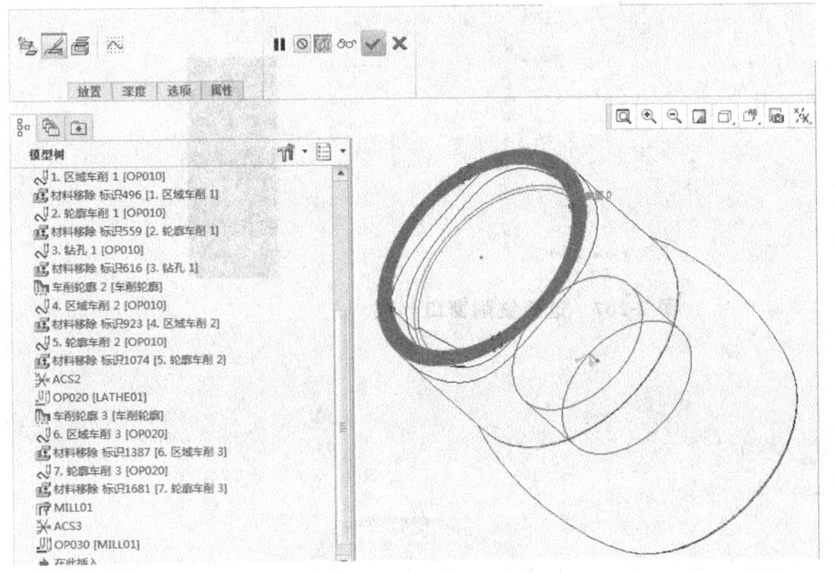

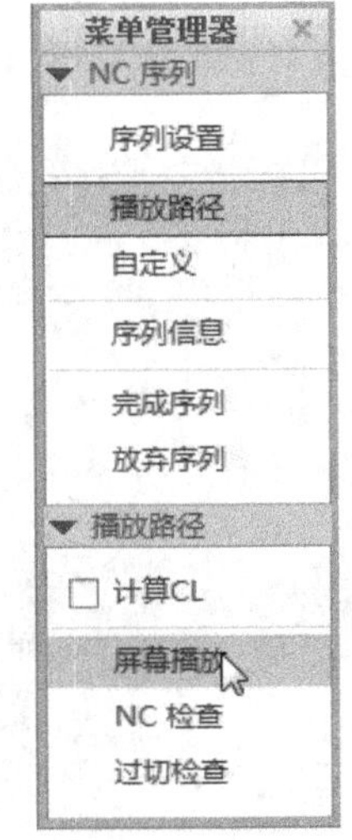

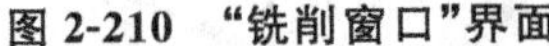

图 2-210　“铣削窗口”界面

图 2-211　菜单管理器

(16)车削掉头加工设置

工件在车床上进行掉头加工时，需要重新设置坐标系作为加工零点，建立新的操作。在菜单栏单击“基准平面”命令，弹出“基准平面”对话框，选择参照零件的“DTM1”作为“参考”，输入“平移”值为“2.5”，得到零件的左端面的基准平面 DTM5，如图 2-213 所示。单击“坐标系”坐标系命令，打开“坐标系”对话框，在“原点”选项卡的“参考”选项框内依次选择“NC_ASM_TOP”“NC_ASM_FRONT”和刚建立的基准平面 DTM5，如图 2-214 所示(注意选择顺序)，单击“确定”按钮建立“ACS2”坐标系。

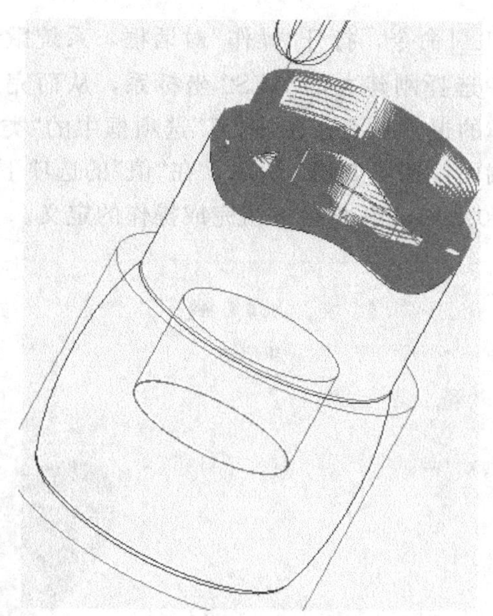

图 2-212　正弦曲面刀具路径

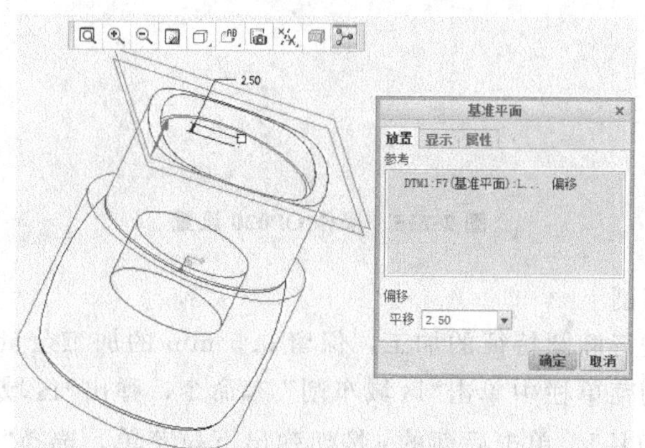

图 2-213　创建基准平面 DTM5

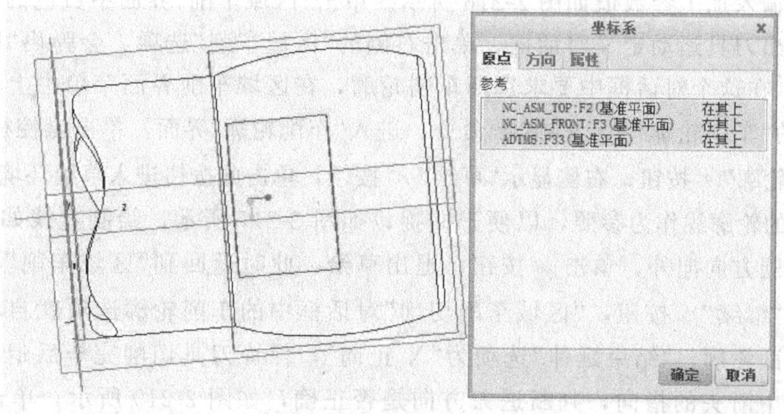

图 2-214　坐标系设定

在菜单栏单击“操作”命令，打开“操作”对话框，系统默认选中之前建立的车床工作中心，在选项框中选择刚建立的ACS2坐标系，从而完成加工零点的设置。单击“间隙”选项卡定义操作的退刀平面，在“退刀”选项框中的“类型”选项下选择“平面”，在绘图区选中工件的右端面，如图2-215所示，在“值”的选项下输入“10”，即退刀平面离开工件右端面距离为10 mm，单击按钮完成操作的定义。

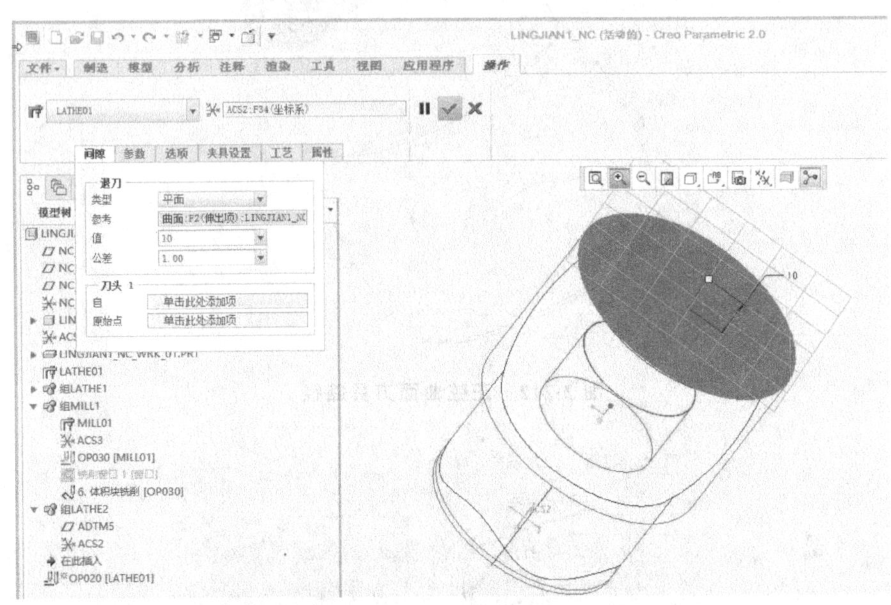

图 2-215 操作 OP020 设置

(17)创建区域车削

对绘图区工件进行椭圆特征的加工，保留0.5 mm的加工余量；选择区域车削方式，在“车削”界面的菜单栏中单击“区域车削”命令，弹出“区域车削”界面，在“刀具”选项显示“无刀具”，单击后面的按钮弹出下拉菜单，选择“T0001”刀具，单击“确定”完成刀具设定。单击“区域车削”界面中黄色的“参数”选项卡，弹出加工参数定义对话框，输入加工参数值如图2-216所示。单击“区域车削”界面中黄色的“刀具运动”选项卡，弹出刀具运动定义对话框，单击右侧的“区域车削”选项，会弹出“区域车削切削”对话框，在这个对话框中要求选择车削轮廓，在区域车削界面菜单栏上单击“几何”菜单下的“车削轮廓”**车削轮廓**命令，进入“车削轮廓”界面，单击操控栏上“使用草绘定义车削轮廓”按钮，右侧显示“草绘”按钮，单击此按钮进入草绘环境，注意添加参照模型孔的轮廓线作为参照，以便于捕捉，如图2-217所示，绘制直线如图2-218所示，保证切削方向向外，单击按钮，退出草绘，此时返回到“区域车削”界面，在操控栏上单击“继续”按钮，“区域车削切削”对话框中的车削轮廓选项就自动选中了刚刚建立的车削轮廓，“结束延伸”选项为“*X* 正向”，保证刀具切削完毕后退刀正常，通过绘图环境中箭头的指向，判断退刀方向是否正确，如图2-219所示，单击按钮完成“区域车削切削”定义。界面返回到“区域车削”操作界面，在操控栏上单击▥按钮查看区域车削的刀具路径，如图 2-220 所示，从而判断刀具路径是否符合零件加工要求，单击✔按钮完成区域车削命令。

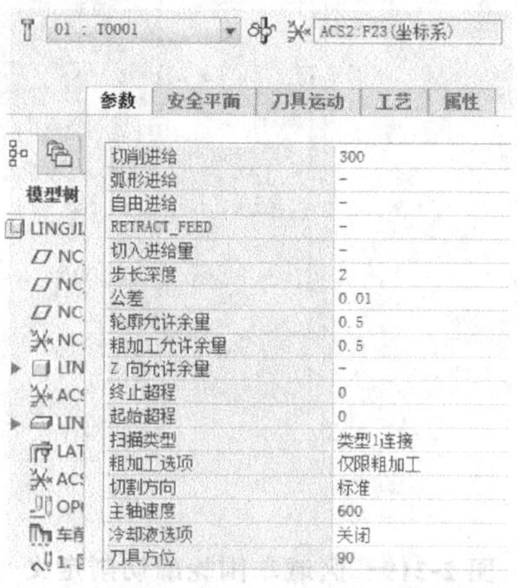

图 2-216　区域车削加工参数设定

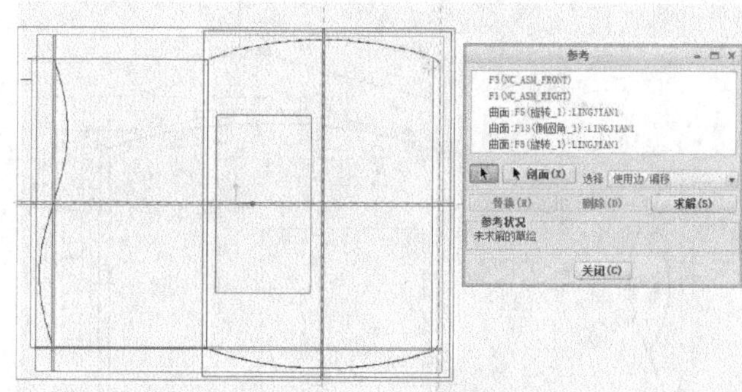

图 2-217　区域车削轮廓草绘参照定义

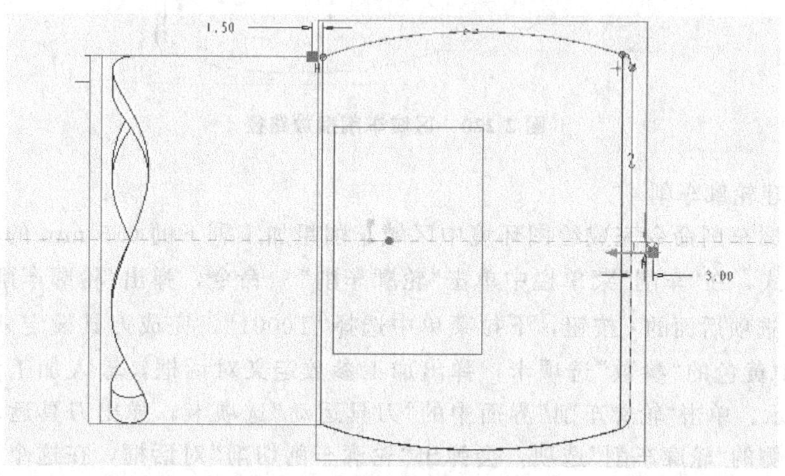

图 2-218　区域车削轮廓草绘定义

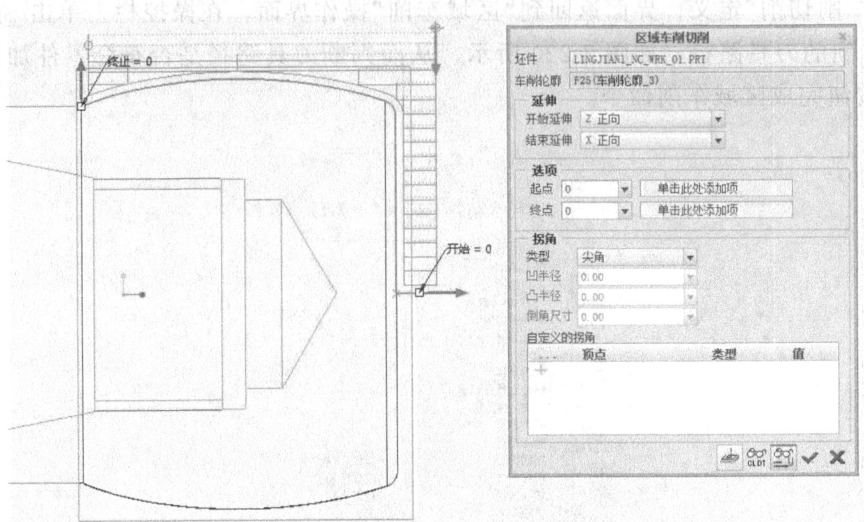

图 2-219　区域车削轮廓切削定义

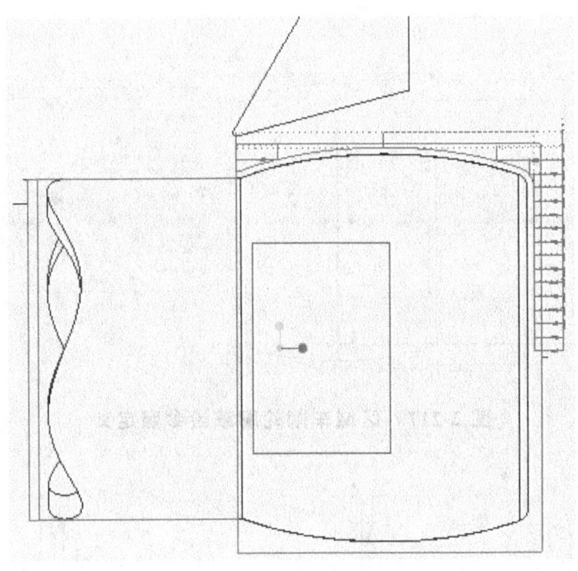

图 2-220　区域车削播放路径

(18)创建轮廓车削

通过轮廓车削命令完成绘图环境中区域车削粗加工剩下的 0.5 mm 的余量；选择轮廓车削方式，在“车削”菜单栏中单击“轮廓车削”命令，弹出“轮廓车削”界面，单击“刀具”选项后面的按钮，下拉菜单中选择“T0001”，完成刀具设定。单击“轮廓车削”界面中黄色的“参数”选项卡，弹出加工参数定义对话框，输入加工参数值，如图 2-221 所示。单击“轮廓车削”界面中的“刀具运动”选项卡，弹出刀具运动定义对话框，单击右侧的“轮廓车削”选项，会弹出“轮廓车削切削”对话框，在这个对话框中要求选择车削轮廓，单击上一步区域车削创建的车削轮廓，完成车削轮廓的选择，单击“轮廓车削切削”对话框底部的✓按钮，退出“轮廓车削切削”对话框，界面返回到“轮廓车削”操作界面，在操控栏上单击按钮查看轮廓车削的刀具路径，如图 2-222 所示，从而判断刀具路径是否符合零件加工要求，单击✓按钮完成轮廓车削命令。

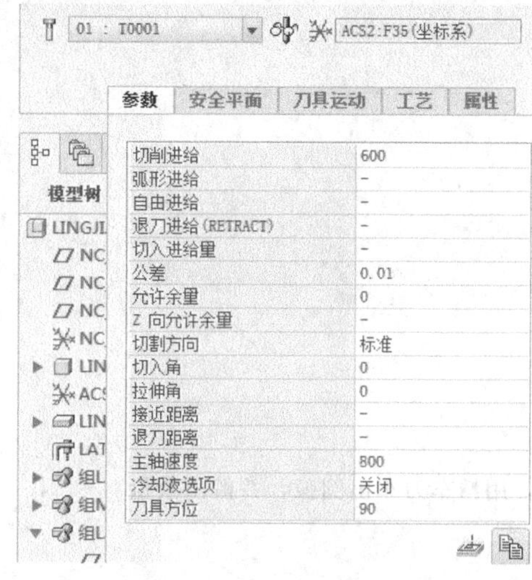

图 2-221　轮廓车削加工参数

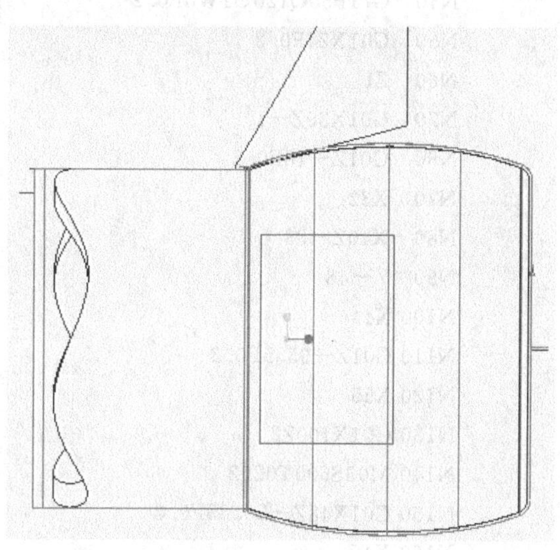

图 2-222　轮廓车削播放路径

(19)材料移除切削

螺纹加工完成后，可通过材料移除显示零件最终的加工形状。在“车削”界面中单击“制造几何”菜单右侧▾按钮，下拉显示快捷菜单，单击“材料移除切削”材料移除切削命令，弹出“菜单管理器”快捷菜单，在管理器上分别选择“1：区域车削 3”“2：轮廓车削 3”，如图 2-223 所示，弹出新的菜单管理器，在弹出的菜单上选择“自动”“完成”命令，弹出“相交元件”对话框，勾选对话框左上侧的“自动更新”选项，单击“确定”按钮完成工件的材料移除，最终加工零件的形状如图 2-224 所示。

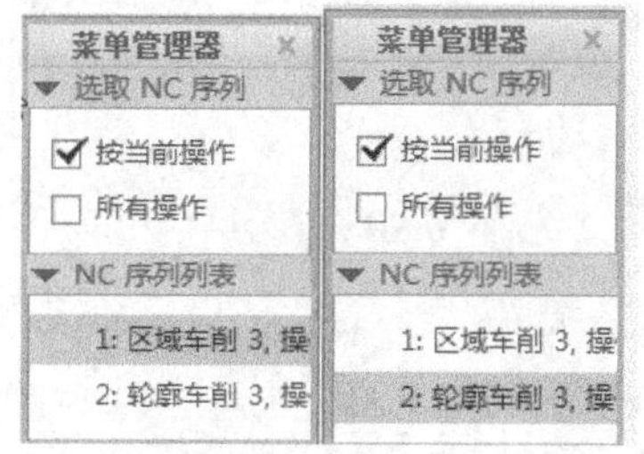

图 2-223　材料切除 NC 序列选择

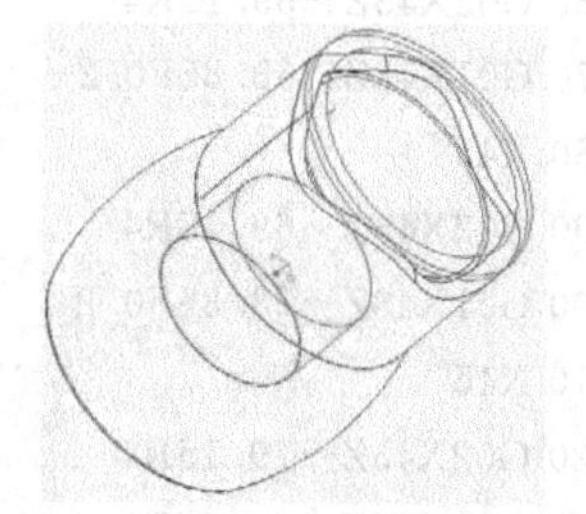

图 2-224　最终紧固套加工图

2. 紧固轴零件编程

1)紧固轴零件手动编制程序

右端：打中心孔，一夹一顶车。

```
O0004
N10  M03S600T0101
N20  G01X59Z2F0.2
N30  G71U1.5R1
N40  G71P50Q120U1W0F0.2          //用 G71 循环指令车外圆，留出精车余量
N50  G01X24F0.2
N60  Z1
N70  G01X30Z-1
N60  G01Z-18F0.2
N70  X32
N80  X40Z-38
N90  Z-48
N100 X44
N110 G01Z-95.5F0.2
N120 X55
N130 G01X100Z2
N140 M03S600T0202                //找点，用精车刀车出圆弧，并留出余量
N150 G01X48Z-56.85F0.2
N160 X45
N170 G02X45Z-58.15R4
N180 G01X48Z-66.85F0.2
N190 X45
N200 G02X45Z-68.15R4
N210 G01X48Z-76.85F0.2
N220 X45
N230 G02X45Z-78.15R4
N240 G01X48Z-55.85F0.2
N250 X45
N260 G02X45Z-59.15R4
N270 G01X48Z-63.85F0.2
N280 X45
N290 G02X45Z-69.15R4
N300 G01X48Z-73.85F0.2
N310 X45
N320 G02X45Z-79.15R4
N330 G01X48Z-54.85F0.2
N340 X45
N350 G02X45Z-60.15R4
N360 G01X48Z-64.85F0.2
N370 X45
N380 G02X45Z-70.15R4
```

```
N390 G01X48Z－74.85F0.2
N400 X45
N410 G02X45Z－80.15R4
N420 G01X100Z2F0.2
N430 M03S1500T0202                    //精车外圆及圆弧特征
N440 G01X30.3F0.05
N450 Z－18
N460 X32.5
N470 X40.5Z－38
N480 Z－48
N490 X44.5
N500 Z－54.85
N510 G02X44.5Z－60.15R4
N520 G01Z－64.85F0.05
N530 G02X44.5Z－70.15R4
N540 G01Z－74.85F0.05
N550 G02X44.5Z－80.15R4
N560 G01Z－95.5F0.05
N570 X58
N580 G01X100Z2F0.2
N430 M03S400T0303                     //用车槽刀车槽
N440 G01X34Z－18F0.2
N450 G01X26F0.05
N460 G01X100F0.2
N470 Z2
N480 M03S400T0404
N490 G01X29.8F0.2
N500 G92X29.1Z－17F2                  //用 G92 循环指令车螺纹
N510 X28.5
N520 X27.9
N530 X27.5
N540 X27.4
N550 X27.4
N560 X27.4
N570 X27.4
N580 G01X100Z2F0.2
N590 M05
N600 M30
```

左端：调头控制总长，钻孔，镗孔。

O0002

```
N10  M03S600T0505
N20  G00X26Z2
N30  G71U1.5R1
N40  G71P50Q130U0.8W0F0.2          //用 G71 循环指令镗孔
N50  G01X41F0.2
N60  Z0
N60  X40Z-0.5
N60  Z-2.5
N70  G02X35Z-5R2.5F0.2
N80  G01X33.961F0.2
N90  Z-7.5
N100 X30Z-15
N110 Z-25
N120 X25
N130 Z-30
N140 G00X26Z100
N150 M03S1500T0505
N160 G70P50Q130F0.1
N170 G00X26Z100
N180 M05
N190 M30
```

左端外圆粗精车。

```
O0001
M03S600T0101
N10  G00X58.5Z2
N20  G71U1.5R1
N30  G71P40Q90U1W0F0.2          //用 G71 循环指令粗精车外圆
N40  G00X44
N50  G01Z0F0.2
N60  X45Z-0.5
N60  Z-2.5
N60  G03X50Z-5R2.5F0.2
N70  G01X54F0.2
N80  X55Z-5.5F0.2
N90  Z-16
N100 G00X100Z100
N100 M03S1500T0202
N100 G70P40Q90F0.05
N110 G00X100Z200
N120 M05
```

```
N130 M30
```

右端，打中心孔，一夹一顶车(成型刀)。

```
O00005
N10  M03S600T0101
N20  G01X59Z2F0.2
N30  G71U1.5R1
N40  G71P50Q120U1W0F0.2        //用G71循环指令粗精车外圆
N50  G01X24F0.2
N60  Z1
N70  G01X30Z-1
N60  G01Z-18F0.2
N70  X32
N80  X40Z-38
N90  Z-48
N100 X44
N110 G01Z-95.5F0.2
N120 X55
N130 G01X100Z2
N140 G70P50Q120F0.1
N140 G00X100Z2                 //在此处用成型刀车出圆弧特征
N430 M03S400T0303              /用车槽刀车槽
N440 G01X34Z-18F0.2
N450 G01X26F0.05
N460 G01X100F0.2
N470 Z2
N480 M03S400T0404
N490 G01X29.8F0.2
N500 G92X29.1Z-17F2            //用G92循环指令车螺纹
N510 X28.5
N520 X27.9
N530 X27.5
N540 X27.4
N550 X27.4
N560 X27.4
N570 X27.4
N580 G01X100Z2F0.2
N590 M05
N600 M30
```

2)紧固轴零件 CAM 编制程序

(1)参照模型调入

首先进入制造环境，单击“新建”按钮，弹出“新建”对话框选择“制造”选项，取消“使用默认模板”，单击“确定”按钮弹出“新文件选项”对话框，选择“mmns_mfg_nc”公制模板，单击“确定”按钮进入制造环境，在菜单栏单击“调入参照模型”命令，在“打开”对话中选择已经建模好的 PRT 文件“lingjian2. prt”，如图 2-225 所示，单击“打开”按钮进入放置模式，以“默认”模式放置参照模型，约束“状况”显示为“完全约束”如图 2-226 所示，单击✔按钮完成调入参照模型。

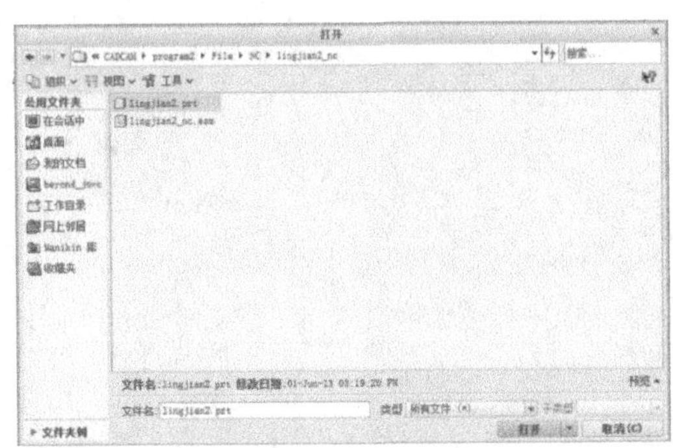

图 2-225　调入参照模型

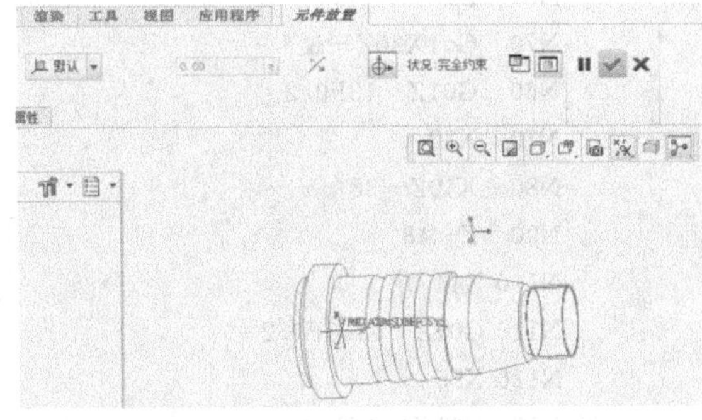

图 2-226　放置参照模型

(2)创建工件

在菜单栏单击“自动工件”命令，打开“创建自动工件”对话框，默认是矩形工件，这里选择圆柱体，单击“选项”选项卡，弹出对话框，在“旋转偏移”选项组中将“关于 Y”选项输入值“90”，得到正确的装配方式，系统自动将工件和参照模型装配好，在尺寸项里面输入工件尺寸大小，如图 2-227 所示，单击✔按钮完成自动工件的创建。

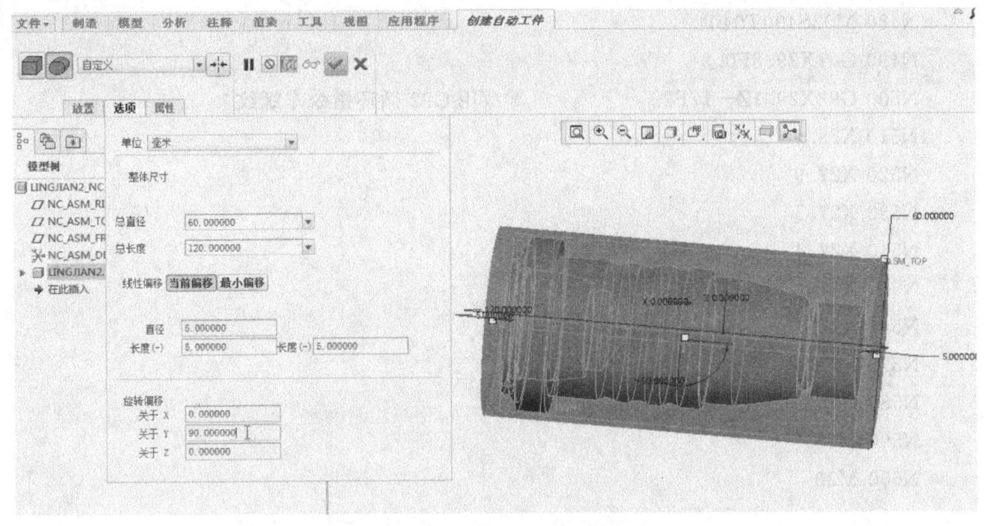

图 2-227　自动工件创建

(3)创建车削加工坐标系

在菜单栏单击“坐标系”坐标系命令，打开“坐标系”对话框，在“原点”选项卡中的“参考”选项框里依次选择“NC_ASM_FRONT”“NC_ASM_TOP”和工件的左端面，如图 2-228 所示(注意选择顺序，是依次选择，保证 X、Y、Z 轴的方向；如果选择顺序出现错乱，将导致 X、Y、Z 轴与我们设置的加工零点的要求不一致，可以单击“坐标系”对话框中的“方向”选项卡，来调整 X、Y、Z 轴，以确保和加工零点的要求一致)。

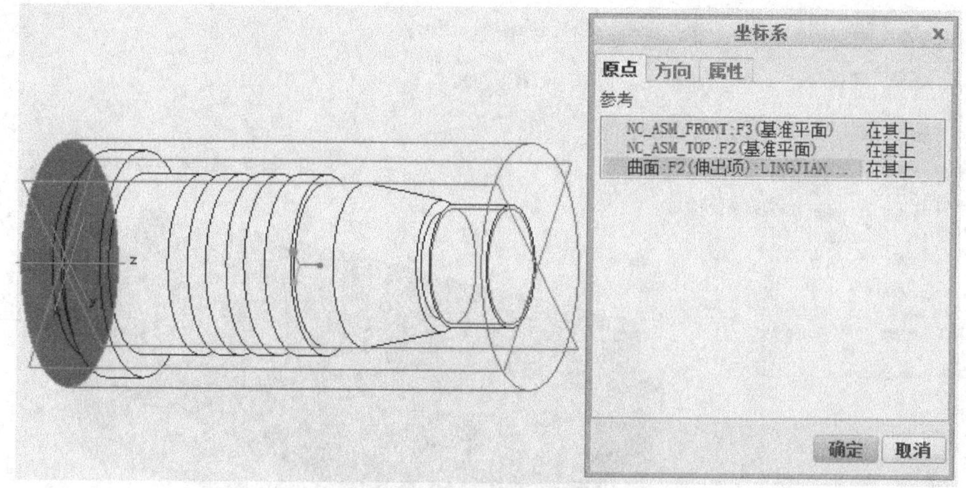

图 2-228　坐标系设定

注意：车床坐标系 Z 轴方向为机床主轴线方向，以刀具远离卡盘方向为 Z 轴正向，X 轴方向为水平面上垂直于旋转轴线的方向，以刀具离开主轴线的方向为正向。

(4)创建车削机床

在菜单栏单击“工作中心”命令，选择“车床”车床选项，打开“车床工作中心”对话框，设置车床的相关参数，单击✔按钮完成车床工作中心的定义，如图 2-229 所示。

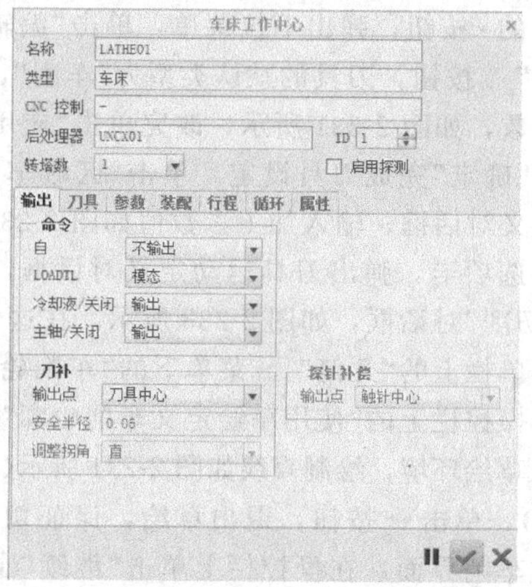

图 2-229　创建车床工作中心

(5)创建操作

在菜单栏单击“操作”命令，打开“操作”界面，系统默认选中刚建立的车床工作中心，在选项框中选择之前建立的坐标系“ACS1”，从而完成加工零点的设置。单击“间隙”选项卡，在“退刀”选项框中的“类型”选项选择“平面”，在绘图区选中工件的右端面，在“值”选项输入“10”，即退刀平面离开工件右端面距离为 10 mm。单击按钮完成操作的定义，如图 2-230 所示。

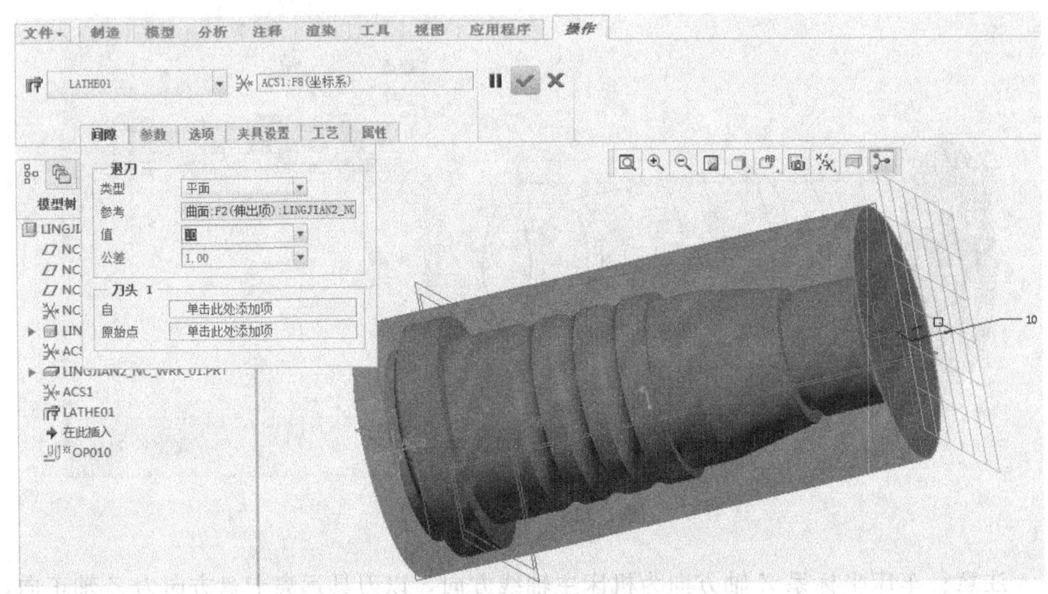

图 2-230　操作的加工零点和退刀面设置

(6)创建区域车削

首先对工件右端面进行加工，选择区域车削方式，保留 0.5 mm 的余量。在“车削”界面的菜单栏中单击“区域车削”命令，打开“区域车削”界面，在区域车削操控栏上单击“刀具”选项后面的按钮，弹出下拉菜单，单击“编辑刀具”选项，弹出“刀具设定”对话框，单击“新建”按钮，刀具的默认类型为“车削”，可以在下方刀具细节设置对话框，更改车刀的参数，如图 2-231 所示，改完单击“应用”，“T0001”刀具就出现在上方的对话框中，单击“确定”完成刀具设定。单击“区域车削”界面中黄色的“参数”选项卡，弹出加工参数定义对话框，输入加工参数值如图 2-232 所示。单击“区域车削”界面中黄色的“刀具运动”选项卡，弹出刀具运动定义对话框，单击右侧的“区域车削”选项，会弹出“区域车削切削”对话框，如图 2-233 所示，在这个对话框中要求选择车削轮廓，单击“区域车削”菜单栏上的“几何”菜单下的“车削轮廓”车削轮廓命令，打开“车削轮廓”界面，单击操控栏上的“使用草绘定义车削轮廓”按钮，右侧显示“草绘”按钮，单击此按钮进入草绘环境，绘制直线如图 2-234 所示(注意添加参照模型外轮廓线作为参照，以便于捕捉)，单击按钮，退出草绘，保证切削方向向上，如图 2-235 所示；此时，返回到区域车削界面，在操控栏上单击“继续”按钮，“区域车削切削”

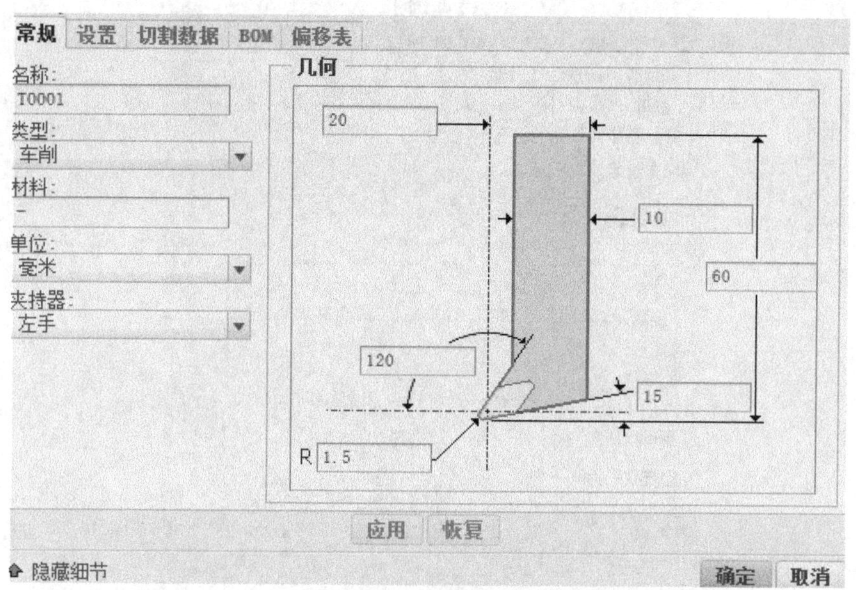

图 2-231 区域车削刀具设定

参数 安全平面 刀具运动 工艺 属性

切削进给	300
弧形进给	-
自由进给	-
退刀进给(RETRACT)	-
切入进给量	-
步长深度	2
公差	0.01
轮廓允许余量	0.5
粗加工允许余量	0.5
Z 向允许余量	-
终止超程	0
起始超程	0
扫描类型	类型1连接
粗加工选项	仅限粗加工
切割方向	标准
主轴速度	600
冷却液选项	关闭
刀具方位	90

图 2-232 区域车削加工参数定义

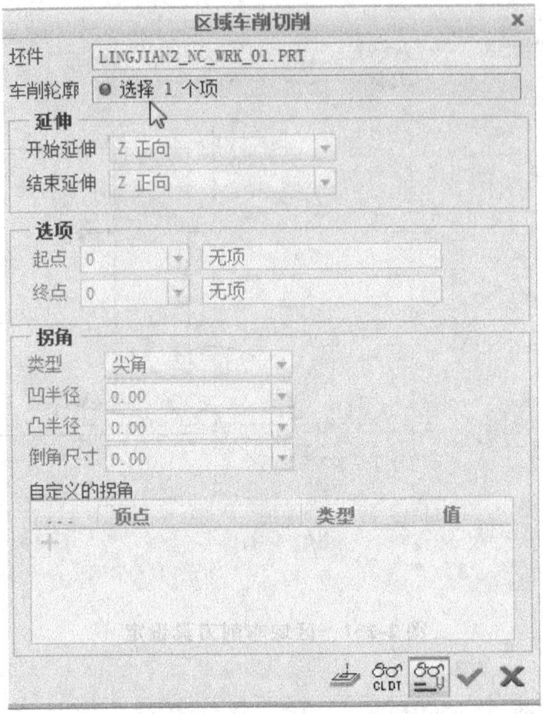

图 2-233　区域车削的切削定义

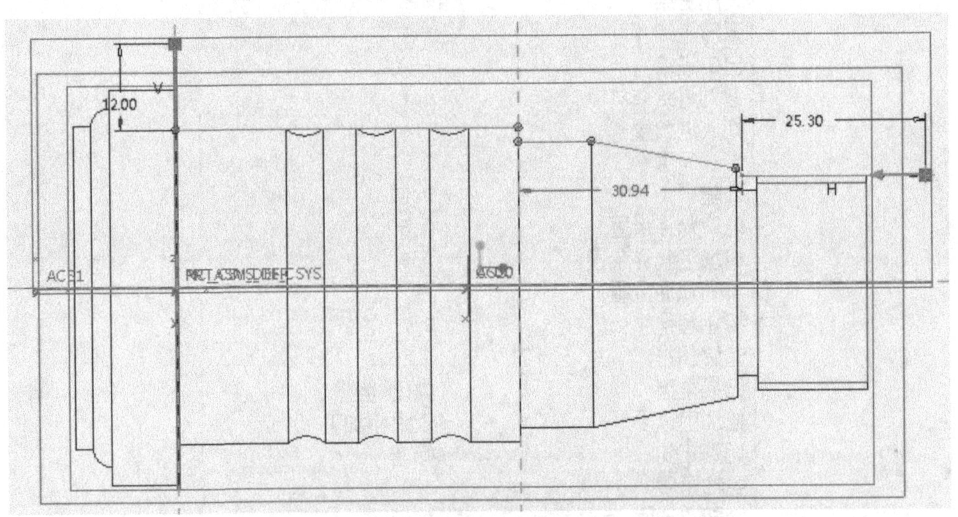

图 2-234　绘制车削轮廓

对话框中的车削轮廓选项就自动选中了刚刚建立的车削轮廓，修改“结束延伸”选项为“*X* 正向”，保证刀具切削完毕后退刀正常，通过绘图环境中箭头的指向判断退刀方向是否正确，如图 2-236 所示，单击✔按钮完成“区域车削切削”定义。界面返回到“区域车削”操作界面，在操控栏上单击按钮查看区域车削的刀具路径，如图 2-237 所示，从而判断刀具路径是否符合零件加工要求，也可以单击其后面▾按钮选择来进行切除材料的演示(一般是“nc_check”或者“vericut”，取决于在选项配置卡里的“nccheck_type”参数的设置情况)，或者选择按钮来进行零件的过切检查，单击✔按钮完成区域车削命令。

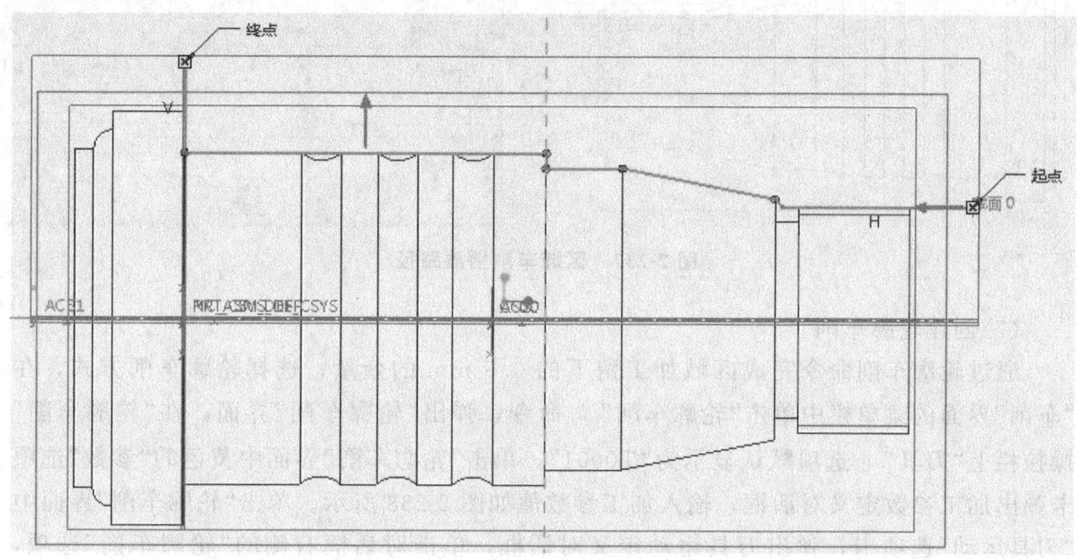

图 2-235　车削轮廓切削方向

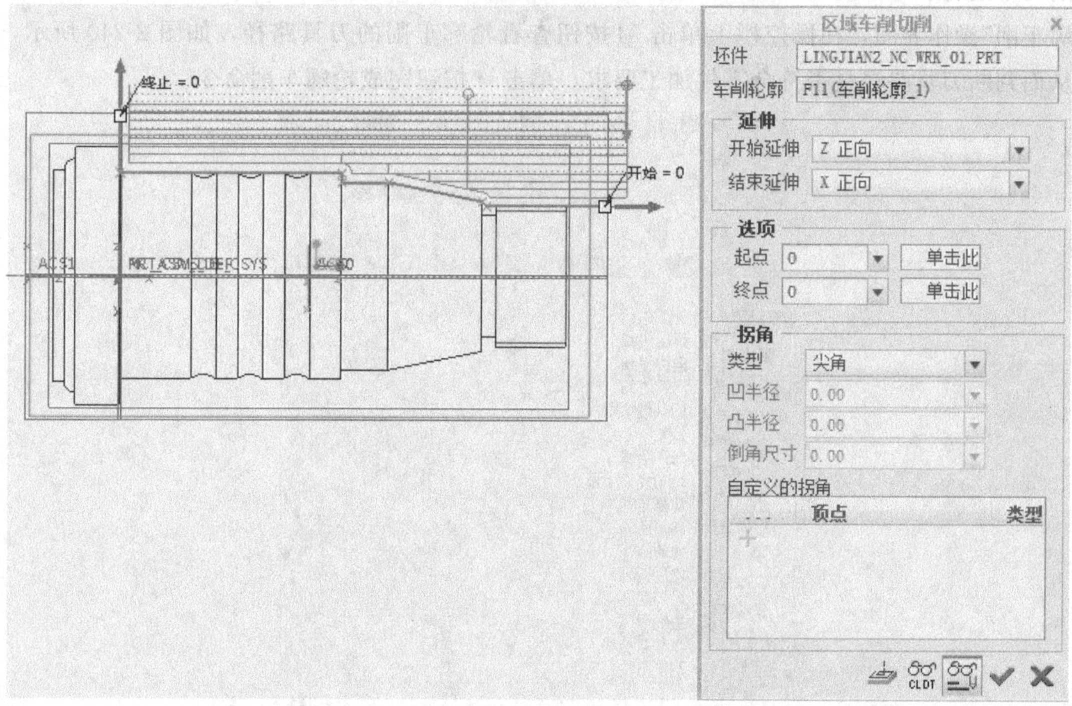

图 2-236　区域车削切削定义

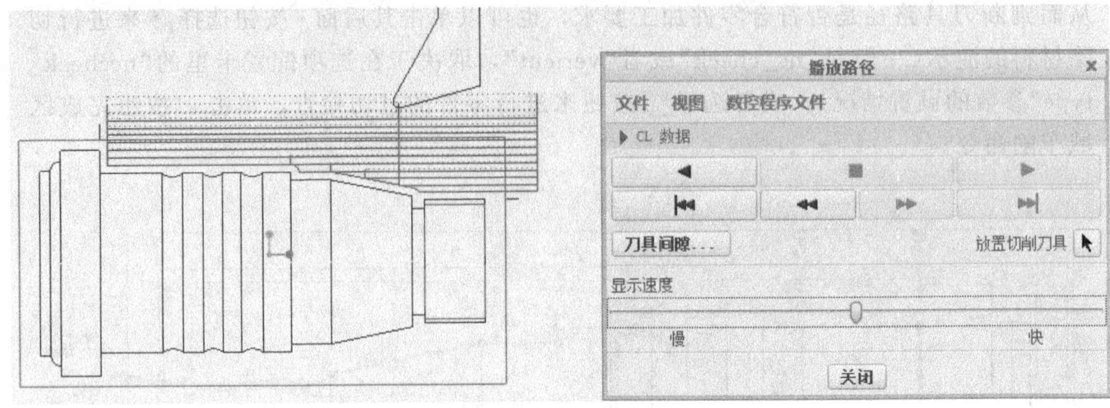

图 2-237 区域车削播放路径

(7)创建轮廓车削

通过轮廓车削命令完成区域加工留下的 0.5 mm 的余量；选择轮廓车削方式，在“车削”界面的菜单栏中单击“轮廓车削”命令，弹出“轮廓车削”界面，在“轮廓车削”操控栏上“刀具”选项默认显示为“T0001”。单击“轮廓车削”界面中黄色的“参数”选项卡弹出加工参数定义对话框，输入加工参数值如图 2-238 所示。单击“轮廓车削”界面中“刀具运动”选项卡，弹出刀具运动定义对话框，单击对话框右侧的“轮廓车削”选项，会弹出“轮廓车削切削”对话框，在这个对话框中要求选择车削轮廓，选取上一步区域车削的车削轮廓，如图 2-239 所示，单击✔按钮完成“轮廓车削切削”定义。界面返回到“轮廓车削”操作界面，在操控栏上单击按钮查看轮廓车削的刀具路径，如图 2-240 所示，从而判断刀具路径是否符合零件加工要求，单击✔按钮完成轮廓车削命令。

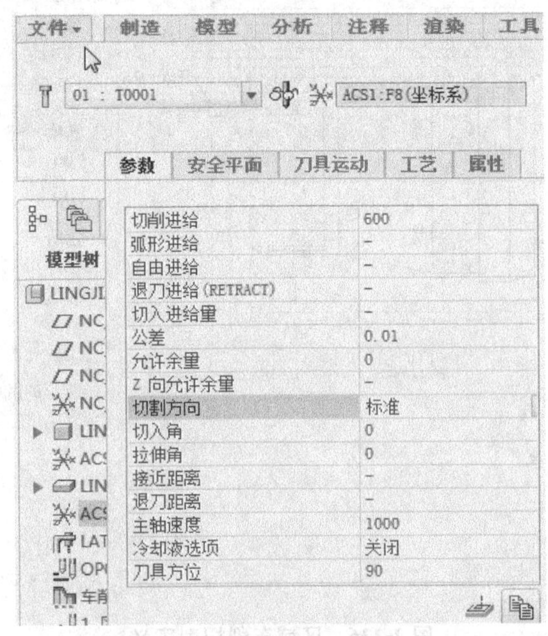

图 2-238 轮廓车削加工参数定义

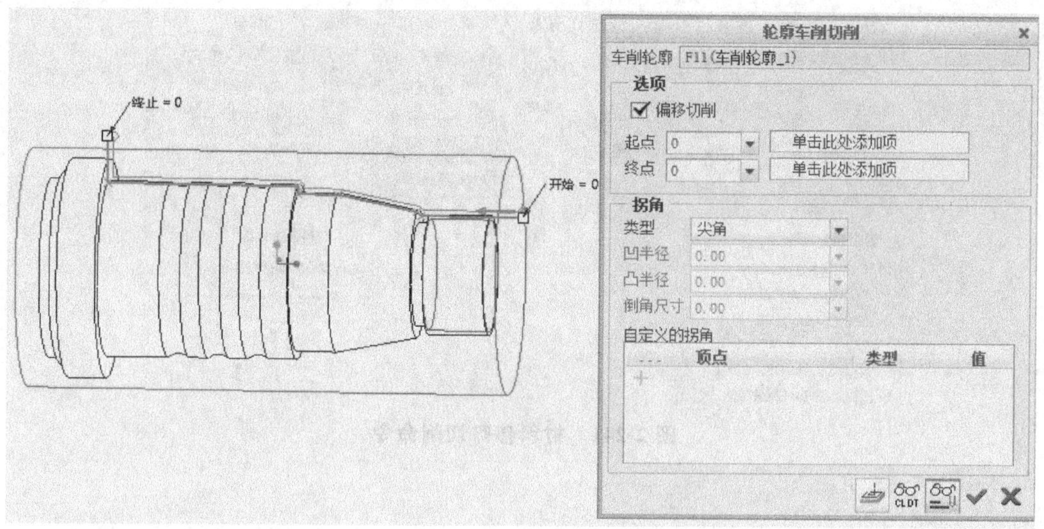

图 2-239 轮廓车削切削定义

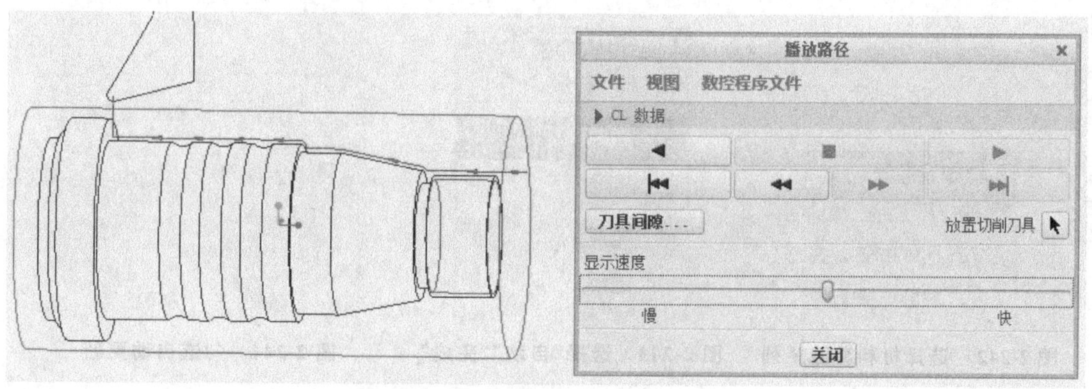

图 2-240 轮廓车削播放路径

(8)材料移除切削

工件右端零件完成加工后，需要材料移除显示零件的半成品，在“车削”菜单栏中单击“制造几何”菜单右侧按钮，弹出下拉菜单，单击“材料移除切削”材料移除切削命令，如图 2-241 所示，弹出“菜单管理器”快捷菜单，在管理器上选择“1：区域车削 1”“2：轮廓车削 1”，如图 2-242 所示，弹出新的“菜单管理器”快捷菜单，在弹出的菜单上选择“自动”“完成”命令如图 2-243 所示，弹出“相交元件”对话框，勾选对话框左上侧的“自动更新”选项，如图 2-244 所示，单击“确定”按钮完成所有 NC 序列的材料移除。

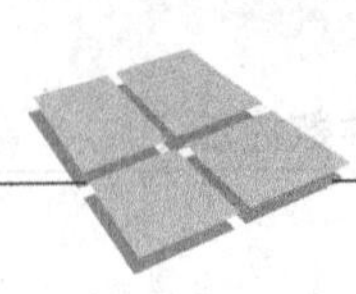

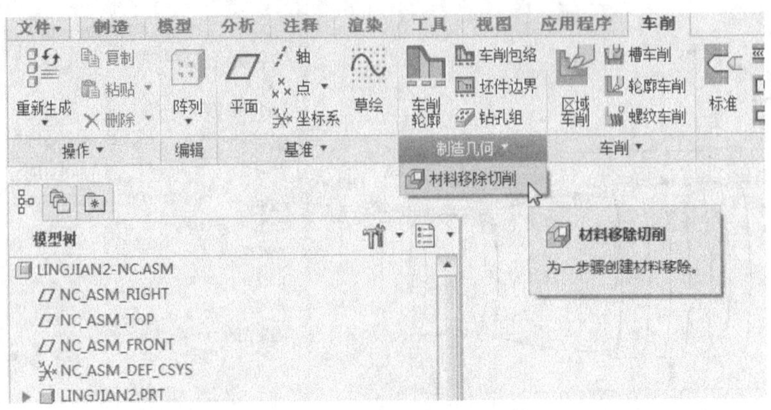

图 2-241 材料移除切削命令

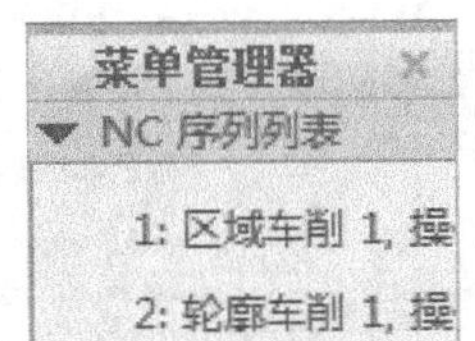

图 2-242 选择材料移除序列

图 2-243 选择“自动”“完成”

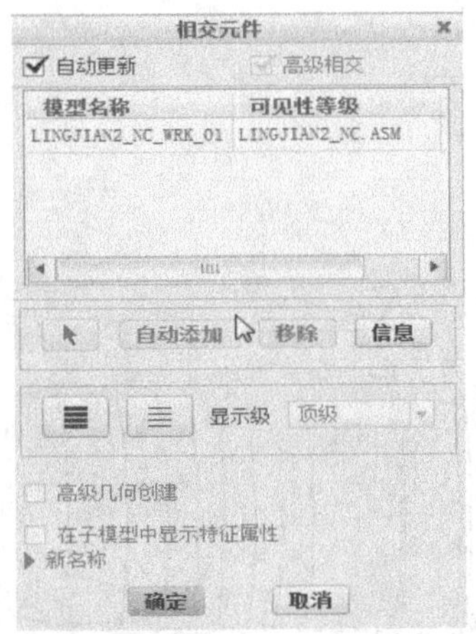

图 2-244 勾选自动更新

(9)槽切削 1

参照零件的凹槽需要通过槽切削来进行加工。选择槽车削方式，在“车削”界面的菜单栏中单击“槽车削” 槽车削命令，弹出“槽车削”界面，单击“刀具”选项后面的按钮弹出下拉菜单，单击“编辑刀具”选项，弹出“刀具设定”对话框，单击“新建”按钮，刀具的默认类型为“车削槽加工”，可以在下方刀具细节设置对话框，更改车刀的参数，如图 2-245 所示，参数设置完成后单击“应用”，“T0002”刀具就出现在上方的对话框中，单击“确定”完成刀具设定。单击“槽车削”界面中黄色的“参数”选项卡弹出加工参数定义对话框，输入加工参数的数值，如图 2-246 所示。单击“槽车削”界面中黄色的“刀具运动”选项卡，弹出刀具运动定义对话框，单击右侧的“槽车削切削”选项，会弹出“槽车削切削”对话框如图 2-247 所示，在这个对话框中要求选择车削轮廓，在“槽车削切削”对话框打开的状态下，在屏幕的右上侧单击“几何”菜单下的“车削轮廓” 车削轮廓命令，打开车削轮廓界面，单击操控栏上“使用草绘定义车削轮廓”按钮，右侧显示“草绘”按钮，单击此按钮进入草绘环境，绘制直线如图 2-248 所示(注意添

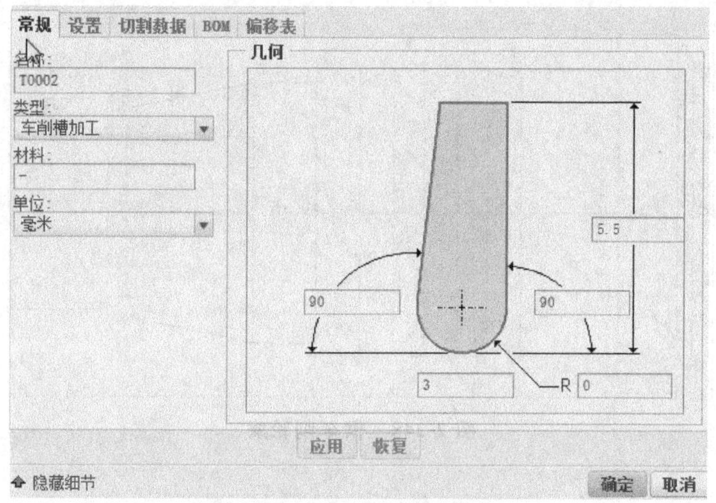

图 2-245 槽车削刀具参数设置

T0002 ACS1:F8(坐标系)

参数 | 安全平面 | 刀具运动 | 工艺 | 属性

切削进给	100
弧形进给	-
自由进给	-
公差	0.01
跨距	3
轮廓允许余量	0
粗加工允许余量	0
Z 向允许余量	-
扫描类型	类型 1
粗加工选项	仅限粗加工
切割方向	标准
坡口终止类型	没有后退切割
安全距离	5
接近距离	-
退刀距离	-
主轴速度	300
冷却液选项	关闭
刀具方位	90

图 2-246 槽车削加工参数设置

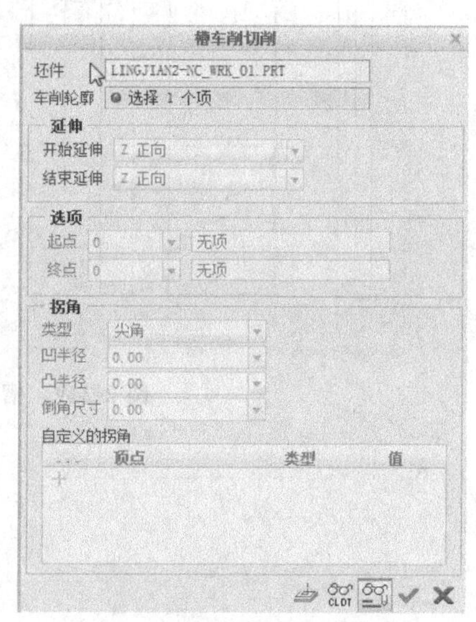

图 2-247 槽车削切削对话框

加参照模槽外轮廓线作为参照，以便于捕捉)，单击✓按钮，退出草绘，保证切削方向向上，如图 2-249 所示，此时，返回到“槽车削”界面，在操控栏上单击“继续”▸按钮，“槽车削切削”对话框中的“车削轮廓”选项就自动选中了刚刚建立的车削轮廓，“开始延伸”和“结束延伸”选项设置为“X 正向”，保证刀具切削完毕后退刀正常，通过绘图环境中箭头的指向判断退刀方向是否正确，如图 2-250 所示，单击✓按钮完成“槽车削切削”定义。界面返回到“槽车削”操作界面，在操控栏上单击按钮查看槽车削的刀具路径如图 2-251 所示，从而判断刀具路径是否符合零件加工要求，单击✓按钮完成槽车削命令。

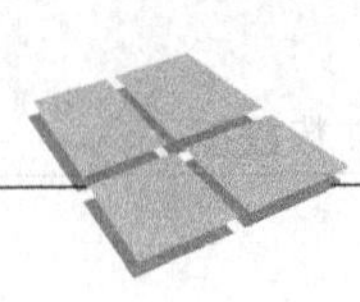

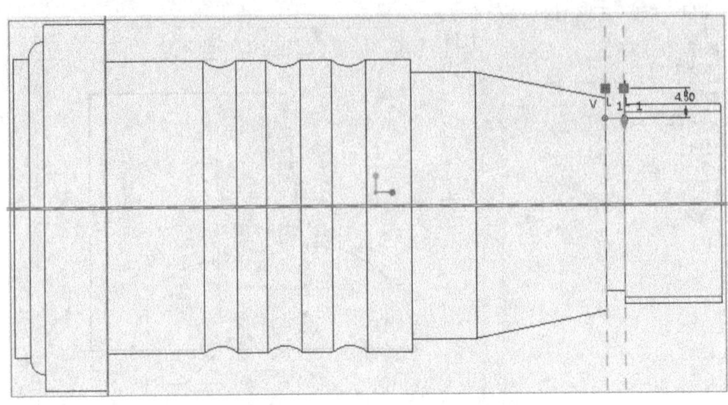

图 2-248　槽车削轮廓

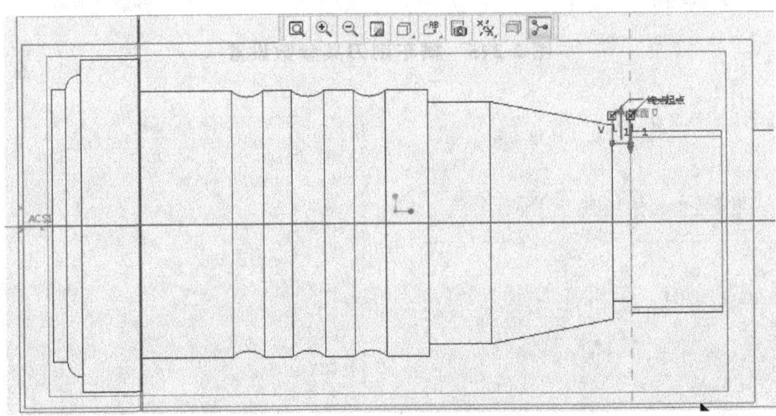

图 2-249　槽车削切削方向

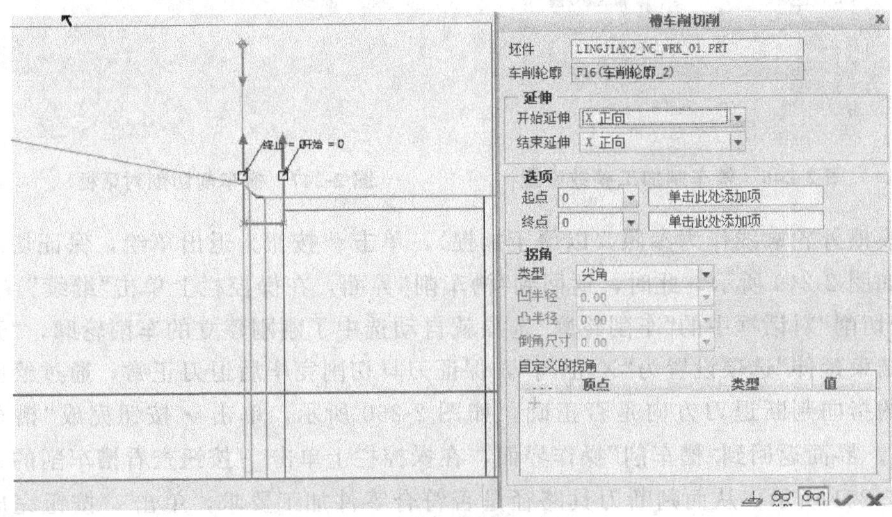

图 2-250　槽车削切削定义

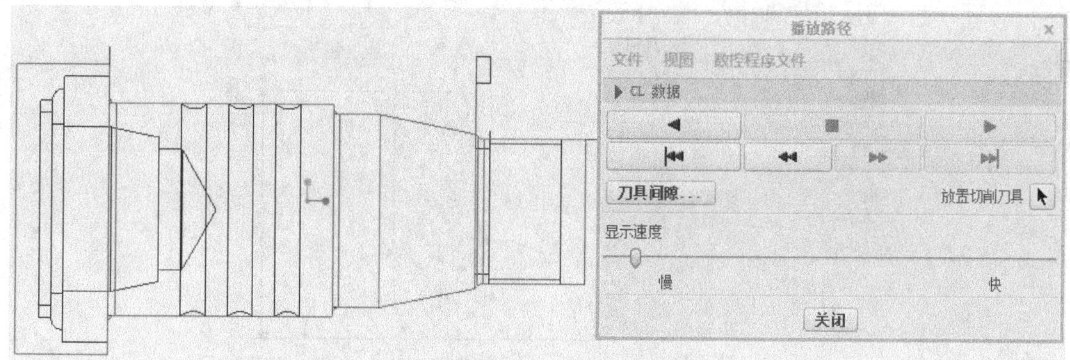

图 2-251　槽车削播放路径

(10)槽切削 2

参照零件的圆弧凹槽需要通过槽切削进行加工。选择槽车削方式，在“车削”界面的菜单栏中单击“槽车削”槽车削命令，弹出“槽车削”界面，单击“刀具”选项后面的按钮，弹出下拉菜单，单击“编辑刀具”选项，弹出“刀具设定”对话框，单击“新建”按钮，刀具的默认类型为“车削槽加工”，可以在下方刀具细节设置对话框，更改车刀的参数如图 2-252 所示，参数修改完后单击“应用”，“T0003”刀具就出现在上方的对话框中，单击“确定”完成刀具设定。单击“槽车削”界面中黄色的“参数”选项卡弹出加工参数定义对话框，输入加工参数值如图 2-253 所示。单击“槽车削”界面中黄色的“刀具运动”选项卡，弹出刀具运动定义的对话框，单击右侧的“槽车削切削”选项，会弹出“槽车削切削”对话框，如图 2-254 所示，在这个对话框中要求选择车削轮廓，在“槽车削切削”对话框打开的状态下，在屏幕的右上侧单击“几何”菜单下的“车削轮廓”车削轮廓命令，打开“车削轮廓”界面，在操控栏单击“使用草绘定义车削轮廓”按钮，右侧显示“草绘”按钮，单击此按钮进入草绘环境，绘制直线如图 2-255 所示(注意添加参照模型槽外轮廓线作为参照，以便于捕捉)，单击✔按钮，退出草绘，保证切削方向向上，如图 2-256 所示，此时，返回到“槽车削”界面，在操控栏上单击“继续”按钮，“槽车削切削”对话框中的车削轮廓选项就自动选中了刚刚建立的车削轮廓，“开始延伸”和“结束延伸”选项设置为“X 正向”，保证刀具切削完毕后退刀正常，通过绘图环境中箭头的指向判断退刀方向是否正确，如图 2-257 所示，单击✔按钮完成“槽车削切削”定义。界面返回到“槽车削”操作界面，在操控栏上单击按钮查看槽车削的刀具路径如图 2-258 所示，从而判断刀具路径是否符合零件加工要求，单击✔按钮完成槽车削命令。

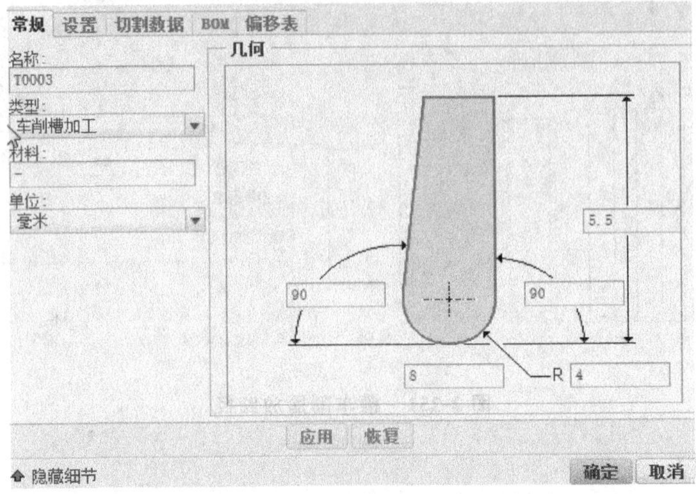

图 2-252　槽车削刀具参数设置

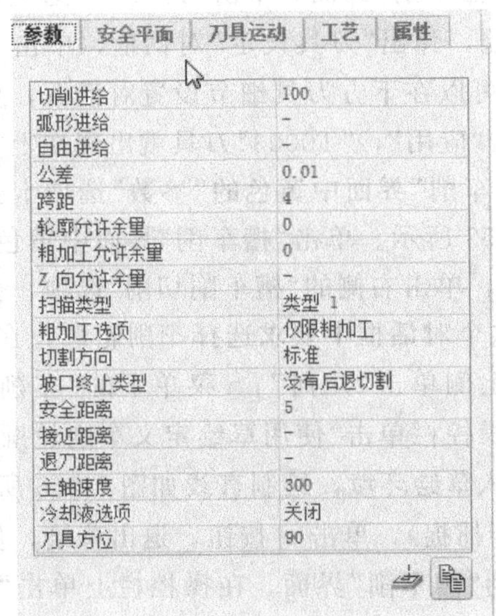

参数	安全平面	刀具运动	工艺	属性

参数	值
切削进给	100
弧形进给	-
自由进给	-
公差	0.01
跨距	4
轮廓允许余量	0
粗加工允许余量	0
Z 向允许余量	-
扫描类型	类型 1
粗加工选项	仅限粗加工
切割方向	标准
坡口终止类型	没有后退切割
安全距离	5
接近距离	-
退刀距离	-
主轴速度	300
冷却液选项	关闭
刀具方位	90

图 2-253　槽车削加工参数设置

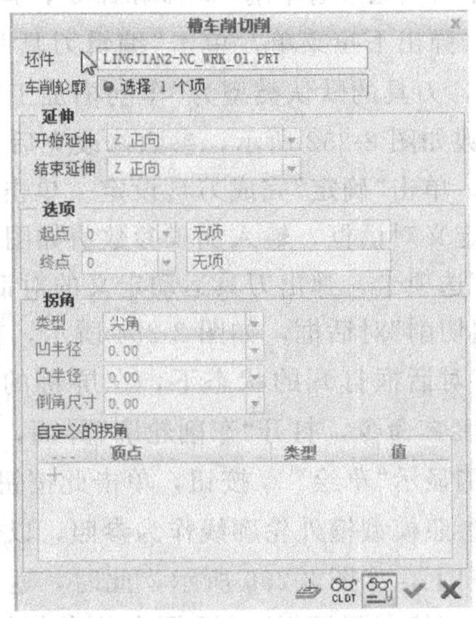

图 2-254　“槽车削切削”对话框

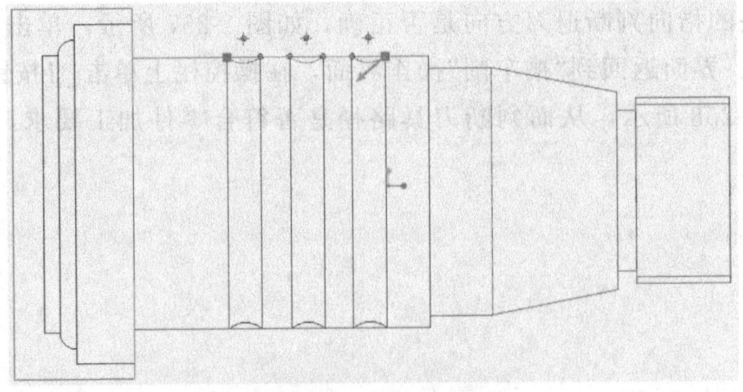

图 2-255　槽车削轮廓

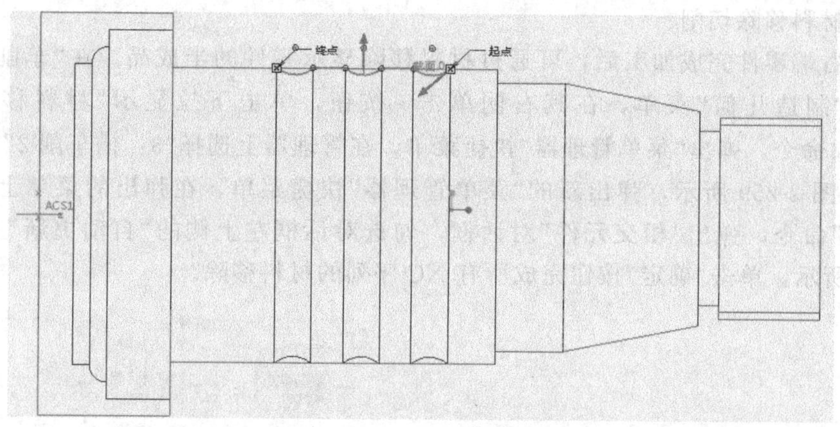

图 2-256 “槽车削切削”方向

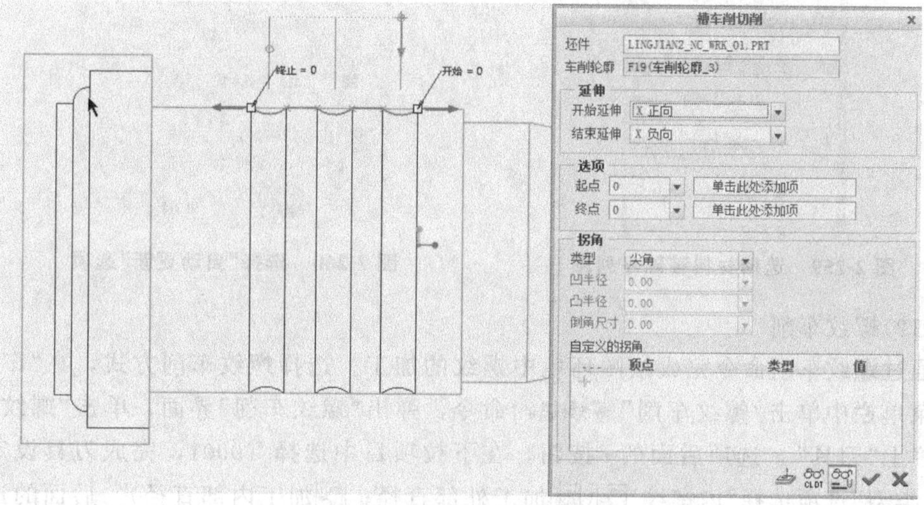

图 2-257 “槽车削切削”定义

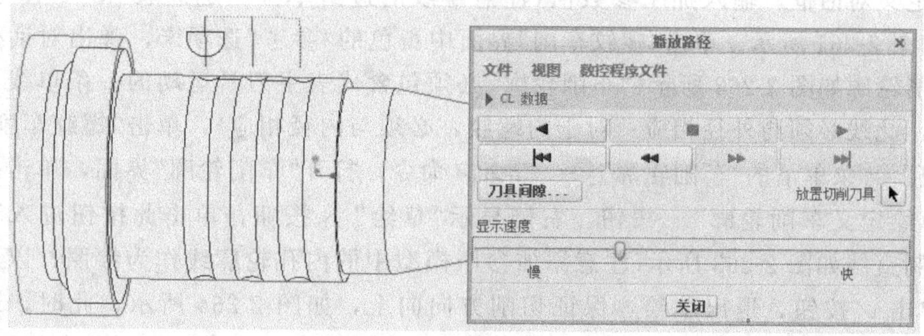

图 2-258 槽车削播放路径

(11)材料移除切削

工件右端零件完成加工后，可通过材料移除显示零件的半成品。在“车削”界面菜单栏找到“制造几何”菜单，在其右侧单击按钮，单击下拉显示“材料移除切削”材料移除切削命令，弹出“菜单管理器”快捷菜单，在管理器上选择“3：槽车削 2”“4：槽车削 3”，如图 2-259 所示，弹出新的“菜单管理器”快捷菜单，在弹出的菜单上选择“自动”“完成”命令，弹出“相交元件”对话框，勾选对话框左上侧的“自动更新”选项，如图 2-260 所示，单击“确定”按钮完成所有 NC 序列的材料移除。

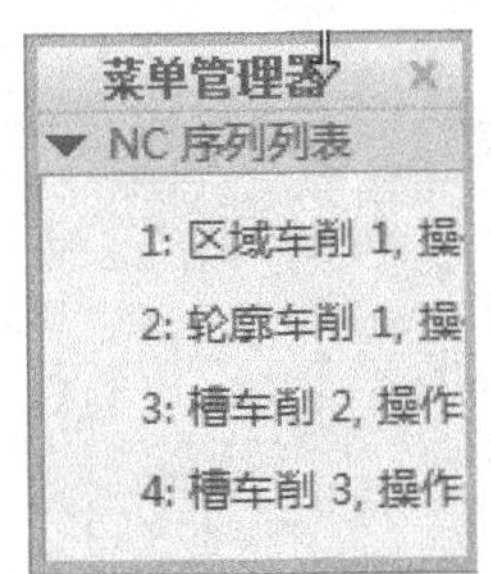

图 2-259 选择材料移除序列图

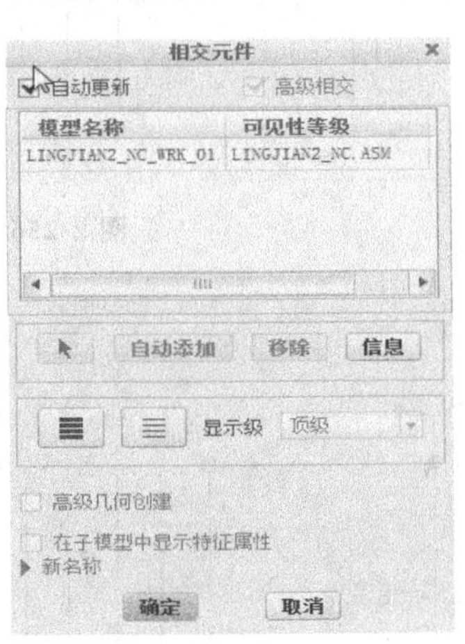

图 2-260 选择“自动更新”选项

(12)螺纹车削

通过螺纹车削命令完成绘图环境中螺纹的加工。选择螺纹车削方式，在“车削”界面的菜单栏中单击“螺纹车削”螺纹车削命令，弹出“螺纹车削”界面，单击“螺纹车削”操控栏上“刀具”选项后面的按钮，在下拉项目中选择 T0001，完成刀具设定。在“螺纹类型”选项选择“内螺纹”(加工外部直径；加工内部直径)，后面的选项默认为 统一 ISO；单击“螺纹车削”界面中黄色的“参数”选项卡，弹出加工参数定义对话框，输入加工参数值(注意螺纹的进给单位一定选取“MMPR”公制单位)，如图 2-261 所示。单击“螺纹车削”界面中黄色的“参考”选项卡，弹出对话框要求定义车削轮廓如图 2-262 所示(“车削轮廓”必须包含代表主刀具运动的一条单线。对于外螺纹，此线必须与外径相应；对于内螺纹，必须与内径相应)，单击“螺纹车削”界面中“几何”菜单下的“车削轮廓”车削轮廓命令，打开“车削轮廓”界面，单击操控栏“使用草绘定义车削轮廓”按钮，右侧显示“草绘”按钮，单击此按钮进入草绘环境，绘制直线如图 2-263 所示(注意添加参照模型中的内孔轮廓线作为参照，以便于捕捉)，单击✓按钮，退出草绘，保证切削方向向上，如图 2-264 所示，此时，返回到“螺纹车削”界面，在操控栏单击“继续”按钮，螺纹车削“参考”选项卡中的“车削轮廓”选项就自动选中了刚刚建立的车削轮廓，在操控栏上单击按钮查看螺纹车削的刀具路径，如图 2-265 所示，从而判断刀具路径是否符合零件加工要求，单击✓按钮完成螺纹车削命令。

参数	安全平面	刀具运动	工艺	属性

切削进给	80
自由进给	-
螺纹进给量	2
螺纹进给单位	MMPR
公差	0.01
允许余量	0
序号切割	0
安全距离	5
主轴速度	300
冷却液选项	关闭
刀具方位	90
余量百分比	0
进给角度	0

图 2-261　螺纹加工参数设定

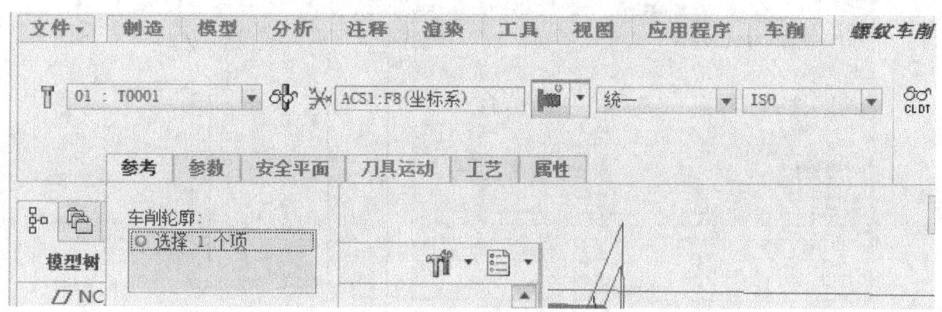

图 2-262　螺纹加工参考定义

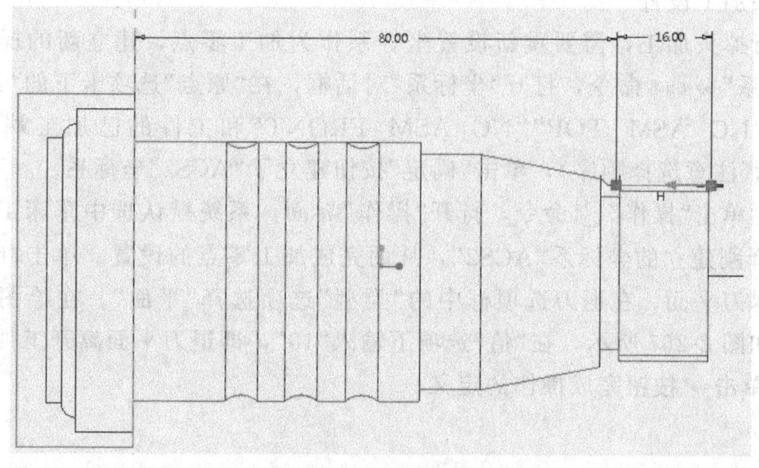

图 2-263　螺纹加工车削轮廓草绘

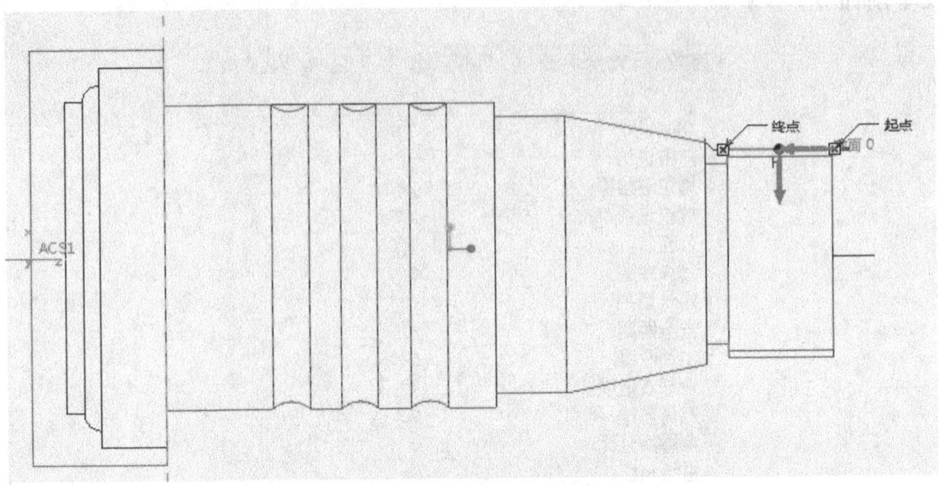

图 2-264 螺纹加工车削轮廓切削方向

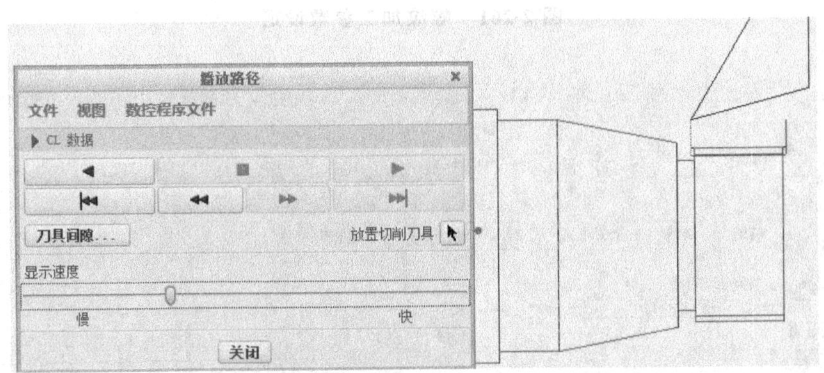

图 2-265 螺纹加工播放路径

(13)掉头加工设置

工件进行掉头加工，需要重新设置坐标系作为加工零点，建立新的操作。在菜单栏单击“坐标系”坐标系命令，打开“坐标系”对话框，在“原点”选项卡下的“参考”选项框中依次选择“NC_ASM_TOP”“NC_ASM_FRONT”和工件的已加工端的端面，如图 2-266 所示(注意选择顺序)，单击“确定”按钮建立了“ACS2”坐标系。

在菜单栏单击“操作”命令，打开“操作”界面，系统默认选中车床工作中心，在选项框选择刚建立的坐标系“ACS2”，从而完成加工零点的设置。单击“间隙”选项卡定义操作的退刀平面，在退刀选项框中的“类型”选项选择“平面”，在绘图区选中工件的右端面，如图 2-267 所示，在“值”选项下输入“10”，即退刀平面离开工件右端面距离为 10 mm，单击✔按钮完成操作的定义。

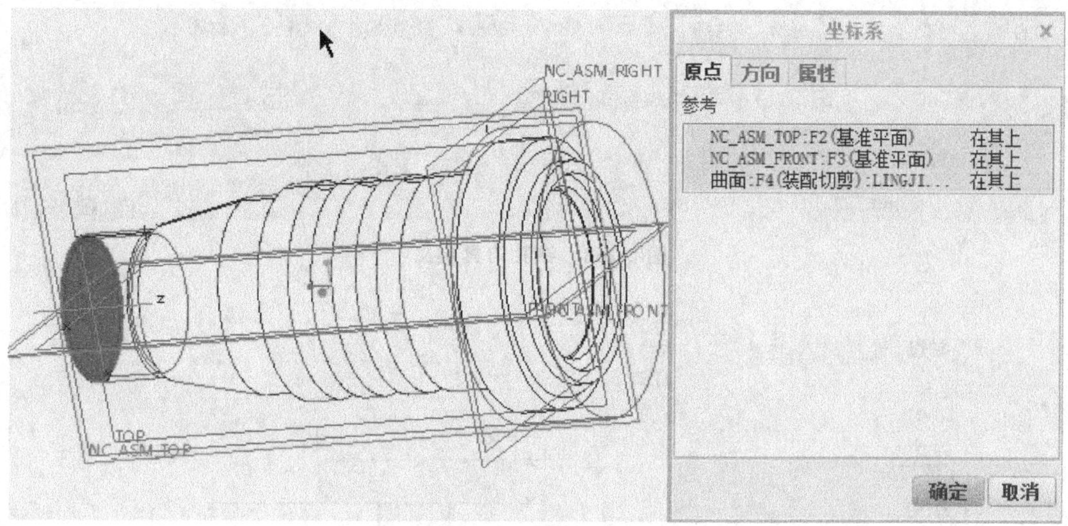

图 2-266　ACS2 坐标系设定

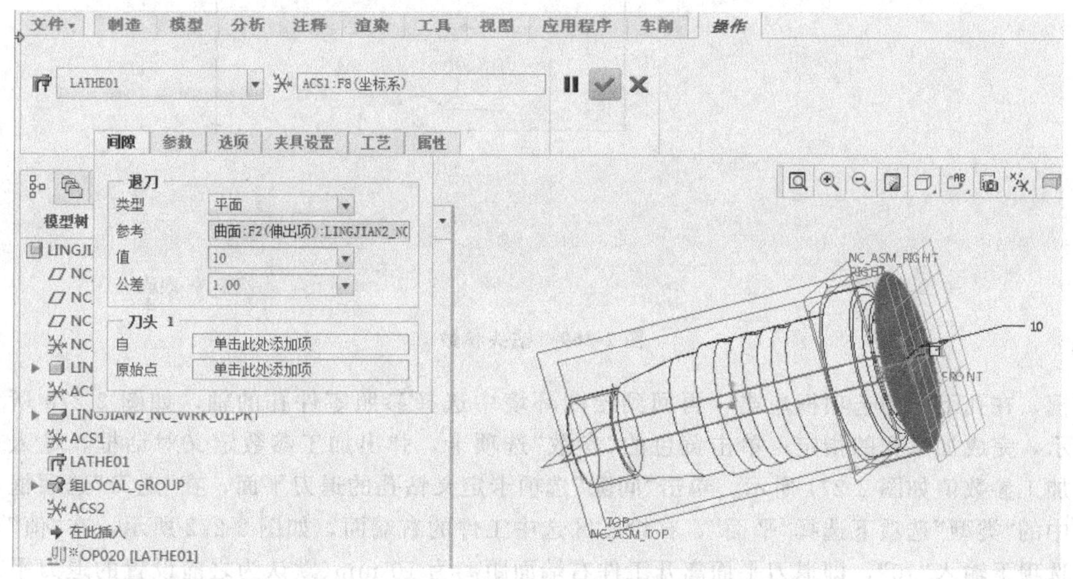

图 2-267　操作 OP020 设置

(14)钻孔

在“车削”界面中单击“标准孔”命令，打开“钻孔”界面，单击“钻孔”操控栏上“刀具”选项后面的按钮，弹出下拉菜单，单击“编辑刀具”选项，如图 2-268 所示，弹出“刀具设定”对话框，单击“新建”按钮，刀具的默认类型为“基本钻头”，可以在下方刀具细节设置对话框，更改钻头参数如图 2-269 所示，参数修改完成后单击“应用”，“T0001”刀具就出现在上方的对话框中，单击“确定”完成刀具设定；系统返回到“钻孔”界面，默认选中“T0001”基本钻头；单击黄色的“参考”选项卡，弹出定义加工孔对话

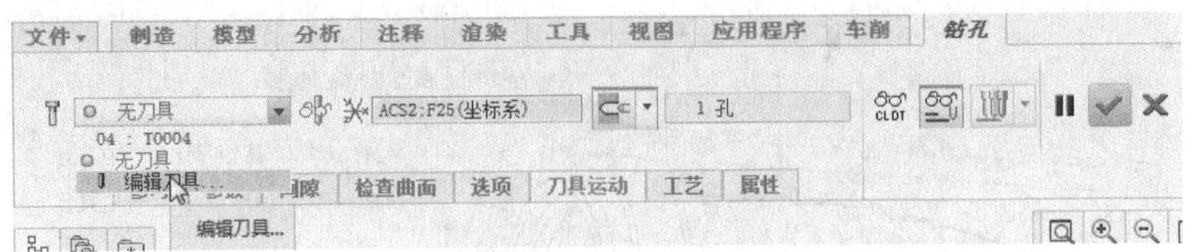

图 2-268 钻孔刀具定义

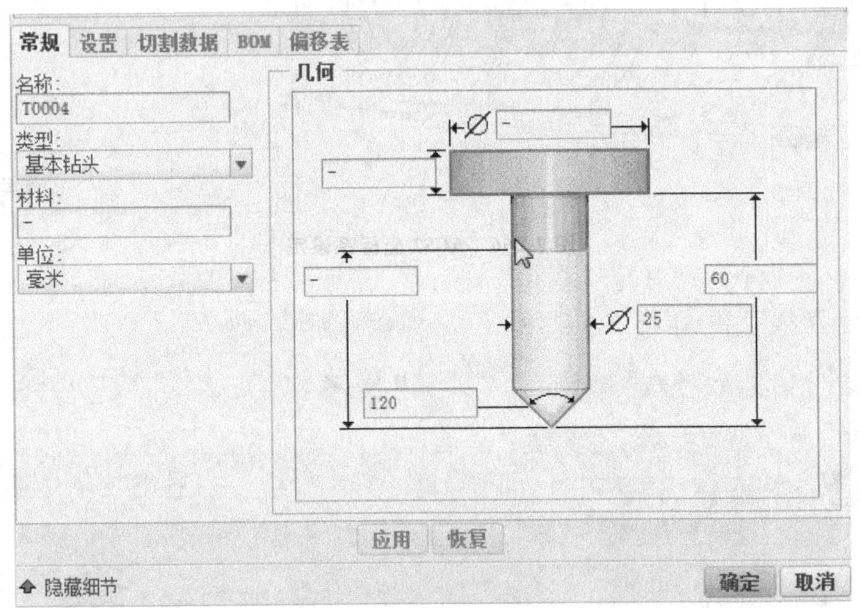

图 2-269 钻头参数

框，在孔下方的选项框单击，再回到绘图环境中选择参照零件孔的轴，如图 2-270 所示，完成加工孔的指定；单击黄色的“参数”选项卡，弹出加工参数定义对话框，输入加工参数值如图 2-271 所示。单击“间隙”选项卡定义钻孔的退刀平面，在“退刀”选项框中的“类型”选项下选择“平面”，在绘图区选中工件的右端面，如图 2-272 所示，在“值”选项下输入“10”，即退刀平面离开工件右端面距离为 10 mm(默认为之前设置的退刀平面)；界面返回到“钻孔”操作界面，在操控栏上单击 按钮查看钻头的刀具路径如图 2-273 所示，从而判断刀具路径是否符合零件加工要求，单击✔按钮完成钻孔操作的定义。

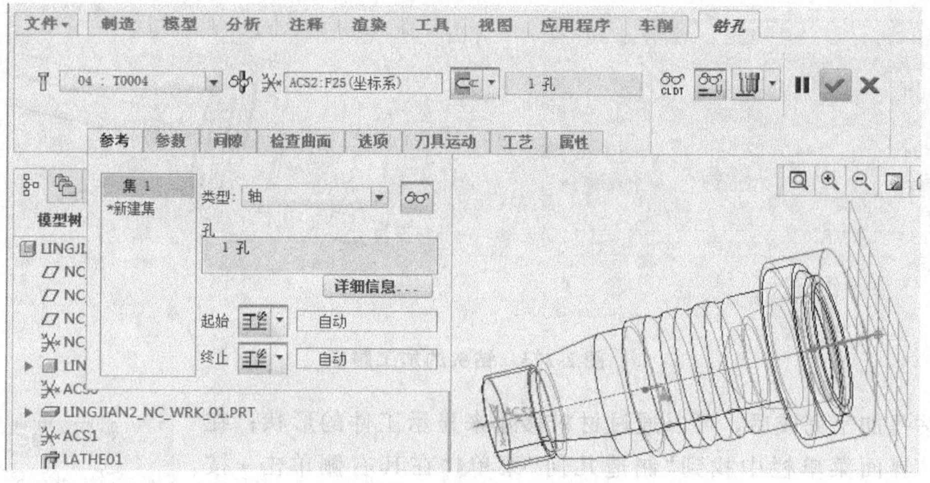

图 2-270 选择加工孔的轴

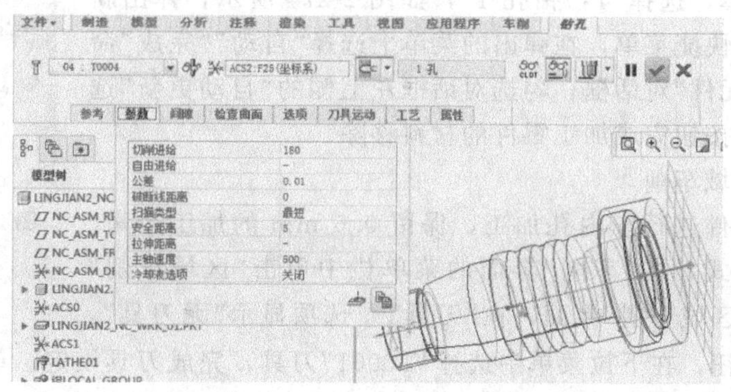

图 2-271 钻孔的加工参数设置

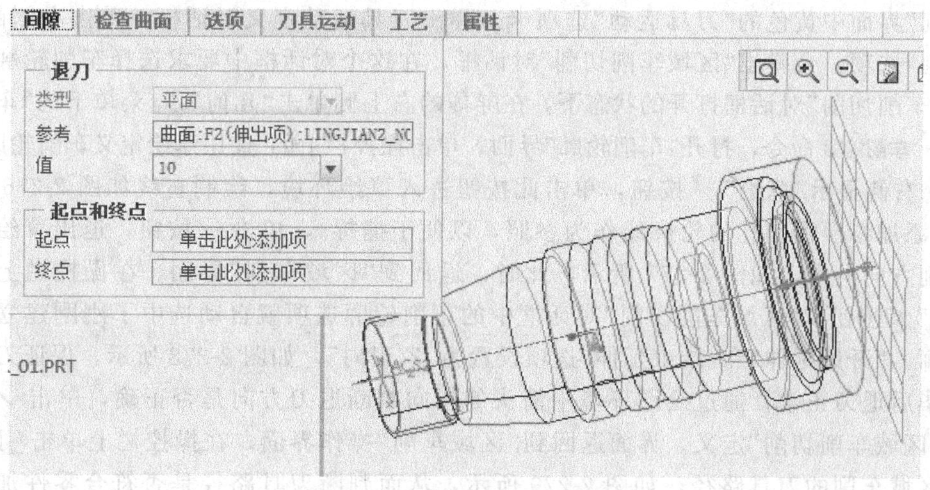

图 2-272 钻孔的退刀面设置

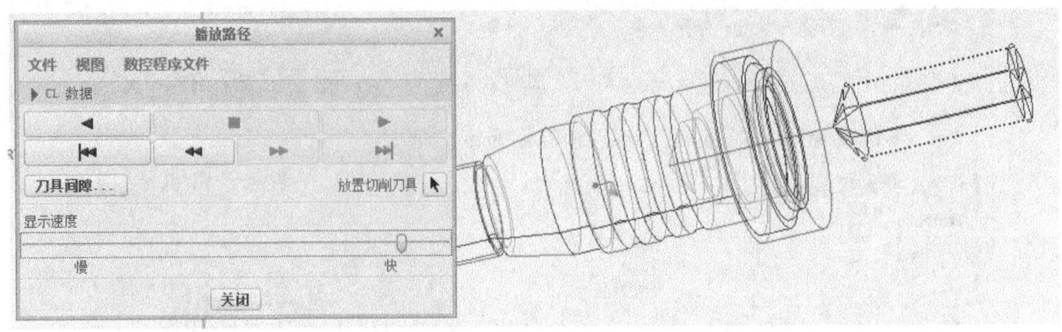

图 2-273 钻头的加工路径

钻孔加工完成后，可以通过材料移除来显示工件的形状；在“车削”界面菜单栏中找到“制造几何”菜单，在其右侧单击按钮，单击下拉显示的“材料移除切削”材料移除切削命令，弹出“菜单管理器”快捷菜单，选择“1：钻孔 1”，如图 2-274 所示，弹出新的“菜单管理器”快捷菜单，在弹出的菜单上选择“自动”“完成”命令，弹出“相交元件”对话框，勾选对话框左上侧的“自动更新”选项，单击“确定”按钮完成加工零件的材料移除。

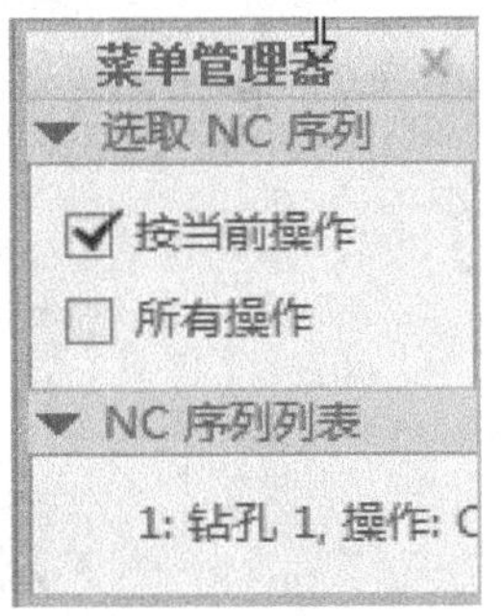

图 2-274 材料切除 NC 序列选择

(15)创建区域车削

对绘图区工件进行车内孔加工，保留 0.5 mm 的加工余量。选择区域车削方式，在“车削”界面的菜单栏中单击“区域车削”命令，弹出“区域车削”界面，在“刀具”选项显示“无刀具”，单击后面的按钮，在下拉菜单中选择“T0001”刀具，完成刀具设定。单击“区域车削”界面中黄色的“参数”选项卡，弹出加工参数定义对话框，输入加工参数数值，如图 2-275 所示(注意车削内孔要将“刀具方位”的数值由默认的“90”修改为“0”)。单击“区域车削”界面中黄色的“刀具运动”选项卡，弹出刀具运动定义对话框，单击右侧的“区域车削”选项，会弹出“区域车削切削”对话框，在这个对话框中要求选择车削轮廓，在“区域车削切削”对话框打开的状态下，在屏幕的右上侧单击“几何”菜单下的“车削轮廓”车削轮廓命令，打开“车削轮廓”界面，单击操控栏上的“使用草绘定义车削轮廓”按钮，右侧显示“草绘”按钮，单击此按钮进入草绘环境，绘制直线如图 2-276 所示(注意添加参照模型孔的轮廓线作为参照，以便于捕捉)，单击✔按钮，退出草绘，保证切削方向向内，如图 2-277 所示，此时，返回到“区域车削”界面，在操控栏上单击“继续”按钮，“区域车削切削”对话框中的车削轮廓选项就自动选中了刚刚建立的车削轮廓，“开始延伸”和“结束延伸”选项设置为“*Z* 正向”，如图 2-278 所示，保证刀具切削完毕后退刀正常，通过绘图环境中箭头的指向判断退刀方向是否正确，单击✔按钮完成“区域车削切削”定义。界面返回到“区域车削”操作界面，在操控栏上单击按钮查看区域车削的刀具路径，如图 2-279 所示，从而判断刀具路径是否符合零件加工要求，单击✔按钮完成区域车削命令。

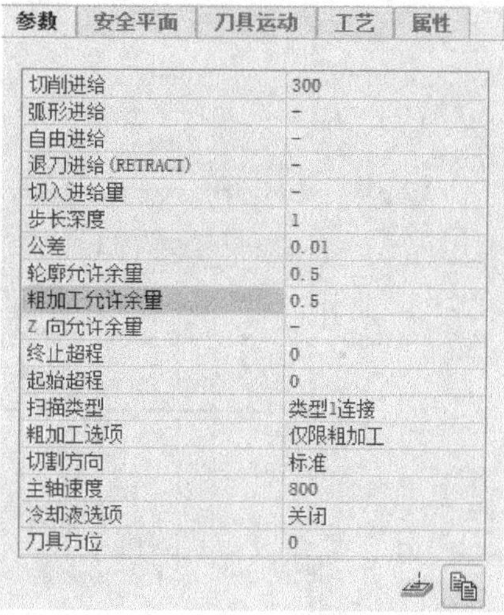

图 2-275　区域车削加工参数设定

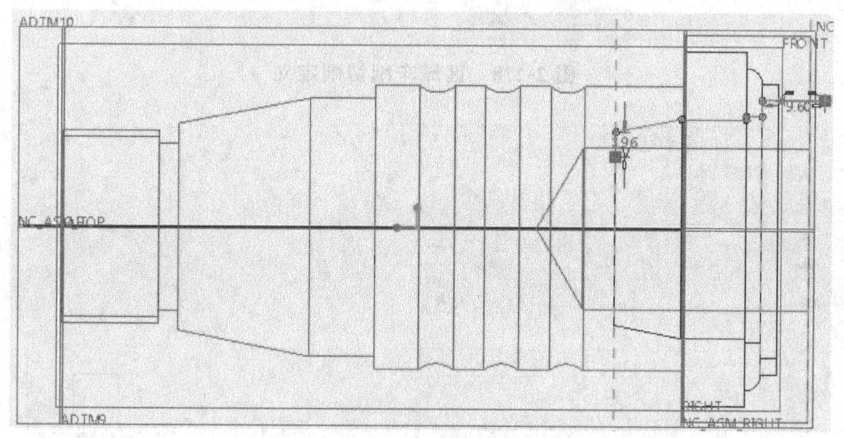

图 2-276　区域车削轮廓定义

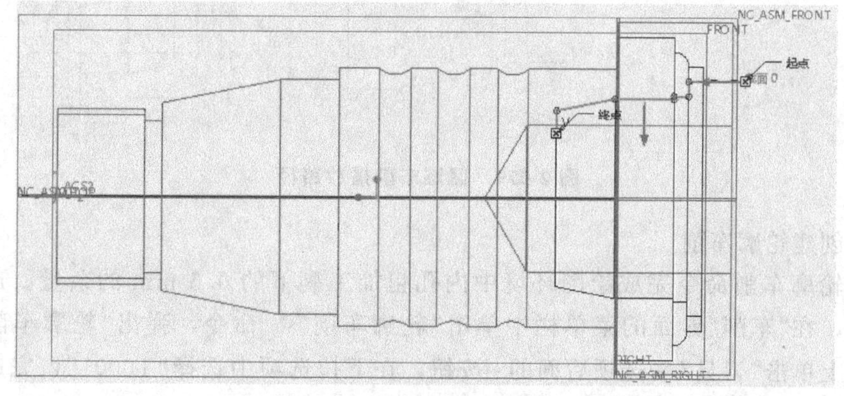

图 2-277　区域车削轮廓切削方向

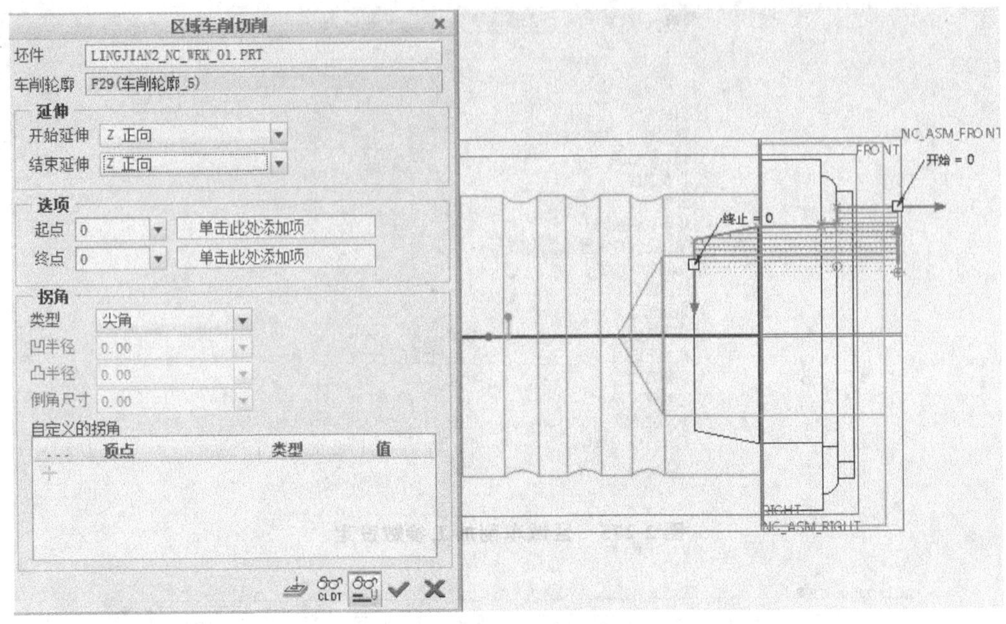

图 2-278 区域车削切削定义

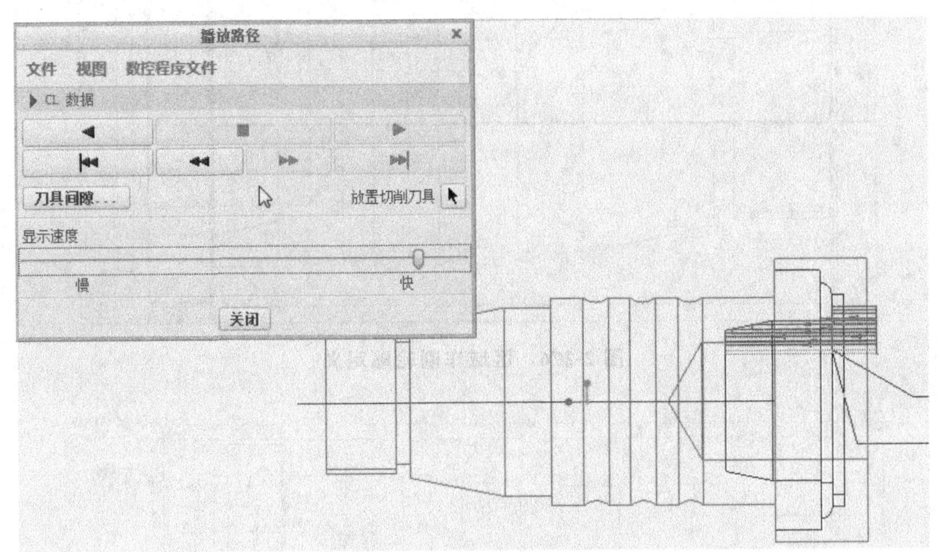

图 2-279 区域车削播放路径

(16)创建轮廓车削

通过轮廓车削命令完成绘图环境中内孔粗加工剩下的 0.5 mm 的余量。选择轮廓车削方式，在“车削”界面的菜单栏中单击“轮廓车削” 命令，弹出“轮廓车削”界面，在操控栏上单击“刀具” 选项后面的 按钮，在下拉选项中选择“T0001”，完成刀具设定。单击“轮廓车削”界面中黄色的“参数”选项卡，弹出加工参数定义对话框，输入加工参数数值(注意“刀具方位”的“值”设置为“0”)如图 2-280 所示。单击“轮廓车削”界面中“刀具运动”选项卡，弹出“刀具运动”定义对话框，单击右侧的“轮廓车削”选项，会弹出“轮廓车削切削”对话框，在这个对话框中要求选择车削轮廓，单击上一步区域车削创建的车削轮廓，完成车削轮廓的选择，如图 2-281 所示，单击“轮廓车削切削”对话框底部的✔按钮，界面返回到“轮廓车削”操作界面，在操控栏上单击按钮查看轮廓车削的刀具路径，如图 2-282 所示，从而判断刀具路径是否符合零件加工要求，单击✔按钮完成轮廓车削命令。

参数 | 安全平面 | 刀具运动 | 工艺 | 属性

参数	值
切削进给	800
弧形进给	-
自由进给	-
退刀进给(RETRACT)	-
切入进给量	-
公差	0.01
允许余量	0
Z 向允许余量	-
切割方向	标准
切入角	0
拉伸角	0
接近距离	-
退刀距离	-
主轴速度	1000
冷却液选项	关闭
刀具方位	0

图 2-280　轮廓车削加工参数

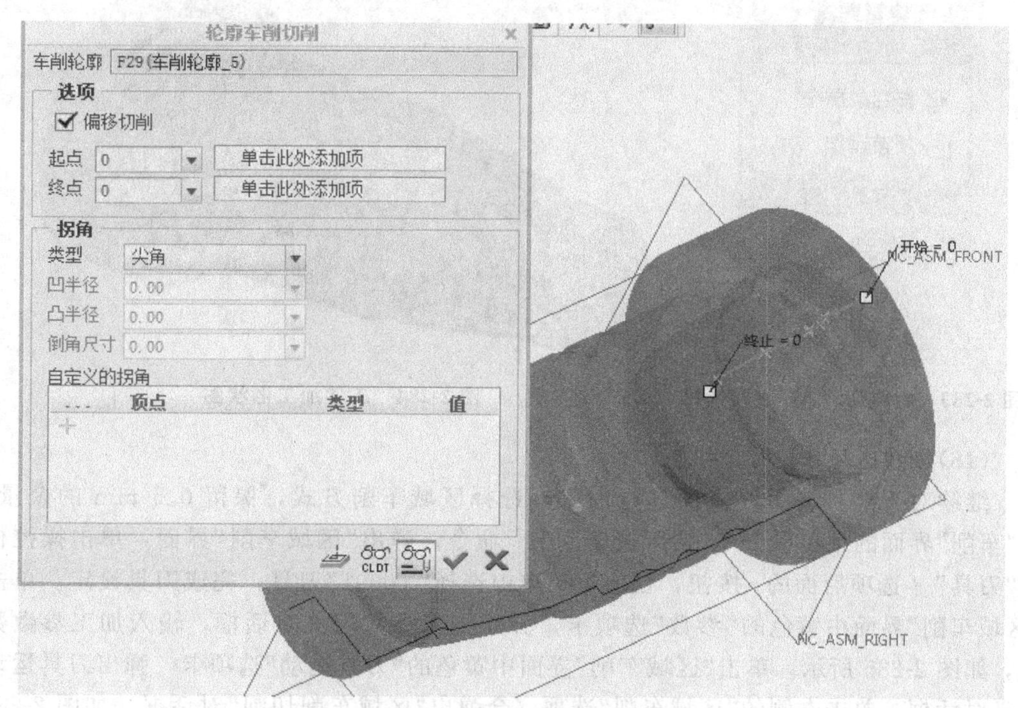

图 2-281　轮廓车削切削定义

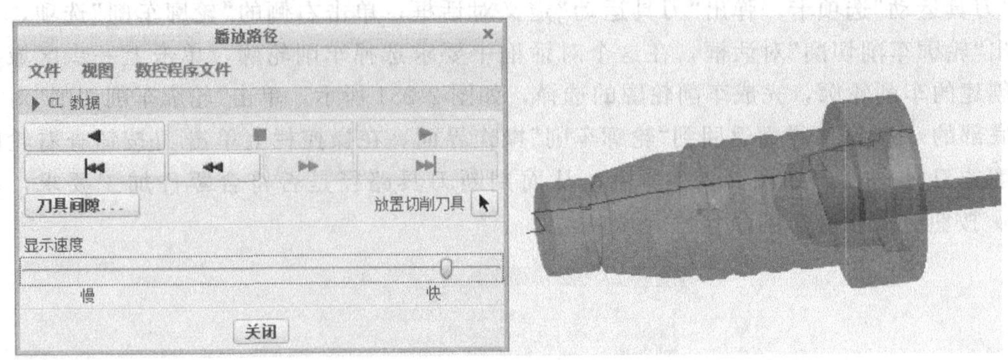

图 2-282　轮廓车削播放路径

(17)材料移除切削

可以通过材料移除显示零件的加工形状。在“车削”界面菜单栏中找到“制造几何”菜单，在其右侧单击▾按钮，单击下拉显示的“材料移除切削”材料移除切削命令，弹出“菜单管理器”快捷菜单，在管理器上依次选择“2：区域车削 2”“3：轮廓车削 2”，如图 2-283 所示，弹出新的“菜单管理器”快捷菜单，在弹出的菜单上选择“自动”“完成”命令，弹出“相交元件”对话框，勾选对话框左上侧的“自动更新”选项，单击“确定”按钮完成工件的材料移除，工件的形状如图 2-284 所示。

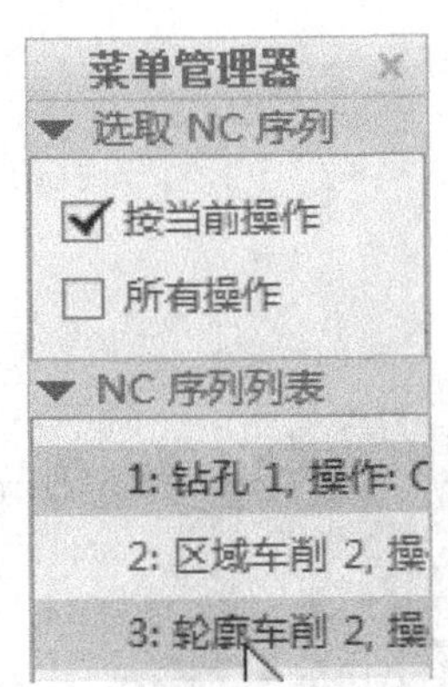

图 2-283　材料切除 NC 序列选择

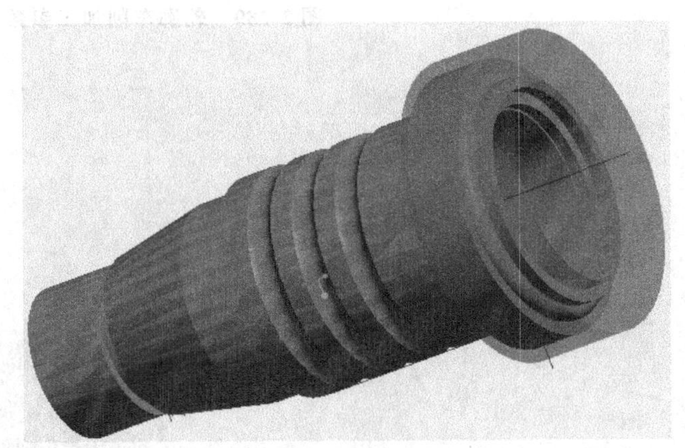

图 2-284　工件加工形状图

(18)创建区域车削

继续对工件右端面外表面进行加工，选择区域车削方式，保留 0.5 mm 的余量。在“车削”界面的菜单栏中单击“区域车削”命令，弹出“区域车削”界面，单击操控栏上“刀具”选项后面的▾按钮，在下拉菜单中选择“T0001”刀具，完成刀具设定。单击“区域车削”界面中黄色的“参数”选项卡，弹出加工参数定义对话框，输入加工参数数值，如图 2-285 所示。单击“区域车削”界面中黄色的“刀具运动”选项卡，弹出刀具运动定义对话框，单击右侧的“区域车削”选项，会弹出“区域车削切削”对话框，如图 2-286 所示，在这个对话框中要求选择车削轮廓，单击“区域车削”界面中“几何”菜单下的

参数	安全平面	刀具运动	工艺	属性

切削进给	300
弧形进给	-
自由进给	-
退刀进给(RETRACT)	-
切入进给量	-
步长深度	2
公差	0.01
轮廓允许余量	0.5
粗加工允许余量	0.5
Z 向允许余量	-
终止超程	0
起始超程	0
扫描类型	类型1连接
粗加工选项	仅限粗加工
切割方向	标准
主轴速度	600
冷却液选项	关闭
刀具方位	90

图 2-285　区域车削加工参数定义

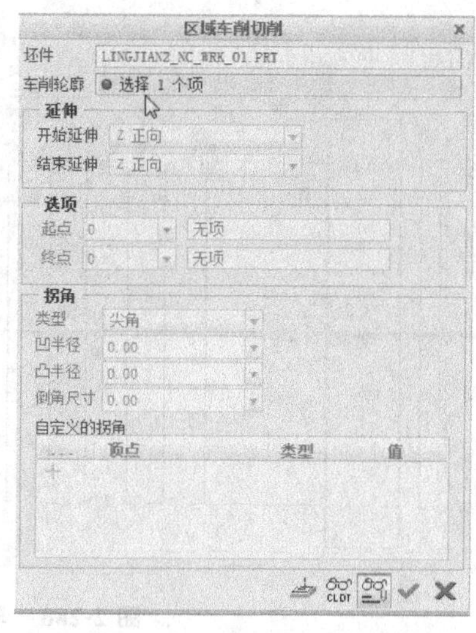

图 2-286　区域车削的切削定义

“车削轮廓”车削轮廓命令，打开“车削轮廓”界面，单击操控栏上“使用草绘定义车削轮廓”按钮，右侧显示“草绘”按钮，单击此按钮进入草绘环境，绘制直线如图 2-287 所示(注意添加参照模型外轮廓线作为参照，以便于捕捉)，单击✔按钮，退出草绘，保证切削方向向上，如图 2-288 所示；此时，返回到“区域车削”界面，在操控栏上单击“继续”按钮，“区域车削切削”对话框中的车削轮廓选项就自动选中了刚刚建立的车削轮廓，修改“结束延伸”选项为“X 正向”，保证刀具切削完毕后退刀正常，通过绘图环境中箭头的指向判断退刀方向是否正确，如图 2-289 所示，单击✔按钮完成“区域车削切削”定义。界面返回到“区域车削”操作界面，在操控栏上单击按钮查看区域车削的刀具路径，如图 2-290 所示，从而判断刀具路径是否符合零件加工要求，也可以单击其后面按钮选择进行切除材料的演示(一般是“nc_check”或者“vericut”两个选项，取决于在选项配置卡里的“nccheck_type”参数的设置情况)，或者选择按钮来进行零件的过切检查，单击✔按钮完成区域车削命令。

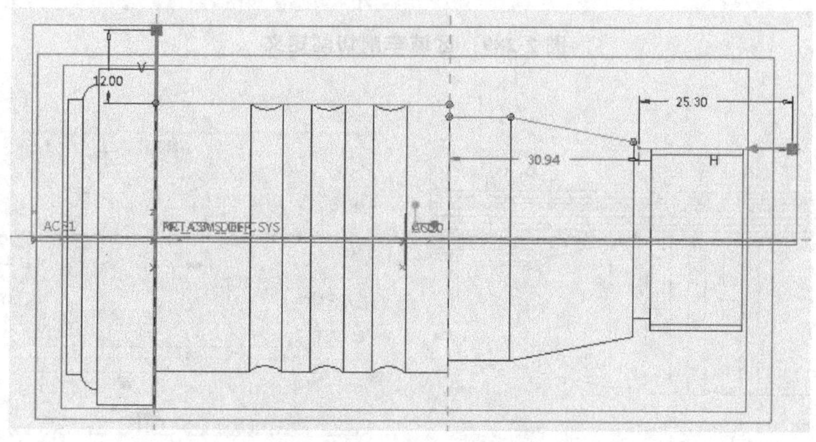

图 2-287　绘制车削轮廓

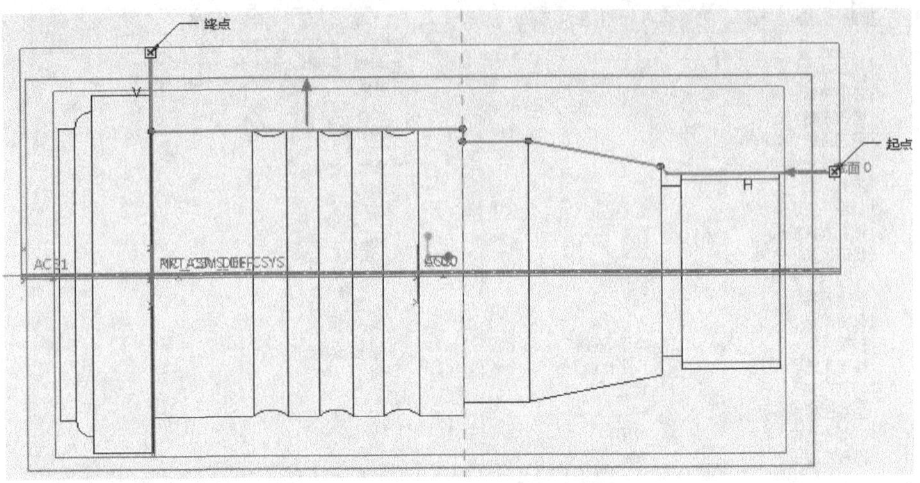

图 2-288　车削轮廓切削方向

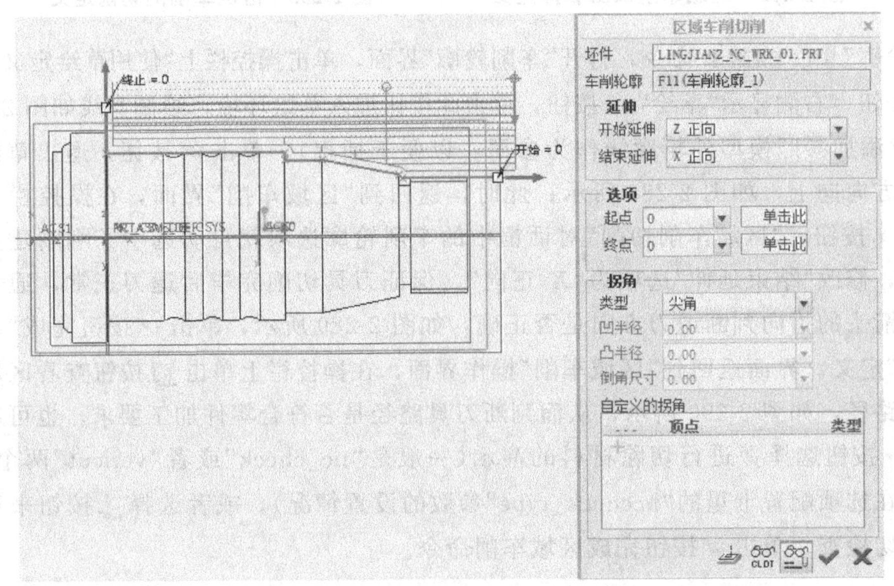

图 2-289　区域车削切削定义

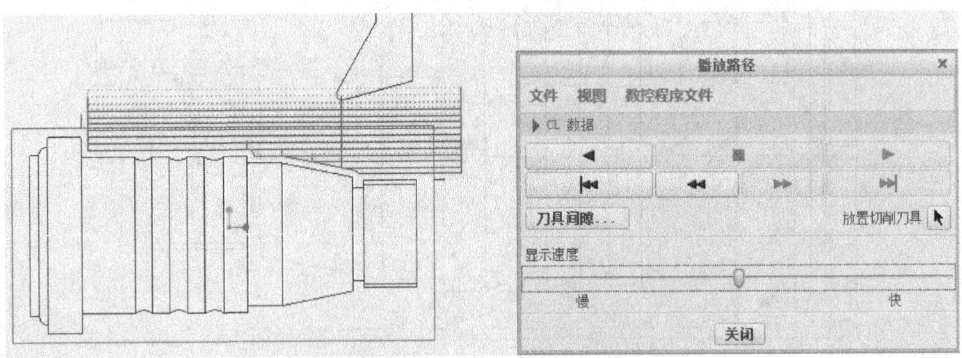

图 2-290　区域车削播放路径

(19)创建轮廓车削

通过轮廓车削命令完成区域加工留下的 0.5 mm 的余量。选择轮廓车削方式，在“车削”界面的菜单栏中单击“轮廓车削”命令，弹出“轮廓车削”界面，在“轮廓车削”操控栏上“刀具”选项默认显示为“T0001”。单击“轮廓车削”界面中黄色的“参数”选项卡，弹出加工参数定义对话框，输入加工参数数值，如图 2-291 所示。单击“轮廓车削”界面中“刀具运动”选项卡，弹出刀具运动定义对话框，单击右侧的“轮廓车削”选项，会弹出“轮廓车削切削”对话框，在这个对话框中要求选择车削轮廓，我们选取前一步区域车削的车削轮廓，如图 2-292 所示，单击✔按钮完成“轮廓车削切削”定义。界面返回到“轮廓车削”操作界面，在操控栏上单击按钮查看轮廓车削的刀具路径，如图 2-293 所示，从而判断刀具路径是否符合零件加工要求，单击✔按钮完成轮廓车削命令。

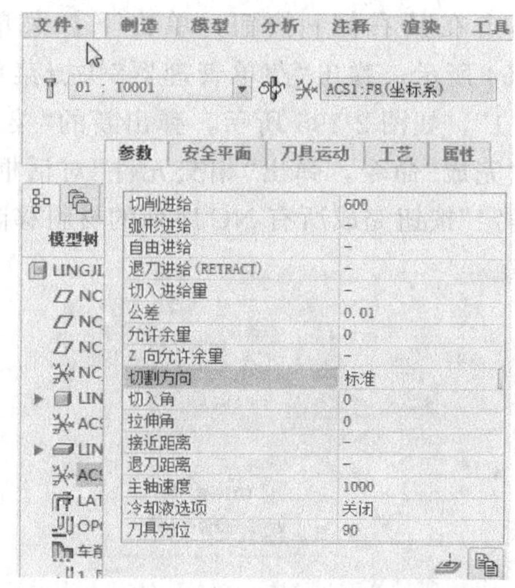

图 2-291 轮廓车削加工参数定义

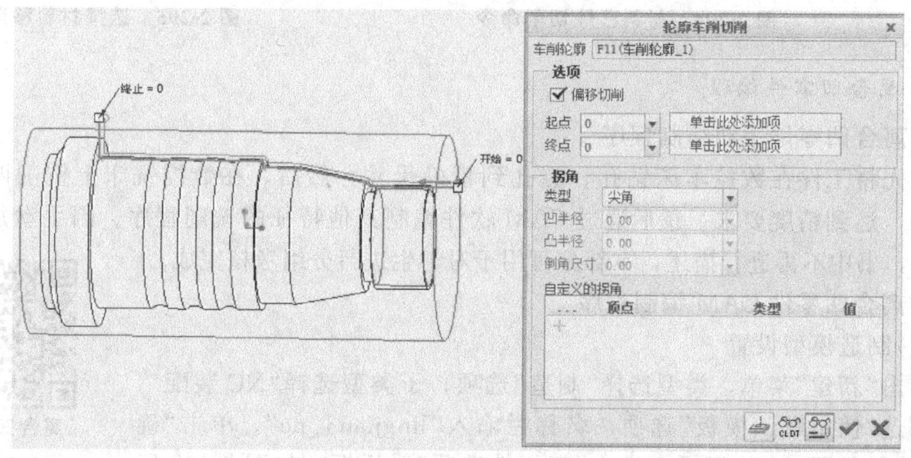

图 2-292 轮廓车削切削定义

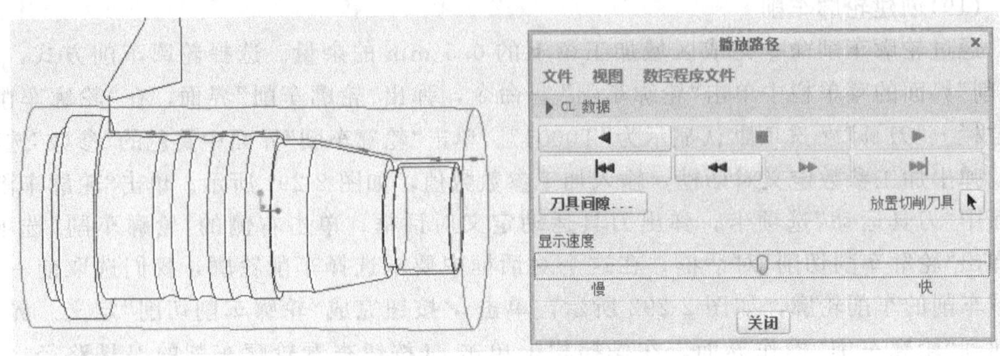

图 2-293 轮廓车削播放路径

工件右端零件完成加工后，通过材料移除显示零件的半成品，在“车削”菜单栏中找到“制造几何”菜单，单击在其右侧▾按钮，单击下拉菜单中的“材料移除切削”材料移除切削命令，如图 2-294 所示，弹出“菜单管理器”快捷菜单，在管理器上选择“1：区域车削 1”“2：轮廓车削 1”，如图 2-295 所示，弹出新的“菜单管理器”快捷菜单，在弹出的菜单上选择“自动”“完成”命令，弹出“相交元件”对话框，勾选对话框左上侧的“自动更新”选项，单击“确定”按钮完成所有 NC 序列的材料移除。

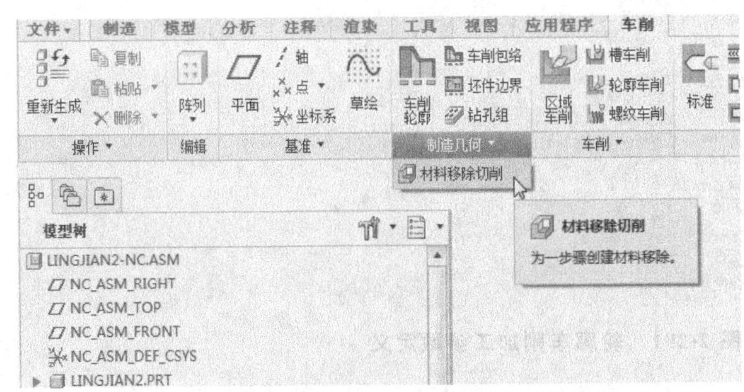

图 2-294 材料移除切削命令

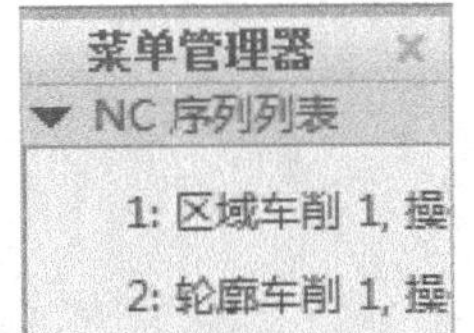

图 2-295 选择材料移除序列

3. 离合凹零件编程

1)离合凹零件手动编制程序

首先将工件在数控车床钻孔、镗孔到精确尺寸，然后，在数控铣床上铣削两侧的装夹面，达到精度要求。最后通过 CAM 软件编制其他特征的铣削程序。因手动加工内容简单，书中不再进行描述，本部分可用于对学生进行分组考核完成。

2)离合凹零件 CAM 编制程序

(1)制造模型设置

单击“新建”菜单，类型选择“制造”选项，子类型选择“NC 装配”，取消勾选“使用默认模板”选项，名称栏输入“lingjian3_nc”，单击“确定”按钮，如图 2-296 所示，进入“新文件选项”对话框，如图 2-297 所

离合凹零件
CAM 编程

示，选择“mmns-mfg-nc”公制模板，单击“确定”按钮进入制造环境。

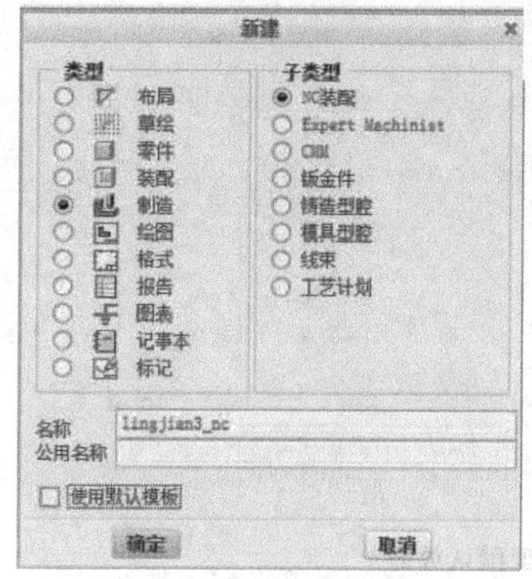

图 2-296 新建加工文件

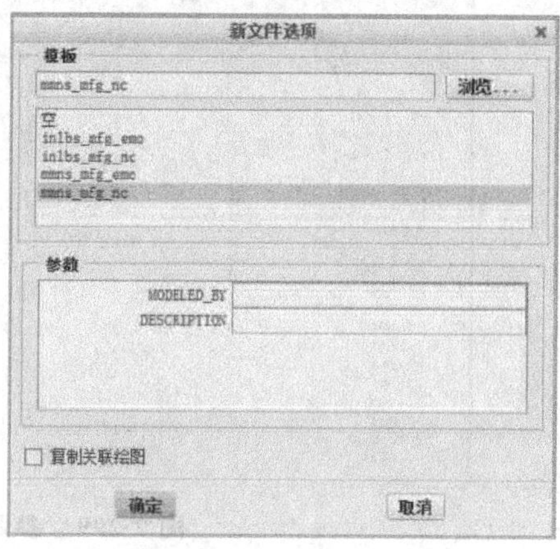

图 2-297 选择模板

单击“参照模型”命令，弹出“打开”对话框，如图 2-298 所示，选择“lingjian3. prt”文件，进入装配环境，在操控栏选择“默认”方式，如图 2-299 所示，单击✔按钮，完成参照模型的放置。

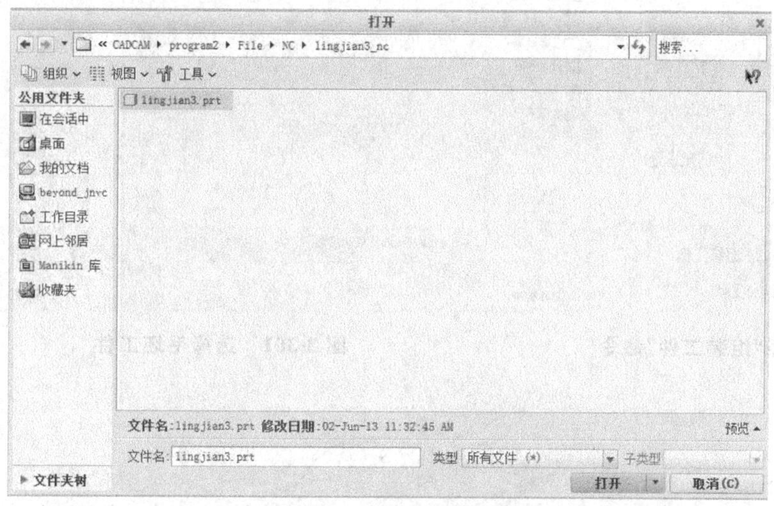

图 2-298 选择参照模型

单击“工件”菜单下的“组装工件”命令，如图 2-300 所示，在弹出的对话框中选择“lj_wk. prt”文件(此文件为车削加工后的零件形状)，如图 2-301 所示，弹出“元件放置”对话框，选择参照模型和工件的底面，默认是“重合”方式，再选择参考模型的轴线和工件轴线，系统默认“距离”方式，如图 2-302 所示，在“放置”选项卡中的“约束类型”选项中将“距离”改成“重合”，使装配达到完全约束如图 2-303 所示，完成装配，最终制造模型的设置如图 2-304 所示。

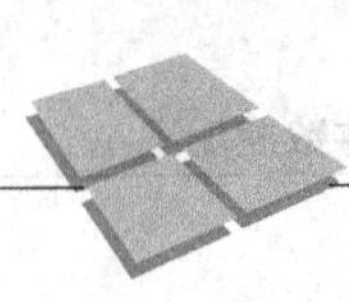

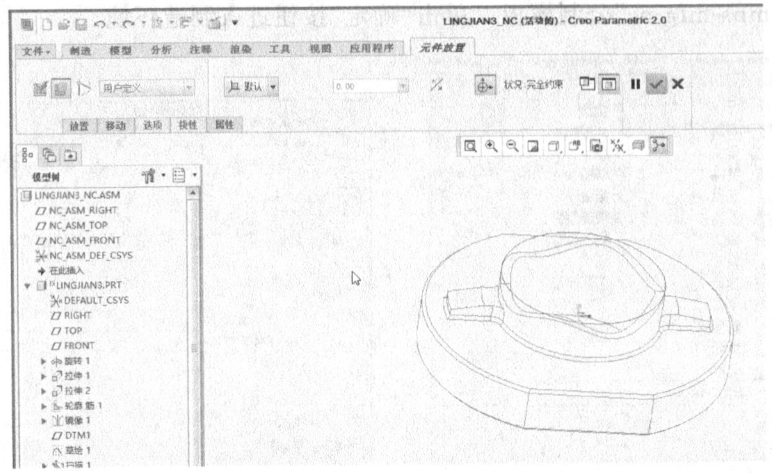

图 2-299　参照模型默认放置

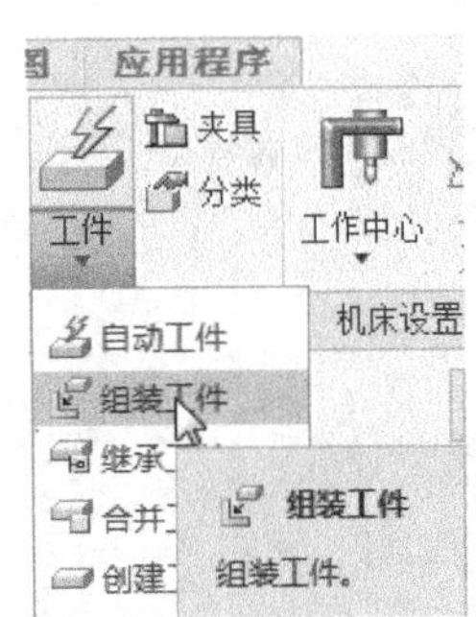

图 2-300　选择"组装工件"命令

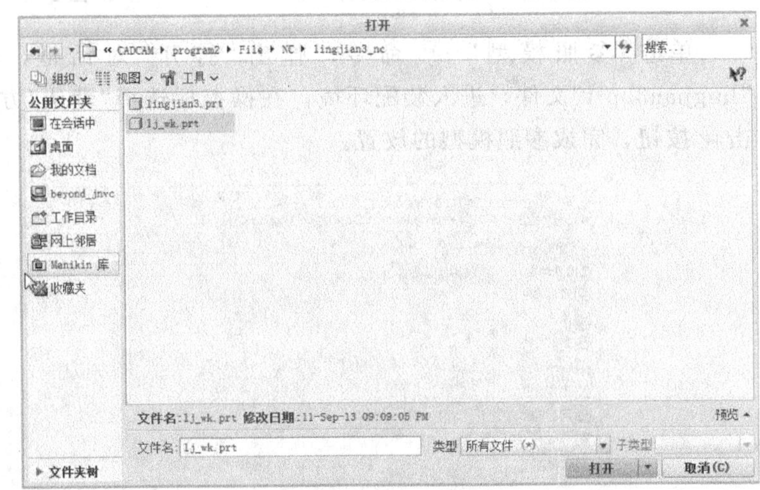

图 2-301　选择毛坯工件

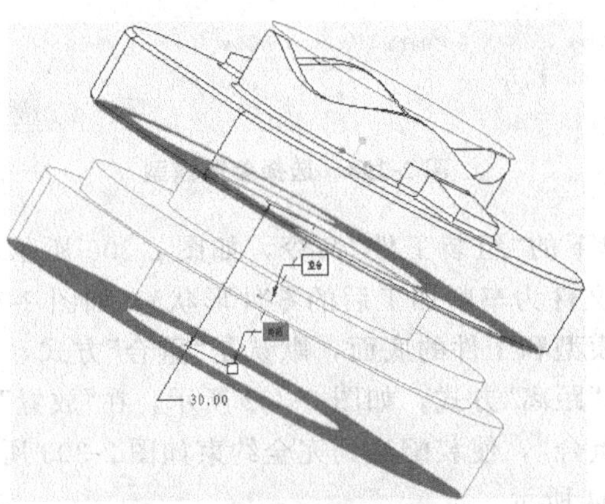

图 2-302　底面与轴线装配

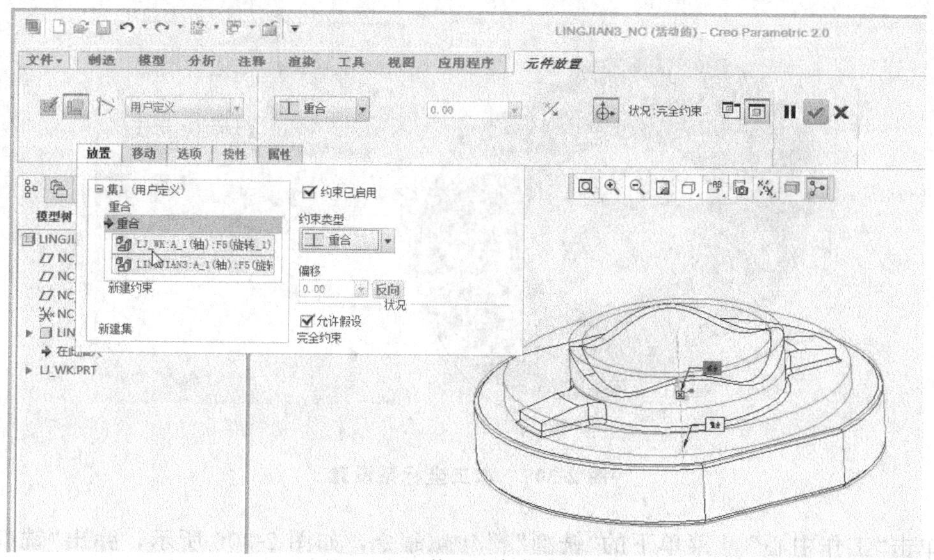

图 2-303 修改约束类型为重合

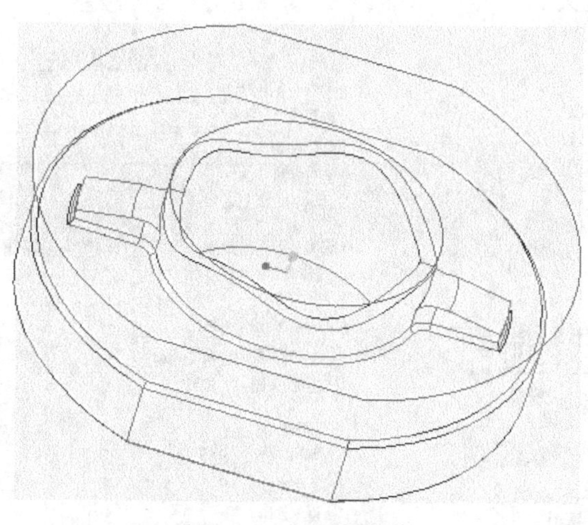

图 2-304 制造模型

(2)制造操作设置

先进行底面的凹槽加工。在菜单栏单击“坐标系”坐标系命令，打开“坐标系”对话框，在“原点”选项卡的“参考”选项框中依次选择“NC_ASM_RIGHT”“NC_ASM_FRONT”和工件的底面，调整方向使 Z 轴指向底面外向，如图 2-305 所示，单击“确定”按钮，建立坐标系“ACS0”。

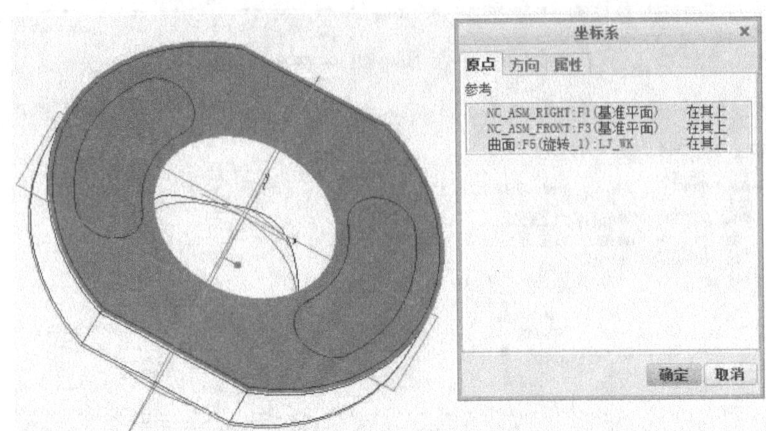

图 2-305 加工坐标系设置

单击“工作中心”菜单下的“铣削”命令，如图 2-306 所示，弹出“铣削工作中心”定义对话框，如图 2-307 所示，进行相关参数设置后，单击✔按钮，完成铣削工作中心“MILL01”的定义。

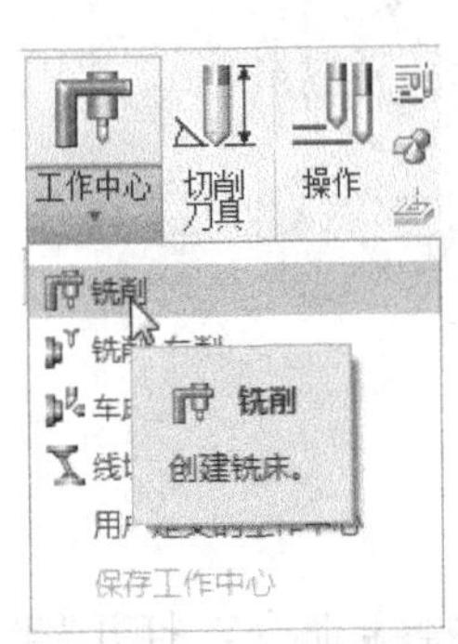

图 2-306 铣削加工中心菜单

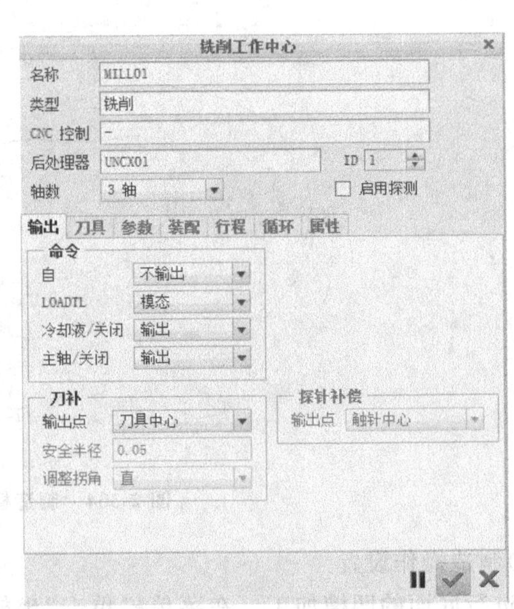

图 2-307 铣削加工中心定义

单击菜单栏上的“操作”命令，弹出“操作”定义对话框，系统默认选择“MILL01”机床与加工零点坐标系“ACS0”，单击操控栏上的“间隙”选项卡，在“退刀”选项框中的“参考”选项中选择工件的底平面，在“值”选项中输入“10”(单位为 mm)，从而确定退刀平面，如图 2-308 所示，单击✔按钮，完成操作“OP010[MILL01]”的定义。

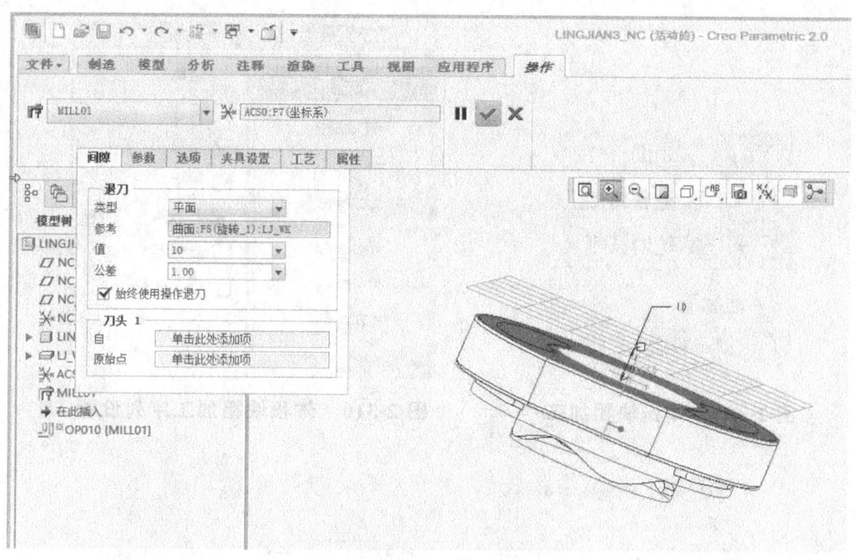

图 2-308 操作定义

(3)底面凹槽粗精加工

在“铣削”界面菜单栏上单击“粗加工”菜单下“体积块粗加工”命令，如图 2-309 所示，弹出“菜单管理器”快捷菜单，在“序列设置”下选择“刀具”“参数”“窗口”三个选项如图 2-310 所示，单击菜单管理器上的“确定”，系统弹出“刀具定义”对话框，在“类型”选项里选择“端铣刀”，“ϕ”选项输入直径“10”，单位为 mm，如图 2-311 所示，单击“确定”按钮完成刀具设置，系统弹出“体积块铣削”参数设置对话框，输入加工参数如图 2-312 所示，单击“确定”按钮完成加工参数设置，系统的菜单管理器弹出“选择窗口”选项，如图 2-313 所示，此处不要单击“菜单管理器”中的任何提示，在“铣削”界面菜单栏上单击“铣削窗口”命令，系统弹出“铣削窗口”界面如图 2-314 所示，选择操控栏上的“草绘窗口类型”按钮，右侧显示“草绘”按钮，单击此按钮进入草绘定义对话框，选择工件的顶平面或者“NC_ASM_RIGHT”基准平面作为草绘平面如图 2-315 所示，单击“草绘”按钮进入草绘环境，通过“投影”投影命令复制凹槽上倒圆角的边缘，如图 2-316 所示，单击✔按钮退出草绘，如图 2-317 所示，在“铣削窗口”操控栏上单击✔按钮，系统自动弹出“菜单管理器”完成铣削窗口的定义，单击“NC 序列”下的“播放路径”，弹出播放路径的子菜单如图 2-318 所示，单击“NC 检查”弹出如图 2-319 所示的 NC 检查菜单，单击“运行”进行加工模拟仿真(注意若保证“NC 检查”可用，必须在选项中将参数“nccheck_type”的值修改为“nccheck”，方法是在“文件”菜单下，单击“选项”菜单如图 2-320 所示，弹出“Creo Parametric 选项”对话框，单击左下方的“配置编辑器”如图 2-321 所示，弹出的“查找选项”对话框，在“输入关键字”选项框中输入“nccheck_type”，单击“立即查找”，在下方的“设置值”选项框里，修改为“nccheck”，如图 2-322 所示，单击“确定/更改”按钮，完成参数设置)，加工路径如图 2-323 所示，完成并退出体积块粗加工序列。

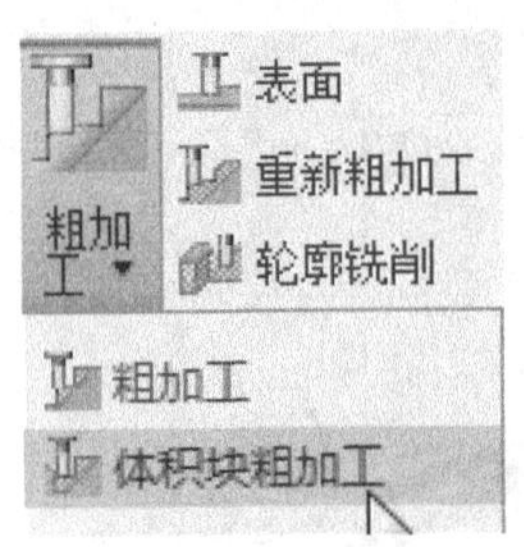

图 2-309 体积块粗加工

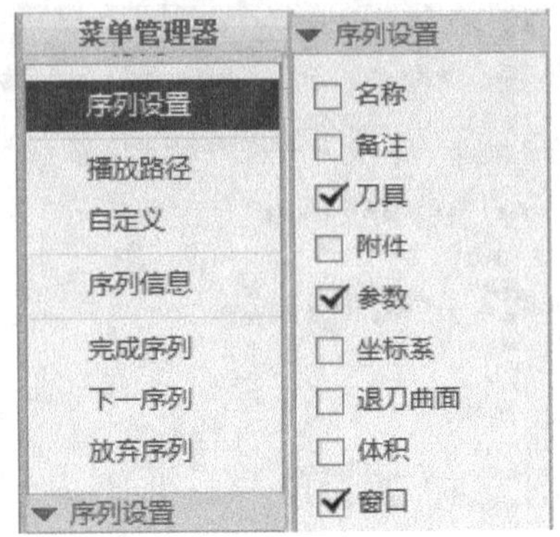

图 2-310 体积块粗加工序列设置

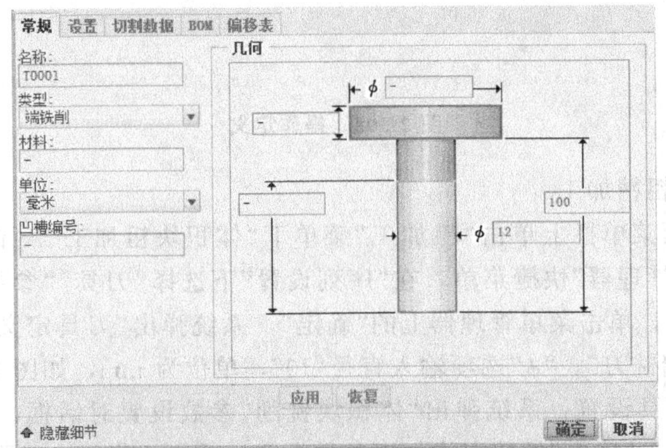

图 2-311 体积块粗加工刀具设置

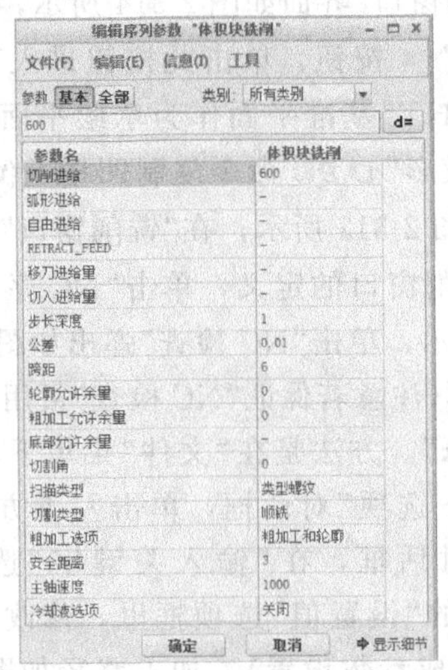

图 2-312 体积块粗加工参数设置

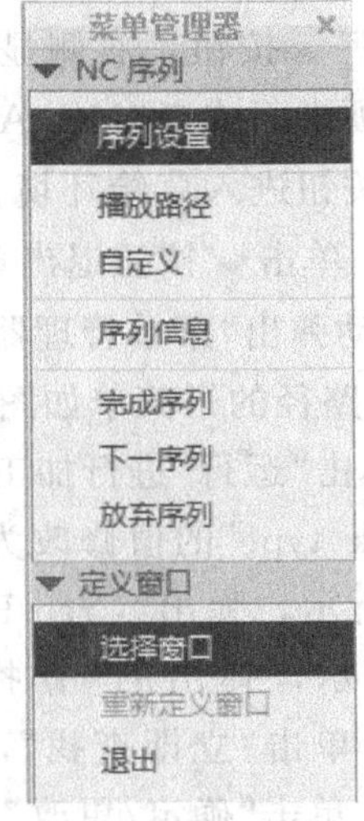

图 2-313 选择窗口菜单

图 2-314 铣削窗口操控面板

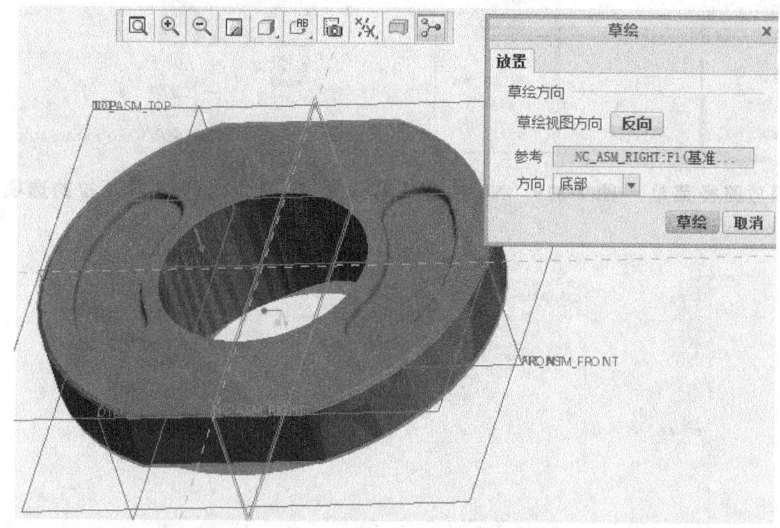

图 2-315 铣削窗口草绘平面定义

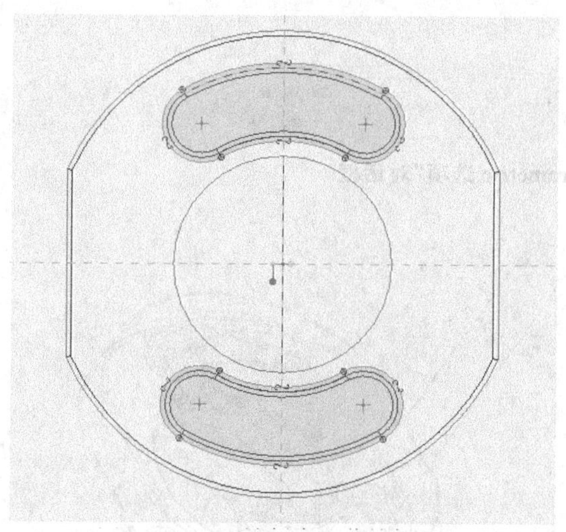

图 2-316 铣削窗口草绘投影环

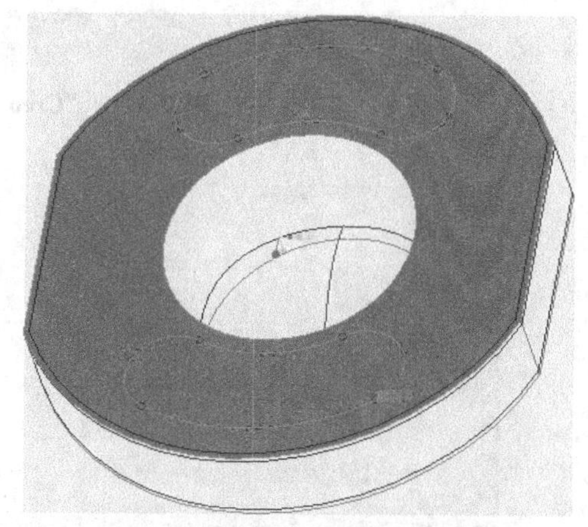

图 2-317 铣削窗口草绘窗口定义

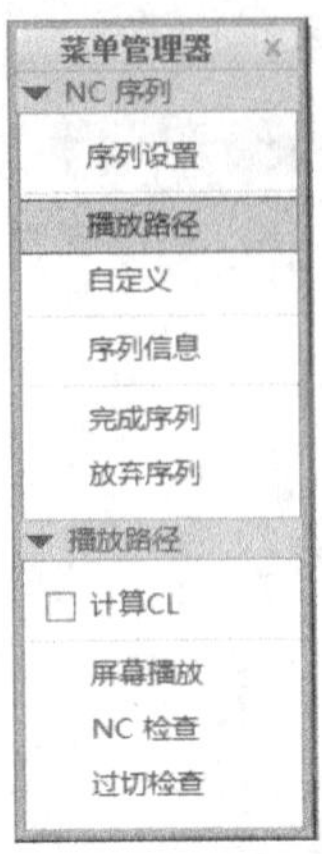

图 2-318　播放路径菜单

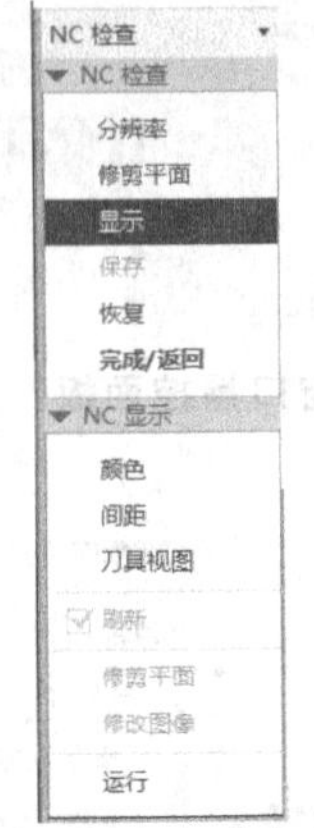

图 2-319　NC 检查菜单

图 2-320　文件下拉的选项菜单

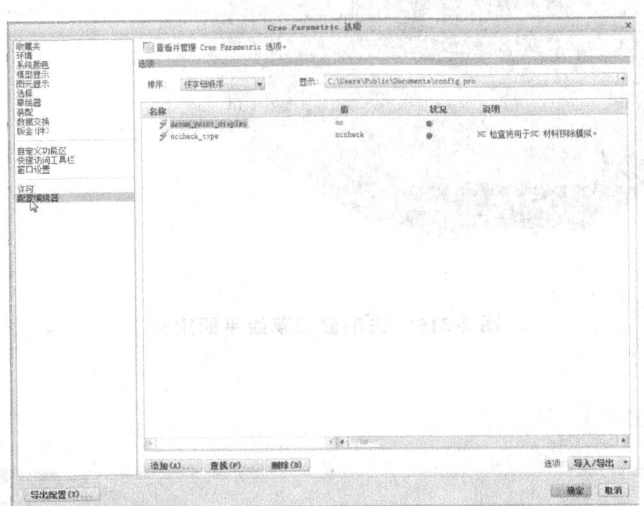

图 2-321　"Creo Parametric 选项"对话框

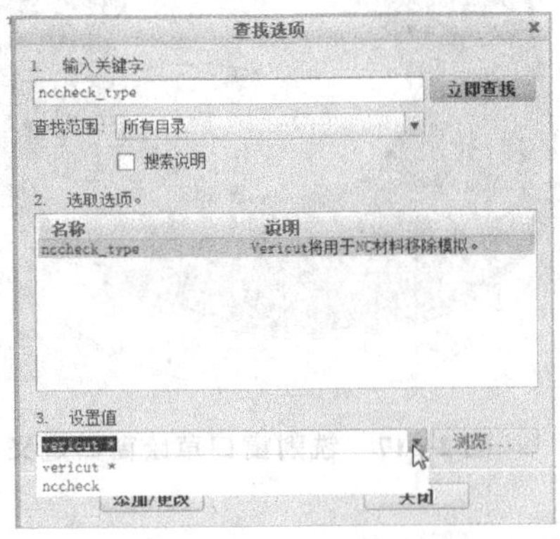

图 2-322　参数值设置

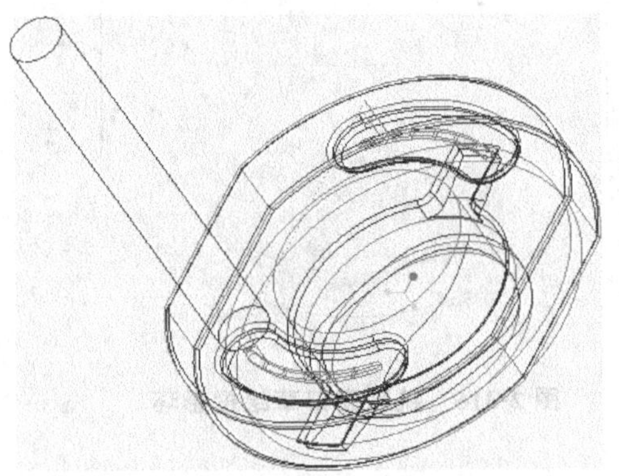

图 2-323　体积块粗加工刀具路径

在铣削界面菜单栏上单击“曲面铣削”命令，弹出“菜单管理器”快捷菜单，在“序列设置”下选择“刀具”“参数”“曲面”“定义切削”四个选项，如图 2-324 所示，单击“完成”，系统弹出“刀具定义”对话框，在“类型”选项框内选择“球铣削”，“ϕ”选项输入直径“2”，单位为 mm，如图 2-325 所示，单击“确定”按钮完成刀具设置，系统弹出“曲面铣削”参数设置对话框，输入加工参数如图 2-326 所示，单击“确定”按钮完成加工参数设置，菜单管理器弹出“曲面选择”菜单，如图 2-327 所示，在模型树中隐藏工件，在菜单管理

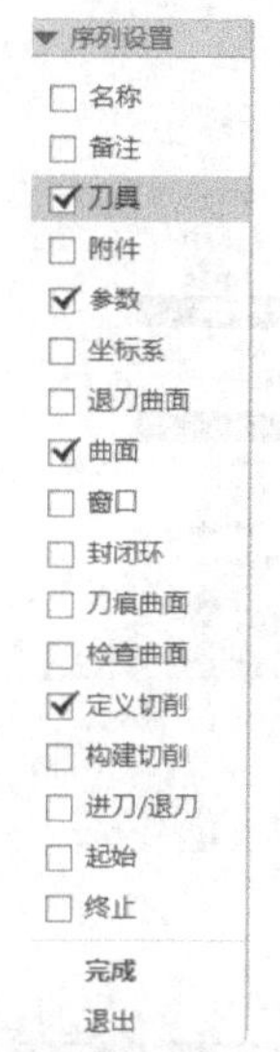

图 2-324　曲面铣削菜单定义

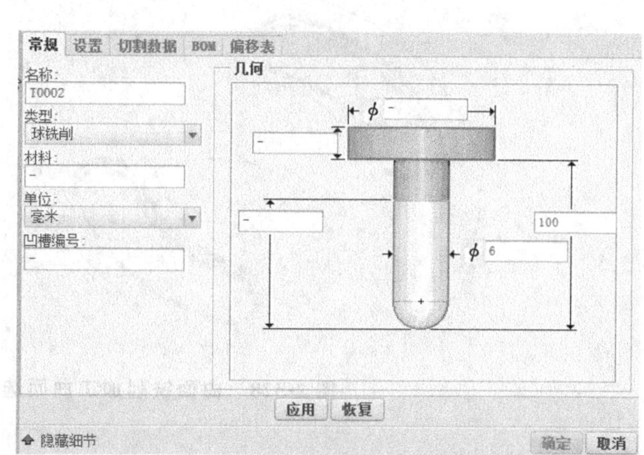

图 2-325　曲面铣削刀具定义

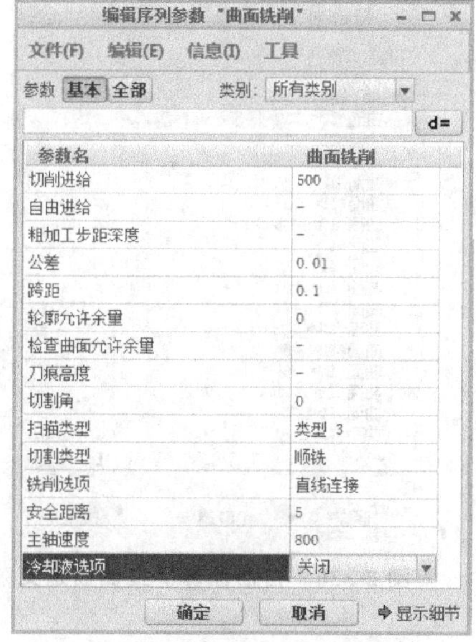

图 2-326　曲面铣削加工参数定义

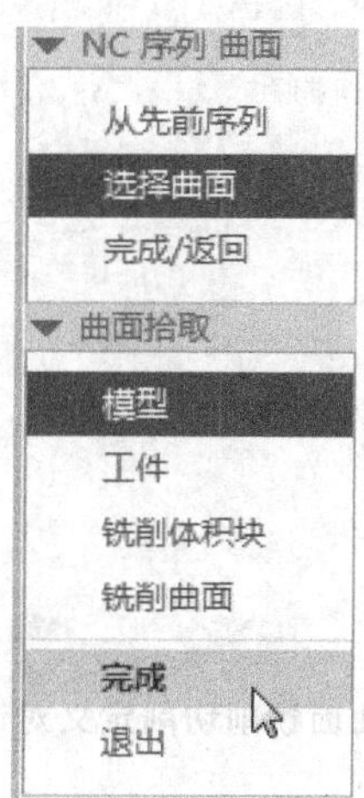

图 2-327　曲面铣削加工曲面定义

器中选择“模型”，单击“完成”，在左侧的绘图区选择凹槽的两个倒圆角，如图 2-328 所示，单击菜单管理器上的“完成/返回”，系统弹出“切削定义”对话框，如图 2-329 所示，在“切削定义”对话框中的“切削类型”选项选择“自曲面等值线”，在下方的曲面列表中依次选择各个加工曲面，通过按钮调节每个曲面的切削方向，如图 2-330 所示，最终将各个加工曲面的加工方向调整为如图 2-331 所示，单击“确定”按钮完成切削定义，单击“播放路径”，加工路径如图 2-332 所示，完成序列并退出曲面铣削加工序列，从而完成底面凹槽特征的加工。

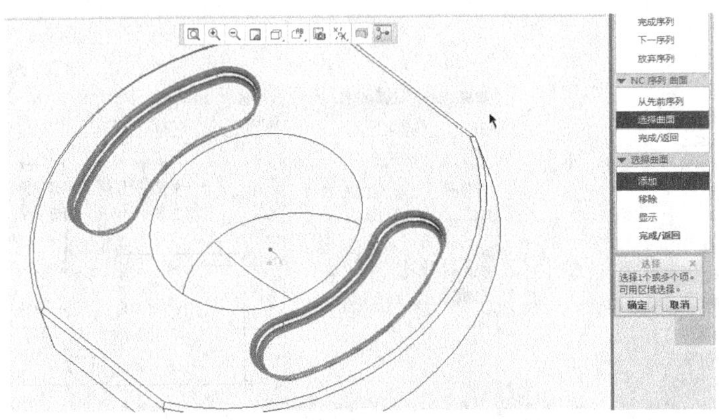

图 2-328　曲面铣削加工曲面选择

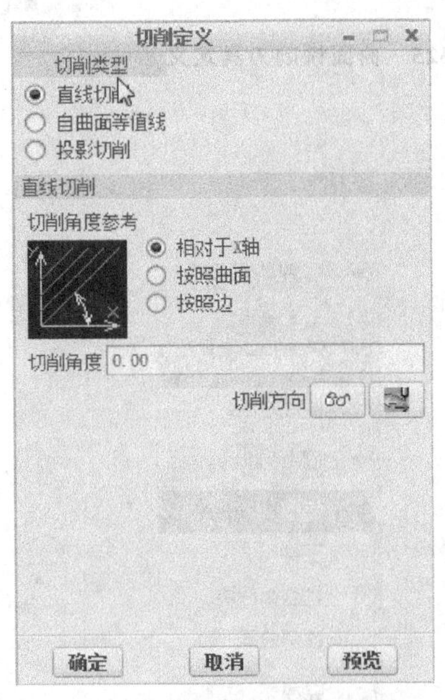

图 2-329　曲面铣削切削定义对话框

图 2-330　自曲面等值线曲面定义

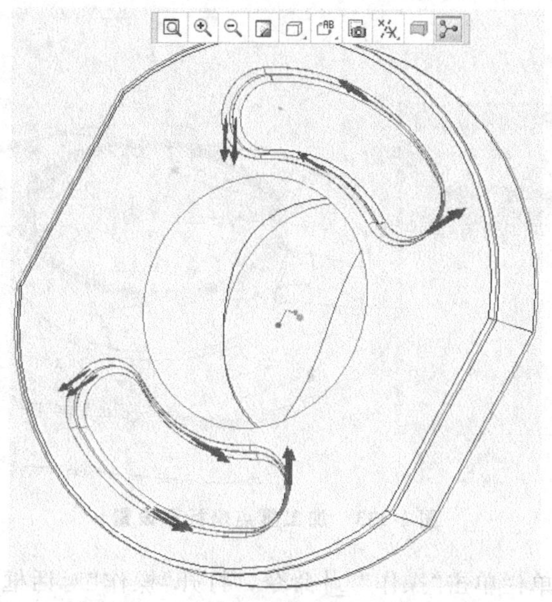

图 2-331 自由面等值线曲面加工方向定义

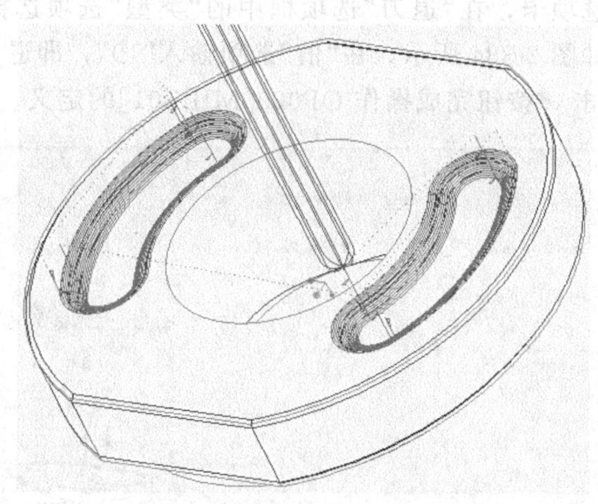

图 2-332 凹槽的曲面特征刀具路径

(4)掉头加工设置

进行零件的上表面加工，需要重新设置坐标系作为加工零点，建立新的操作。在“铣削”界面菜单栏单击“坐标系”坐标系命令，打开“坐标系”对话框，在“原点”选项卡的“参考”选项框中依次选择“NC_ASM_RIGHT”“NC_ASM_FRONT”和工件的上端面，如图 2-333 所示(注意选择顺序，保持 Z 轴垂直于上端面，Y 轴为夹持两侧断面的方向)，单击“确定”按钮建立“ACS1”坐标系。

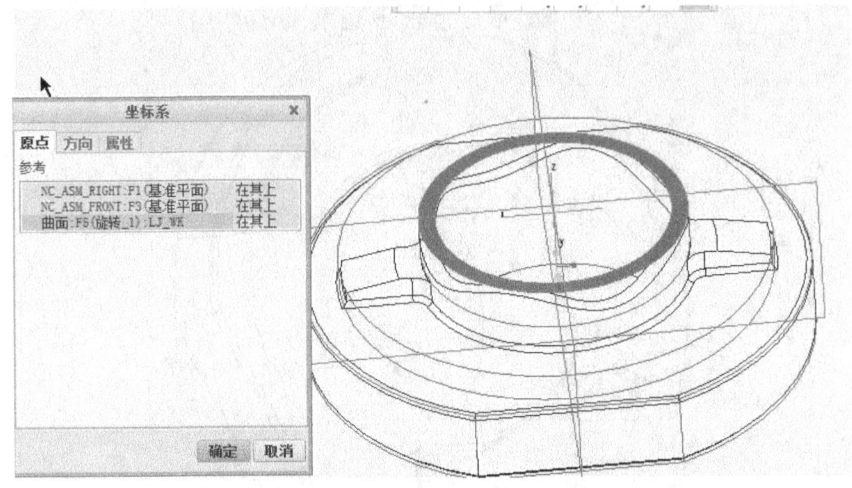

图 2-333 加工零点坐标系设置

在“铣削”界面菜单栏单击“操作”命令，打开“操作”对话框，系统默认选中铣床工作中心[MILL01]，在选项框内选择刚建立的坐标系“ACS1”，从而完成加工零点的设置。单击“间隙”选项卡，在“退刀”选项框中的“类型”选项选择“平面”，在绘图区选中工件的上端面，如图 2-334 所示，在“值”选项输入“10”，即退刀平面离开工件右端面距离为 10 mm，单击✔按钮完成操作 OP020[MILL01]的定义。

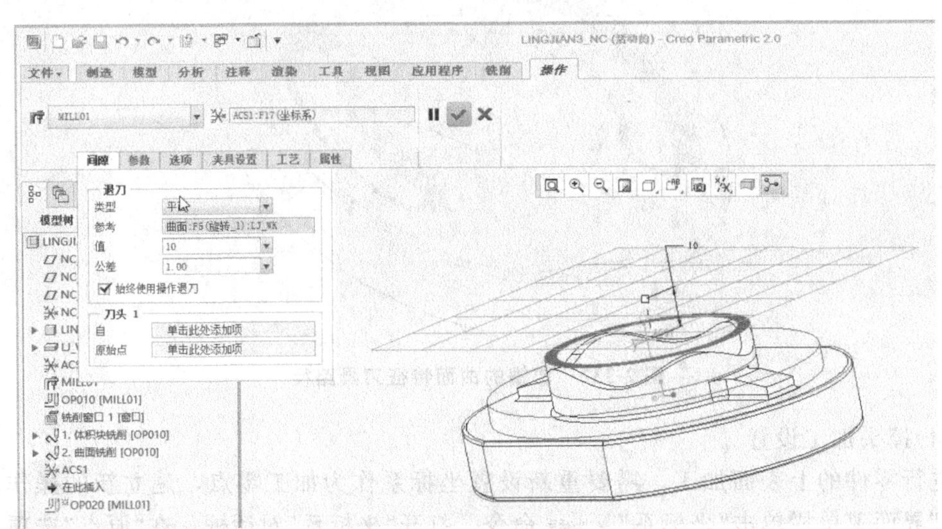

图 2-334 退刀面设置

(5)上端面加工

在“铣削”界面菜单栏上单击“粗加工”菜单下“体积块粗加工”命令，如图 2-335 所示，弹出“菜单管理器”快捷菜单，在“序列设置”下选择“刀具”“参数”“窗口”三个选项，如图 2-336 所示，单击菜单管理器上的“完成”，系统弹出“刀具定义”对话框，“类型”选项选择“端铣削”，“ϕ”选项输入直径“16”，单位为 mm，如图 2-337 所示，单击“确定”按钮完成刀具设置，系统弹出“体积块铣削”参数设置对话框，输入加工参数如图 2-338 所示，单击“确定”按钮完成加工参数设置，“菜单管理器”弹出“选择窗口”菜单，如图 2-339 所示。不要单击“菜单管理器”中的任何提示，在铣削界面菜单栏上单击“铣削窗口”命令，系统弹出“铣削窗口”界面，单击操控栏“草绘窗口类型”按钮，右侧显示了“草绘”按钮，如图 2-340 所示，单击此按钮，弹出“草绘定义”对话框，选择工件的上平面作为草绘平面，单击“草绘”按钮进入草绘环境，单击草绘菜单栏“偏移”偏移 命令，选择工件的外边缘作为偏移环，向外偏移 3 mm，单击“投影”投影命令，选取顶部端面的外边缘，如图 2-341 所示，单击✔按钮退出草绘环境，单击✔按钮完成铣削窗口的定义，菜单管理器自动完成返回，单击“播放路径”，弹出播放路径的子菜单，如图 2-342 所示，单击“屏幕演示”菜单，加工路径如图 2-343 所示，完成序列并退出体积块粗加工序列。

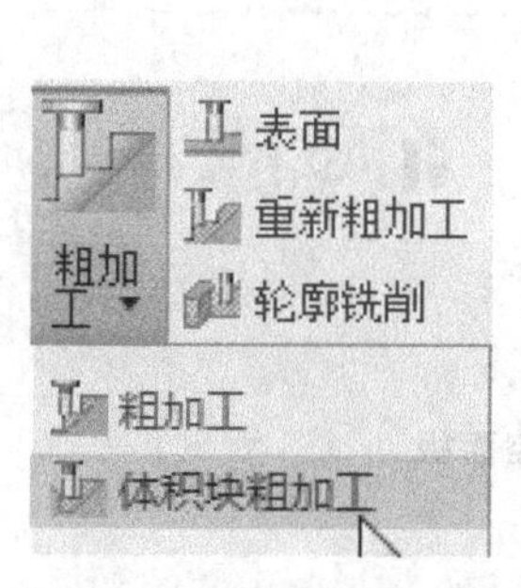

图 2-335　体积块粗加工

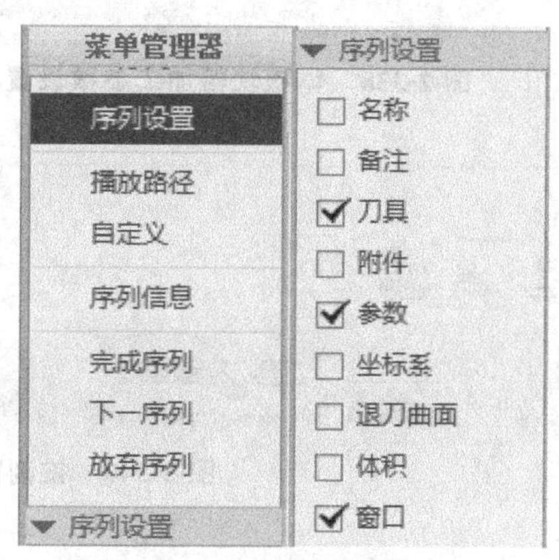

图 2-336　体积块粗加工序列设置

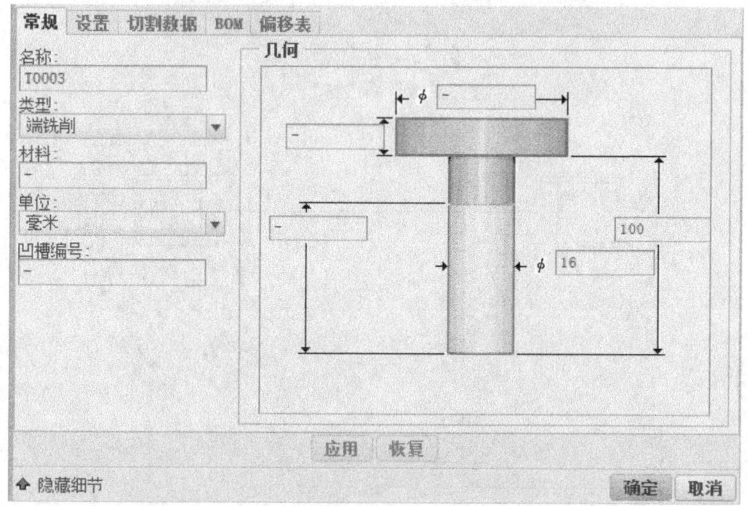

图 2-337　体积块粗加工刀具设置

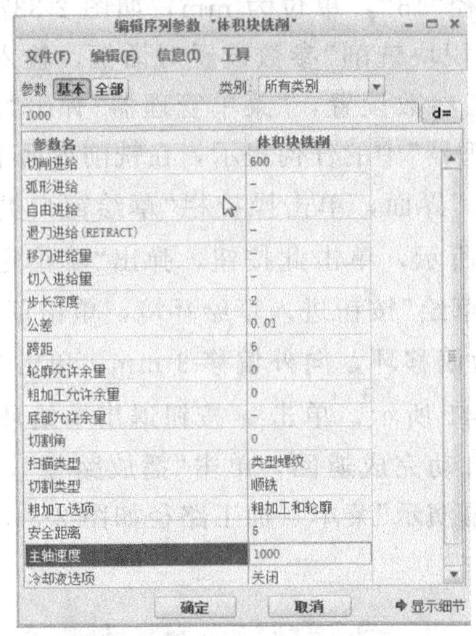

图 2-338 体积块粗加工参数设置

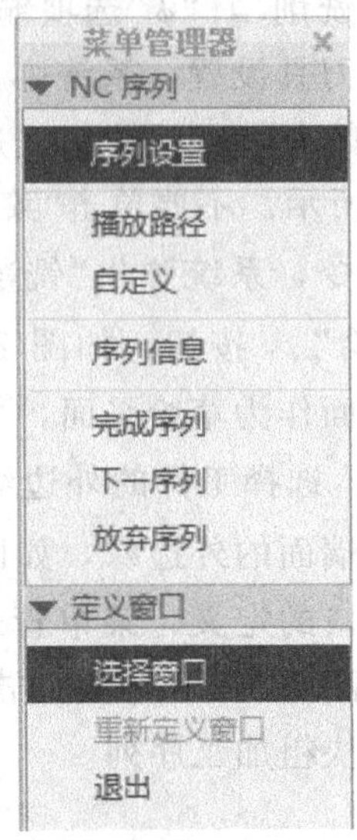

图 2-339 选择窗口菜单

图 2-340 铣削窗口操控面板

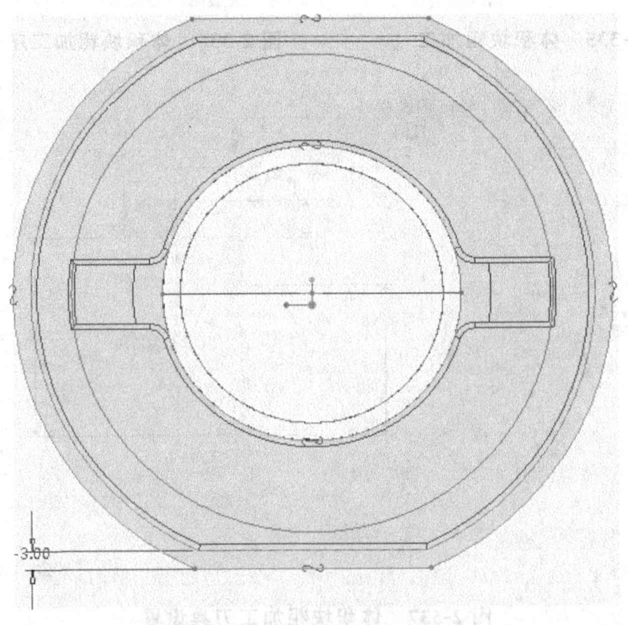

图 2-341 铣削窗口草绘环

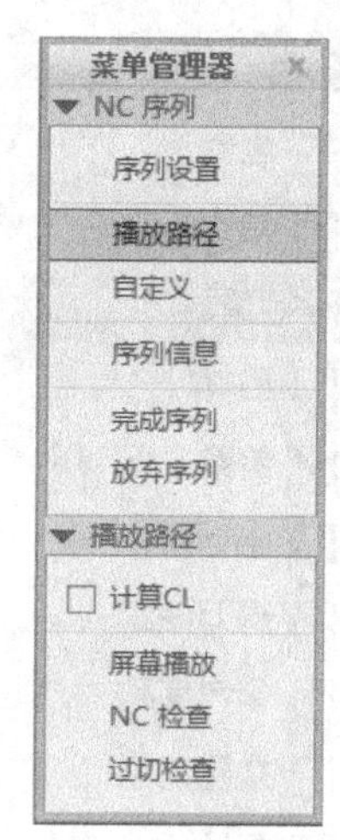

图 2-342　播放路径菜单

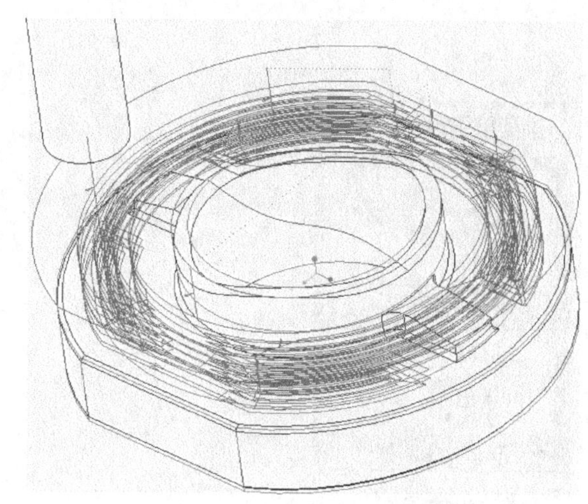

图 2-343　体积块粗加工刀具路径

通过局部铣削进一步加工上端面，在“铣削”界面菜单栏上单击“铣削”选项卡右侧的▾按钮，弹出下拉菜单，单击“局部铣削”，在弹出的菜单中选择“前一步骤”命令，如图 2-344 所示，在菜单管理器“选择特征”栏下单击“NC 序列”，下方弹出“NC 序列列表”如图 2-345 所示，单击“1 体积块铣削”选项，弹出“选择菜单”单击下拉的“切削运动＃1”，如图 2-346 所示，菜单管理器弹出局部铣削“序列设置”菜单，在序列设置菜单条下选择“刀具”“参数”两个选项，如图 2-347 所示，单击菜单的“完成”，系统弹出“刀具定义”对话框，在“类型”选项框选择“球铣削”，“ϕ”选项输入直径“6”，单位为 mm，如图 2-348 所示，单击“确定”按钮完成刀具设置，系统弹出“局部铣削”序列参数设置对话框，输入加工参数如图 2-349 所示，单击“确定”按钮完成加工参数设置，单击“播放路径”菜单，加工路径如图 2-350 所示，完成序列并退出局部铣削加工序列，从而完成局部铣削的加工。

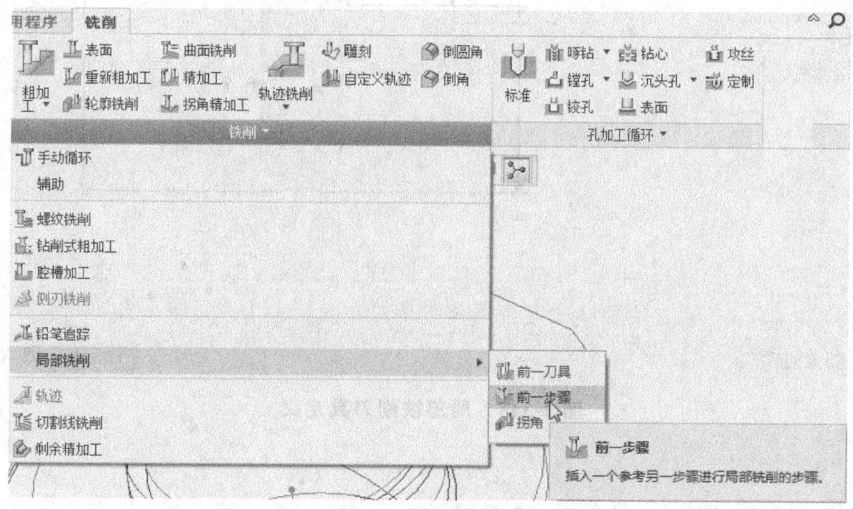

图 2-344　“局部铣削”命令

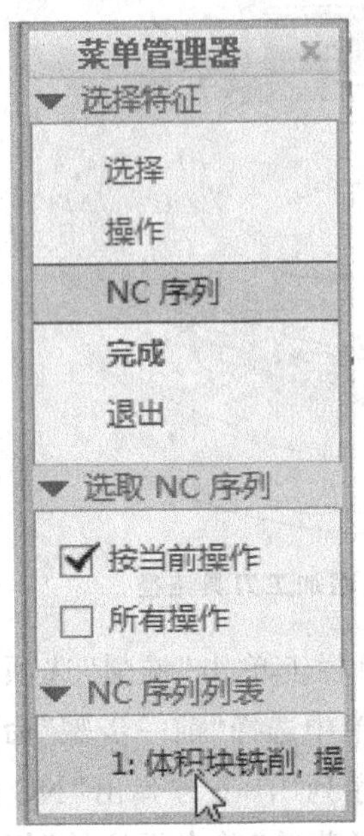

图 2-345　选取 NC 序列

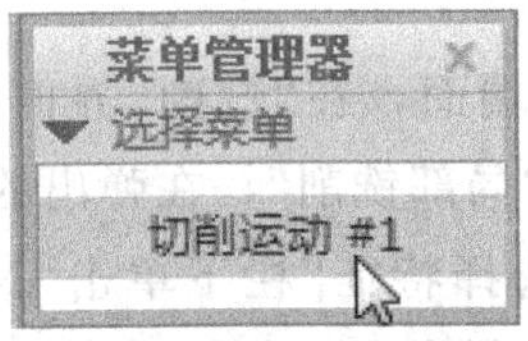

图 2-346　选取切削运动

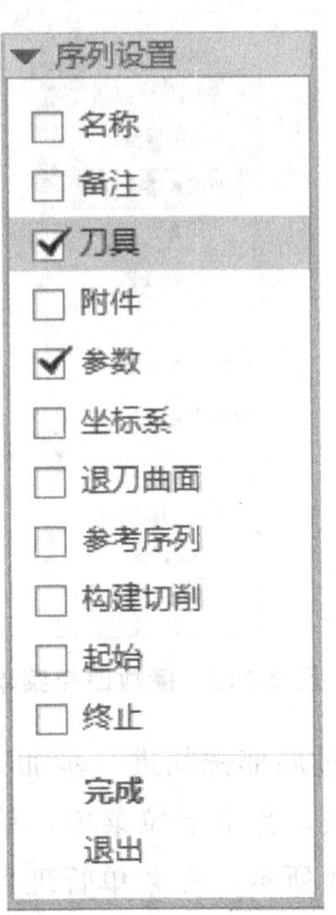

图 2-347　局部铣削序列

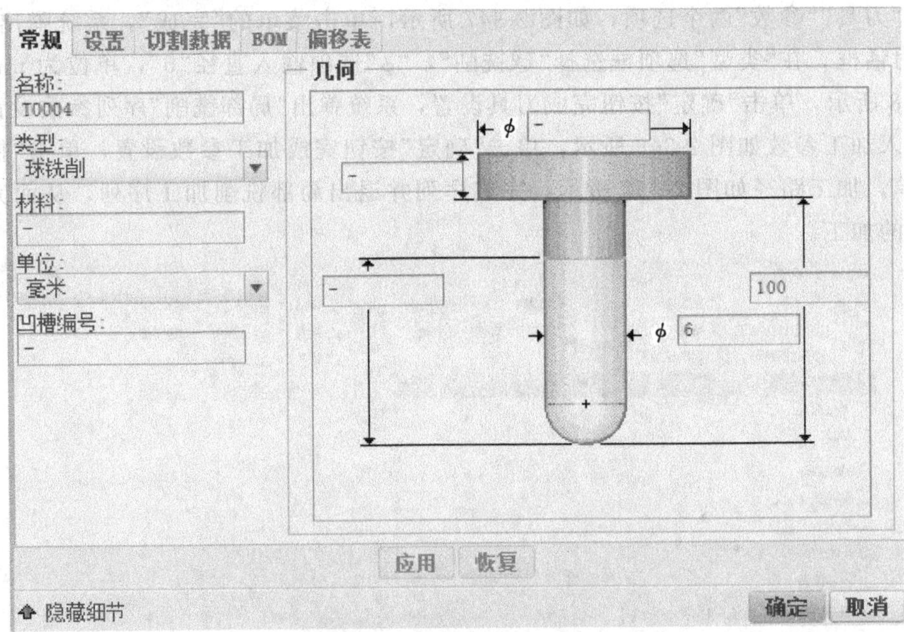

图 2-348　局部铣削刀具定义

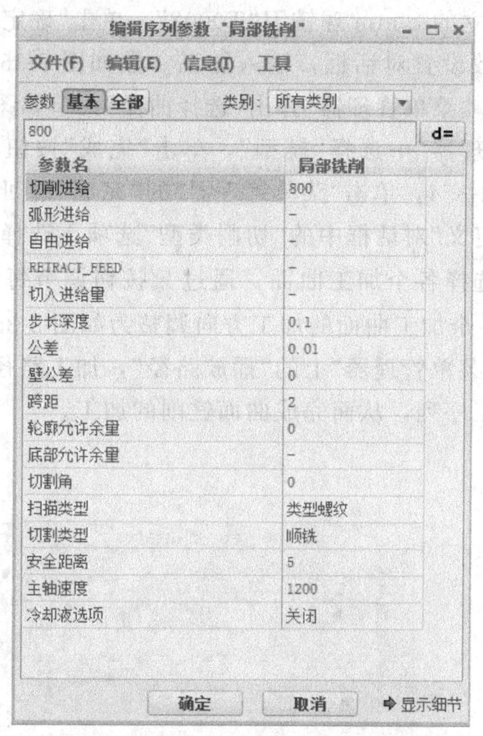

图 2-349　局部铣削加工参数定义

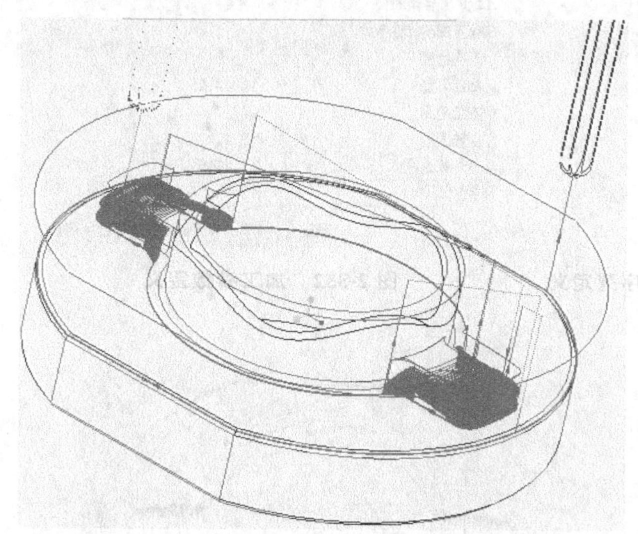

图 2-350　局部铣削刀具加工路径

通过曲面铣削加工进行筋特征等的精加工，在“铣削”界面的菜单栏上单击“曲面铣削”命令，弹出“菜单管理器”快捷菜单，在“序列设置”下选择“刀具”“参数”“曲面”“定义切削”四个选项，如图 2-351 所示，单击菜单管理器上的“完成”，系统弹出“刀具定义”对话框，选择之前建立的 2 mm 球铣刀“T0002”，单击“确定”按钮，完成刀具设置，系统弹出“曲面铣削”参数设置对话框，输入加工参数如图 2-352 所示，单击“确定”按钮，完成加工参数设置，“菜单管理器”弹出“选择曲面”菜单如图 2-353 所示，在模型树中隐藏工件，在“菜单管理器”中选择“模型”，单击“完成”按钮，在左侧的绘图区选择多个倒圆角特征，如图 2-354，单击“菜单管理器”的“完成/返回”按钮，系统弹出“切削定义”对话框，在“切削定义”对话框中的“切削类型”选项下选择“自曲面等值线”，在下方的“曲面列表”中依次选择各个加工曲面，通过按钮调节每个曲面的切削方向，如图 2-355 所示，最终将各个加工曲面的加工方向调整为如图 2-356 所示，单击“确定”按钮完成切削定义，单击“菜单管理器”上的“播放路径”，加工路径如图 2-357 所示，完成序列并退出曲面铣削加工序列，从而完成曲面铣削的加工。

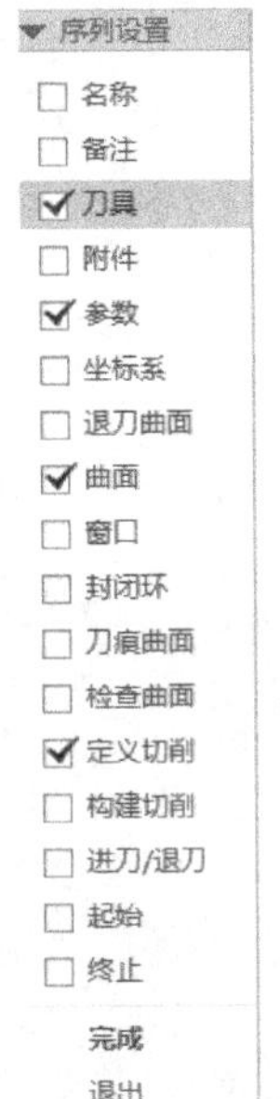

图 2-351 曲面铣削序列定义

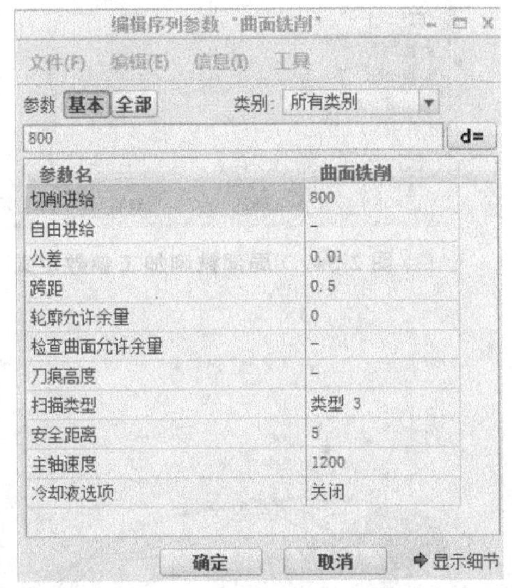

图 2-352 加工参数定义

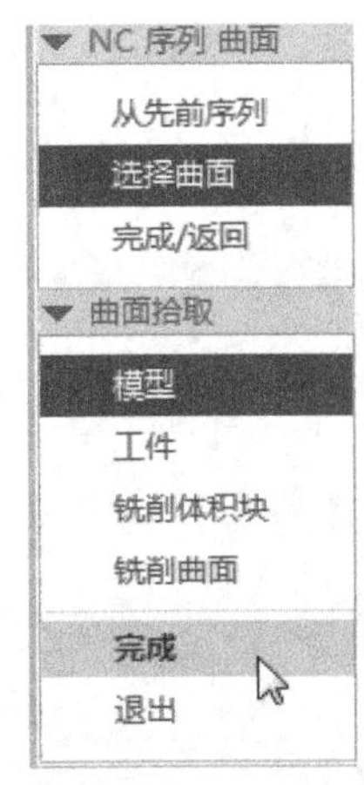

图 2-353 曲面选择

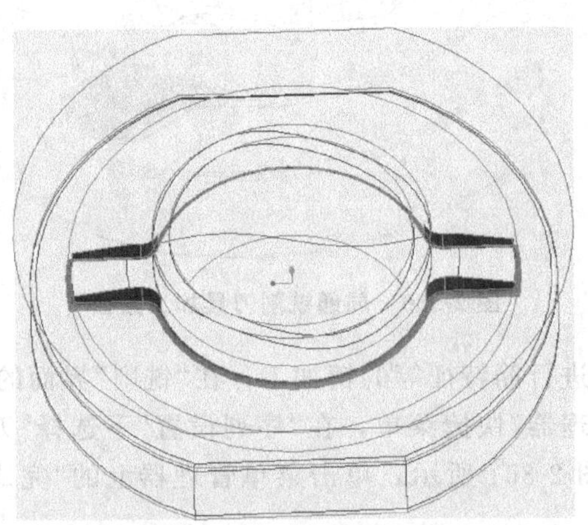

图 2-354 曲面铣削加工曲面选择

图 2-355 切削定义

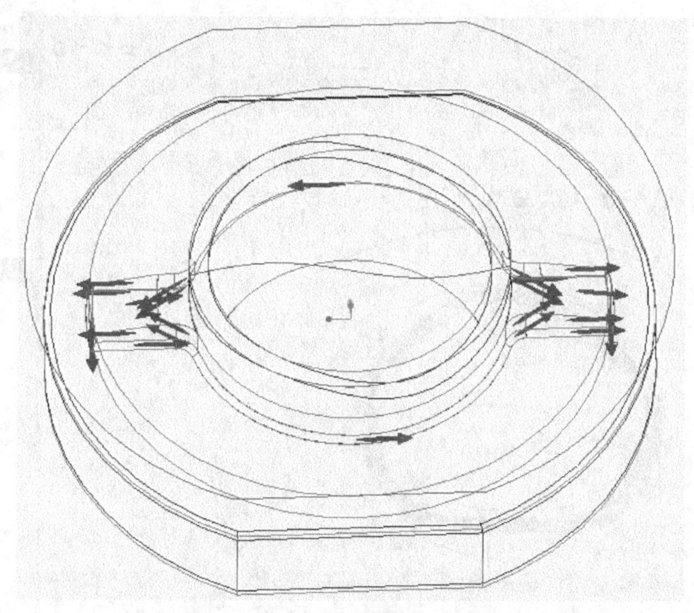

图 2-356 自曲面等值线曲面加工方向定义

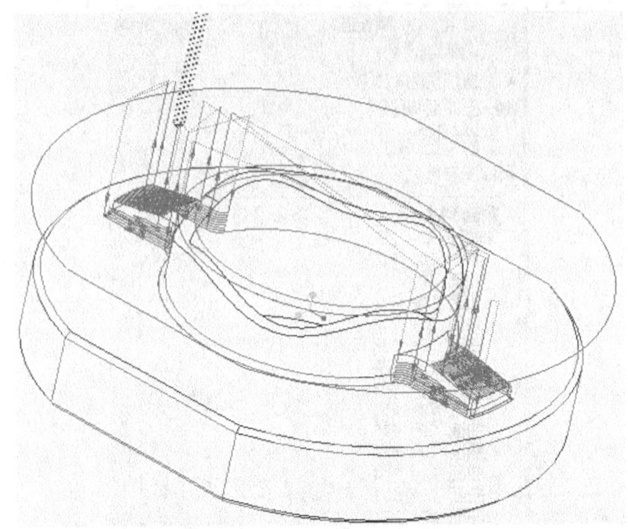

图 2-357　曲面特征刀具路径

通过曲面铣削命令完成零件正弦曲面的铣削加工，在“铣削”界面菜单栏单击“曲面铣削”命令，弹出“菜单管理器”快捷菜单，在“序列设置”菜单条下选择“刀具”“参数”“曲面”“定义切削”四个选项，如图 2-351 所示，单击“菜单管理器”上的“完成”菜单，系统

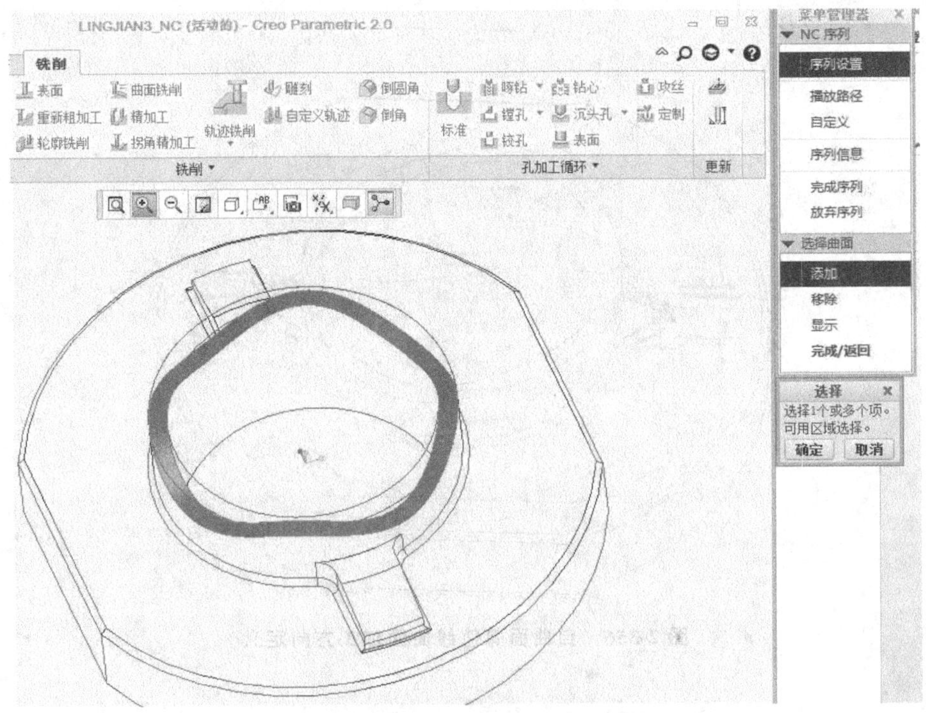

图 2-358　曲面铣削加工曲面选择

弹出“刀具定义”对话框，选择之前创建的 6 mm 球铣刀“T0004”，单击“确定”按钮完成刀具设置，系统弹出“曲面铣削”参数设置对话框，输入加工参数如图 2-352 所示，单击“确定”按钮完成加工参数设置，“菜单管理器”上弹出“曲面选择”菜单，如图 2-353 所示，在模型树中隐藏工件，在“菜单管理器”上选择“模型”，单击“完成”按钮，在左侧的绘图区选择正弦曲面特征，如图 2-358 所示，单击“菜单管理器”上的“完成/返回”菜单，系统弹出“切削定义”对话框，在“切削类型”中选择“自曲面等值线”，在下方的曲面列表中依次选择各个加工曲面，通过按钮将加工曲面的加工方向调整为如图 2-359 所示，单击“确定”按钮完成切削定义，单击“菜单管理器”上的“播放路径”菜单，加工路径如图 2-360 所示，完成序列并退出曲面铣削加工序列，从而完成曲面铣削的加工，离合凹零件的加工完成，效果如图 2-361 所示。

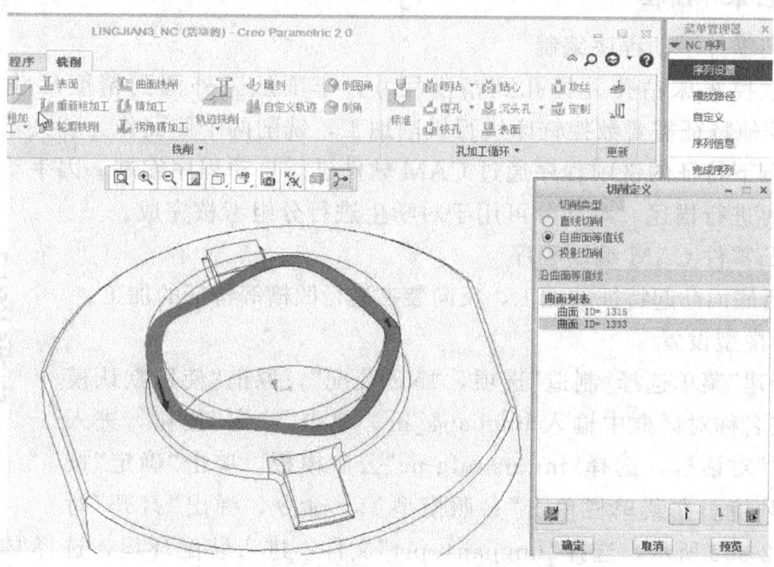

图 2-359 自由面等值线曲面加工方向定义

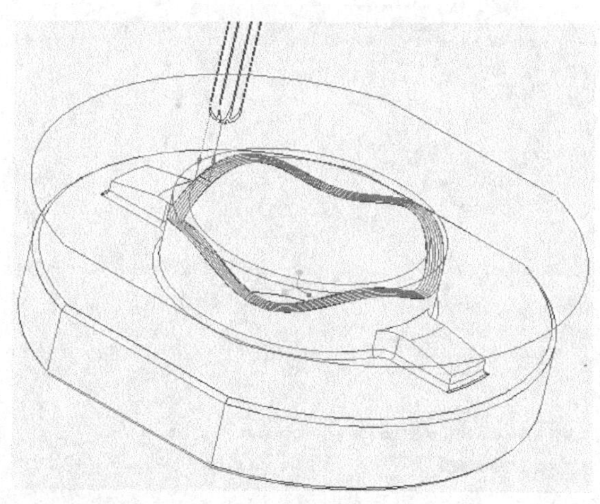

图 2-360 正弦曲面特征刀具路径

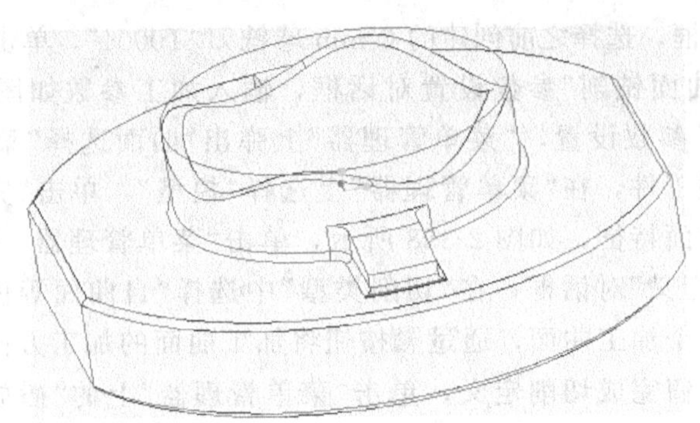

图 2-361　离合凹零件最终加工效果图

4. 离合凸零件编程

1)离合凸零件手动程序编制

首先在数控车床钻孔并镗孔到精度尺寸，车削加工外圆到精度尺寸，车削锥度139°表面，其他特征需要数控铣床进行铣削加工，铣削两个侧面作为装夹基准，保证平行度要求。剩下特征的铣削程序通过 CAM 软件进行自动程序编制。因手动加工内容简单，书中不再进行描述，本部分可用于对学生进行分组考核完成。

2)离合凸零件 CAM 编制程序

离合凸零件 CAM 编程

首先进行底面凸起特征的加工，反向装夹进行凹槽等特征的加工。

(1)制造模型设置

单击“新建”菜单选择“制造”选项，“NC 装配”，取消“使用默认模板”选项，在名称对话框中输入 lingjian4_nc，单击“确定”按钮，进入“新文件选项”对话框，选择“mmns-mfg-nc”公制模板，单击“确定”按钮进入制造环境。在菜单栏单击“参照模型”命令，弹出“打开”对话框，如图 2-362 所示，选择“lingjian4. prt”文件，进入装配环境，选择“默认”放置方式如图 2-363 所示，单击✔按钮完成参照模型的放置。

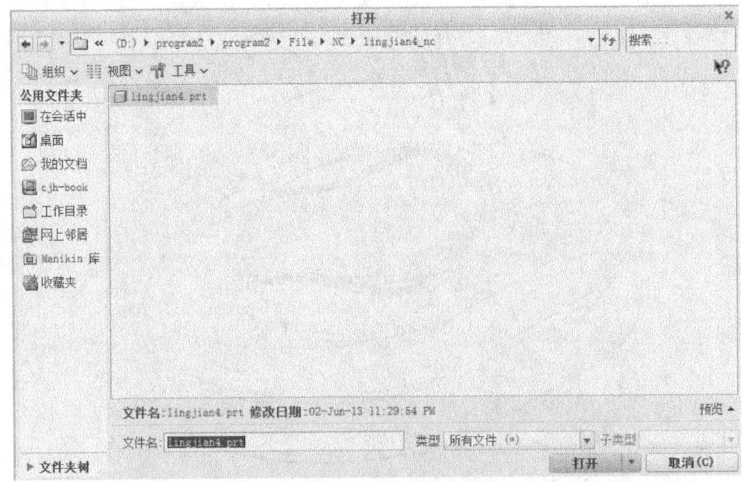

图 2-362　选择参照模型

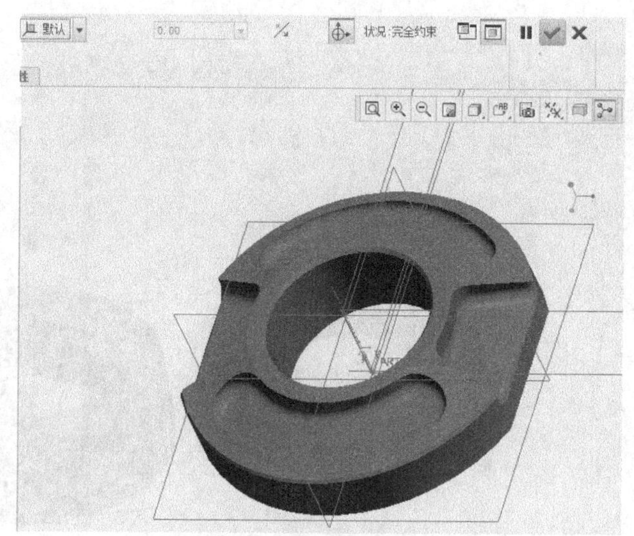

图 2-363 参照模型默认放置

在菜单栏上单击“工件”下的“组装工件”组装工件命令，如图 2-364 所示，在弹出“打开”对话框中选择“lingjian4_wk. prt”文件，如图 2-365 所示，单击“打开”按钮，工具被调入制造环境中，打开操控栏上的“放置”选项卡，弹出放置对话框，选择参照模型和工件的底面，“约束类型”默认是“重合”方式如图 2-366 所示，再选择参考模型的轴线和工件轴线，“约束类型”默认为“距离”选项如图 2-367 所示，将“距离”改为“重合”，使装配达到“完全约束”如图 2-368 所示，完成装配，最终制造模型的设置如图 2-369 所示。

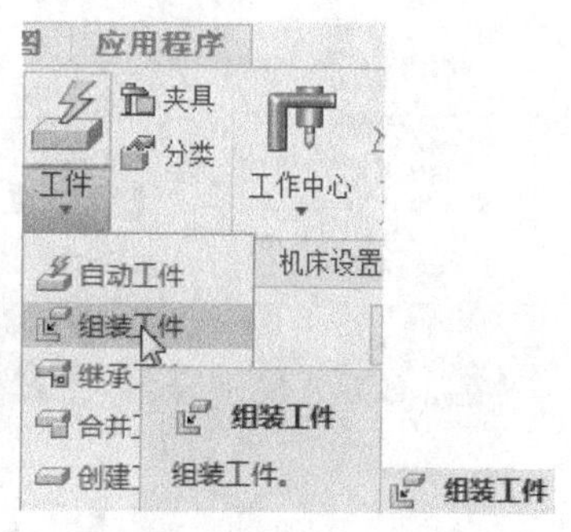

图 2-364 选择组装工件命令

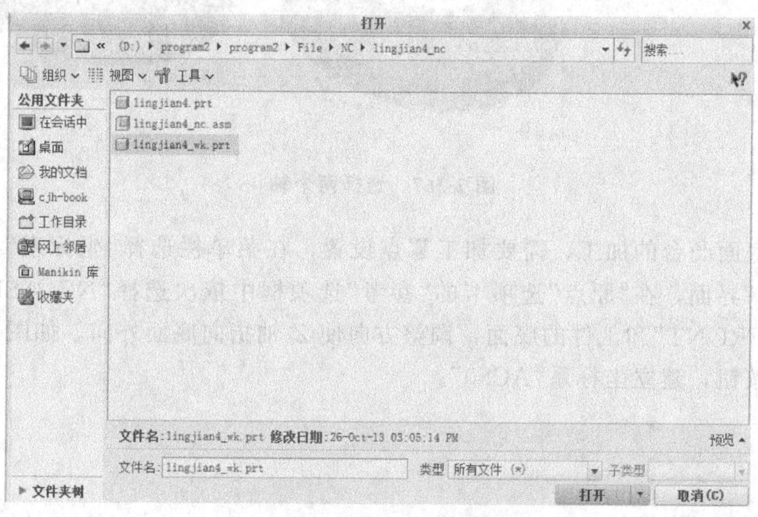

图 2-365 选择毛坯工件

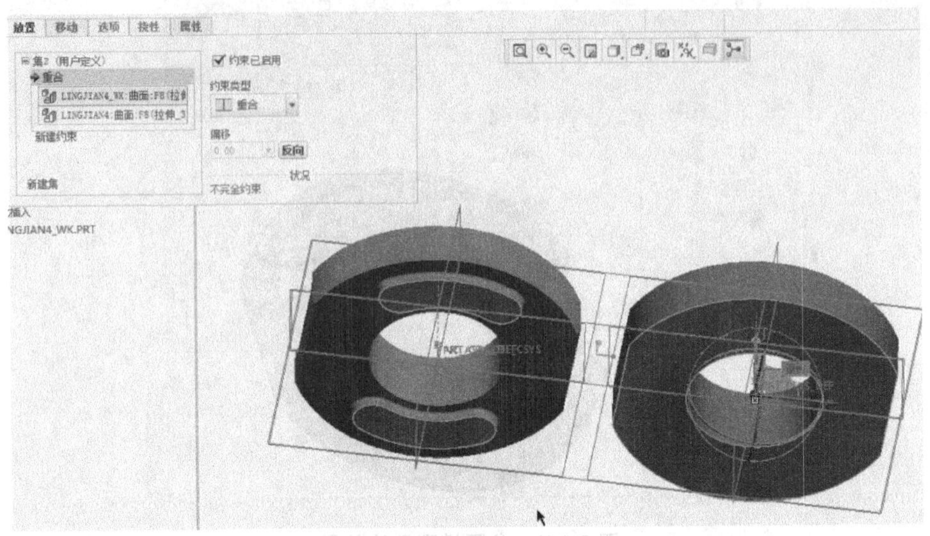

图 2-366　底面重合装配

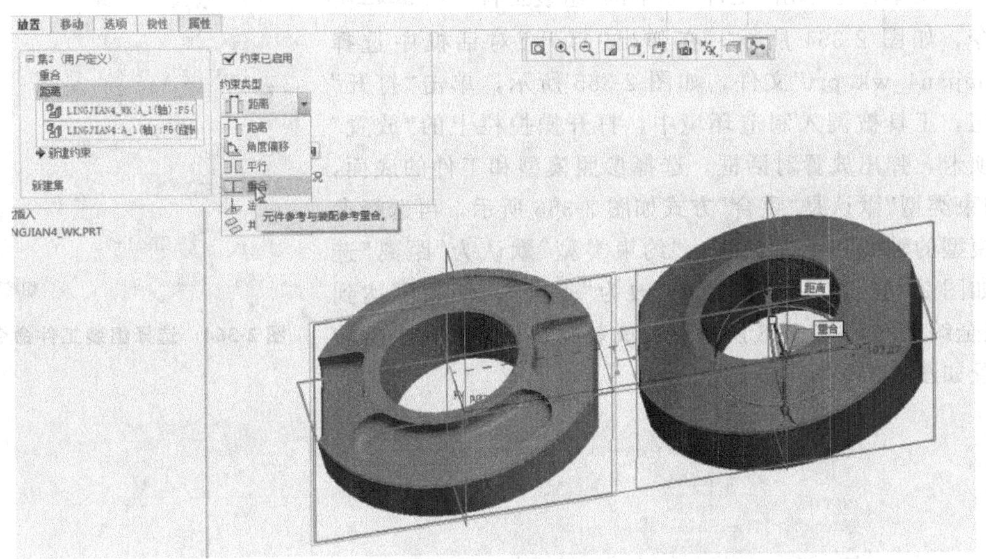

图 2-367　选择两个轴

先进行底面凸台的加工，需要加工零点设置，在菜单栏选择“坐标系”坐标系命令，打开“坐标系”界面，在“原点”选项卡的“参考”选项框中依次选择“NC_ASM_RIGHT”“NC_ASM_FRONT”和工件的底面，调整方向使 Z 轴指向底面外向，如图 2-370 所示，单击“确定”按钮，建立坐标系“ACS0”。

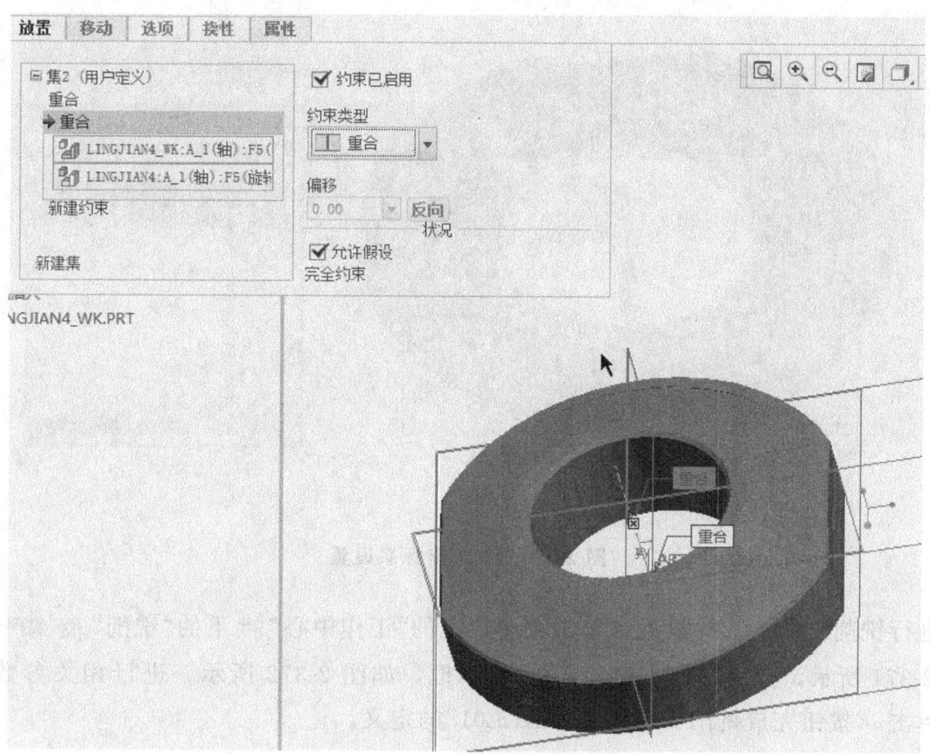

图 2-368　修改约束类型为重合

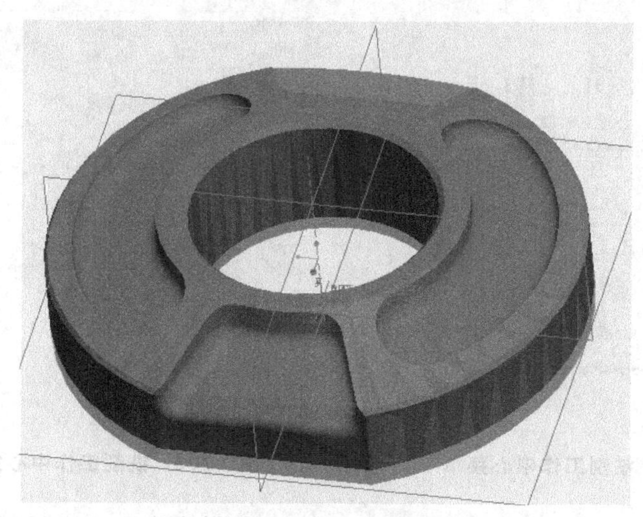

图 2-369　制造模型

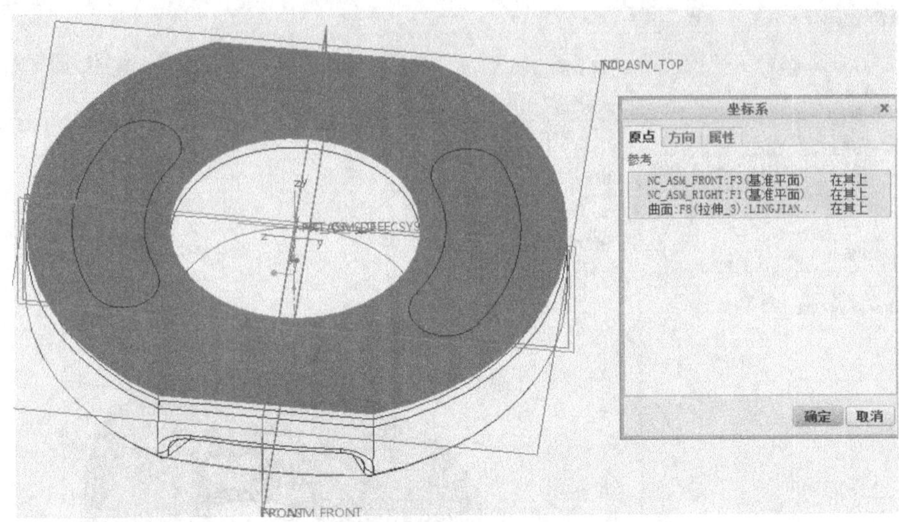

图 2-370 加工坐标系设置

进行铣削工作中心的设置，单击菜单栏上的“工作中心” 下的“铣削” 铣削命令，如图 2-371 所示，弹出“铣削工作中心”对话框，如图 2-372 所示，进行相关参数设定后，单击✓按钮完成铣削工作中心“MILL01”的定义。

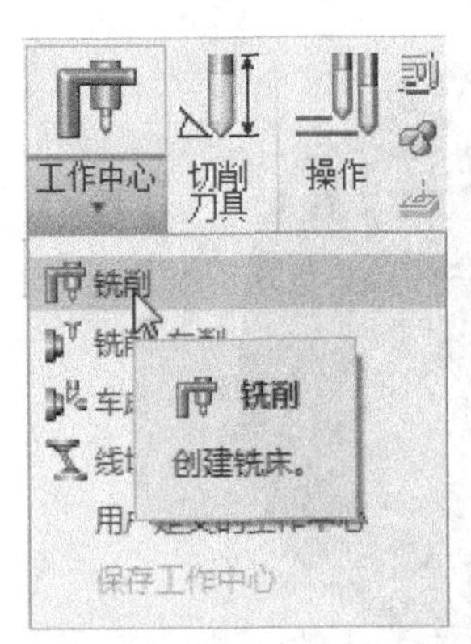

图 2-371 铣削工作中心菜单

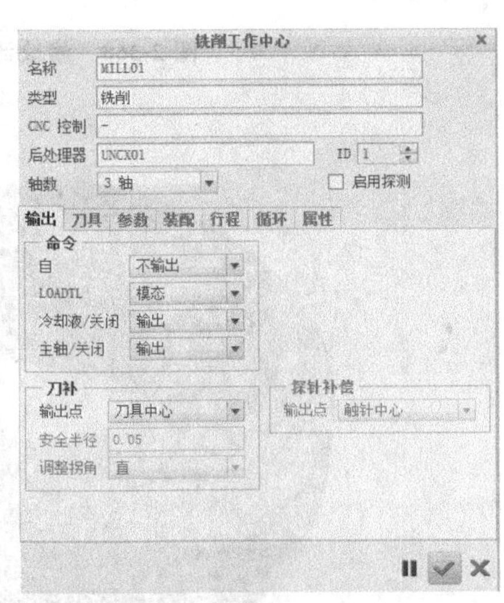

图 2-372 铣削工作中心定义

定义制造加工的操作，单击菜单栏上的“操作” 命令，弹出“操作”界面，在操控栏上系统默认选择“MILL01”机床与加工零点坐标系“ACS0”，单击操控栏上的“间隙”选项卡，打开“间隙”对话框，在“退刀”选项框中的“参考”选项中选择工件的底平面，在“值”选项中输入“10”(单位为 mm)，从而确定退刀平面如图 2-373 所示，单击✓按钮，完成操作“OP010[MILL01]”的定义。

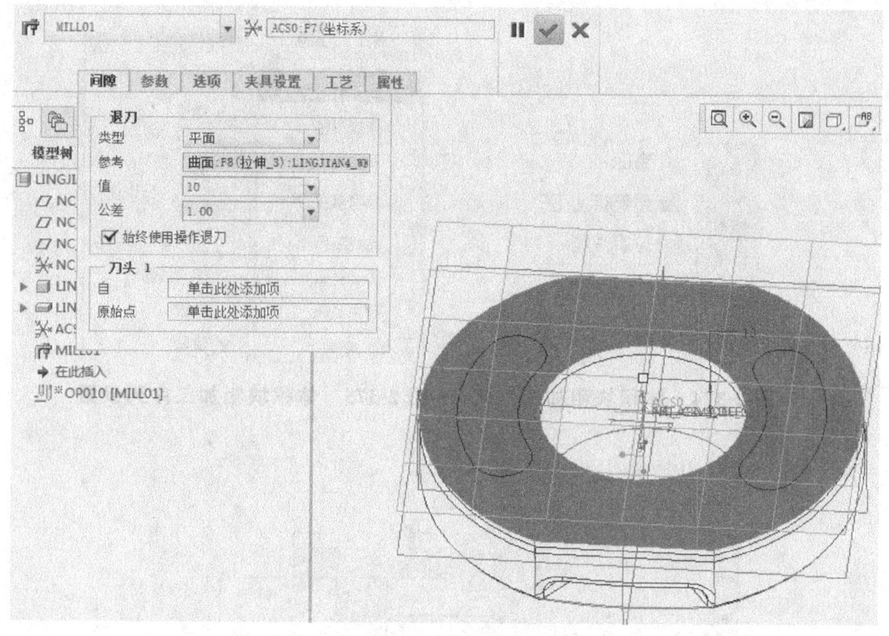

图 2-373 操作定义

(2)凸台加工

用体积块粗加工方式进行初步加工，在铣削界面的菜单栏上单击“粗加工”下的“体积块粗加工”体积块粗加工命令，如图 2-374 所示，弹出“菜单管理器”快捷菜单，在“序列设置”菜单条下选择“刀具”“参数”“窗口”三个选项，如图 2-375 所示，单击“菜单管理器”上的“完成”，系统弹出“刀具定义”对话框，在“常规”选项卡中的“类型”选择“端铣削”来定义端铣刀，将刀具直径设置成“12”，如图 2-376 所示，依次单击对话框中“应用”和“确定”按钮，完成刀具设定。系统弹出“序列参数”定义对话框，在对话框输入加工参数，如图 2-377 所示，单击“确定”按钮，完成加工参数的设定。“菜单管理器”弹出“选择窗口”，如图 2-378 所示，不要单击“菜单管理器”中的任何提示，单击“铣削”界面菜单栏中“铣削窗口”命令，系统打开如图 2-379 所示的“铣削窗口”定义操控栏，系统“放置”选项卡中的“窗口平面”默认选择工件的凸台顶平面，单击操控栏上的“草绘窗口类型”选项，在右侧显示“草绘”选项，单击弹出“草绘定义”对话框，选择工件的上加工平面或者“NC_ASM_RIGHT”基准平面作为草绘平面，单击“草绘”按钮进入草绘环境，单击“草绘视图方向”选项，使草绘平面与屏幕对齐，单击草绘菜单栏中的“投影”投影命令，选取工件外边缘和内孔边缘如图 2-380 所示，再单击按钮完成草绘定义，系统返回到“铣削窗口”界面，单击操控栏上“选项”选项卡，选择“在窗口围线外”(允许刀具在围线外运动加工)，如图 2-381 所示，单击按钮完成铣削窗口的定义。系统弹出菜单管理器，单击“屏幕播放”菜单，弹出“播放”菜单，单击“播放”按钮，进行刀具路径模拟和检验刀具路径，结果如图 2-382 所示，单击“完成”菜单，完成体积块铣削加工。

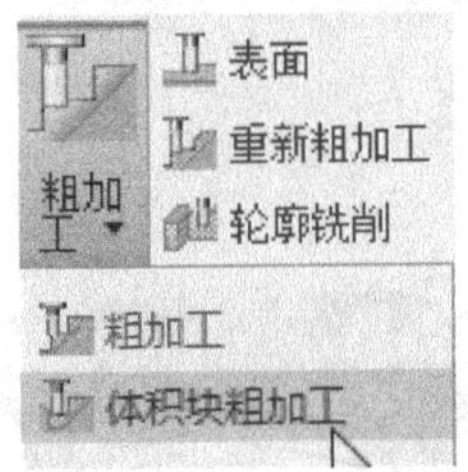

图 2-374 体积块粗加工

图 2-375 体积块粗加工序列设置

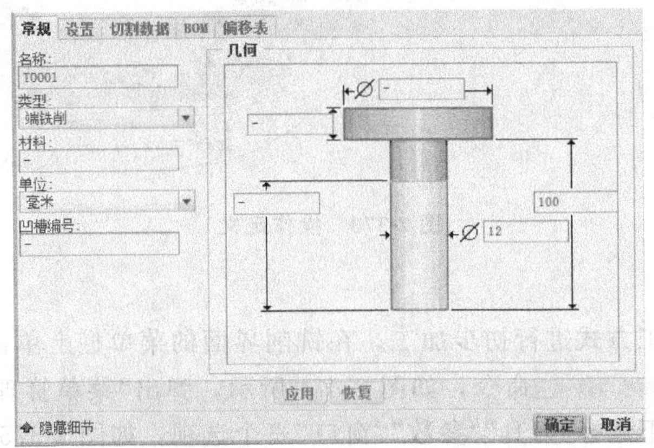

图 2-376 体积块粗加工刀具设置

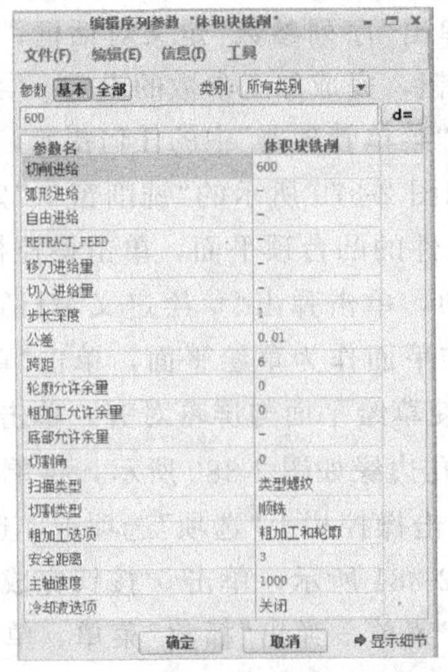

图 2-377 体积块粗加工参数设置

图 2-378 选择窗口菜单

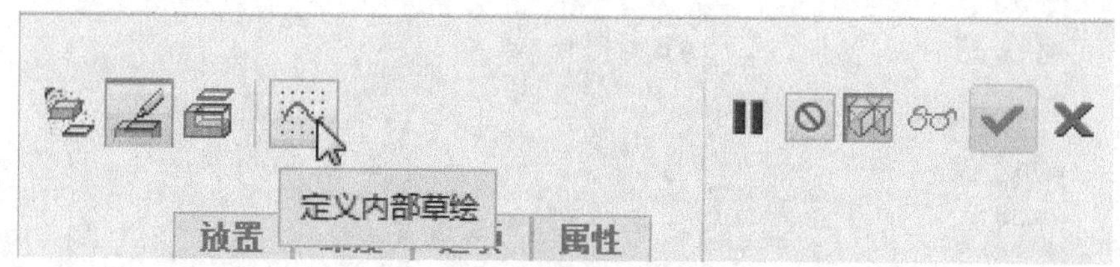

图 2-379 铣削窗口操控面板

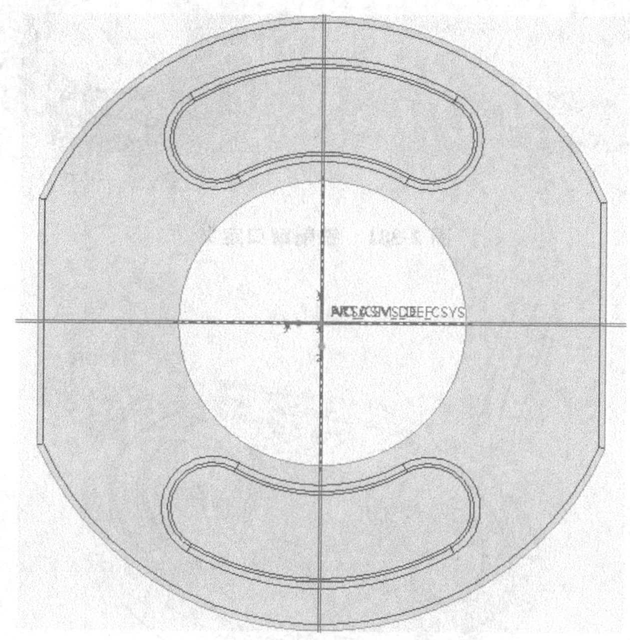

图 2-380 铣削窗口草绘投影环

通过局部铣削加工方式进行凸台的精加工，在“铣削”界面菜单栏上单击“铣削”选项卡右侧的▾按钮，弹出下拉菜单，单击“局部铣削”，在弹出的菜单中选择“前一步骤”命令，如图 2-383 所示，在菜单管理器“选择特征”栏下单击“NC 序列”，下方弹出“NC 序列列表”如图 2-384 所示，单击“1 体积块铣削”选项，弹出“选择菜单”单击下拉的“切削运动＃1”，如图 2-385 所示，菜单管理器弹出局部铣削“序列设置”菜单，在序列设置菜单条下选择“刀具”“参数”两个选项，如图 2-386 所示，单击菜单的“完成”，系统弹出“刀具定义”对话框，在“类型”选项框选择“球铣削”，“ϕ”选项输入直径“4”，单位为 mm，如图 2-387 所示，单击“确定”按钮完成刀具设置，系统弹出“局部铣削”序列参数设置对话框，输入加工参数如图 2-388 所示，单击“确定”按钮完成加工参数设置，单击“播放路径”菜单，加工路径如图 2-389 所示，完成序列并退出局部铣削加工序列，从而完成局部铣削的加工。

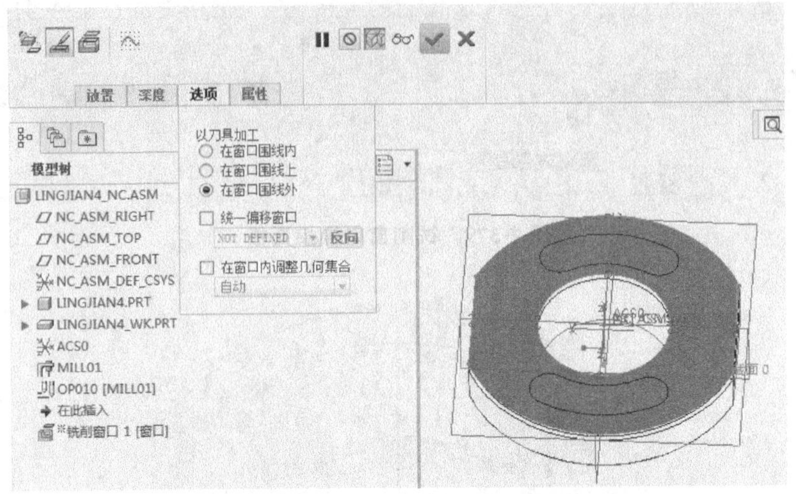

图 2-381 铣削窗口定义

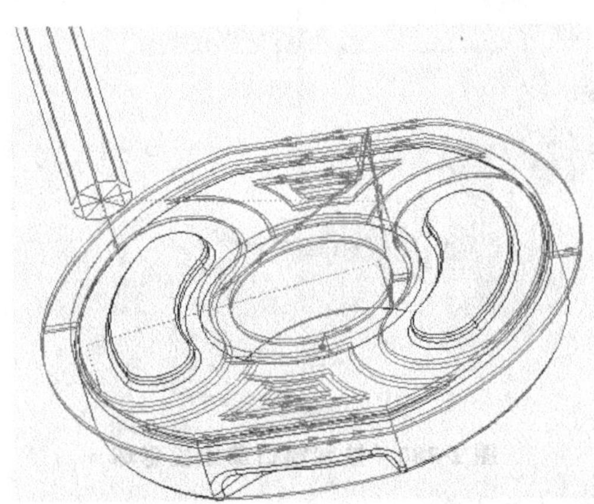

图 2-382 体积块粗加工刀具路径

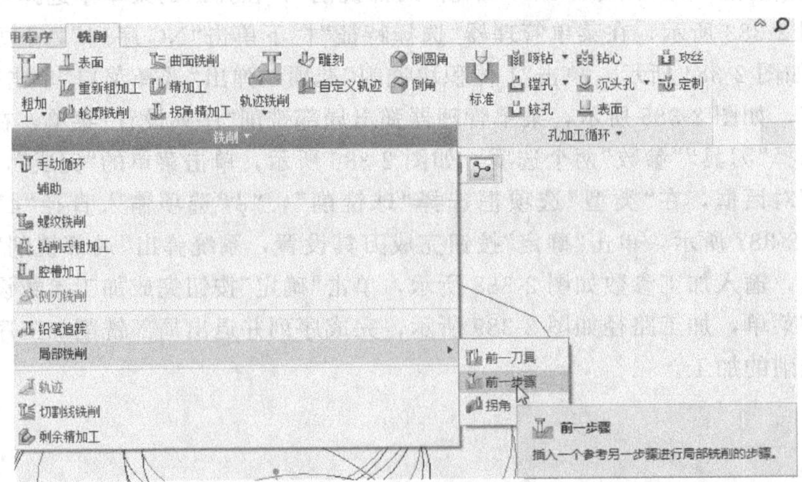

图 2-383 局部铣削命令

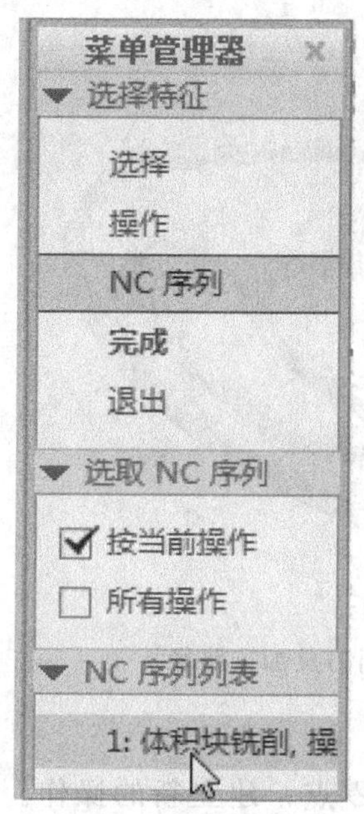

图 2-384 选取 NC 序列

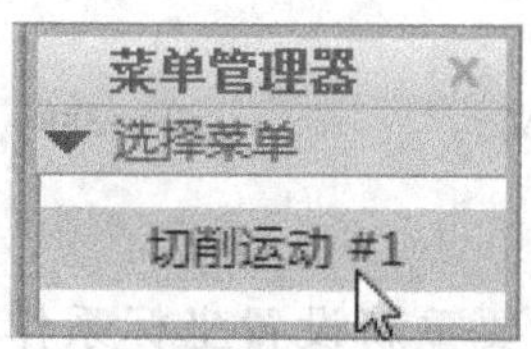

图 2-385 选取切削运动

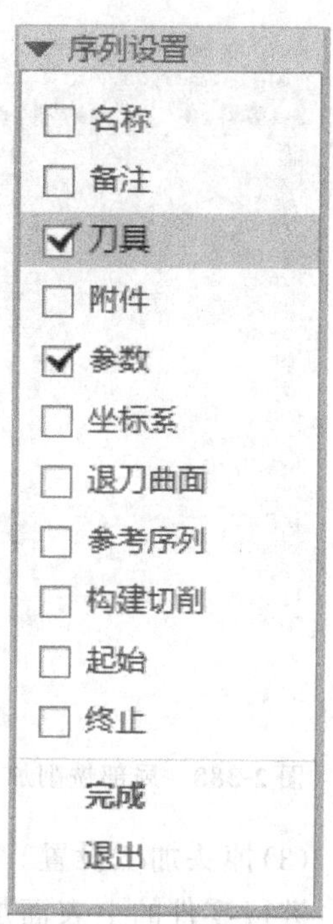

图 2-386 局部铣削序列

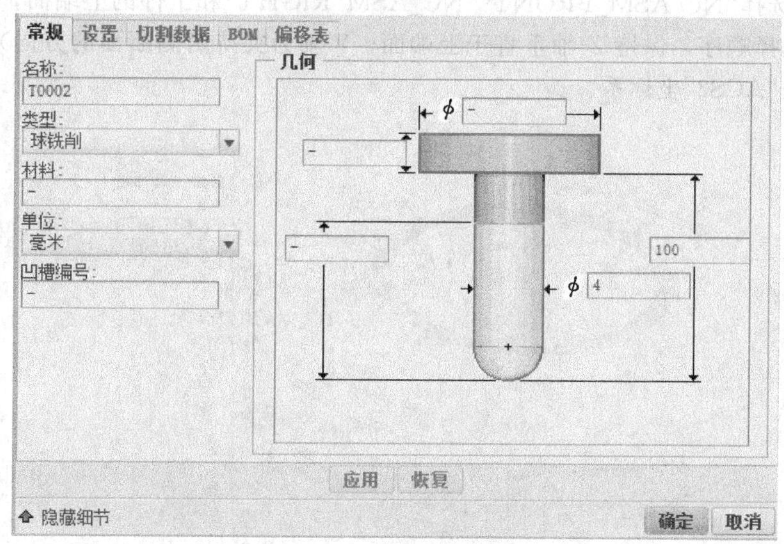

图 2-387 局部铣削刀具定义

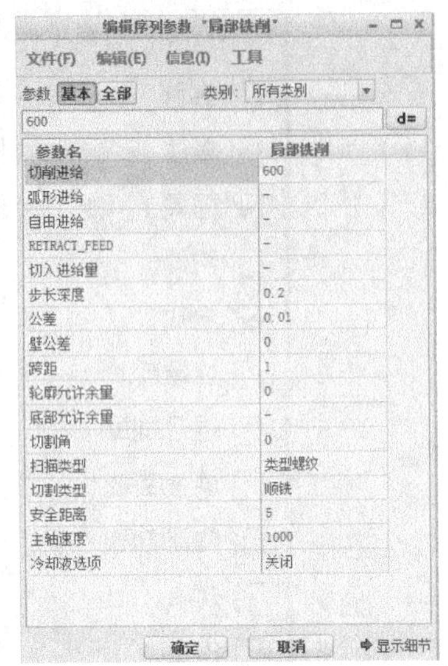

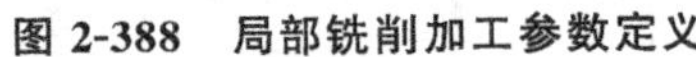

图 2-388 局部铣削加工参数定义

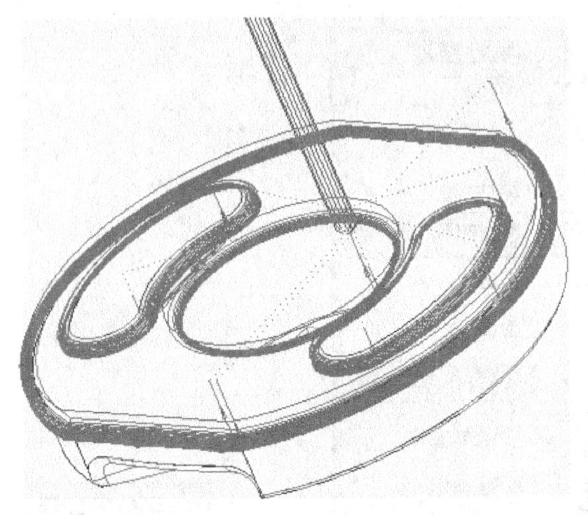

图 2-389 局部铣削刀具加工路径

(3)掉头加工设置

进行零件的上表面加工，需要重新设置坐标系作为加工零点，建立新的操作。在菜单栏单击“坐标系”坐标系命令，打开“坐标系”对话框，在“原点”选项卡下的“参考”选项框中依次选择“NC_ASM_FRONT”“NC_ASM_RIGHT”和工件的上端面，如图 2-390 所示(注意选择顺序，保持 Z 轴垂直于上端面，Y 轴为夹持两侧断面的方向)，单击“确定”按钮建立“ACS2”坐标系。

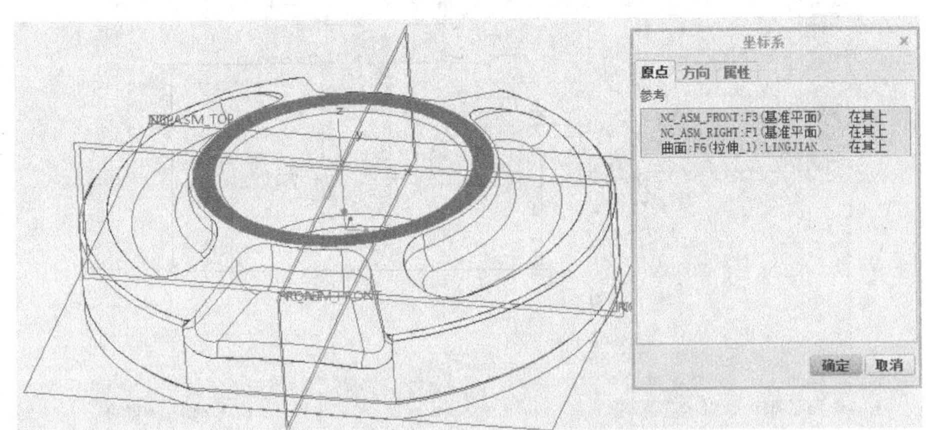

图 2-390 加工零点坐标系设置

在菜单栏单击“操作”命令，打开“操作”界面，系统默认选中铣床工作中心“MILL01”，在选项框里选中了刚刚建立的坐标系“ACS2”，从而完成加工零点的设置。单击操控栏上“间隙”选项卡，定义操作的退刀平面，在“退刀”选项框中的“类型”选项下选择“平面”，在绘图区选中工件的上端面如图 2-391 所示，在“值”选项下输入

“10”，即退刀平面离开工件右端面距离为 10 mm，单击✔按钮完成操作“OP030 [MILL01]”的定义。

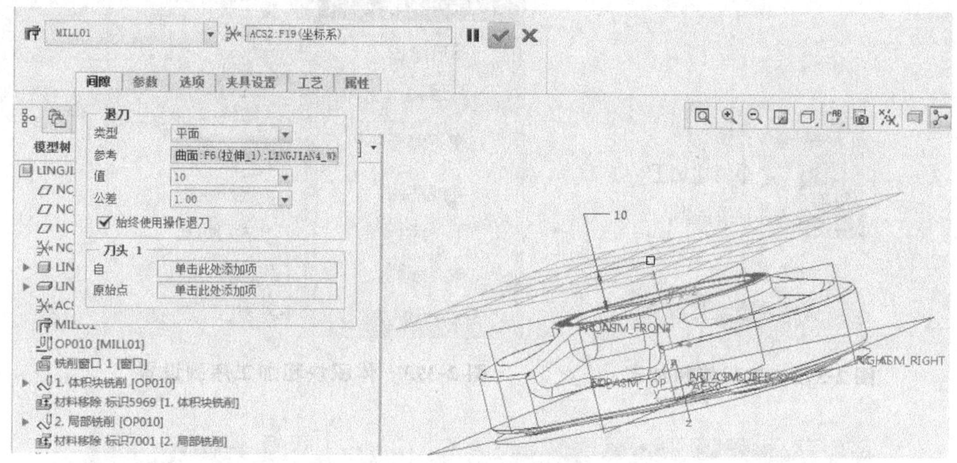

图 2-391 退刀面设置

(4)零件上端面加工

用体积块粗加工方式进行初步粗加工，在铣削界面的菜单栏上单击“粗加工”下的“体积块粗加工”体积块粗加工命令，如图 2-392 所示，弹出“菜单管理器”快捷菜单，在“序列设置”菜单条下选择“刀具”“参数”“窗口”三个选项，如图 2-393 所示，单击“菜单管理器”上的“完成”，系统弹出“刀具定义”对话框，选择已定义的 12 mm 端铣刀“T0001”，单击“确定”按钮，完成刀具设定。系统弹出“序列参数”定义对话框，在对话框输入加工参数，如图 2-394 所示，单击“确定”按钮，完成加工参数的设定。“菜单管理器”弹出“选择窗口”，如图 2-395 所示，不要单击“菜单管理器”中的任何提示，单击“铣削”界面菜单栏中“铣削窗口”命令，系统打开如图 2-396 所示的“铣削窗口”定义操控栏，系统“放置”选项卡中的“窗口平面”默认选择工件的凸台顶平面，单击操控栏上的“草绘窗口类型”选项，在右侧显示“草绘”选项，单击弹出“草绘定义”对话框，选择工件的上加工平面作为草绘平面，单击“草绘”按钮进入草绘环境，单击“草绘视图方向”选项，使草绘平面与屏幕对齐，单击草绘菜单栏中的“投影”投影命令，选取凹槽的外边缘，如图 2-397 所示，在单击✔按钮完成草绘定义，系统返回到“铣削窗口”界面，单击✔按钮完成铣削窗口的定义。系统弹出菜单管理器，单击“屏幕播放”菜单，弹出“播放”菜单，单击“播放”按钮，如图 2-398 所示，进行刀具路径模拟和检验刀具路径，结果如图 2-399 所示，单击“完成”菜单，完成体积块铣削加工。

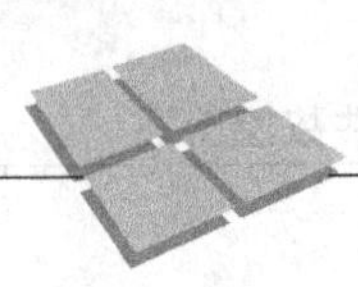

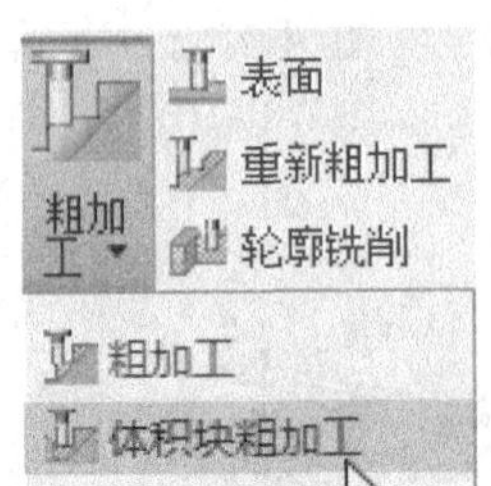

图 2-392　体积块粗加工

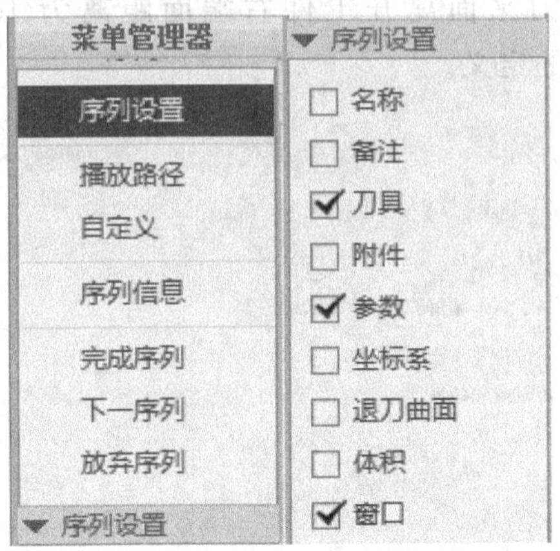

图 2-393　体积块粗加工序列设置

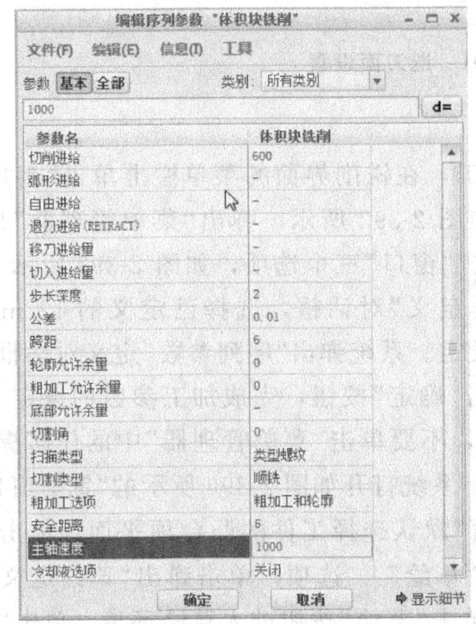

图 2-394　体积块粗加工加工参数设置

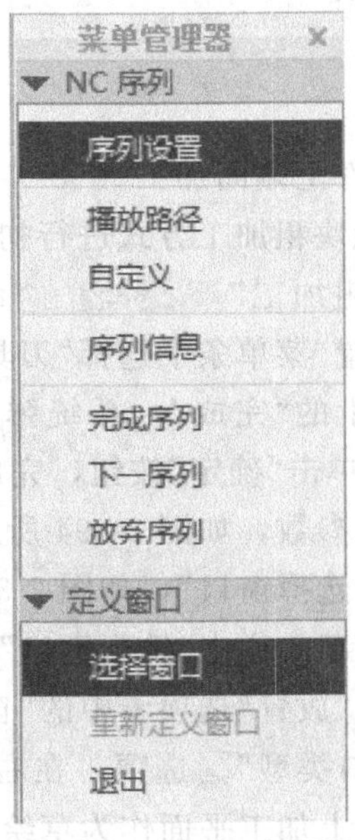

图 2-395　选择窗口菜单

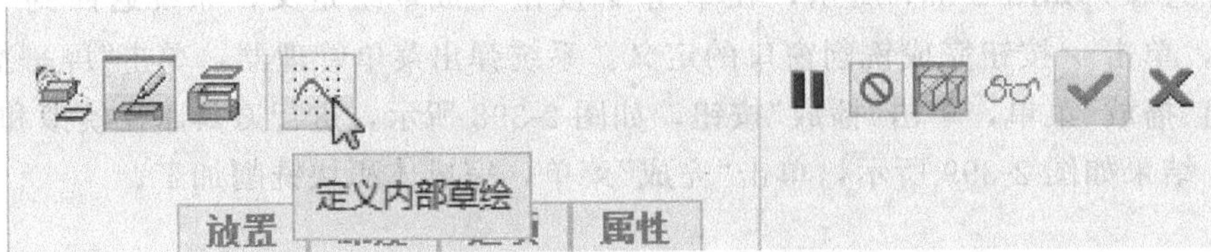

图 2-396　铣削窗口操控面板

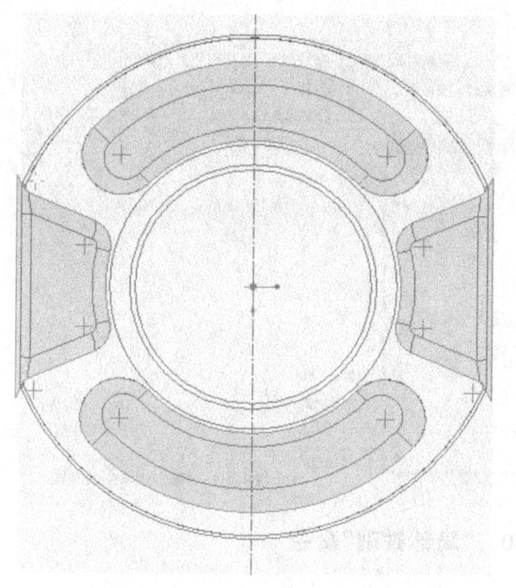

图 2-397 铣削窗口草绘环

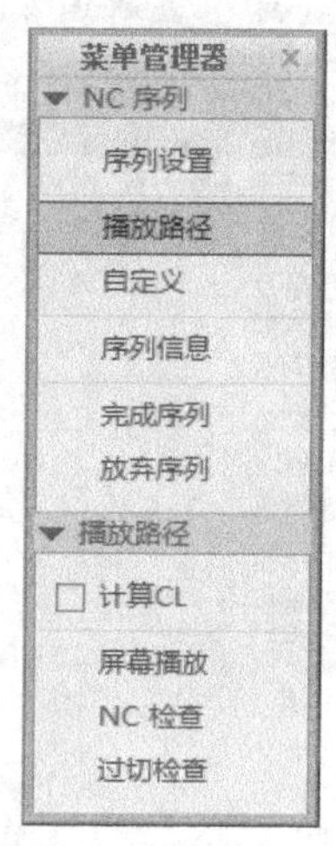

图 2-398 播放路径菜单

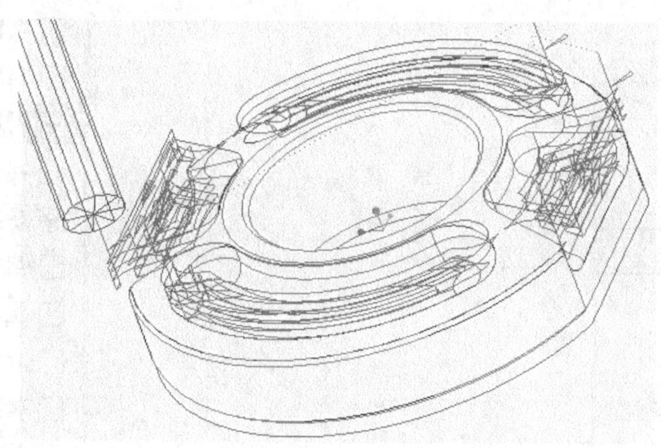

图 2-399 体积块粗加工刀具路径

通过局部铣削加工方式进行上端面的精加工，在“铣削”界面菜单栏上单击“铣削”选项卡右侧的▾按钮，弹出下拉菜单，单击“局部铣削”，在弹出的菜单中选择“前一步骤”命令，如图 2-400 所示，在菜单管理器“选择特征”栏下单击“NC 序列”，下方弹出“NC 序列列表”如图 2-401 所示，单击“1 体积块铣削”选项，弹出“选择菜单”单击下拉的“切削运动＃1”，如图 2-402 所示，菜单管理器弹出局部铣削“序列设置”菜单，在序列设置菜单条下选择“刀具”“参数”两个选项，如图 2-403 所示，单击菜单的“完成”，系统弹出“刀具定义”对话框，选择已定义的 4 mm 球铣刀“T0002”，单击“确定”按钮完成刀具设置，系统弹出“局部铣削”序列参数设置对话框，输入加工参数如图 2-404 所示，单击“确定”按钮完成加工参数设置，单击“播放路径”菜单，加工路径如图 2-405 所示，完成序列并退出局部铣削加工序列，从而完成局部铣削的加工。

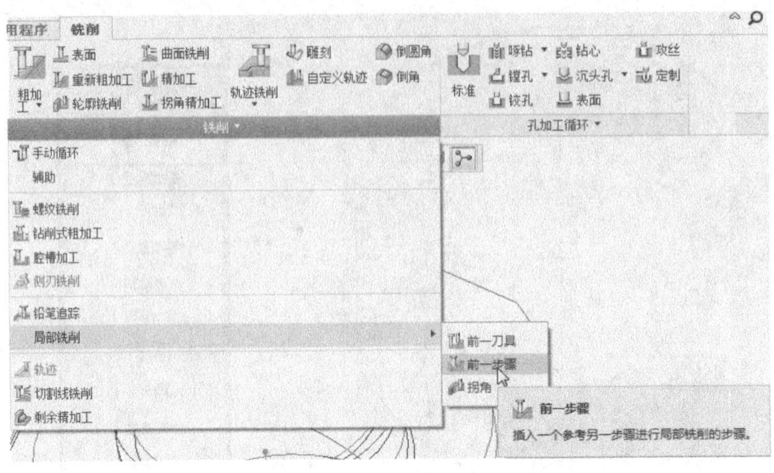

图 2-400 “局部铣削”命令

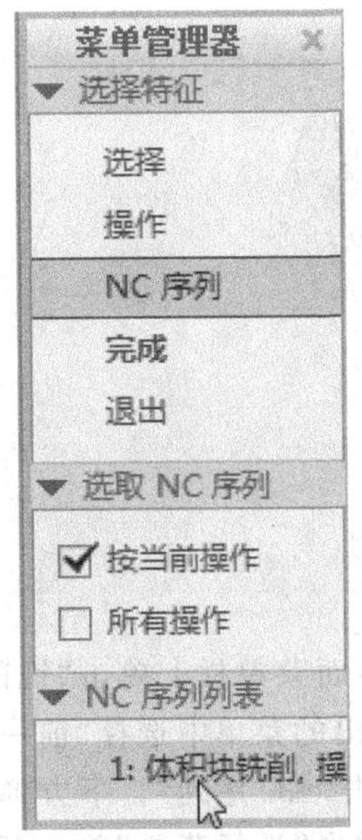

图 2-401 选取 NC 序列

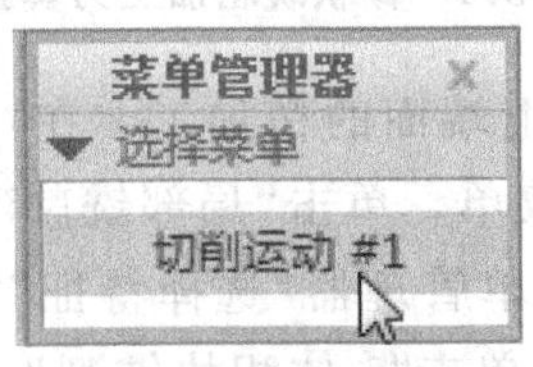

图 2-402 选取切削运动

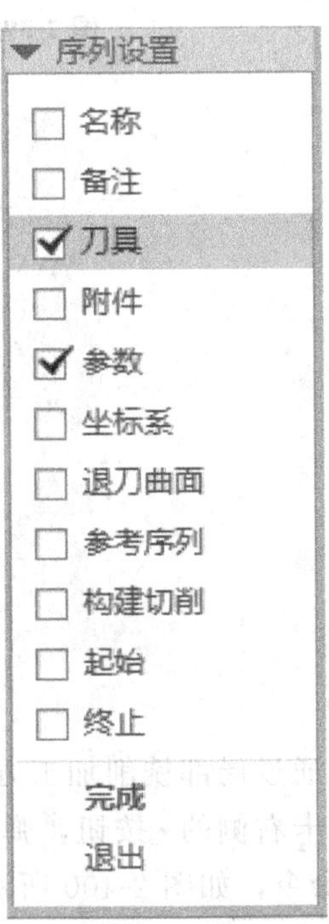

图 2-403 局部铣削序列

(5)材料移除切削

工件加工完成后，可通过材料移除显示零件的最终形状，在“铣削”界面的菜单栏中找到“制造几何”菜单，单击其右侧按钮，弹出下拉菜单，单击“材料移除切削”材料移除切削命令，如图 2-406 所示，弹出“菜单管理器”快捷菜单，在管理器上选择“1：体积块铣削”“2：局部铣削”，如图 2-407 所示，弹出新的“菜单管理器”快捷菜单，在弹出的菜单上选择“自动”“完成”命令，如图 2-408 所示，弹出“相交元件”对话框，勾选

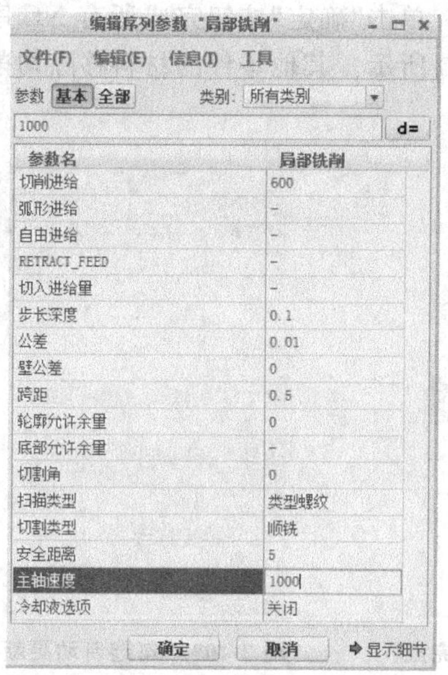

图 2-404 局部铣削加工参数定义

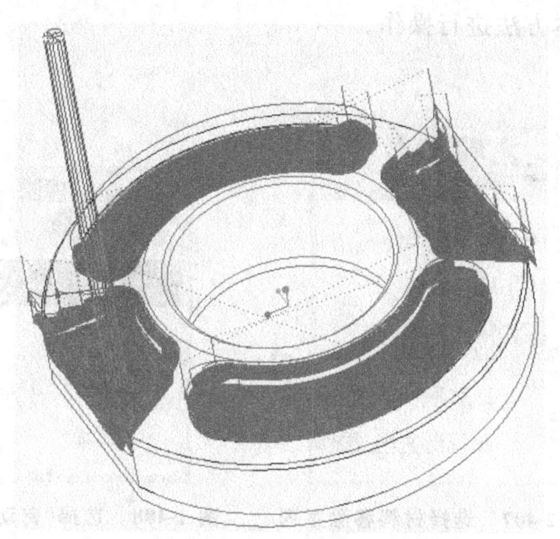

图 2-405 局部铣削刀具加工路径

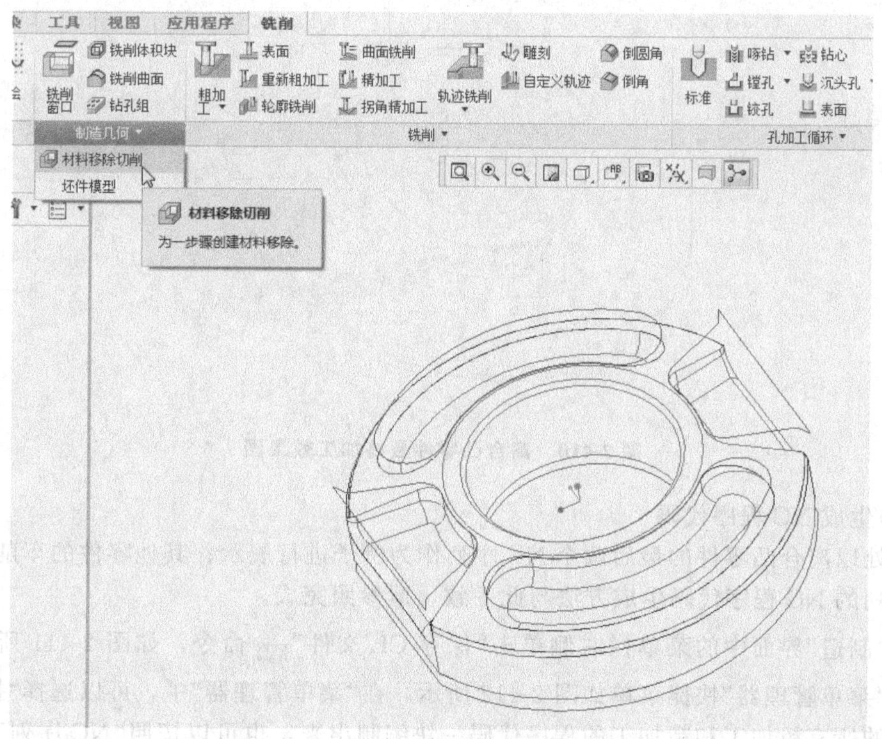

图 2-406 材料移除切削命令

对话框左上侧的“自动更新”选项，如图 2-409 所示，单击“确定”按钮完成所有 NC 序列的材料移除，离合凸零件的最终加工效果如图 2-410 所示。其他零件的材料移除切削参照本方法进行操作。

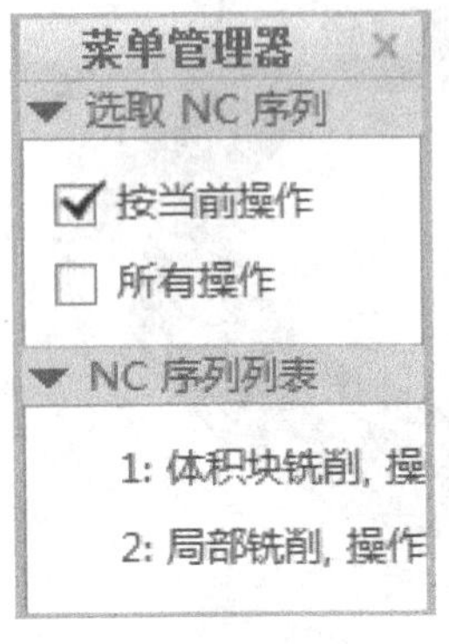

图 2-407　选择材料移除序列

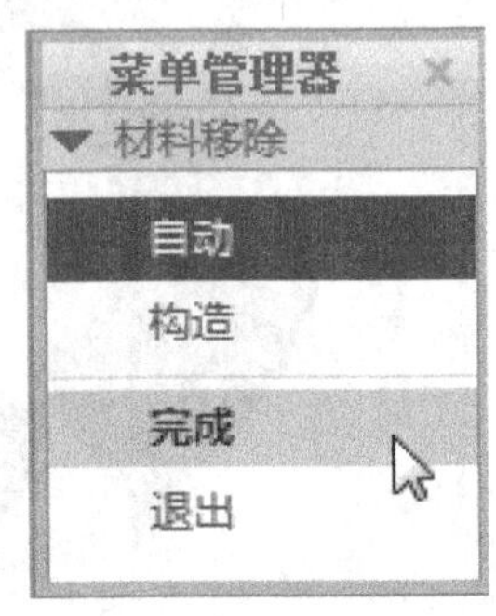

图 2-408　选择“自动”“完成”

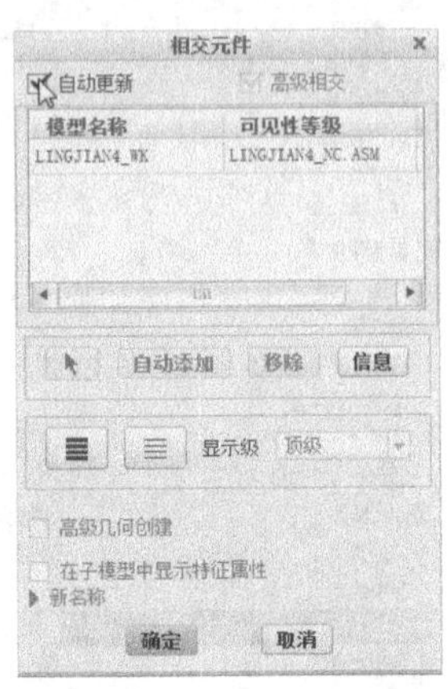

图 2-409　勾选自动更新

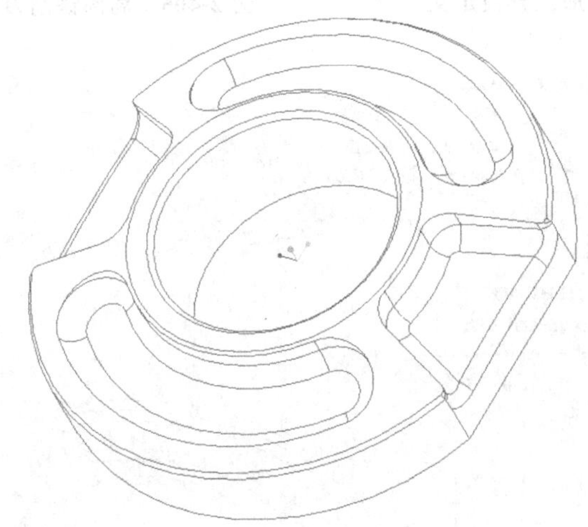

图 2-410　离合凸零件最终加工效果图

(6)生成 NC 程序代码

此处以离合凸零件的最后两个 NC 序列作为例子进行展示；其他零件的车削和铣削加工序列的 NC 程序代码生成方法与此一致，请参照完成。

在“制造”界面中的菜单栏右侧单击“保存 CL 文件”命令，如图 2-411 所示，系统弹出“菜单管理器”快捷菜单如图 2-412 所示，在“菜单管理器”中，可以选择“操作”将操作中的所有粗加工和精加工的程序代码一块编制出来，也可以按照“NC 序列”进行单个程序的输出，这里按照“NC 序列”进行程序输出，在菜单管理器下选择“NC 序列”，弹出如图 2-413 所示下拉菜单，在菜单上选择“1：体积块铣削”，“菜单管理器”弹出“路径”菜单如图 2-414 所示，单击菜单上的“文件”，弹出如图 2-415 所示的“输出类型”下拉菜单，默认系统选中的各个选项，单击菜单中“完成”，系统弹出“保存副本”对话框，找到保存路径将文件名改为“rough1”，如图 2-416 所示，单击“确定”按钮，“rough1. ncl”数据就保存到设置的路径中去了，菜单管理返回到如图 2-417 所示的状态，单击“完成输出”完成 CL 文件的保存。

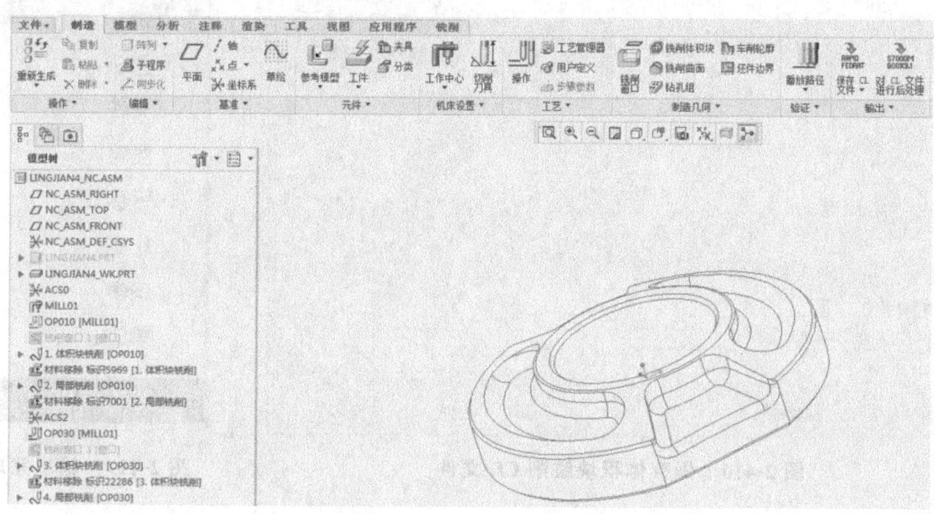

图 2-411　输出 NC 代码命令

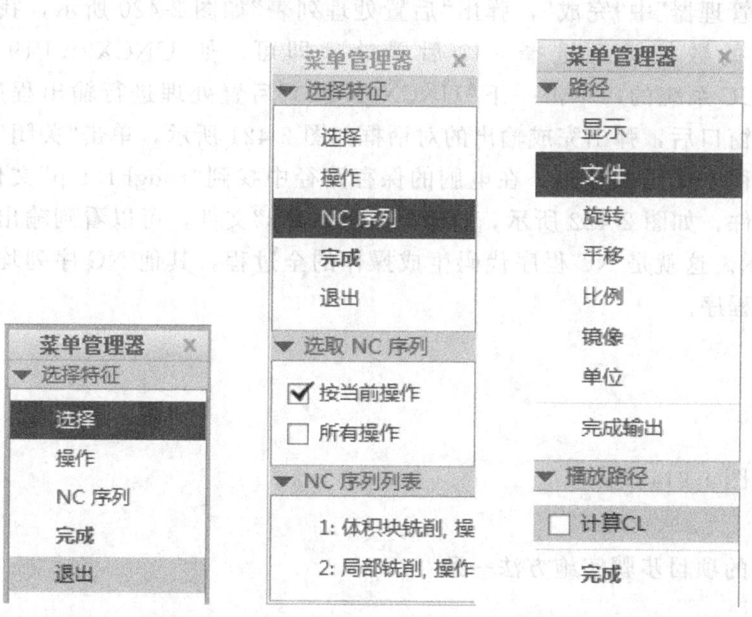

图 2-412　管理器　**图 2-413　NC 序列**　**图 2-414　体积块铣削**　**图 2-415　文件**

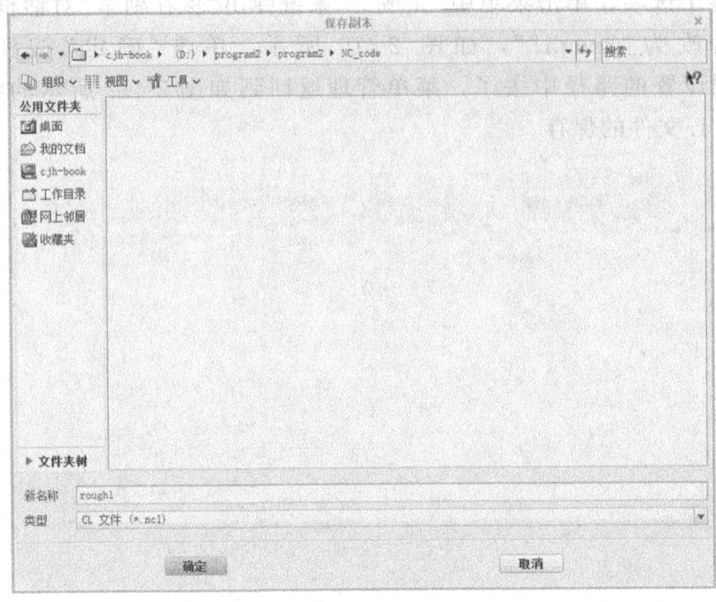

图 2-416 保存体积块铣削 CL 文件

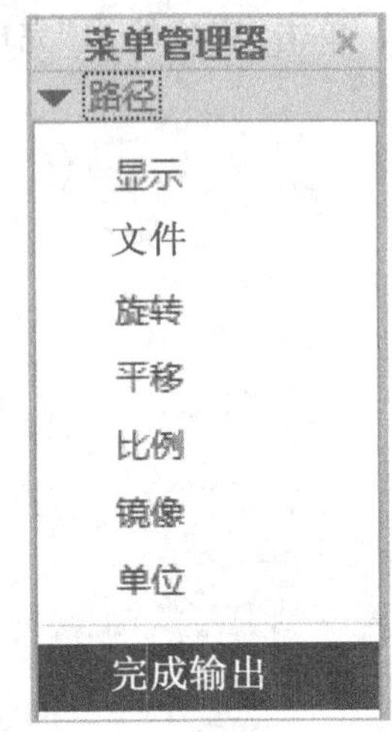

图 2-417 输出完成

在“制造”界面中单击菜单栏右侧的“对 CL 文件进行后处理”命令，如图 2-411 所示，系统弹出“打开”对话框，在对话框中找到已经输出的“rough1. ncl”数据，选中并单击“打开”按钮，如图 2-418 所示，弹出“菜单管理器”快捷菜单，如图 2-419 所示(在“菜单管理器”上只有“加工”没有被勾选，这个选项是用来在线加工用的，输出 NC 代码时不必选中)，单击“菜单管理器”中“完成”，弹出“后置处理列表”如图 2-420 所示，找到所用加工设备所对应的数控类型选择一个后置处理即可，如 UNCX01. P19 和 UNCX01. P20 是 FANUC 系统的，单击一下“UNCX01. P20”后置处理进行输出程序，系统经过弹出两个黑色窗口后，弹出完成输出的对话框如图 2-421 所示，单击“关闭”完成了体积块铣削的 NC 程序代码的输出，在电脑的保存路径中找到“rough1. tap”文件，即为输出的 NC 代码文件，如图 2-422 所示，打开“rough1. tap”文件，可以看到输出的 NC 代码如图 2-423 所示。这就是 NC 程序代码生成操作的全过程，其他 NC 序列均可采用这种方法输出 NC 程序。

三、项目步骤

(一)项目执行顺序

项目的执行顺序如图 1-214 所示。

(二)项目步骤

项目步骤与项目一的项目步骤实施方法一致。

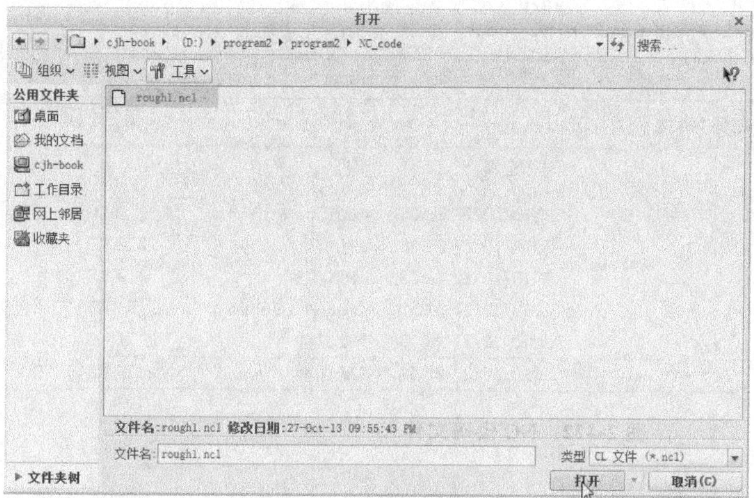

打开
cjh-book ▸ (D:) ▸ program2 ▸ program2 ▸ NC_code
搜索...
组织
视图
工具
公用文件夹
桌面
我的文档
cjh-book
工作目录
网上邻居
收藏夹
rough1.ncl
文件名:rough1.ncl 修改日期:27-Oct-13 09:55:43 PM
文件名: rough1.ncl
类型 CL 文件 (*.ncl)
打开
取消(C)
文件夹树

图 2-418 “打开”对话框

菜单管理器
后置期处理选项
详细
追踪
加工
完成
退出

图 2-419 后置期选项

菜单管理器
后置处理列表
UNCX01.P11
UNCX01.P12
UNCX01.P14
UNCX01.P15
UNCX01.P19
UNCX01.P20
UNCX01.P23
UNCX01.P24
UNCX01.P26
UNCX01.P37
UNCX01.P41
UNCX01.P43
UNCX01.P47
UNCX01.P48
UNCX01.P49
UNCX01.P50
UNCX01.P51

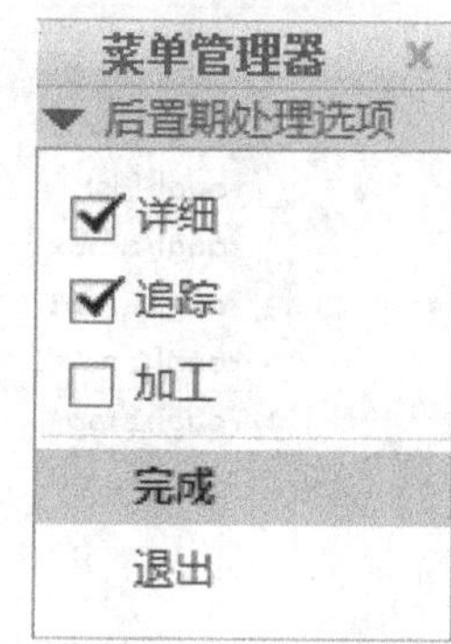

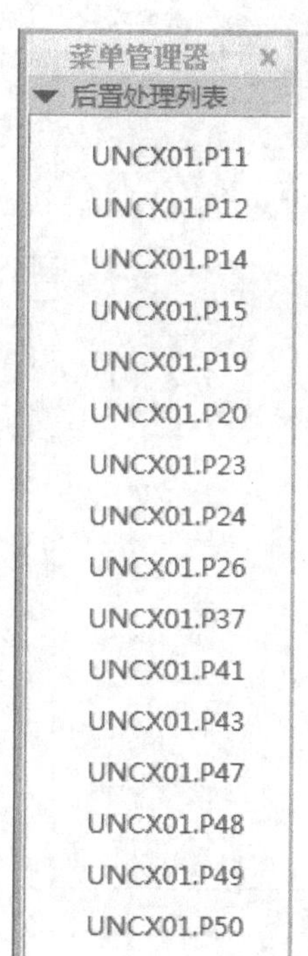

图 2-420 后置处理

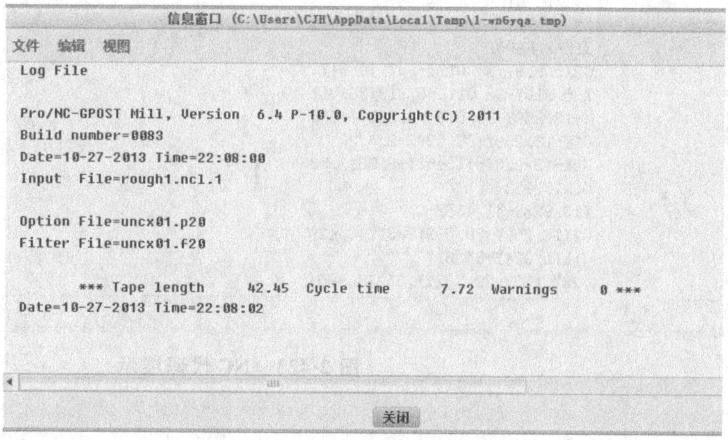

信息窗口 (C:\Users\CJH\AppData\Local\Temp\1-wn6yqa.tmp)
文件 编辑 视图
Log File
Pro/NC-GPOST Mill, Version 6.4 P-10.0, Copyright(c) 2011
Build number=0083
Date=10-27-2013 Time=22:08:00
Input File=rough1.ncl.1
Option File=uncx01.p20
Filter File=uncx01.f20
*** Tape length 42.45 Cycle time 7.72 Warnings 0 ***
Date=10-27-2013 Time=22:08:02
关闭

图 2-421 处理完毕的信息窗口

· 本地磁盘 (D:) ▸ program2 ▸ program2 ▸ NC_code

) 工具(T) 帮助(H)

共享 ▾ 刻录 新建文件夹

名称	修改日期	类型	大小
rough1.acl	2013/10/27 22:08	AutoCorrect List ...	0 KB
rough1.lst	2013/10/27 22:08	LST 文件	132 KB
rough1.mbx	2013/10/27 22:08	MBX 文件	1 KB
rough1.ncl.1	2013/10/27 21:55	Creo Pro Versio...	73 KB
rough1.ncl.tl1	2013/10/27 22:08	TL1 文件	1 KB
rough1.tap	2013/10/27 22:08	TAP 文件	18 KB

图 2-422 NC 代码文件

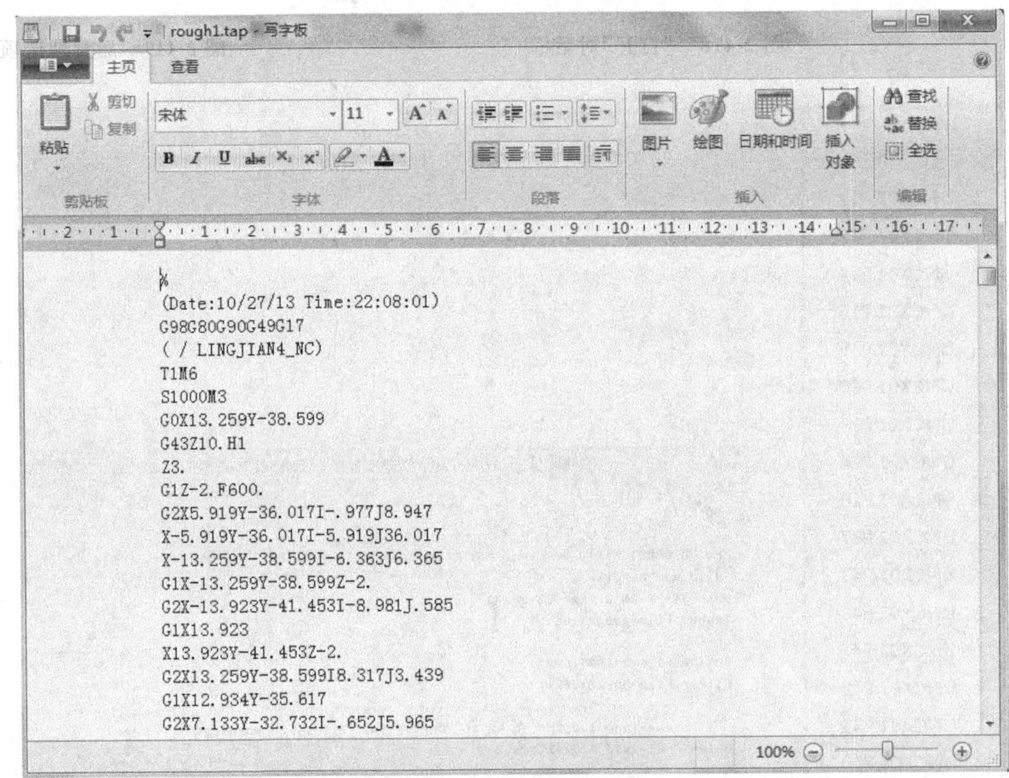

```
%
(Date:10/27/13 Time:22:08:01)
G98G80G90G49G17
( / LINGJIAN4_NC)
T1M6
S1000M3
G0X13.259Y-38.599
G43Z10.H1
Z3.
G1Z-2.F600.
G2X5.919Y-36.017I-.977J8.947
X-5.919Y-36.017I-5.919J36.017
X-13.259Y-38.599I-6.363J6.365
G1X-13.259Y-38.599Z-2.
G2X-13.923Y-41.453I-8.981J.585
G1X13.923
X13.923Y-41.453Z-2.
G2X13.259Y-38.599I8.317J3.439
G1X12.934Y-35.617
G2X7.133Y-32.732I-.652J5.965
```

图 2-423 NC 代码展示

四、项目实施

(一)组织方式

每三位同学一组，设备包括计算机 2 台，数控车床、数控铣床各 1 台。

(二)工具列表

车床工具、量具、刃具列表如表 2-5 所示。

表 2-5　铣床、加工中心的工具、量具、刃具列表　　单位：mm

类别	序号	名称	规格	精度	数量
量具	1	外径千分尺	0～25、25～50、50～75、75～100	0.01	各 1
	2	游标卡尺	0～200　0.02	0.02	1
	3	深度千分尺	0～25、25～50	0.01	1
	4	深度游标卡尺	0～200	0.02	1
	5	内径千分尺	5～30、25～50	0.01	1
	6	内径量表	18～35、35～50	0.01	1
	7	万能角度尺	0～320o	2′	1
	8	杠杆百分表		0.01	1
	9	钟式百分表	0～10	0.01	1
	10	R 规	$R1 \sim R25$		1
	11	塞尺	0.02～1		1
	12	表面粗糙度样板			1
	13	*Z* 轴设定仪			1
	14	磁力表座			1
	15	寻边器			1
刃具	1	面铣刀	$\phi 80$		1
	2	立铣刀	$\phi 12$		2
	3	键槽铣刀	$\phi 12$		2
	4	钻头	$\phi 9.8$		1
	5	中心钻	A3		1
	6	直柄铰刀	$\phi 10$	H7	1
	7	刀柄、夹头	刀具相关刀柄、钻夹头、弹簧夹头		若干
操作工具	1	铜棒			自定
	2	活络板手			1
	3	起子	一字、十字		若干
	4	内六角扳手			自定
	5	钻夹头			各 1
	6	夹具	精密平口钳		1
	7	等高垫铁			若干
	8	毛刷			1

续表

类别	序号	名称	规格	精度	数量
操作工具	9	棉纱			若干
	10	紫铜皮			若干
	11	油石、锉刀	去毛刺用		若干
其他	1	铅笔、钢笔、橡皮			自定
	2	绘图工具			1套
	3	计算器			1
备注	1. 刀柄尺寸根据所选机床确定； 2. 学生需要佩戴护目镜等劳保防护用品				

(三)实训工作页

信息导入

1. 零件 2(紧固轴)图纸中 M30×2 代表含义：

____

请确定在加工 M30×2 螺纹时，其底径加工尺寸是__________。

2. 请仔细阅读加工图纸，零件 2(紧固轴)图纸中 | ⊥ | 0.05 | A | 代表的含义：

____

____

为了达到这一精度要求，请简单描述你将采取什么加工措施？

____

____

____

3. 在零件 2(紧固轴)图纸中锥面的锥度是：__________，请根据图纸尺寸确定锥度小端直径是__________，并在下列空白处写出计算过程。

4. 请查询资料并说明零件 5(离合凸零件)中 ⏥ 0.015 的含义：____;

图纸中标注的 // 0.04 B 精度要求，请说明采用何种加工(措施)能达到这一精度要求：____

____

5. 零件 1(紧固套)图中右端外圆是一个长半轴为：______mm，短半轴为：______mm 的椭圆。请根据图纸信息在下表中编写椭圆加工程序，并写出程序说明。

段号	内容	说明
	O1001;	程序号
N10	G40 G97 G99	
N20	G00 X62. Z5.	快速定位
N30		

6. 零件 4(离合凹零件)内孔尺寸为 $\phi 44_{-0.025}^{\ 0}$ 与零件 3(紧固轴)配合尺寸是：________;

请确定最大配合偏差和最小配合偏差各是多少？并在下列空白处写出计算过程。

工艺计划

注：认真完成零件加工工艺编制，并由实训指导教师签字认可后方可进行下一步工作。

零件名称： 学生姓名： 日期： 教师签字确认：

序号	工序名称	工序内容	刀具	切削参数	设备	工艺装备	量具	工时

实施准备

注：请根据个人或小组最终确定好的工艺方案，完善加工所需物品清单，并以清单开始准备。

设备清单

序号	数量	名称	规格	备注

量具清单

序号	数量	名称	规格	备注

刀具清单

序号	数量	名称	规格	备注

工具清单

序号	数量	名称	规格	备注

续表

序号	数量	名称	规格	备注

实施过程

1. 机床

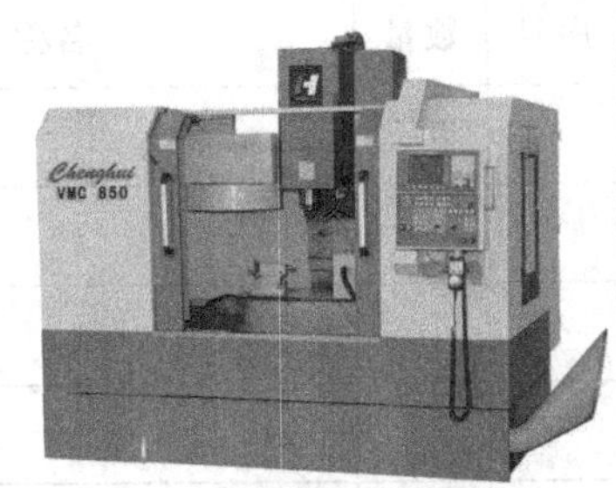

(1)启动机床。

(2)机床各轴回机床参考点。

(3)输入数控加工程序并校验。

2. 安装工件

毛坯尺寸较小，可选用三爪卡盘或平口钳＋ V 形块装夹工件，并用百分表进行找正。

3. 装夹刀具

正确装夹铣刀，确保刀具牢固可靠，并通过 MDI 操作设定主轴转速。

4. 对刀

首先设定主轴转速，然后通过各对刀方法将工件坐标系相对于机床坐标系的 X、Y、Z、坐标值输入 G54 相应的参数中。

任务实施记录

注：记录在实操过程中遇到的问题或出现的失误、个人收货以及影像资料(照片/视频)等。

项目结束后的有助于个人评估总结。

任务实施	备注

6S 管理

查阅实训现场资料完善铣床安全操作规程。

1. 进入工作场地，必须穿________，戴________，操作时不准戴________。

2. 开车前，检查机床________位置及刀具工件装夹是否牢固可靠，刀具运动方向与工作台________是否正确。

3. 将各注油孔注油，________试运行(冬季必须先开慢机)2 分钟以上，查看________等部位，并听声音是否正常。

4. 切削时先开机，如中途停止运转，应先________，后________，再停止运转。

5. 集中精力，坚守岗位，离开时必须________，机床不许________工作。

6. 工作台上不准堆积过多的铁屑，工作台及导轨上禁止摆放________或其他物件，工具应放在________位置。

7. 切削中，禁止用毛刷在与刀具转向________的方向清理铁屑或加冷却液。

8. 机床________、更换________以及________尺寸时，必须停止运转。

9. 严禁________方向同时自动进给。

10. 铣刀距离工件 10 毫米内，禁止________进刀，不得连续点动快速进刀。

11. 经常注意各部润滑情况，各运转的连接件，如发现有异常情况或________应立即停车报告。

12. 工作结束后，将各手柄摇到________，关闭________开关，将工卡量具擦净放好，擦净机床，做到工作场地清洁整齐。

填写下列机械加工安全标志名称

(　　　)　(　　　)　(　　　)　(　　　)　(　　　)　(　　　)

机床保养

加工完毕后，按照车间 6S 管理要求整理现场，清扫铁屑，保养机床，填写使用记录表，正确处置废弃物。

1. 保持工作范围的清洁，使机床周围保持干燥，并保持工作区域照明良好。

2. 保持机床清洁，每天开机前在实训教师指导下对各运动副加油润滑，并使机床空运转三分钟后，按说明调整机床。并检查机床各部件手柄是否正常位置。

3. 导筒上的齿条，务必经常保持干净。

4. 爱护机床工作台面和导轨面。毛胚件、手锤、扳手、锉刀等不准直接放在工作台面和导轨面上。

5. 下班前按电脑关闭程序关闭电脑，切断电源。并将键盘、显示器上的油污擦拭干净。

6. 学生必须在每天下班前半小时，关闭电脑、清洁机床、在实训教师指导下对各运动副加油润滑、打扫车间的环境卫生。待实验指导教师检查后方可离岗。

日常维护

班前：

1. 擦净机床外露导轨面及滑动面的尘土；

2. 完成设备点检记录表工作项；

3. 按规定润滑各部位；

4. 检查各手柄位置；

5. 空车试运转。

班后：

1. 清理卫生，要求机床外部表面(视线范围内)无油污、无铁屑、无锈迹；

2. 各手柄(操作手柄、进给手柄、机床开关旋钮、冷却液开关旋钮)处于停止状态；

3. 机床踏板摆放在标示区域内；

4. 机床周边无铁屑、垃圾；
5. 完成设备点检记录表工作项；
6. 机床断电。

机床点检记录表

设备型号：　　　　　　　　　　　　　　　　　年　　月　　　　　　　　　负责人：

序号		日期 项目																					备注
开始项	1	三箱油位正常																					
	2	润滑点注油																					
	3	工作台或刀架在安全位置																					
	4	电源正常																					
	5	机床控制开关正常																					
	6	防护设施正常																					
	7	低速运行、传动系统正常																					
	8	工具、刀具和量具齐全																					
	9	机床周围没有安全隐患																					
操作人员签名																							
结束项	1	电源关闭																					
	2	清扫金属屑																					
	3	导轨、工作台面油污擦拭干净																					
	4	工件或夹具卸下																					
	5	刀具卸下																					
	6	机床油漆表面擦拭干净																					
	7	尾座、溜板、控制手柄复位																					
	8	工具、刀具和量具在规定位置																					
	9	清理机床周围																					
执行人员签名																							

五、项目评价

针对项目内容对各零件进行检测并打分，综合评价表如表 2-6 所示。

表 2-6 综合评价表

项目二		离合紧固装配件数控加工	加工时间	360 分钟	学生姓名		总分		
类别	序号	评价内容	评价内容及要求	评分标准	赋分	学生自评(10%)	小组互评(30%)	教师评分(60%)	得分
配合体(20%)	1	配合尺寸	$\phi 14.00H7/f6$	超差 0.01 扣 5 分	20				
	2		$\phi 44.00H7/g6$	超差 0.01 扣 5 分	20				
	3		$3.00^{+0.05}_{-0.05}$	超差 0.01 扣 5 分	20				
	4		整体配合情况	视情况扣 5～20 分	20				
零件 1(20%)	1	内外径尺寸	$\phi 57.00^{\pm 0.015}$	超差 0.001 扣 2 分	6				
	2		$\phi 50.00^{\ 0.000}_{-0.025}$	超差 0.001 扣 2 分	6				
	3		$\phi 31.00^{+0.025}_{\ 0.000}$	超差 0.001 扣 2 分	6				
	4	长度尺寸	$6.50^{+0.022}_{\ 0.000}$	超差 0.001 扣 2 分	6				
	5		$25.00^{\pm 0.01}$	超差 0.01 扣 2 分	2				
	6		$71.50^{\pm 0.037}$	超差 0.001 扣 2 分	5				
	7	其他	斜度 1∶5	超差扣 2～5 分	2				
	8		形位公差	超差视情况扣分	10				
	9		粗糙度 Ra 1.6 μm，3.2 μm	每降一级扣 1 分	10				
	10		一般公差尺寸	超差无分	12				
	11		正弦曲线	形状错误无分	5				
	12		零件建模(含工程图)	视完成情况扣分	12				
	13		零件 CAM	视完成情况扣分	18				
零件 2(10%)	1	内外径尺寸	$\phi 44.00^{-0.009}_{-0.025}$	超差 0.001 扣 2 分	5				
	2		$\phi 40.00^{\ 0.000}_{-0.025}$	超差 0.001 扣 2 分	5				
	3		$\phi 30.00^{+0.033}_{\ 0.000}$	超差 0.01 扣 2 分	5				
	4		$\phi 34.00^{\ 0.000}_{-0.039}$	超差 0.001 扣 2 分	5				
	5		$\phi 40.00^{+0.039}_{\ 0.000}$	超差 0.001 扣 2 分	5				

续表

项目二		离合紧固装配件数控加工		加工时间	360 分钟	学生姓名		总分	
类别	序号	评价内容	评价内容及要求	评分标准	赋分	学生自评（10%）	小组互评（30%）	教师评分（60%）	得分
零件 2（10%）	6	长度尺寸	$110.00^{+0.14}_{0.00}$	超差 0.01 扣 1 分	2				
	7		$95.50^{+0.087}_{0.000}$	超差 0.001 扣 2 分	2				
	8		$77.50^{+0.030}_{0.000}$	超差 0.001 扣 2 分	5				
	9		$47.50^{\pm 0.031}$	超差 0.001 扣 2 分	5				
	10		$14.50^{+0.07}_{0.00}$	超差 0.01 扣 2 分	2				
	11		形位公差	超差视情况扣分	8				
	12		粗糙度 Ra 1.6 μm	每降一级扣 1 分	8				
	13		一般公差尺寸	超差无分	8				
	14		斜度 1∶5	超差扣 2~5 分	5				
	15		零件建模（含工程图）	视完成情况扣分	12				
	16		零件 CAM	视完成情况扣分	18				
零件 3（20%）	1	内外径尺寸	$\phi 50.00^{\pm 0.023}$	超差 0.001 扣 2 分	4				
	2		$\phi 44.00^{+0.025}_{0.000}$	超差 0.001 扣 2 分	4				
	3		$\phi 66.00^{\pm 0.010}$	超差 0.001 扣 2 分	4				
	4	长度尺寸	$87.00^{\pm 0.043}$	超差 0.001 扣 2 分	4				
	5		$10.00^{\pm 0.008}$	超差 0.001 扣 2 分	4				
	6		$14.00^{+0.043}_{0.016}$	超差 0.001 扣 2 分	4				
	7		$3.00^{+0.010}_{0.000}$	超差 0.001 扣 2 分	4				
	8		$20.00^{0.000}_{-0.021}$	超差 0.001 扣 2 分	4				
	9		$15.00^{0.000}_{-0.018}$	超差 0.001 扣 2 分	4				
	10		$28.50^{0.000}_{-0.021}$	超差 0.001 扣 2 分	4				
	11	角度尺寸	$60.00^{-0.01}_{0.00}$	超差 0.01 扣 2 分	2				
	12		形位公差	超差视情况扣分	6				
	13	其他	一般公差尺寸	超差无分	9				
	14		正弦曲线	形状错误无分	5				
	15		粗糙度 Ra 1.6 μm	每降一级扣 1 分	8				

续表

项目二		离合紧固装配件数控加工	加工时间	360 分钟	学生姓名		总分		
类别	序号	评价内容	评价内容及要求	评分标准	赋分	学生自评（10%）	小组互评（30%）	教师评分（60%）	得分
零件 3（20%）	16	其他	零件建模（含工程图）	视完成情况扣分	12				
	17		零件 CAM	视完成情况扣分	18				
零件 4（20%）	1	内外径尺寸	$\phi 44.00^{+0.025}_{0.000}$	超差 0.001 扣 2 分	5				
	2		$\phi 66.00^{\pm 0.010}$	超差 0.001 扣 2 分	5				
	3		$\phi 70.00^{\pm 0.023}$	超差 0.001 扣 2 分	5				
	4		$\phi 55.00^{\pm 0.023}$	超差 0.001 扣 2 分	5				
	5	长度尺寸	$87.00^{\pm 0.023}$	超差 0.01 扣 2 分	5				
	6		$14.00^{-0.016}_{-0.034}$	超差 0.01 扣 2 分	5				
	7		$24.50^{\pm 0.016}$	视情况扣除 1～5 分	5				
	8		$2.50^{0.000}_{-0.025}$	视情况扣除 1～5 分	5				
	9	角度尺寸	$60.00^{-0.01}_{0.00}$	超差 0.01 扣 2 分	2				
	10		139.00°	超差 1 度扣 2 分	3				
	11	其他	一般公差尺寸	超差无分	9				
	12		形位公差	超差无分	8				
	13		粗糙度 *Ra* 1.6 μm	每降一级扣 1 分	8				
	14		零件建模（含工程图）	视完成情况扣分	12				
	15		零件 CAM	视完成情况扣分	18				
操作相关（10%）	1	态度	组内部、教师	酌情扣分 1～4 分	4				
	2	文明生产	遵守文明生产规定	不遵守扣 1～4 分	4				
	3	安全生产	遵守安全操作规程	不遵守扣 1～4 分	4				
	4	环保生产	遵守环保生产规则	不遵守扣 1～4 分	4				
	5	其他		酌情扣分 1～4 分	4				

六、项目拓展

(一)车铣复合加工项目

项目装配图及零件 1～4 的加工图分别如图 2-424、图 2-425、图 2-426、图 2-427、图 2-428 所示。

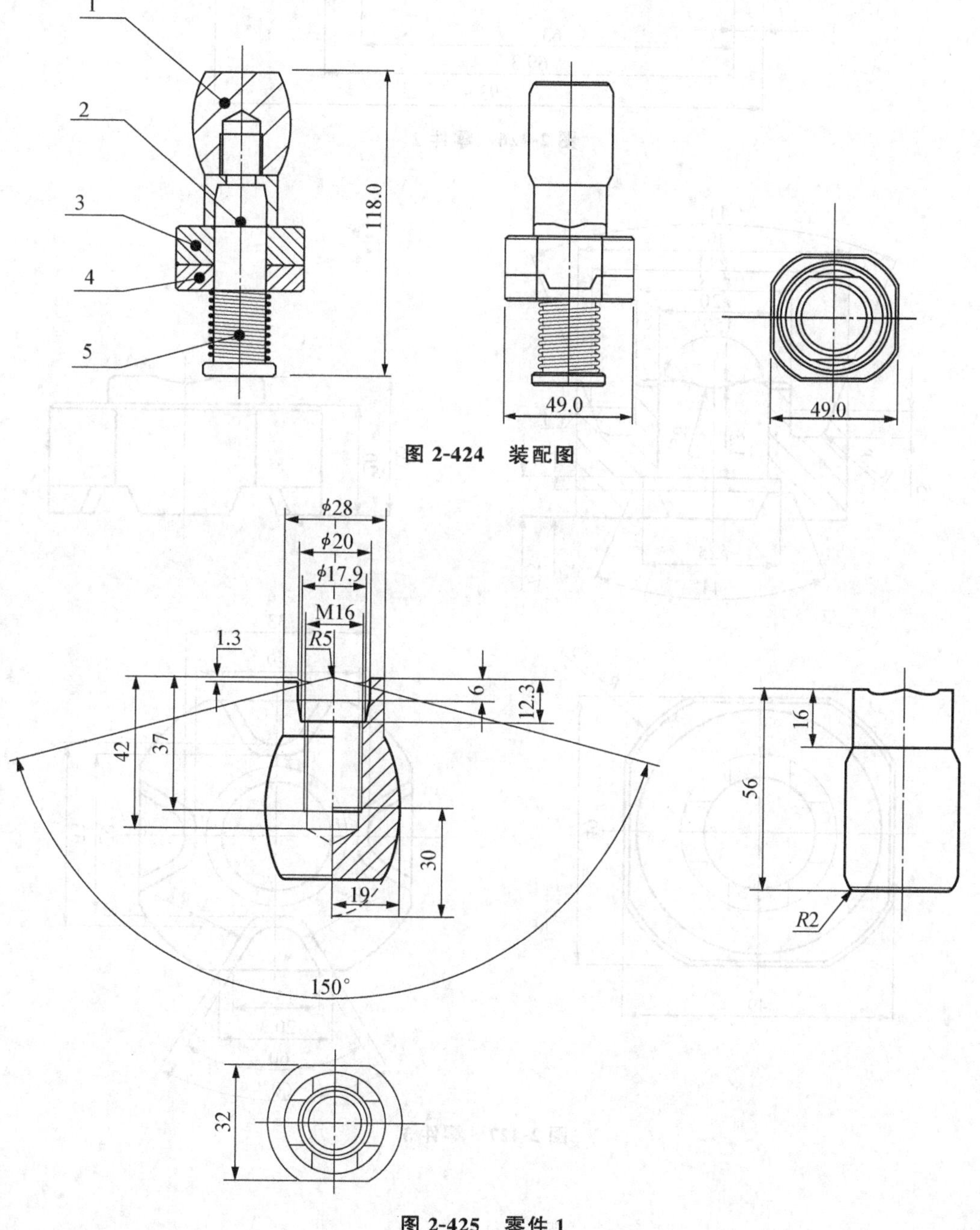

图 2-424 装配图

图 2-425 零件 1

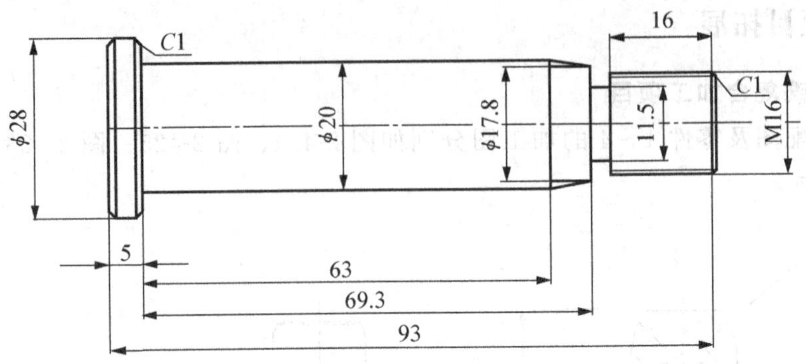

图 2-426 零件 2

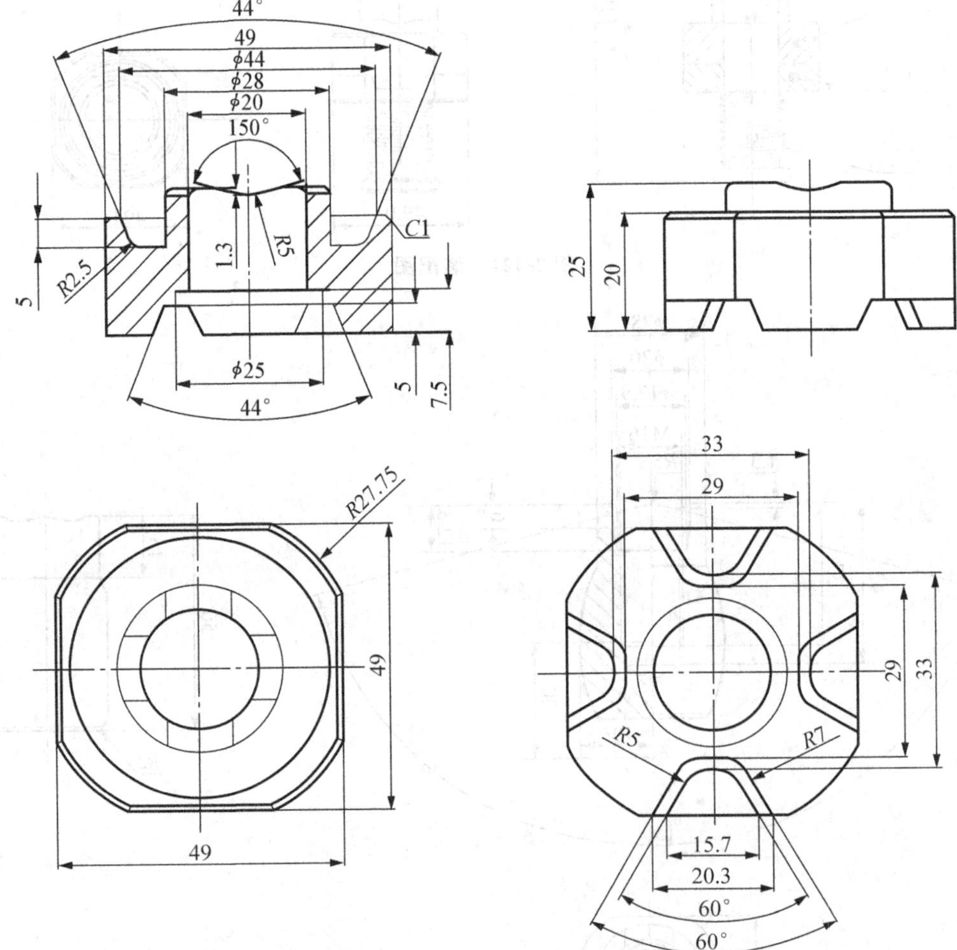

图 2-427 零件 3

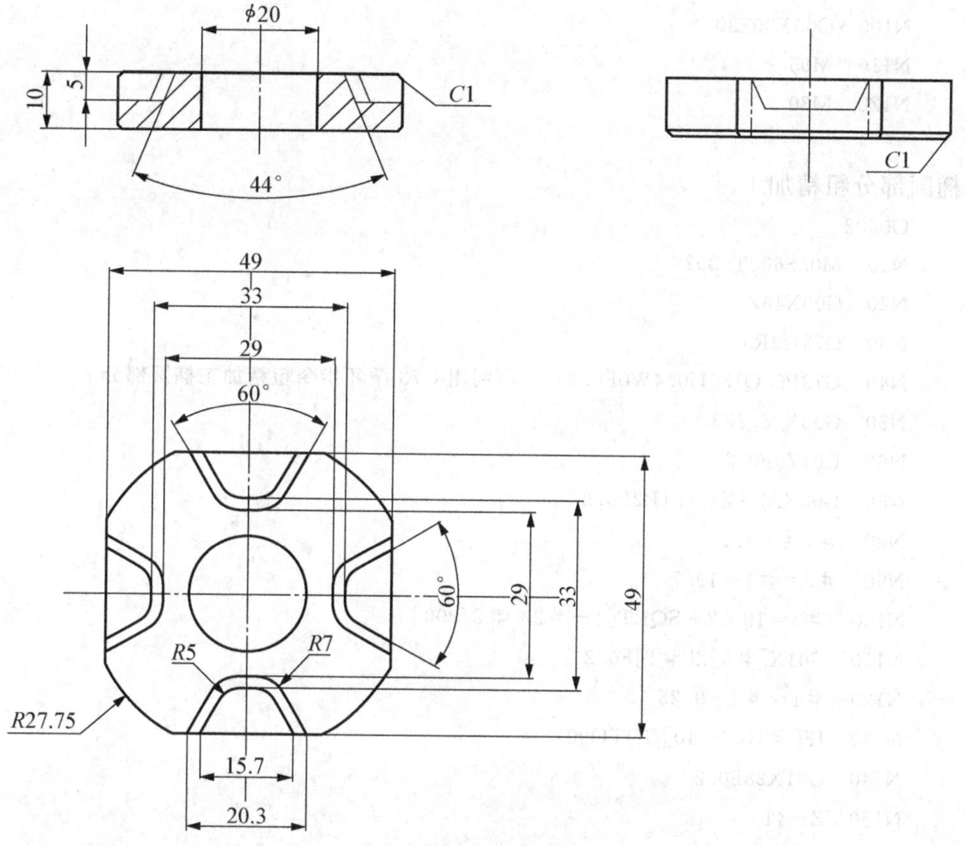

图 2-428　零件 4

本项目仅给出了零件 1 与零件 2 的车削加工程序代码以及所有零件的 CAM 编程思路和方法。

1. 零件 1 与零件 2 的车削加工程序代码

零件 1 加工图见图 2-426，其数控车削工艺与程序如下。

起端面，钻孔，手动攻螺纹。

外圆部分粗精加工。

```
O0001
N10   M03S600T0101
N20   G00X46Z3
N30   G71U1.5R1          //利用 G71 循环指令把直径 28 的外圆车到尺寸
N40   G71P50Q60U0.8W0F0.2
N50   G01X28
N60   Z-16
N70   G00X30Z30
N80   M03S1500T0202
N90   G70P50Q60F0.03
```

```
N100  G00X30Z30
N110  M05
N120  M30
```

椭圆部分粗精加工。

```
O0002
N10  M03S600T0202
N20  G00X46Z3
N30  G73U9R9
N40  G73P50Q150U0.4W0F0.2      //利用 G73 循环指令粗精加工椭圆部分
N50  G00X26.2Z3
N60  G01Z0F0.2
N50  G03X29.8Z-1.1R2F0.2
N80  #1=-1.1
N90  #2=#1+19.7
N100  #3=19*2*SQRT[1-#2*#2/900]
N110  G01X[#3]Z[#1]F0.2
N120  #1=#1-0.25
N130  IF[#1GE-40]GOTO90
N140  G01X28F0.2
N150  Z-41
N160  G00X100
N170  Z200
N180  M03S1500T0202
N190  G70P50Q150F0.02
N200  G00X100Z200
N180  M05
N190  M30
```

零件 2 加工图如图 2-426 所示，其数控车削工艺与程序如下。

右端：

```
O0019
N10  M03S700T0101
N20  G00X30Z3
N30  G71U2.5R1                  //利用 G71 循环指令粗精车外圆，并车到尺寸
N40  G71P50Q120U0.5W0F0.2
N50  G00X8
N60  Z2
N70  G01X15.9Z-2
```

```
N80   Z-18.7
N80   G01X17.8
N90   X20Z-25
N100   Z-88
N110   X26
N120   X28Z-89
N140   G00X50
N140   Z50
N140   M03S1200T0202
N140   G70P50Q120F0.02          //精车
N140   G00X100
N150   Z200
N140   T0200
N150   M03S500T0303             //用 G01 指令车槽
N160   G00X22Z-18.7
N170   G01X11.5F0.05
N180   G04P1000
N190   G00X22
N200   Z200
N210   T0300
N220   M03S400T0404
N230   G00X17Z3                 //用 G92 循环指令车螺纹
N240   G92X15.1Z-17F2
N250   X14.5
N260   X13.9
N260   X13.5
N270   X13.4
N280   X13.4
N290   X13.4
N300   G00X100Z200
N310   T0400
N330   M03S500T0303
N340   G00X32Z-79
N350   G01X25F0.05
N360   G00X28
N360   G01Z-78F0.05
N370   X26Z-79
N380   G01X0F0.05
N390   G00X100Z200
N400   M05
N410   M30
```

右端先车外圆，再用车槽刀倒角，切断：

```
O0012
N10  M03S800T0101
N20  G00X30Z3
N30  G71U1R1                      //利用 G71 指令车外圆。
N40  G71P50Q60U0W0F0.2
N50  G01X28F0.2
N60  Z－33
N70  G00X50Z50
N80  M03S400T0303                 //用车槽刀倒角，切断。
N90  G00X30Z－27.3
N100  G01X20F0.05
N110  G00X28
N120  G01Z－28.3F0.05
N130  X26Z－27.3
N140  X0
N150  G00X50Z50
N160  M05
N710  M30
```

2. 零件的 CAM 过程

项目零件装配图如图 2-429 所示，零件 1～4 的建模图如图 2-430、图 2-431、图 2-432、图 2-433 所示，需要进行铣削加工的特征部分主要有：零件 3、零件 4 和零件 1 的两侧平面以及其顶部曲面，需要车削加工的特征部分主要有：零件 2、零件 1 外轮廓以及其内部孔及螺纹的加工。

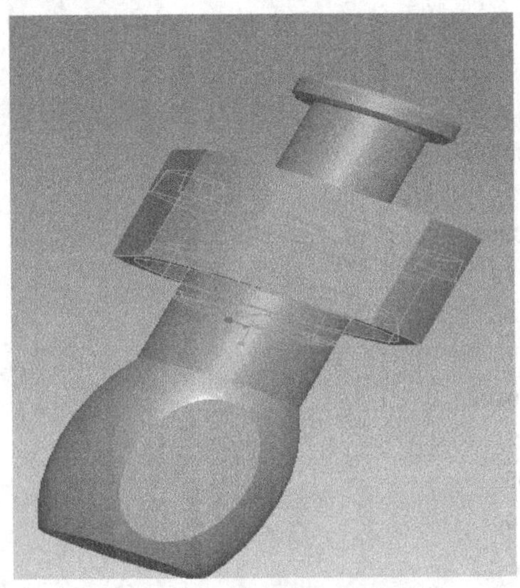

图 2-429　数控加工装配体

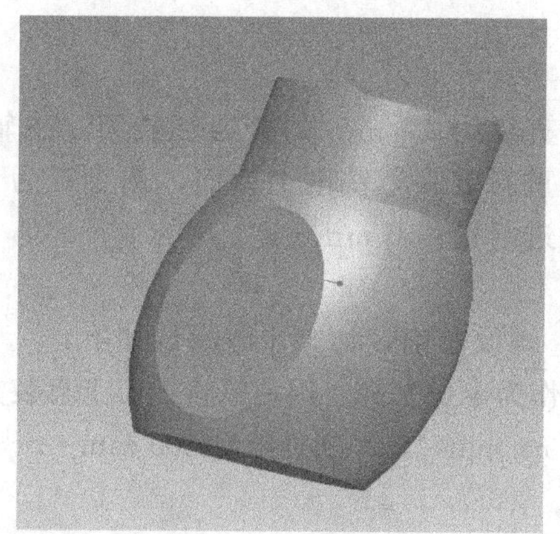
图 2-430 零件 1 建模

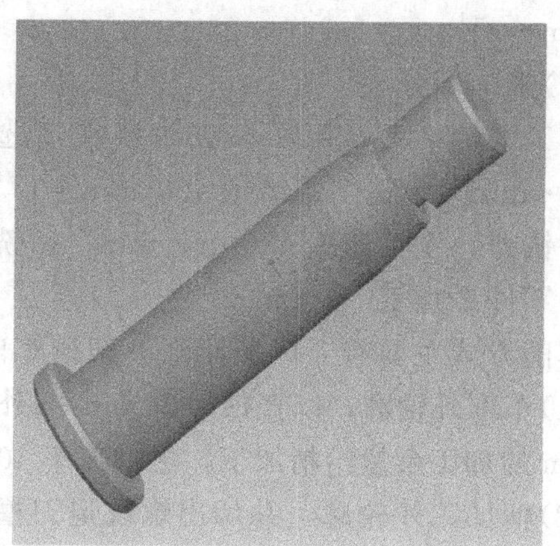
图 2-431 零件 2 建模

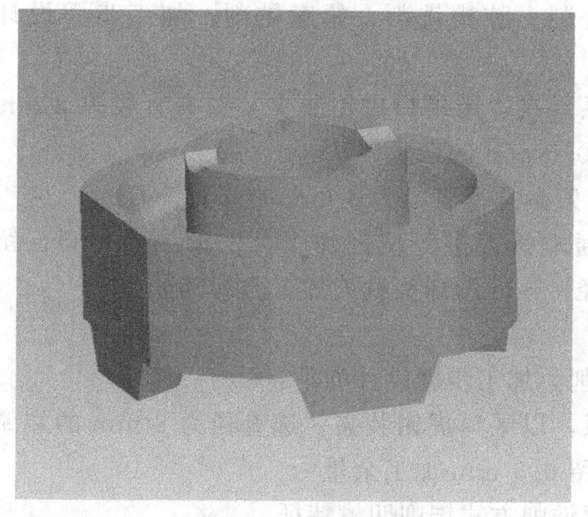
图 2-432 零件 3 建模

图 2-433 零件 4 建模

1)零件 1 加工

铣削方式主要有：体积块加工、平面加工、曲面加工，车削方式主要有：区域加工、孔加工、轮廓加工、内螺纹加工，其加工步骤设计如下：

(1)车削部分

打中心孔、以直径为 38 mm 的外圆为定位基准，采用三爪自定心卡盘装夹，选择直径为 14 mm 的钻头进行钻孔，其主轴速率 1000 $r \cdot min^{-1}$、切削进给量 2 mm；粗车内圆锥面和直径为 20 mm 的孔，留 0.2 mm 的加工余量，留精加工，其主轴速率 1000 $r \cdot min^{-1}$、切削进给量 200 $mm \cdot r^{-1}$、步长深度 1.5 mm；精加工内圆锥面和直径为 20 mm 的孔，其主轴速率 1200 $r \cdot min^{-1}$、切削进给量 300 $mm \cdot r^{-1}$；加工内螺纹，设定螺距为 1 mm，其主轴速率为 1000 $r \cdot min^{-1}$，切削进给量 200 $mm \cdot r^{-1}$；调头装夹，以内孔为定位基准，采用心轴装夹，粗车外轮廓，留 0.2 mm 的余量，留给精加工，主轴速率 1000 $r \cdot min^{-1}$，切削进给量 200 $mm \cdot r^{-1}$；精加工外轮廓，其主轴速率 1200 $r \cdot min^{-1}$、切削进给量

300 mm·r^{-1}。

(2)铣削部分

加工两侧平面，用平口虎钳装夹，选择直径为 10 mm 的普通端铣刀，主轴速率 1000 r·min^{-1}、铣削进给量 400 mm·r^{-1}；重新装夹，铣削上曲面，选直径为 4 mm 的球头铣刀，主轴速率 1200 r·min^{-1}，铣削进给量 400 mm·r^{-1}。

2)零件 2 加工

车削方式主要有：区域车削、凹槽车削、螺纹车削，加工步骤设计如下：

(1)车削外轮廓，以直径为 28 mm 的外圆作为定位基准，用三爪自定心卡盘装夹，留 0.2 mm 的加工余量给精加工，主轴速率 1000 r·min^{-1}，车削进给量 200 mm·r^{-1}。

(2)精加工外轮廓，并切出螺纹退刀槽。

(3)加工右端螺纹，螺距设为 1 mm，选择螺纹车刀。

3)零件 3 加工

铣削方式主要有体积块铣削、曲面铣削、腔槽铣削、轮廓铣削，加工步骤设计如下。

(1)设定工件的上表面中心点为坐标系原点，用平口虎钳装夹，选择直径为 8 mm 的端铣刀，铣去凹槽和孔的多余材料，留 0.5 mm 的余量。

(2)采用腔槽铣削加工方式加工凹槽，刀具选择直径为 4 mm 的球头铣刀。

(3)铣削上部曲面，调头装夹，用普通端铣刀进行铣削加工，铣掉多余材料，留 0.5 mm 余量，用轮廓铣削方式，选择直径 4 mm 的球头铣刀加工凸起部分。

4)零件 4 加工

铣削方式主要有体积块铣削、轮廓铣削，加工步骤设计如下：

(1)以上表面中心点为原点建立坐标系，以平口虎钳装夹，选直径为 8 mm 的端铣刀，进行体积块铣削方式去除多余材料，留 0.5 mm 加工余量。

(2)选择直径 4 mm 球头铣刀，用轮廓铣削方式铣削凹槽特征。

(二)复杂部件数控多轴联动加工技术赛项赛题

复杂部件造型与数控编程根据以下要求，利用 CAD/CAM 软件等进行复杂部件的造型设计与数控编程等。

(1)按照后附图纸(SDDZ 01—09)的型面特点和曲面造型的需要，选用现场提供的 CAD/CAM 软件等建立零件的几何模型，进行复杂部件的造型设计。

(2)进行自动编程，根据不同的数控系统产生数控程序，完成数控加工后置处理。

(3)利用仿真软件实施加工过程仿真、加工代码检查与干涉检查，达到程序能正常加工运行的功能。

(4)将所有完成的程序文件保存。

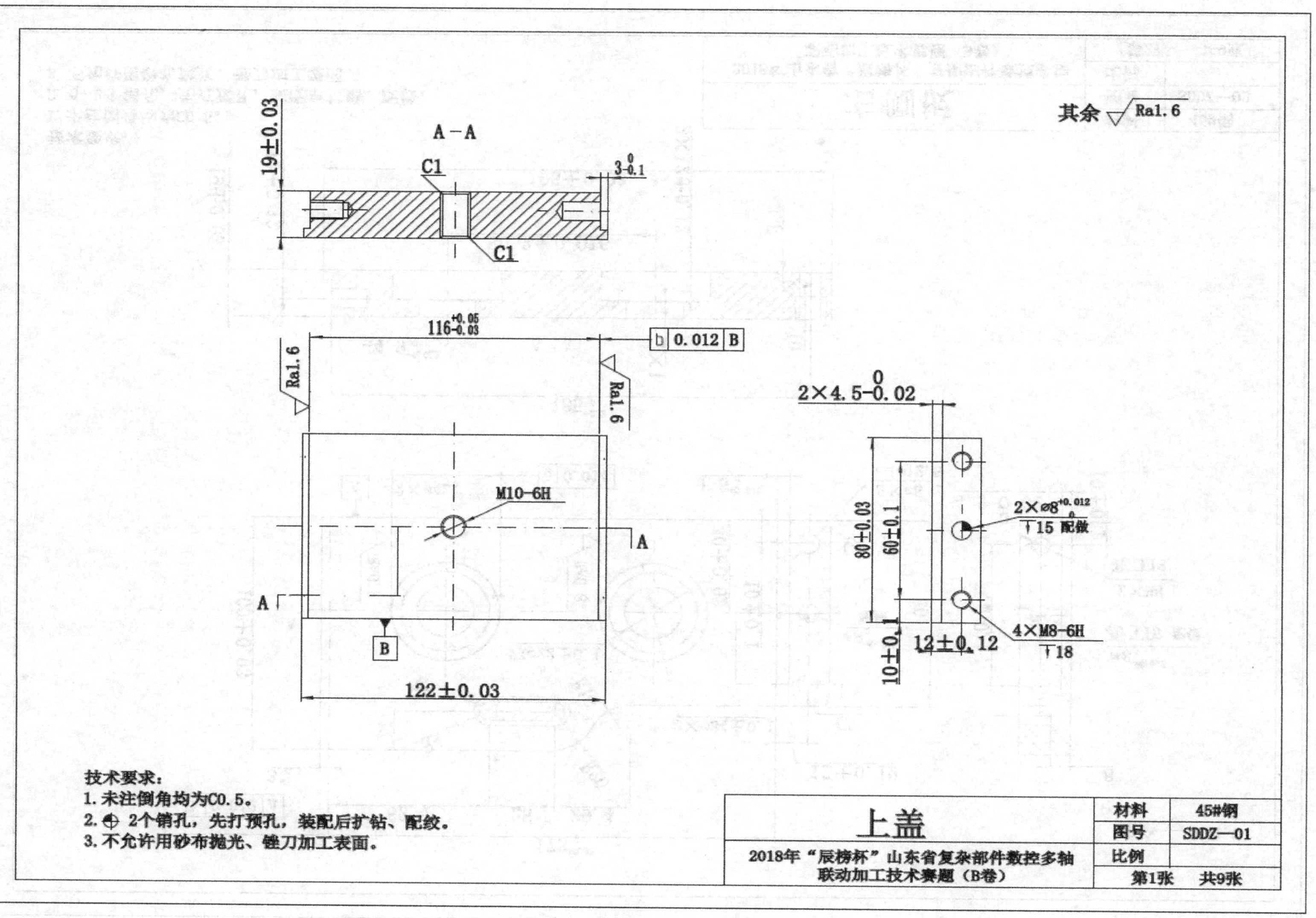
A—A
19±0.03
C1
C1
其余 Ra1.6
116+0.05 -0.03
0.012 B
Ra1.6
Ra1.6
M10-6H
A
A
B
122±0.03
2×4.5-0.02
80±0.03
60±0.1
2×⌀8+0.012 ↧15 配做
4×M8-6H ↧18
12±0.12
10±0.1
技术要求：
1. 未注倒角均为C0.5。
2. ⊕ 2个销孔，先打预孔，装配后扩钻、配铰。
3. 不允许用砂布抛光、锉刀加工表面。
上盖
2018年"辰榜杯"山东省复杂部件数控多轴联动加工技术赛题（B卷）
材料 45#钢
图号 SDDZ—01
比例
第1张 共9张

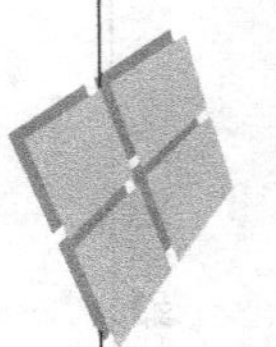

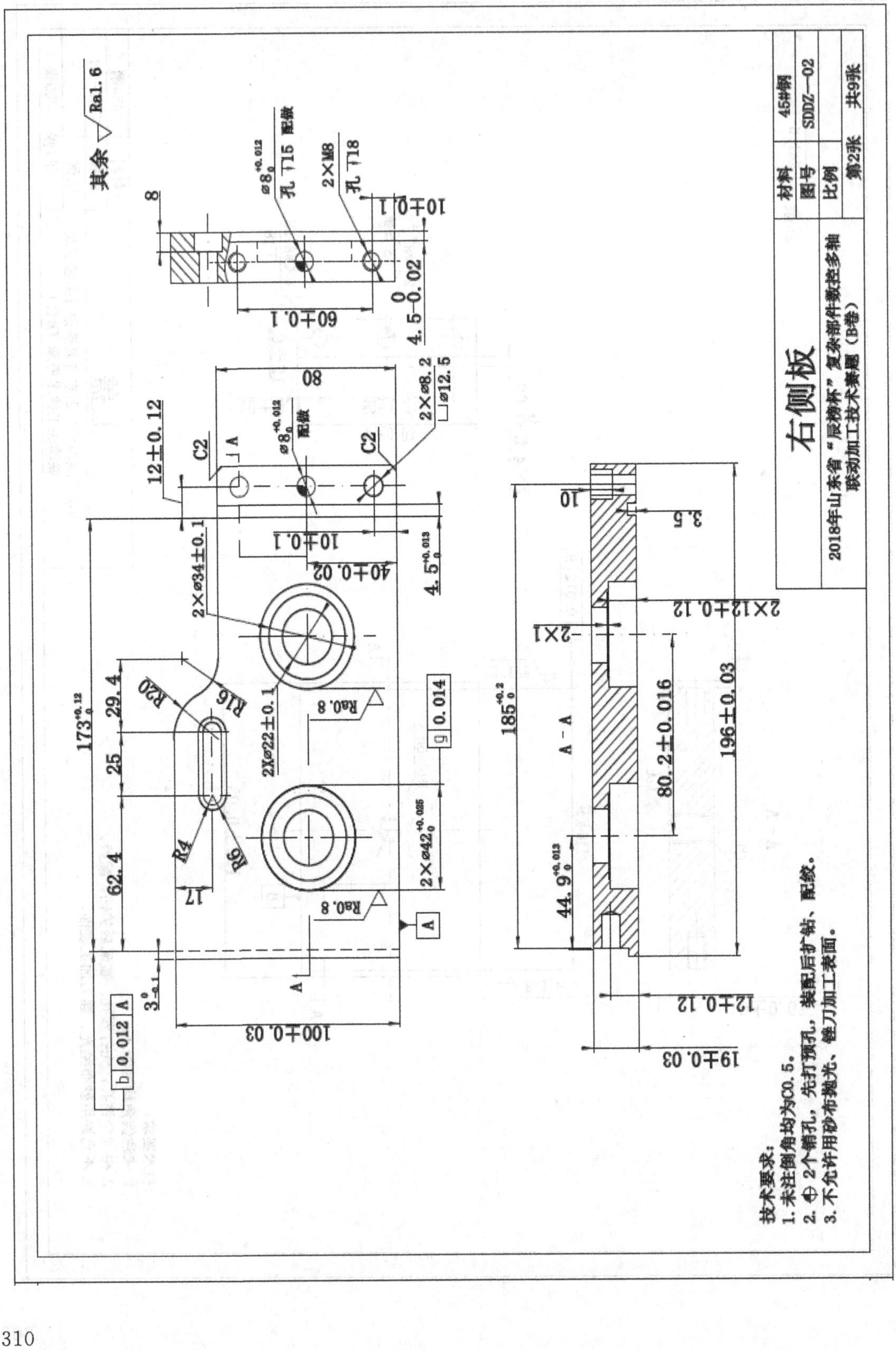

其余 Ra1.6

A－A

技术要求：

1. 未注倒角均为C0.5。
2. ⊕ 2个销孔，先打预孔，装配后扩钻、配绞。
3. 不允许用砂布抛光、锉刀加工表面。

右侧板	材料	45#钢
	图号	SDDZ—02
2018年山东省“辰榜杯”复杂部件数控多轴联动加工技术赛题（B卷）	比例	
	第2张	共9张

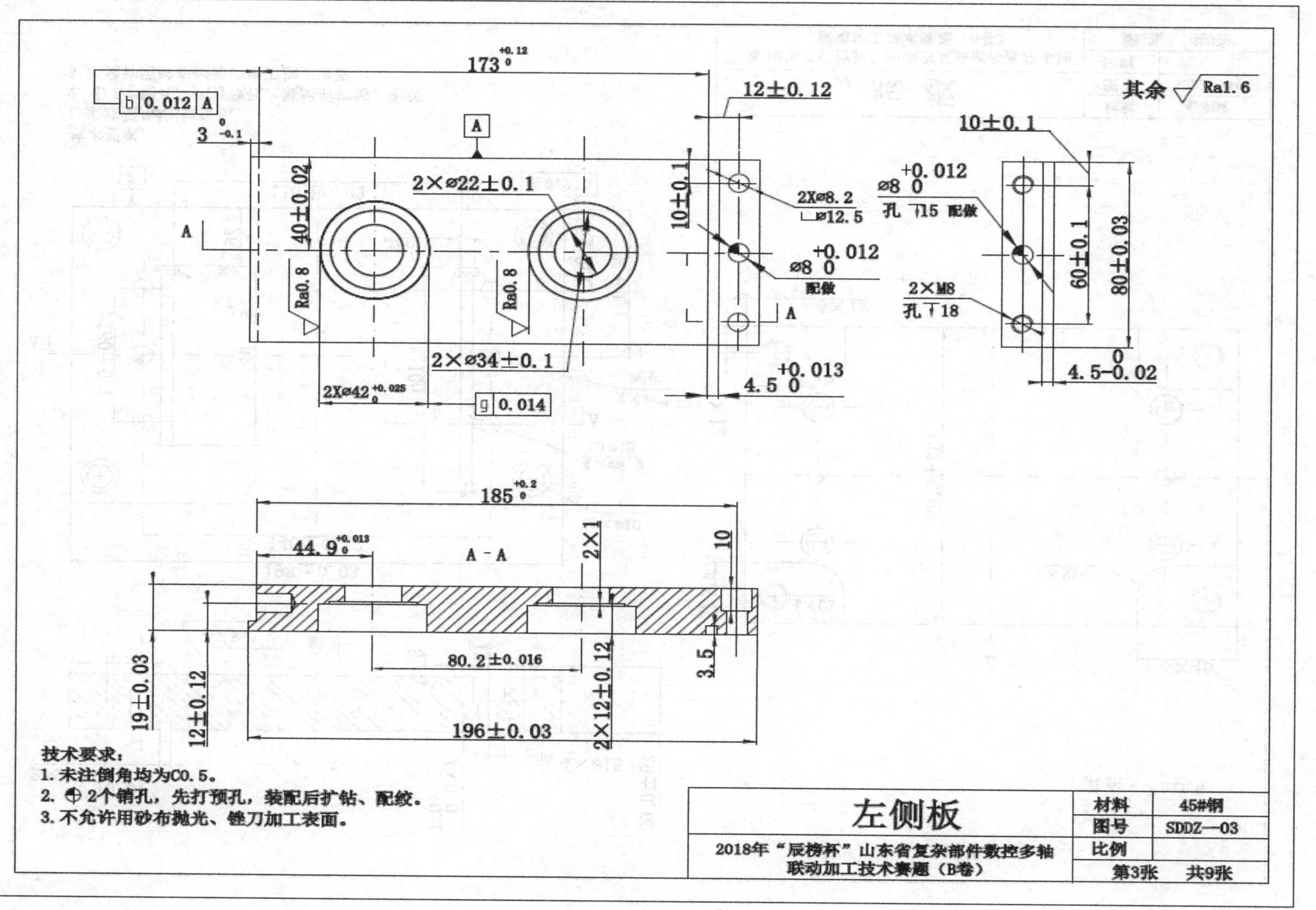
173 +0.12 0
b 0.012 A
3 0 -0.1
A
12±0.12
其余 Ra1.6
10±0.1
40±0.02
2×ø22±0.1
10±0.1
2X ø8.2
⌴ø12.5
ø8 +0.012 0
孔↧15 配做
ø8 +0.012 0
配做
60±0.1
80±0.03
2×M8
孔↧18
Ra0.8
Ra0.8
2×ø34±0.1
2Xø42 +0.025 0
g 0.014
4.5 +0.013 0
4.5 0 -0.02
185 +0.2 0
44.9 +0.013 0
A - A
2×1
10
80.2±0.016
3.5
19±0.03
12±0.12
2×12±0.12
196±0.03
技术要求：
1. 未注倒角均为C0.5。
2. ⊕ 2个销孔，先打预孔，装配后扩钻、配绞。
3. 不允许用砂布抛光、锉刀加工表面。
左侧板
2018年“辰榜杯”山东省复杂部件数控多轴联动加工技术赛题（B卷）
材料 45#钢
图号 SDDZ—03
比例
第3张 共9张

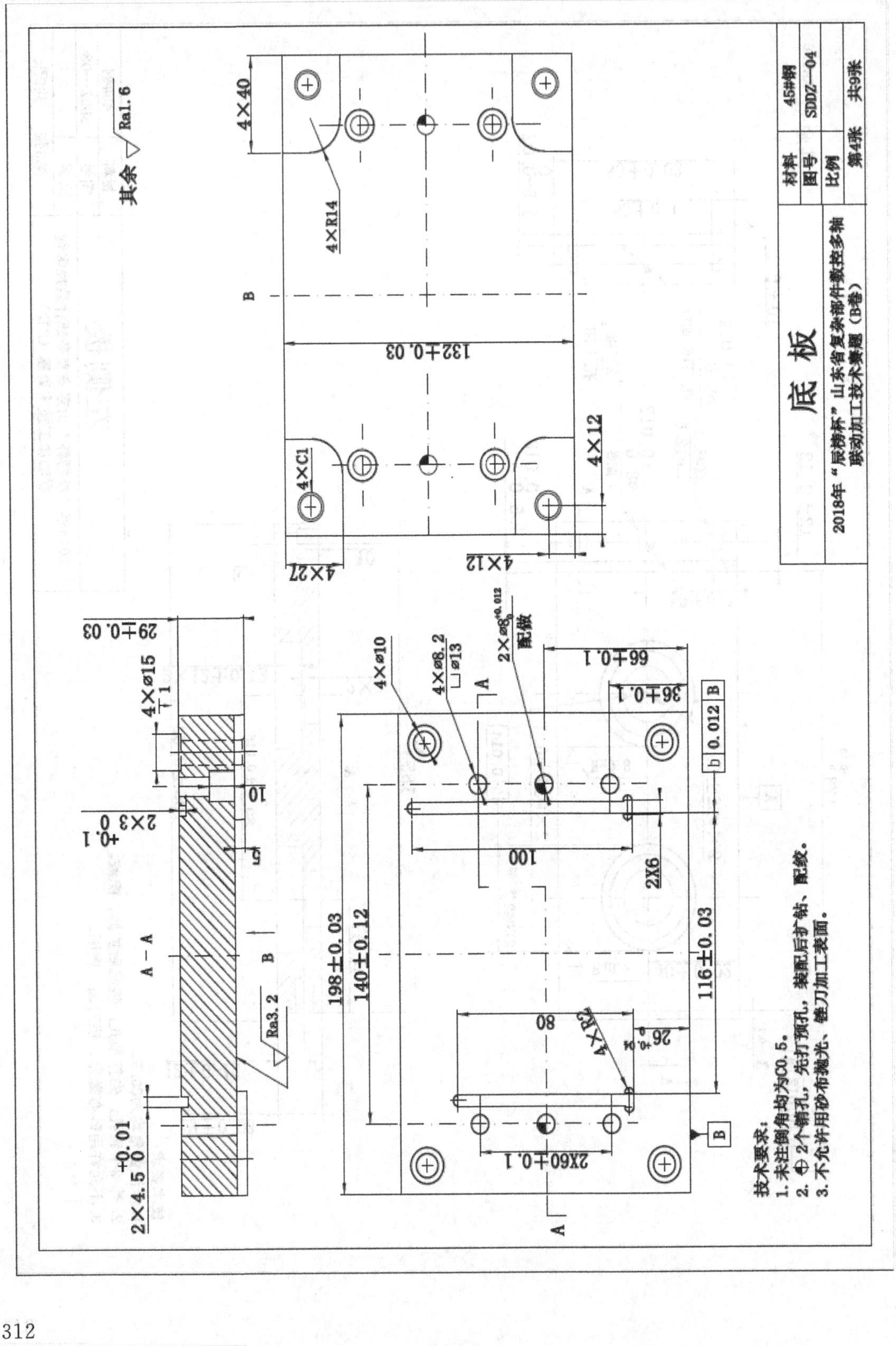

其余 Ra1.6

A－A

2×4.5 $^{+0.01}_{0}$

2×3 $^{+0.1}_{0}$

4×ø15 ↧1

29±0.03

Ra3.2

B

5

10

198±0.03

140±0.12

4×ø10

4×ø8.2 ⌴ø13

2×ø8 $^{+0.012}_{0}$ 配做

A

2X60±0.1

80

100

4×R2

26 $^{+0.04}_{0}$

2X6

36±0.1

66±0.1

116±0.03

b 0.012 B

B

4×40

4×C1

4×27

4×R14

132±0.03

4×12

4×12

技术要求：

1. 未注倒角均为C0.5。
2. ⊕ 2个销孔，先打预孔，装配后扩钻、配绞。
3. 不允许用砂布抛光、锉刀加工表面。

底 板	材料	45#钢
	图号	SDDZ—04
2018年“辰榜杯”山东省复杂部件数控多轴联动加工技术赛题（B卷）	比例	
	第4张	共9张

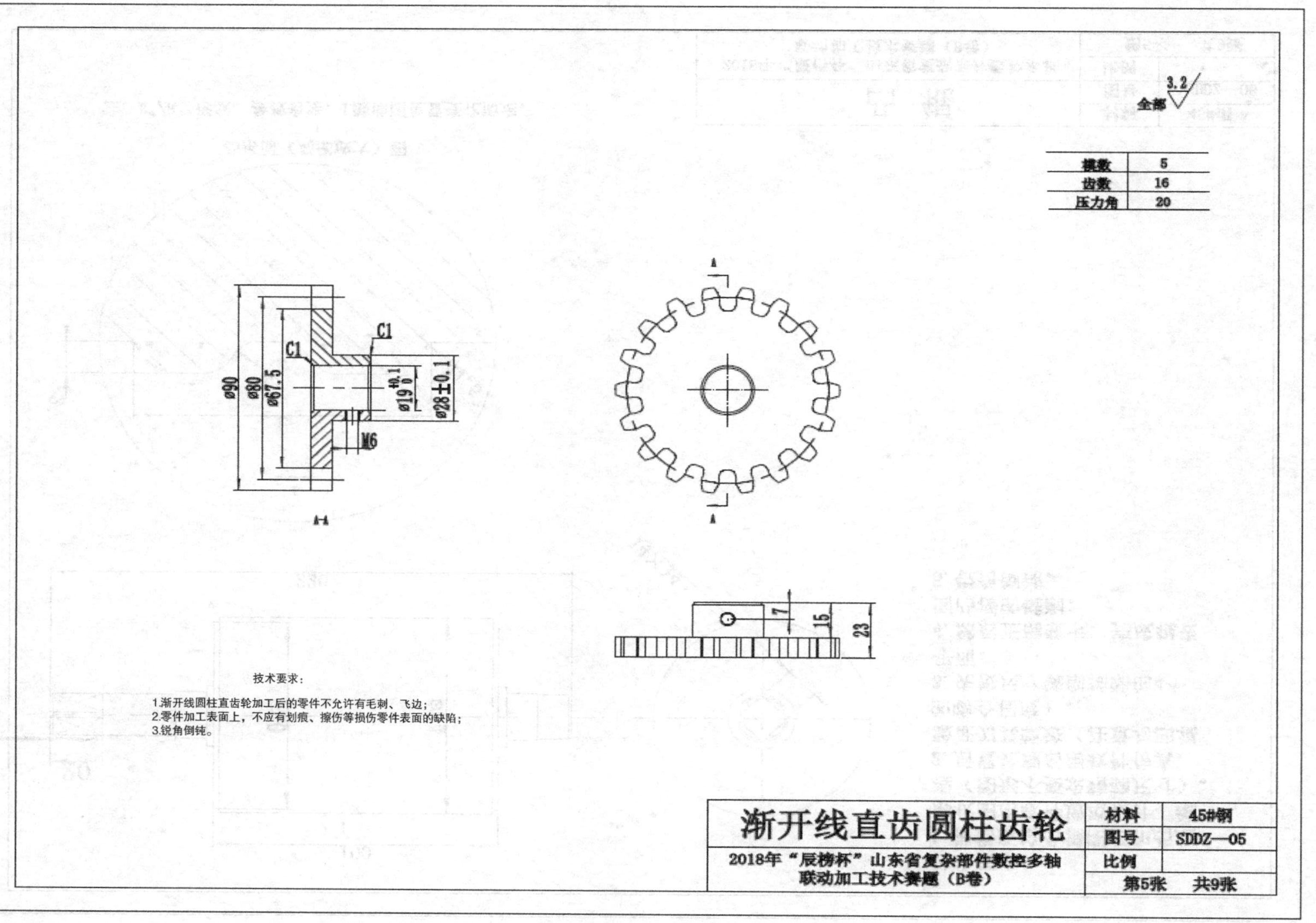
全部 3.2
模数 5
齿数 16
压力角 20
ø90
ø80
ø67.5
C1
C1
ø19 +0.1 0
ø28±0.1
M6
A-A
A
A
7
15
23
技术要求：
1.渐开线圆柱直齿轮加工后的零件不允许有毛刺、飞边；
2.零件加工表面上，不应有划痕、擦伤等损伤零件表面的缺陷；
3.锐角倒钝。
渐开线直齿圆柱齿轮
2018年“辰榜杯”山东省复杂部件数控多轴联动加工技术赛题（B卷）
材料 45#钢
图号 SDDZ—05
比例
第5张 共9张

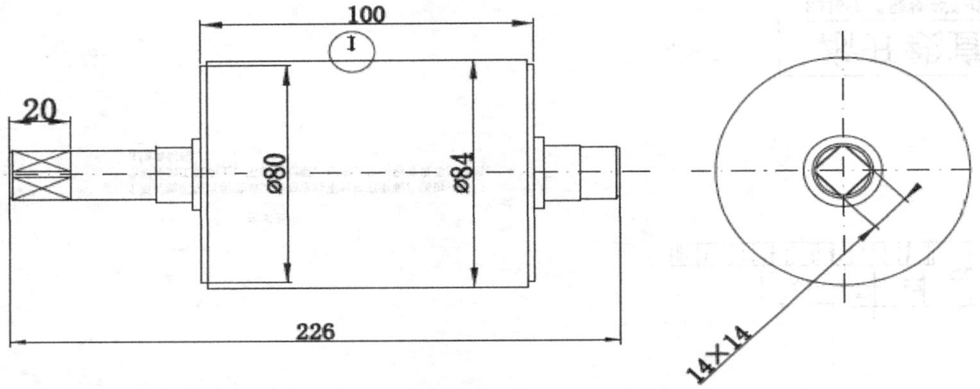

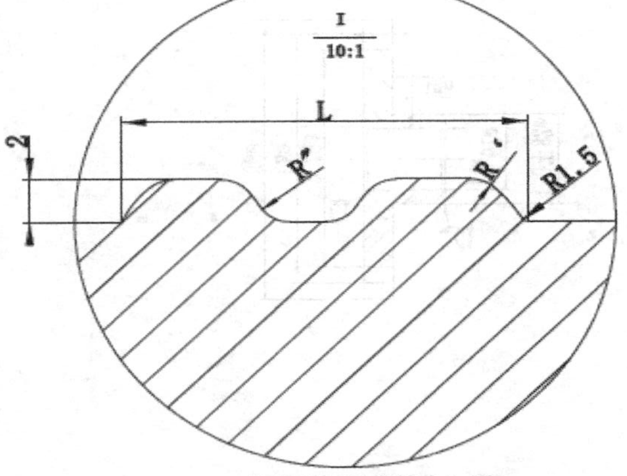

凸形面（局部放大）图

注：R″/R′形状、参数自定，L随曲面位置变化而定。

技术要求：

1. 根据所给凸辊图形和凸起形状图用软件造型设计、编程（图形不要求精确尺寸）。
2. 后置处理后用软件仿真，验证刀具轨迹（注意与凹辊的吻合程度）。
3. 先按尺寸铣削轴端的4个平面。
4. 然后正确装卡，完成辊表面凸楞的铣削。
5. 锐角倒钝。

<table>
<tr><td rowspan="3">凸 辊</td><td>材料</td><td>45#钢</td></tr>
<tr><td>图号</td><td>SDDZ—06</td></tr>
<tr><td>比例</td><td></td></tr>
<tr><td rowspan="2">2018年“辰榜杯”山东省复杂部件数控多轴联动加工技术赛题（B卷）</td><td>第6张</td><td>共9张</td></tr>
</table>

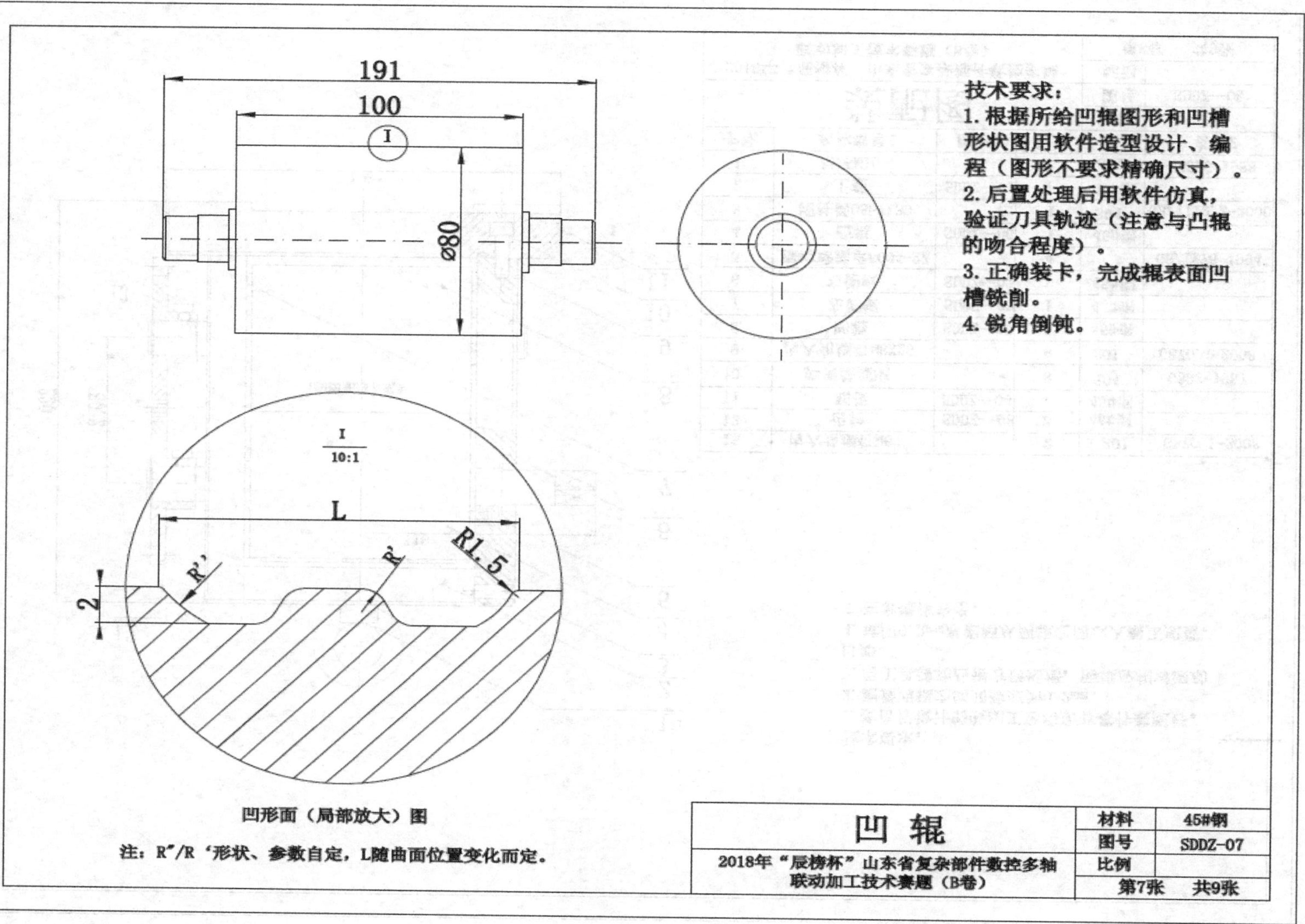
191
100
I
ø80
技术要求：
1. 根据所给凹辊图形和凹槽形状图用软件造型设计、编程（图形不要求精确尺寸）。
2. 后置处理后用软件仿真，验证刀具轨迹（注意与凸辊的吻合程度）。
3. 正确装卡，完成辊表面凹槽铣削。
4. 锐角倒钝。
I
10:1
L
R′
R″
R1.5
2
凹形面（局部放大）图
注：R″/R′形状、参数自定，L随曲面位置变化而定。
凹辊
2018年“辰榜杯”山东省复杂部件数控多轴联动加工技术赛题（B卷）
材料
45#钢
图号
SDDZ-07
比例
第7张
共9张

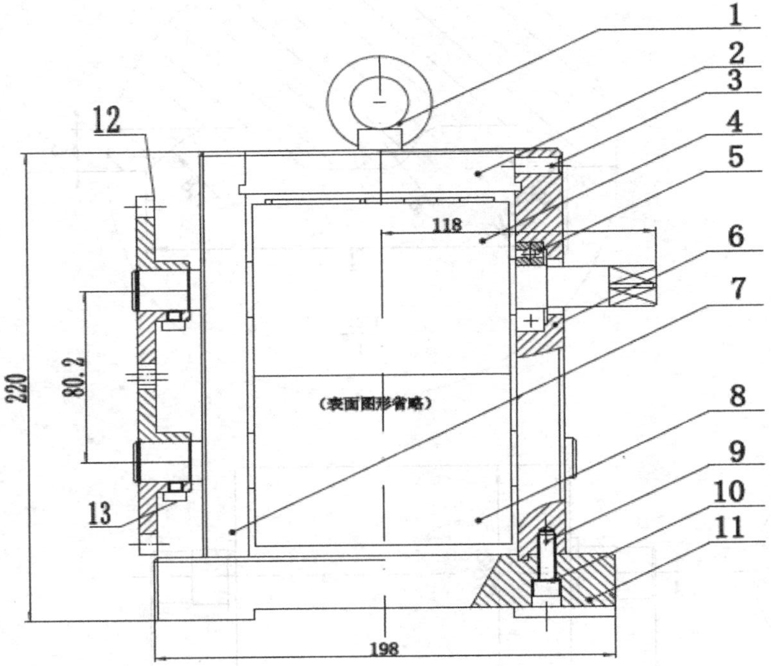

技术要求：

1. 按自行设计的装配工艺将所有零件装配好。
2. 测量两辊之间间隙应为0.2mm。
3. 用工具转动凸辊方形轴端，两辊应相对滚动自如。
4. 试用0.2mm厚铝箔从两辊之间送入滚压成型。
5. 注意操作安全。

13	内六角螺钉M6		2	201	GB70.1-2008
12	齿轮	SDDZ—08	2	45#钢	
11	底板	SDDZ—04	1	45#钢	
10	弹簧垫圈M8		8	304	GB93-1987
9	内六角螺钉M8X25		8	201	GB70.1-2008
8	凹辊	SDDZ—05	1	45#钢	
7	左侧板	SDDZ—03	1	45#钢	
6	右侧板	SDDZ—02	1	45#钢	
5	深沟球轴承6004-2Z		4		GB/T276-1994
4	凸辊	SDDZ—06	1	45#钢	
3	圆柱销08h7X30		4	304	GB/T119.2-2000
2	上盖	SDDZ—01	1	45#钢	
1	吊环M10		1	304	GB825-1988
序号	名称型号	图 号	数量	材料	备 注

装配图	比例	
	图号	SDDZ—08
2018年“辰榜杯”山东省复杂部件数控多轴联动加工技术赛题（B卷）	标记	
	第8张	共9张

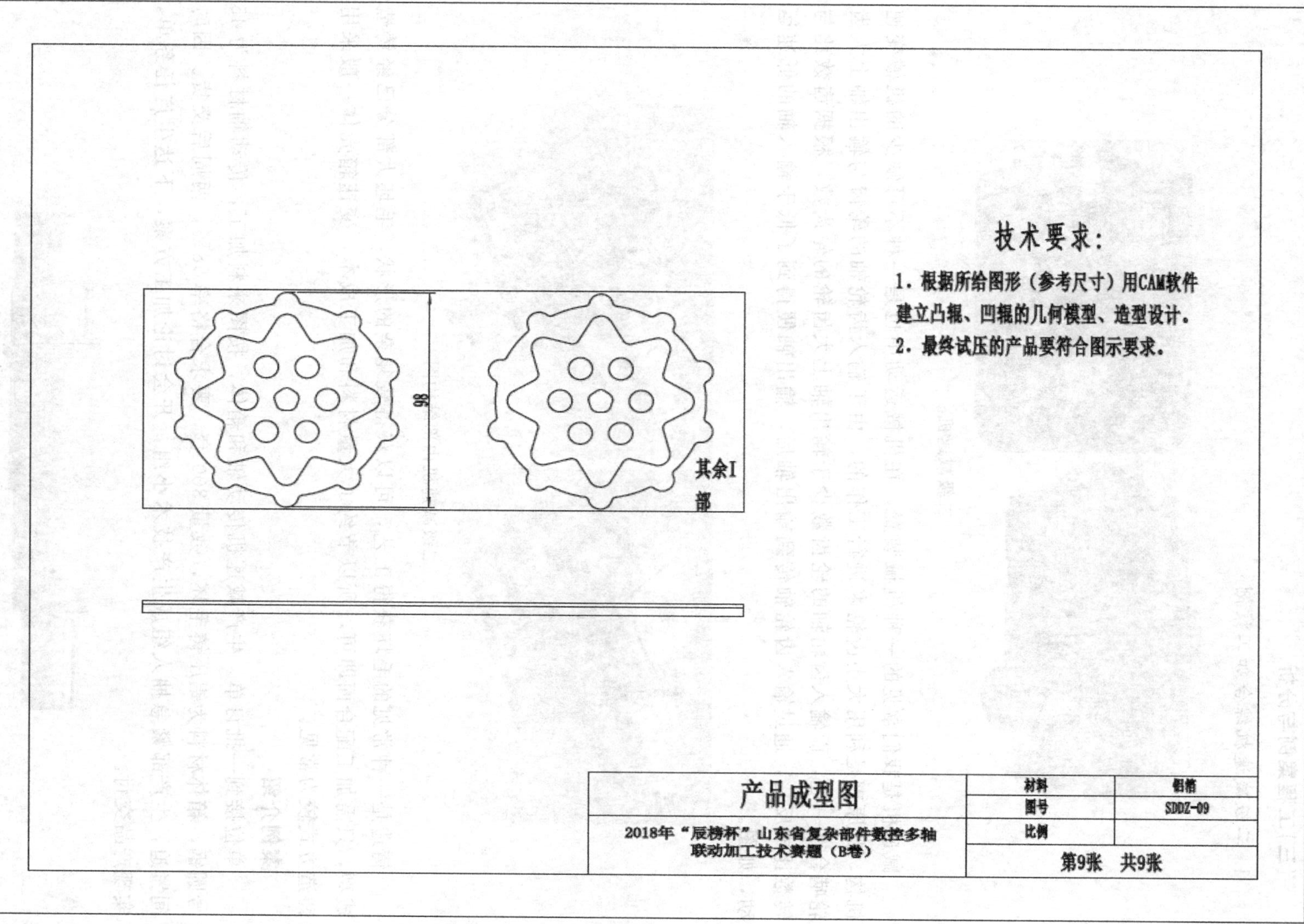
技术要求：
1．根据所给图形（参考尺寸）用CAM软件建立凸模、凹模的几何模型、造型设计。
2．最终试压的产品要符合图示要求。
98
其余I
部
产品成型图
2018年"辰榜杯"山东省复杂部件数控多轴联动加工技术赛题（B卷）
材料
铝箔
图号
SDDZ-09
比例
第9张 共9张

(三)工程案例与分析

1. 二级减速机综合加工案例

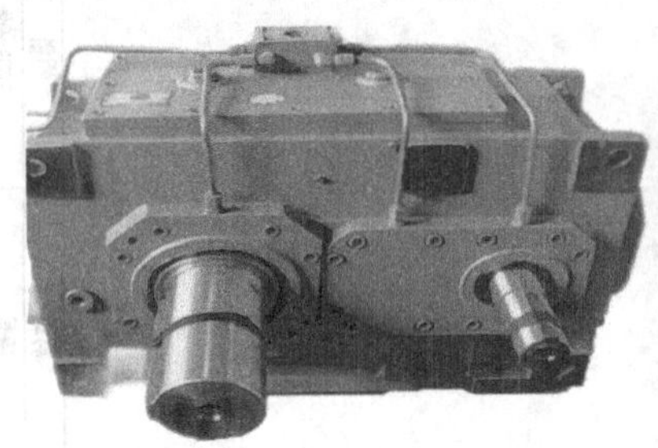

二级减速机

减速机是我们常见的一种机械装置，在机械运动中也是一种不可缺少的机械变速机构，其原理是利用大小齿轮来进行工作的，由于输入齿轮轴的轮齿与输出轴上大齿轮啮合在一起，而输入齿轮轴的轮齿数少于输出轴上大齿轮的轮齿数，根据齿数比与转数比成反比，通过输入齿轮轴传到输出轴后，输出轴便得到了低于输入轴的低速运动，如图。

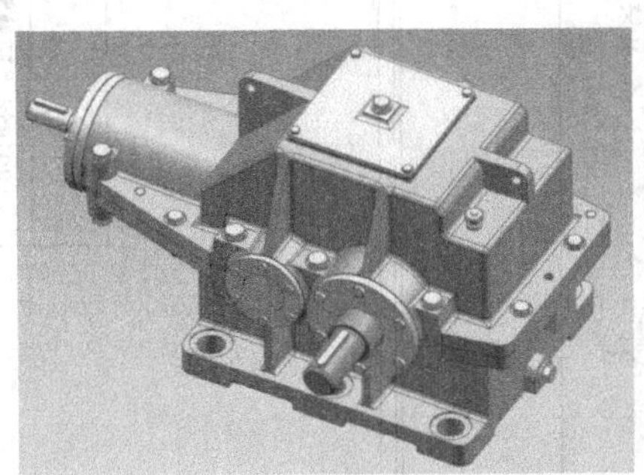

二级减速机内部结构图

铸造是一种常见的毛坯获得工艺，可以获得较复杂的形状，毛坯大部分已经铸造成型，只需加工配合面即可，所以节约了大量材料和加工成本，变速箱壳体一般采用铸造方式较为常见。

案例介绍

单位接到一批订单，生产减速机传动轴和箱体，按图来料加工，传动轴材料为45号圆钢，箱体材料为铝压铸毛坯，数量300套，要求合格率98%，两周后交货。因时间紧迫，生产部紧急抽人组成生产技术小组，开会讨论加工方案，下达生产任务单，实现产品交付。

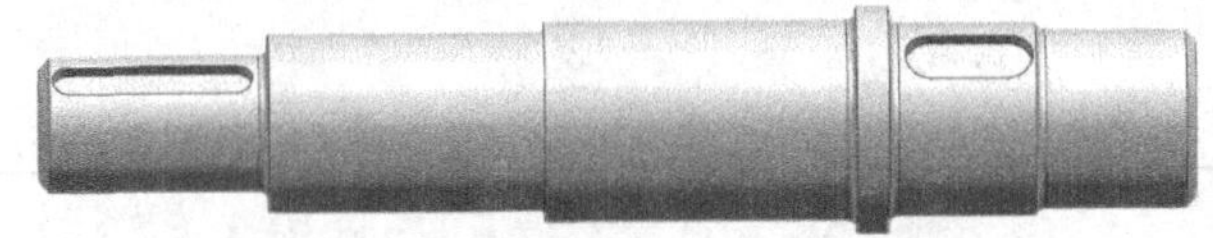

传动轴

上壳　　下壳

传动轴加工案例扫码学习　　箱体加工案例扫码学习

2. 模具设计及加工案例

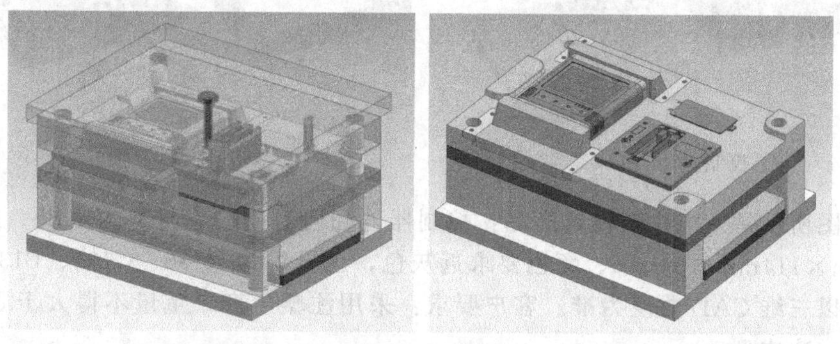

注塑模具示意图

模具(mú jù)，是工业生产上用以注塑、吹塑、挤出、压铸或锻压成型、冶炼、冲压等方法得到所需产品各种形状的模子和工具。简而言之，模具是用来制作成型物品的工具，这种工具由各种零件构成，不同的模具由不同的零件构成，它主要通过所成型材料物理状态的改变来实现物品外形的加工，素有“工业之母”的称号，如图。

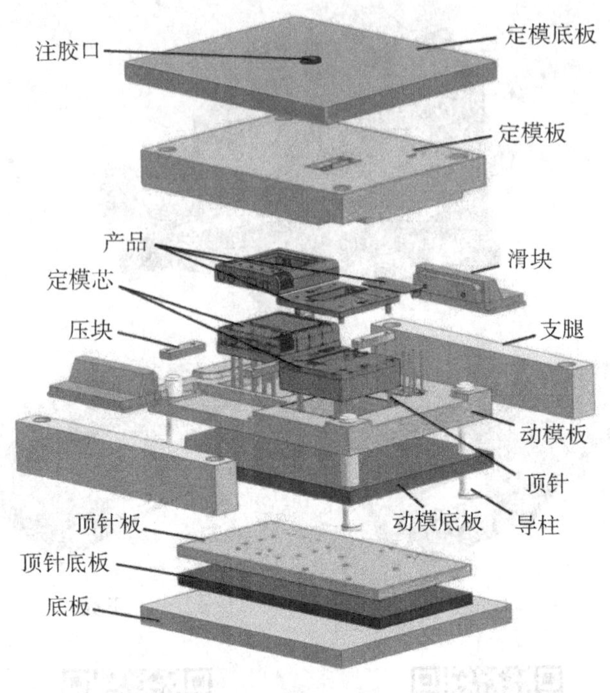

模具结构爆炸图

控制盒案例介绍：

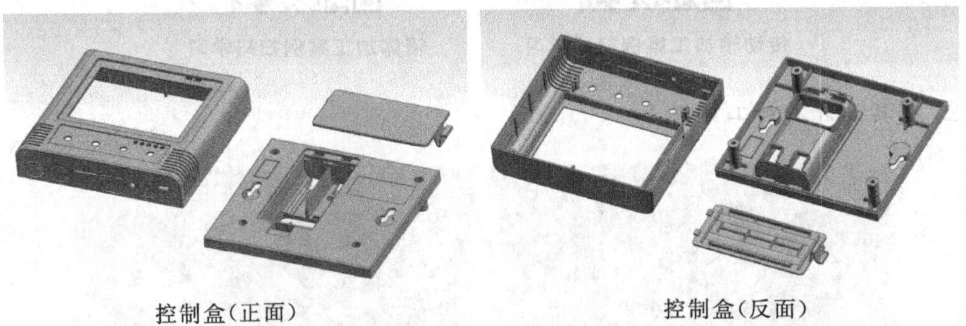
控制盒(正面)　　控制盒(反面)

如上图所示是一个注塑模具产品：控制器外壳(控制盒)。材料为 ABS、外形尺寸为 120mm×114mm×34mm、颜色要求近灰色，色号约为 R130、G130、B130，具体结构特征以三维 CAD 数模为准。客户要求：采用注塑生产、重量不得大于 85 克/套、一模一套一次成型。

工作流程

收集信息	跟客户沟通、了解产品特性、产品的要求、生产总量、交付期限、交付形式、付款方式、合同事宜等。
产品分析	根据客户提供的信息以及对图样特征分析，分析产品实现可行性，制定工艺方案，计算下料尺寸，下单采购物料。
CAD设计	CAD建模设计并进行模拟验证，进一步验证工艺方案可行性。
CAM编程	CAM编程，仿真验证，后置处理。
加工实施	给客户送样品检查确定，制定生产计划，进行生产安排、进度更新、质量把控。
产品交付	客户沟通，出/入库，催款，按要求及合同条款进行产品交付。

模具设计及加工
案例扫码学习

在扫描上述二维码阅读中，将会用到以下二维码，请扫码观看视频。

精加工底面模拟动画

精加工立面模拟动画

模具数控加工应用案例

平面铣模拟动画

清角模拟动画

铣孔模拟动画

型腔铣模拟动画

预钻孔模拟动画

参考文献

[1]陈德道. 数控技术及其应用[M]. 北京：国防工业出版社，2009.

[2]陈兴云. 数控机床编程与加工[M]. 北京：机械工业出版社，2009.

[3]吴新佳. 数控加工工艺与编程[M]. 北京：人民邮电出版社，2009.

[4]詹友刚. Creo 2.0 机械设计教程[M]. 北京：机械工业出版社，2013.

[5]北京兆迪科技有限公司. Creo 2.0 快速入门教程[M]. 北京：机械工业出版社，2013.

[6]翟瑞波. 数控加工工艺[M]. 北京：机械工业出版社，2010.

[7]韦富基. 数控车床编程与操作[M]. 北京：电子工业出版社，2010.

[8]沈建峰. 数控铣床/加工中心编程与操作实训[M]. 北京：国防工业出版社，2008.

[9]王睿鹏. 数控机床编程与操作[M]. 北京：机械工业出版社，2009.

[10]北京兆迪科技有限公司. Creo 2.0 数控加工教程[M]. 北京：机械工业出版社，2013.